U0108601

中華書局

滿世界尋找

敦煌

DUN HUANG

SEARCHING FOR DUNHUANG TREASURES AROUND THE WORLD

榮新江 著

　　榮新江，北京大學博雅講席教授，兼任中國敦煌吐魯番學會會長，入選國家文化名家暨「四個一批」人才，英國學術院通訊院士。主要研究方向是中外關係史、絲綢之路、隋唐史、西域中亞史、敦煌吐魯番學等。著有《歸義軍史研究》、《敦煌學十八講》、《中古中國與外來文明》、《隋唐長安：性別、記憶及其他》、《敦煌學新論》、《絲綢之路與東西文化交流》、《唐宋于闐史探研》、《從張騫到馬可‧波羅──絲綢之路十八講》、《吐魯番的典籍與文書》、《從學與追念》等。

作者在中國絲綢博物館講演（2022 年趙豐拍攝）

香港繁體字版序

《滿世界尋找敦煌》這本小書這麼快就由中華書局（香港）有限公司推出了繁體字版，讓我無比高興。其實，我的「滿世界尋找敦煌」和香港也是有關聯的，甚至說我的敦煌學研究和香港有着密切的關係。

1991 年 8 月我在倫敦完成了英國圖書館敦煌漢文寫本殘卷的編目工作後，聽說香港大學要召開一個兩岸三地的隋唐史研究學術研討會，想借着回國順路的機會去參加。主持會議的黃約瑟先生不認識我，就向饒宗頤教授請示是否邀請這位年輕人。據說饒先生馬上說：請請請。於是我得以首次來到香港，並得以拜見國際敦煌學領域裏赫赫有名的饒宗頤先生。

沒想到饒公（這是大家更習慣用的稱呼）對我的于闐史研究、歸義軍史研究都很了解，又聽了我在英國及歐洲各地尋訪敦煌吐魯番文獻的收穫，立刻決定第二年邀請我到香港來從事敦煌學研究。於是 1992 年 11 月我前往香港，在中國文化中心和香港中文大學中國文化研究所，跟隨饒公做敦煌研究半年。以後 1993—1996 年，幾乎每年都到香港，向饒公問學。1997 年香港回歸以後，更是往來方便。在香港，我一方面協助饒公編纂「香港敦煌吐魯番研究中心叢刊」、「補資治通鑑史料長編稿系列」，約請國內專家結集出版敦煌學著作，另外也把饒公的《法藏敦煌書苑精華》、《敦煌曲續論》、《敦煌吐魯番本文選》編輯出版。

饒先生是一位放眼世界的敦煌學家，也是在我之前滿世界尋找敦煌的一位卓有成效的行者，他很早就調查了京都藤井有鄰館的藏卷，寫有調查記錄。英國國家圖書館公佈斯坦因所獲敦煌寫本後，饒公獲得一套縮微膠卷，從中發現許多前人忽略的材料，如英藏本《頓悟大乘正理決序》。又藉着在法國高等實驗研究院講學之機，檢出法藏敦煌書法寫本和紙本繪畫，編成《敦煌書法叢刊》29 冊及《敦煌白畫》3 冊。其他各地藏品，饒公也多有寓目，時做表彰。我在香港跟從饒公問學，於世界範圍的敦煌吐魯番文獻材料時有討教，受益良多。

在此期間，我也跟隨饒公參觀閱覽了一些香港公私收藏的敦煌寫卷，雖然學術上的價值不是很高，但常常有品相極好而文物價值高的經卷。

香港是一個國際都市，往來的學人很多，我在香港期間，也接觸到許多國際敦煌學界優秀的學者，比如研究占卜的法國學者馬克（Marc Kalinowski），我們在香港有過深入的交流。甚至許多國內的學者，我也是在香港認識的，比如我曾在中大宴請章開沅先生時忝陪末座，聽他講湖北基督教會的史事；還有不少飽學之士的講座，我也是在香港聽到的，比如徐邦達先生講故宮的書畫，給我印象很深。香港也是一個交通發達的地方，以前我們去台灣，都是要到香港拿到入台證才能進入台灣，所以我去台灣尋找敦煌資料，大多數是以香港作為出發點的。

曾有人說香港是文化沙漠，其實不然。香港大學、香港中文大學都收藏有大量的圖書，包括敦煌學研究著作。我在香港中文大學停留的時間較長，所以特別抽出不短的一段時間，專門翻閱香港中文大學圖書館裏有關敦煌學藏書，其中放在崇基書院的宗教史刊物十分豐富，我從中獲得大量有關敦煌吐魯番摩尼教、基督教文獻研究的信息，也複印了很多研究著作；我也通檢過放在新亞書院的美術史刊物，同樣讀到很多敦煌西域美術史研究的論文，開拓了眼界，有時也為尋找新的敦煌吐魯番文獻和文物提供了線索。

雖然在過去幾十年裏我也應鄭培凱教授邀請，到香港城市大學講敦煌學或絲綢之路的課程，與香港的敦煌之友有過很多交流，把自己所學的敦煌學知識奉獻給社會，但因為我本人的課業繁忙，近年來去香港訪問的機會較少。今天有機會把這本小書的繁體字本奉獻給香港及海外讀者，希望大家也關注公私敦煌及西域文獻文物的收藏，共同為保護中華傳統文化奉獻一份力量。

榮新江

2024 年 5 月 24 日

序

本書來源於我在中國絲綢博物館的系列講座和北京大學歷史學系課堂上的兩次課程，總題目叫「滿世界尋找敦煌」。

我曾在 1996 年出過一本《海外敦煌吐魯番文獻知見錄》，有一位香港學者寫了一篇書評，在台灣《漢學研究》上發表。他說這本書裏只有學術的內容，至於作者一路訪問中的感受，我們是讀不到的。那麼，我今天想通過這一系列講演，把我心中那些澎湃的心情，以及這項歷時四十餘年的艱辛考察經歷，用我的記憶所及，給大家複述出來。

本書大體上按照我在歐美、日本、中國調查的過程講。1985 年我第一次在歐洲跑，構成前四講：英國、法國、德國和北歐。1990 年到 1991 年，我先在日本各地把能夠進得去的收藏都看了一遍，然後飛到英國，又去了列寧格勒、巴黎。以後出國的機會更多了，我把這些集中在一個點上鋪陳開來，日本地方較多，用了兩講；英國和蘇聯及後來的俄羅斯各一講，幾次短暫的巴黎之行就併入英國一講；1996 年在德國柏林講學三個月，把柏林的吐魯番文書整個翻了一遍，構成一講；然後是美國的各個小收集品。中國除了北京圖書館（今國家圖書館）外，比較零散，所以用兩講分別重點講我所見之敦煌和吐魯番文獻的情況。大概是把時間順序和地域分區，安排到十二次講座當中。

每一講的結構，先介紹這個地方的收藏，為什麼要到這個地方去找材料；然後介紹調查過程，不僅僅是學術的調查過程，也有當時的一些旅行見聞。這些東西可能今天的年輕人看着很可笑，今天拿着手機上的地圖，可以到處跑，丟不了自己，那時候沒有手機，沒有 E-mail，完全憑着勇氣拿着紙質地圖行走。今天回想起來有很多很好玩的事情。

我這麼多年搬家，很幸運還保留了一些當時調查記錄的小本子和信件，一個小本子簡單記錄了當年的日程，一個小本子記錄了我要找的一些人的資訊，可以復原當年聯繫的人和一些時間點。我發現當時在國外聯絡的一些人，大多數是80年代到國外去留學或進修的人，很多現在已是精英，有著名的大畫家、中科院的院士，都是幫我安排過住宿的好夥伴。另外一個來源是當年的照片，有些照片上有日期，可以讓我把一些記憶精確地定格在某一天，可惜我不是那麼喜歡照相，所以許多地方沒有留下身影。

　　每講的中間或最後，都要介紹一下我的調查對於當年的學術意義是什麼，我的收穫是什麼，當年的收穫對敦煌西域文獻和歷史的研究有什麼貢獻。從另一個角度來講，我作為一個研究敦煌的人其實很幸運，當年西方列強在敦煌之外，還去吐魯番、于闐（今和田）、龜茲（今庫車），我循着他們的收藏到處跑，世界各大名城都轉了一圈。我的學術是和旅行捆綁在一起的，旅行也是學術，增長了許多見識。

　　我的總題目叫「滿世界尋找敦煌」，以敦煌的東西為主，但不限於敦煌，也包括吐魯番、和田、庫車、焉耆出土的東西，都構成了我「滿世界尋找敦煌」的話題。

　　謝謝趙豐館長的邀請，在他的極力鼓動下，我把以前不給人講的一些故事要倒出來了。感謝中國絲綢博物館和那些精明強幹的館員，感謝「經綸講堂」給我這樣一個機會。我在絲綢博物館講座時還在「新冠」肆虐的疫情期間，感謝一直來聽講的各界朋友。《滿世界尋找敦煌》是在中國絲綢博物館的系列講演基礎上，根據錄音整理而成的文稿，感謝博物館的出色安排和講稿整理者的細心工作。

　　應《文史知識》的約請，講演稿的縮略版從2022年第11期到2023年第8期連載了十期，每期八千字，但每講的講稿整理文本有一萬五千字左右，我在整理稿的基礎上做了加工，每講仍然有一萬五千字左右。又考慮到「滿世界尋找敦煌」不能沒有「中國篇」，所以在絲綢博物館的系列講座結束後，我利用在北大的課堂，補講了兩次我在國內滿處尋找的事例，一講偏重敦煌，一講偏重吐魯番，最終完成十二講。我的學生徐偉喆幫我收集了不少圖片並校對文稿，宛盈同學也看了部分稿

件和校樣，韋潤芃同學幫忙整理了最後兩講的記錄稿，在此一併致謝。中華書局負責《文史知識》的趙晨昕是摯友趙和平先生的公子，他一直敦促我按期完稿；責任編輯馬燕老師也用各種方式鼓勵我完成這本小書，她知道不緊盯着，我可能不會花時間完成這本書。這些友情，感激不盡。

李新12

2024 年 3 月 8 日

從萊頓出發

　　1984 年 9 月至 1985 年 7 月，我作為北京大學歷史學系的交換生，到荷蘭萊頓大學漢學院學習十個月，我當時在讀碩士研究生二年級。萊頓大學沒有敦煌卷子，整個荷蘭都沒有敦煌卷子，但是荷蘭位於西歐中心，到其他國家比較方便。我到荷蘭後，一直在做去歐洲各國考察敦煌寫本的各種準備。比如我花了很長時間把萊頓大學漢學院（Sinological Institute）、印度學院（Kern Institute）以及大館東方寫本與圖書部的所有西文的東方學雜誌和專刊都翻了一遍，這一方面是必要的學術訓練，另一方面也是我考察的準備工作，我要知道哪些地方收藏着什麼東西，有哪些學者發表了敦煌、西域各種語言文字的寫本情況。關於我在萊頓的讀書生活，2003 年曾寫過四篇「海外書話」，在《中國典籍與文化》2003 年第 1-4 期連載，特別是前面兩篇〈歐洲學院的縮影 —— 萊頓大學漢學院〉和〈神聖的殿堂：萊頓大學圖書館東方寫本與圖書部〉，寫得很詳細，這裏不再重複。我想說，雖然萊頓沒有敦煌卷子，但研究敦煌乃至西域各種語言文字材料的圖書，可謂應有盡有，這為我的「滿世界尋找」工作提供了很好的準備。

　　我在荷蘭萊頓大學的導師是漢學院的院長許理和（Erik Zürcher）教授，《佛教征服中國》的作者。歐洲漢學東方學權威刊物《通報》（*T'oung Pao*）荷蘭和法國各出一個主編，他是荷方主編，謝和耐（Jacques Gernet）是法方主編，這兩位當年是歐洲漢學界數一數二的人物。我按照歐洲各國收藏敦煌、吐魯番、和田、庫車出土的文物和文獻，畫了一張地圖，交給導師。許理和教授幫我聯繫的各個收藏單位，幾乎沒有不同意的，只有芬蘭赫爾辛基大學圖書館一家沒讓我去，其他單位不僅要我去，而且給我很好的招待，這跟我以後自己跑的時候完全不一樣。他還幫我聯繫一些學人，比如通過魯惟一（Michael Loewe）聯繫貝利（Harold W. Bailey）教授。

在萊頓，給我提供幫助的另一位不能忘記的先生，就是漢學院圖書館館長馬大任（John Ma）。他是從美國康奈爾大學被許理和請來做館長的，他對歐美的漢學資源、圖書十分熟悉，也和西歐各國漢學圖書館有密切的聯繫。他不僅告訴我相當多的敦煌寫本研究資訊，還幫我聯繫英國、丹麥等國家圖書館東方部或漢學部，介紹我去看敦煌文書。由於荷蘭對中文圖書實行集中管理制度，所有中文書刊必須寄到萊頓大學漢學院圖書館收藏，荷蘭其他各大學、各個公司不能收藏中文的書和雜誌，所以漢學院圖書館裏的中文雜誌副本很多。馬大任先生允許我在書庫副本架子上隨便拿，所以許多發表敦煌研究文章的港台中文雜誌，我也有系統的收集。

我還有一個運氣的地方，就是當時中國駐荷蘭大使館教育處的主任，是從北大人事處借調去的劉秋雲老師。他對我調查敦煌寫本的計劃給予了大力支持。告訴我出行期間要注意的安全事項，還給中國駐英國、法國、瑞典等國的大使館教育處寫了信，讓他們給我提供幫助。他的這些信件，的確給了我極大的方便。

我做的準備工作之一是語言的準備。我的英語跟現在的年輕人不能比，我在「文革」期間讀的中小學，根本沒有上過一堂英文課，底子差，大學時才開始學公共英語，出國之後發力練英語。荷蘭人都能說英語，我和荷蘭的學生一起上中國通史課，老師說今天來了一個中國的同學，他只能聽懂英語，我們從今天開始荷蘭語轉成英語上課，馬上全部都轉了。一般的荷蘭大學生德語、法語、英語都懂，我跟他們去看電影，第二天問他們電影是德語、英語還是法語的，他們都記不得，因為他們都會說。荷蘭有很多國際組織，國際法院也在海牙。我的指導老師許理和訪問北大的時候，他跟季羨林先生說德語，跟周一良先生說英語，跟張芝聯先生說話馬上切換成法語，他腦子裏有好多語言門，隨時切換。但是法國人不一樣，法國人就喜歡講法語。因為我出門不喜歡結伴，一人獨來獨往，所以一定要把語言練好，遇到所有事情，要一個人解決。我之所以第一站選擇去英國，也和我至少能說英語有關。

還有一件事是辦簽證。現在拿着一本「申根協議」的簽證就可以到處跑了，

那個時候要去每個國家都得有簽證，甚至過境也要過境簽證，還要交很多簽證費。1985 年初，我大概花了兩個多月的時間，分頭去阿姆斯特丹或鹿特丹，到各個使館去辦簽證。許理和教授在辦簽證方面也對我的幫助極大，他當時請收藏單位或相關部門給我發邀請信，說我們這裏有一位北大來的 visiting professor（訪問教授）。我當時的身份是碩士研究生，在萊頓大學的身份是 visiting scholar（訪問學者），拿的訪問學者的經費。許理和讓秘書給使館寫信，也說請給這位「教授」（professor）簽證。他說教授在歐洲是特等階級，拿到簽證至少要快一個月。記得我到瑞典使館的時候，簽證官說：「你是教授嗎？」我說：「你看我長得像嗎？」他說：「不太像，不過給你蓋印吧。」「嘣」一個印，就給我蓋了。當時要辦這麼多國家的簽證，先要去阿姆斯特丹、鹿特丹的各國領館登記，護照還要拿在身上，不放在使館。等手續辦好，使館打電話或寫信通知我，你可以來簽證了，我就拿着護照去辦理。簽證要花錢，只有瑞典使館不收一分錢。我問為什麼不收錢，對方說中國不收瑞典的錢。許理和讓負責漢學院的財務官給我出差的費用，所以我的經費還是充裕的。等我回來的時候，財務官說你花超了，不過沒關係。

當時我是學生身份，中國的因公護照只有五頁紙，扣上我要去的各個國家的印，紙面就不夠用了，因為我進荷蘭時已經扣了一頁。劉秋雲老師幫我聯繫中國駐荷蘭使館領事處，給我的護照接了幾張剪裁成護照頁寬的 A4 紙，但上面沒有水紋印，就在接縫上打上了使館的官印。所以我每次進關、出關時，都對扣印的邊檢人員說：「你不能扣在這白頁上，你扣在這個方印上。」就怕多佔一頁！如果我這個扣滿印的護照還在，那一定是敦煌學史的重要檔案。可惜當年學生出國必須把戶口本放在北京語言學院（今北京語言大學）一個大樓裏頭，回來拿護照換回戶口，所以我的這本護照當時就交上去了。

一　初訪英倫的敦煌淵藪

英國有關敦煌的收藏最為豐富，不論數量，還是品質。在我們研究敦煌的人眼裏，第一目標肯定要去英國。

為什麼要去英倫

我們知道，英國的收藏跟一位匈牙利裔的英國人斯坦因（Marc Aurel Stein）有關，英國收藏的敦煌材料主要都是他弄回去的。在他之前，英國人已經在新疆地區收集古物，形成了「霍恩雷收集品」（Hoernle Collection），以後又有了「斯坦因收集品」（Stein Collection）。從學術品質上來講，斯坦因收集品在學術界名氣最大。

我們簡單看一下斯坦因收集品。斯坦因 1907 年 5 月到敦煌，當時只是想看壁畫，但他看到了一個敦煌卷子後，就不走了，等着王道士回來，說服他打開了藏經洞（現在編號第 17 窟）。當時藏經洞約三米見方的小洞裏塞滿了敦煌卷子和絹畫，人進不去，門口只能容納兩個人站着。斯坦因關了第 16 窟的大門，把位於通道上的藏經洞裏面的東西全搬出來，翻騰一過。

斯坦因是第一個進敦煌藏經洞的學者，帶走了五大馬車二十九箱的東西，他拿走的寶藏是最豐富的，數量也多，至少比伯希和（Paul Pelliot）的多一倍。斯坦因拍攝了他剛剛搬出來的敦煌寫卷最初的照片（圖 1-1），這個照片很珍貴，為什麼珍貴？今天我們說敦煌殘卷、敦煌遺書，好像是一堆殘破的、剩餘的、丟棄的東西。其實你要去了英國，會發現完全不是這樣的概念，英國的寫卷完整的最多。因為斯坦因不懂中文，他只挑好的拿，不知道好的其實是一般普通的佛經，《妙法蓮華經》

拿了兩千多卷，所以他拿回去就後悔了。當然他也拿走了大量的絹畫和非漢語的文書。斯坦因拿《西遊記》唐三藏的故事騙王道士，說玄奘把印度的佛經拿到了中國，我受印度人民之託，要把這佛經拿回去，把王道士給蒙了。另外，王道士只喜歡書法好的東西，對於非佛教的文書、非漢語的寫本、非紙本的絹幡，大概興趣不大，所以大量的這類文物和文獻被斯坦因拿走了。為了給探險隊籌款，他在中亞考察的每一步都有他提供給《泰晤士報》的追蹤報道，但這次他是秘密地把在敦煌攫取的物品運到喀什噶爾的英國領事館，然後才向外公佈這個消息，所以他是偷偷地弄走的。

圖 1-1　敦煌寫卷剛剛從藏經洞中拿出來的樣子

這張照片告訴我們，原來藏經洞裏的東西是一帙一帙包着的，這是正規的圖書管理制度。中國古代寫本時期的圖書，一個包裹裏頭放寫卷十卷，叫一帙。包布的右上角寫了「摩訶般若　海」幾個字，表示是《摩訶般若波羅蜜經》的第二帙，就是第十一卷到二十卷。「海」是《千字文》編號的「海」字型大小。原來在書架上用「天地玄黃，宇宙洪荒……」這樣《千字文》的內容排號，古代小孩從小就背「天地玄黃」，告訴他一個號，他馬上知道在哪個位置。這可以反映出原來敦煌藏經洞的經卷來自一個圖書館。如果沒有斯坦因這張照片，我們就不能夠判定。

這種包經的經帙非常漂亮，這是中國絲綢博物館的專家們工作的物件，趙豐老師的團隊做了《敦煌絲綢藝術全集》的英藏卷。正規的圖書就是完整的一軸，一軸就是一卷，前面有正題，後邊是尾題（圖 1-2）。照片顯示的背題旁的紅鋼筆水的字是蘇州碼子，是斯坦因的助手蔣孝琬的筆跡。當時斯坦因想讓蔣師爺幫他編目錄，後來發現太多了，編不過來，要趕緊搶走，所以放棄了編目。斯坦因在中國考古，只有敦煌藏經洞的東西，他沒有給其中任何一件文書編寫具體的號，其他地方都編到具體的號。

經帙來回翻容易壞，反面會用紙加固，比如用廢棄的公文書黏在反面，我們可以把反面的紙揭出來，一個經帙有時候可以揭出 30 張紙來，從中也許會發現一些特別重要的官文書。比如一件唐朝皇帝寫的敕書，中間一個大大的「敕」字，後來變成 International Dunhuang Project（IDP）的 logo。我們之前沒見過這樣的敕書原本，斯坦因收集品裏就有這樣的好東西。

告身是給官員發的委任狀，一般發現委任狀是在墓葬裏，這是副本，帶到地下，是要告訴地府的官員，此人是什麼官職。正本是留在家裏領賞的。唐朝有官蔭制度，舉個例子，二品官遇到皇帝生日，他的兒子、孫子可以得到一個九品官，他就得拿出已故父、祖是二品官的告身。我們過去在吐魯番墓葬裏發現的告身都是抄本，敦煌藏經洞裏有真本。告身上面有排印，一個接一個蓋在「告騎都尉秦元……天寶十四載」這些字上，叫排印。這些地方不能改寫，不能改寫的地方都蓋印。過

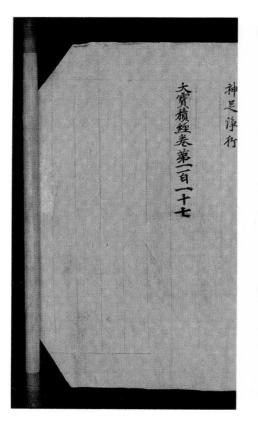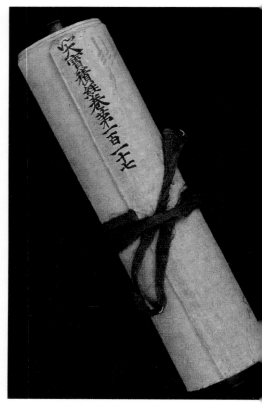

圖 1-2　正規的敦煌經卷

去我們從書裏知道有告身，也知道怎麼授告身，但是沒見過告身正本（書法家寫的有爭議）。敦煌藏經洞一打開，我們才知道。

迄今為止全世界最早的帶有年款的印刷品，就是咸通九年《金剛經》。雖然可以考證有比這個更早的，但是成卷的作為書籍形式的印刷品，這是頭一份，也被斯坦因拿走了。

除了各種各樣的文書，另外一部分是放在英國博物館（The British Museum）的美術品，比如絹畫的瑞像圖、文殊普賢像，還有各種拓本。全世界最早的三個拓本，就是在敦煌藏經洞裏發現的，其中一部分被斯坦因拿走了，如化度寺碑拓本。還有刺孔，畫上打着孔。古代畫師在牆上畫千佛的時候，不是直接畫的，是把這種刺孔貼到牆上，鋪一層白粉，粉透過孔，印到牆上，畫家在這個基礎上勾畫。這是研究繪畫過程的一個好材料，如果沒有這樣的材料，我們不知道古代壁畫是怎麼上牆的。而且這些東西是我們將來要求文物回歸時最重要的證據，因為這些東西是不能跟莫高窟壁畫脫離的。美國學者胡素馨（Sarah Fraser）在北大跟我讀文書裏有關繪畫的那些記錄，然後到英國博物館去找這些美術品的繪畫，各種各樣的，有白畫，有刺孔，還有絹畫。她把這些孔和孔之間的距離量好了，拿着所有資料到敦煌莫高窟去比對，最後找到了壁畫上的同樣圖像，整個繪畫過程就出來了。這些東西不能跟原文物脫離，必須跟莫高窟壁畫保存在一起，但是被斯坦因拿走了。我們現在做敦煌壁畫的這種研究，得跨越千山萬水，找到被斯坦因拿走的東西一一去測量。儘管今天有清晰的數位化敦煌寫本照片，但還是要到現場，因為我們要做的是最精細的研究。

敦煌還發現了中國最早的連環畫，上面是圖，下面是《觀世音經》。莫高窟裏有《妙法蓮華經·普門品》的故事，九九八十一難，一個人遇到這八十一難的任何一難，念觀世音的名號，觀世音就會來拯救你。《西遊記》裏孫悟空遇到事兒一個跟頭翻到南海觀世音那裏，其實概念是從這來的，這就是最早的觀音信仰的記錄。

敦煌還發現了最早的針灸圖。我曾經寫過一篇小文，羅列敦煌卷子裏的世界第

一，可以羅列出非常多的，比如說李約瑟《中國科學技術史》天文學卷列出全世界最早的星圖，也出自敦煌。隨便拿出一件來，就是吉尼斯世界紀錄，像這樣的針灸圖就是，它記錄了全身各種穴位。

現在還不能完全解明，為什麼敦煌藏經洞裏裝了這麼多東西？裏面有宗教的東西，也有其他世俗的東西。古代的寺廟圖書館其實是中古時期的文化中心。古代的城市，除了皇家圖書館，沒有現代的公共圖書館，所謂的公共圖書館在寺廟裏，老百姓可以隨便進寺廟，看裏面的藏書。

以上是斯坦因的敦煌收穫。我們舉一反三，舉一反五，舉一反百地去理解他攫取的寶藏。

斯坦因一共有四次中亞探險，他主要走絲綢之路南道。當時英國佔據着整個印度，整個塔里木盆地的絲綢之路南道都是英國的勢力，北道是沙皇俄國的勢力。斯坦因仔細研究了絲路南道的各個城市，他用十年時間精讀《大唐西域記》和《馬可·波羅遊記》。斯坦因對和田地區的古代遺址做了系統的發掘，收穫極其豐富。他到和田地區，根據《大唐西域記》來定點，先把于闐都城定在約特干，然後根據書裏記載北面多少裏有個寺廟，西面多少裏有個寺廟，把中國古代的裏換算成英里，然後到當地問老鄉，你們從哪兒找到古物。老鄉說我們在這裏挖過，他就挖下去，一挖一個准，一挖一個大廟。

斯坦因也深入沙漠，對一些老鄉的挖寶點做進一步的大規模發掘（圖 1-3）。他在丹丹烏里克揭開了很多寺廟的房間，拿走了大量的繪畫品，像木板畫，當時立在牆的邊上，因為沙子一來，整個就埋住了。其中有一幅是絲綢公主帶蠶種到于闐的故事，旁邊有絲綢之神，有個織機。另外，他還在尼雅發掘到大量的佉盧文木簡。他也收集了大量的印章，這些大部分是希臘式的。

斯坦因第一次探險主要在絲綢之路南道，第二次探險去了敦煌、瓜州，第三次又去了敦煌，還有黑水城、吐魯番。第三次在 1913 年至 1915 年，他知道辛亥革命以後不容易進來了，所以他能拿的就拿走。他第二次探險時為了跟其他探險隊搶

圖 1-3　沙漠中考察的斯坦因

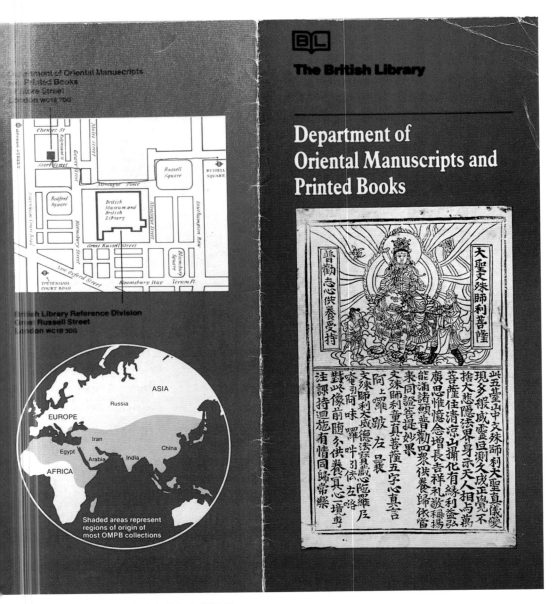

圖 1-4　英國圖書館東方部宣傳冊頁

奪樓蘭，放棄了米蘭。他先在米蘭發現了有翼天使的壁畫，當時只揭了一部分，為了和其他探險隊爭奪樓蘭的寶藏，他把米蘭發現的壁畫埋在一個地方，就先去樓蘭了，後來再派人去米蘭取壁畫。在這之前，日本大谷探險隊的橘瑞超到了米蘭。橘瑞超是個 17 歲的小夥子，他不會揭壁畫，把壁畫給搞碎了。所以斯坦因最恨兩個人，一個是橘瑞超，另外一個是德國的勒柯克（Le Coq）。斯坦因到了吐魯番，看到勒柯克瘋狂地揭吐魯番的壁畫，斯坦因說為了不讓勒柯克再揭，他把剩下的壁畫都揭走。當然他沒有全揭走，不過也差不多把好的都給揭走了。然後斯坦因略過了龜茲和焉耆。斯坦因第四次探險是受哈佛大學僱傭。二十世紀 30 年代北京已經有古物保管委員會，他們抗議南京的國民政府給斯坦因發護照，最後把斯坦因護照吊銷了，趕了出去。斯坦因前三次都有厚厚的考古報告，第一次兩大卷，第二次四大卷，第三次五大卷，但第四次沒寫。

圖 1-5　帶作者參觀書庫的吳芳思

斯坦因的收穫，吸引着我們這些研究西域、研究敦煌的人，所以我的第一目標就是奔向倫敦。

奔向倫敦

　　經過了很長時間的準備，我第一站去了倫敦，因為畢竟學過點英語。1985 年 4 月 21 日晚上 9：25，我從萊頓坐 Boat train 到英吉利海峽邊的荷蘭角（Hoek van Holland），登上可乘坐一千多人的「聖尼古拉斯」號（St. Nicholas）郵輪前往英國。儘管我是在海邊長大的，但從來沒有乘郵輪出過海，英吉利海峽風浪很大，我一下就暈船了。我買的是二等艙，所以趕緊睡了。

　　第二天 6 點起床，已經能看見英國海岸。船上大部分是歐共體的人，他們拿着身份證入境很容易，但我聽說對東方人入境檢查很嚴。我後來走過幾次英吉利海峽，被查過多遍，這一次卻非常順利，海關沒有任何麻煩，順利過關，登上第一班去倫敦的火車。9 點多到了利物浦街火車站（Liverpool Street Station），然後轉地鐵，到城市最西頭的 Ealing Broadway，轉了一次汽車，走了幾個街區，想找中國駐英使館教育處。我到了 Drayton Green Road 51 號，一看前面是個賣菜的地攤，有個老漢說你走錯了，你找的是 Drayton Green 51，沒有 Road。到 11 點，我終於找到了位於 West Ealing 的教育處。我有荷蘭教育處劉秋雲老師的介紹信，教育處說可以住七天，每天 3.5 鎊。這太便宜了，倫敦任何一個地方也找不着這麼便宜的住處，我當機立斷買了飯票，準備住七天。但是這個地方離英國圖書館（The British Library）太遠了，大概要一個多小時的路程。為了趕時間，我放棄在這裏吃早飯、中飯，整個白天在英國圖書館抄敦煌文書，圖書館下午 5 點關門之後我去旅遊，晚飯也趕不回去。不過我在這裏認識了很多好朋友，收穫很大。晚上，幾個人睡在一個大通鋪上，都是不同地方來的留學生、進修老師，大家在一起聊天。有一個人指點我去劍

橋時可以找劍橋學生會主席袁亞湘，說他肯定能給我找住的地方。那個時候的學生都是這樣跑的，只要你找到他報出一個名字，他馬上幫你忙，甚至管吃住。

4月22日是星期一，我辦好入住以後，放下包，洗個澡，換身衣服。我平常是一身學生裝，到教授家裏和圖書館、博物館，換成西裝革履。我下午2點出發，4點來到了英國圖書館的東方寫本與印本部（Department of Oriental Manuscripts and Printed Books）。我還保留着當年英國圖書館東方部的宣傳冊頁（圖1-4），封面用的是敦煌印本新樣文殊的圖，後來我專門寫過新樣文殊的文章。這是西元十世紀歸義軍節度使曹元忠時期印製的文殊菩薩像，東方部選了一張品相非常好的作為冊頁封面。要知道，英國圖書館東方部搜集了從埃及、小亞細亞、阿拉伯、波斯到中國的各種文獻，多得不得了，但是他們採用敦煌的刻本來做醒目的廣告，說明敦煌資料的價值和重要性。圖的左下角標出的是東方部收藏品涉及的地區，可見範圍之廣。東方部當時在羅素廣場（Russell Square），距英國博物館很近，走過去大概五分鐘。我1991年再去的時候，英國圖書館東方部房租到期了，於是塞進了印度事務部圖書館裏。現在印度事務部和東方部合併了，也搬到現在英國圖書館的主樓裏。

東方部有兩位對我非常好的人，一位是馬克樂（B. Mckillop），1975年到1977年曾在北大中文系留學；另一位是吳芳思（Frances Wood）（圖1-5），1974年北大歷史系的「工農兵留學生」。1973至1975年時中國一度接受了一些海外的留學生，這批留學生都特別熱愛中國，他們跟着中國的工農兵大學生一起開門辦學。吳芳思有一本書寫她留學時與中國同學一起學工、學軍、學農的情形，包括跟着解放軍練扔手榴彈。我帶着北大的導師張廣達先生給吳芳思的介紹信，她第一天不在，讓馬克樂幫我聯絡。馬克樂當時快生小孩了，挺着個大肚子幫我跑各種手續。我下午4點到達，說要看敦煌卷子，她馬上讓館員拿出了四個敦煌卷子給我看。5點關門，其實我只看了兩個。第二天吳芳思回來了，帶我進了地下書庫，參觀了收藏敦煌卷子的地方，還有收藏甲骨文的櫃子，裏面的盒子把每片甲骨按照它的痕跡挖了槽鑲在裏頭，保護得非常好。

圖 1-6a　S.4654《羅通
達邈真贊》(《敦煌寶
藏》圖)

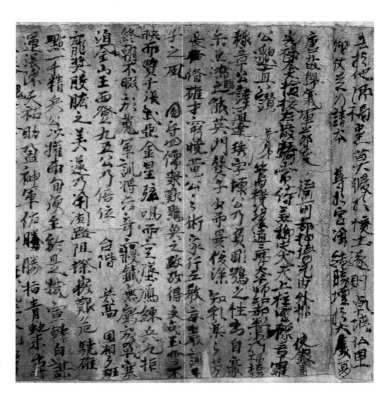

圖 1-6b　S.4654《羅通
達邈真贊》(IDP 圖)

後面的幾天我只要在東方部，她們兩個人就上上下下地幫我，比如說我要核對哪本書，她們就去書庫裏找書；我說這一頁能不能複印一下，她們就去複印；最後我實在來不及看完要看的敦煌文書，問能不能拍幾張照片。閱覽室不能拍，吳芳思說到我辦公室來，我就站在她的椅子上，自己拍了幾張。還有，我想找翟林奈（Lionel Giles）編的英國圖書館所藏敦煌寫本目錄，這本書在北京只有中國科學院圖書館有一本，連北大都沒有。我說能不能在你這找一本，吳芳思順手在辦公室拿了一個副本，扣了一個註銷印送給我。這是我在國外收集敦煌學書籍的第一收穫。我在荷蘭萊頓時已經準備了最想調查的卷號，有了翟林奈的目錄，就可以在倫敦不斷地調整編號，如果沒有目錄，不好確定下一步要找的東西。

此後一週，我每天早出晚歸。早晨坐地鐵，到羅素廣場站，買一個麵包、一杯咖啡，趕緊吃完之後，就奔英國圖書館的東方部，9：30一定坐在位置上，吳芳思她們就幫我把卷子遞出來，我看完一批馬上換一批。後來敦煌卷子的閱讀由IDP接手，IDP說他們每天要掃描，沒有時間去拿卷子。我們一些研究者去到那兒，一天只給看七個。我們現在有很好的照片，去那裏只不過是看那幾個不清楚的字，這七個十分鐘就看完了。一天很貴的旅館費，結果十分鐘全看完了。所以我寫了一封信抗議他們，說哪能這樣對待中國學者，我署名用正式的帶水紋印的有法律效力的紙寫給他們。但是我抗議也沒有用，現在據說還有限制。其實對專家學者不應當有這種限制，像吳芳思，像馬克樂，包括下一講提到的法國東方部主任郭恩（Monique Cohen）夫人，對我非常開恩，都是沒有限制的。

初窺敦煌寶藏

我當時去倫敦有兩個主要目的，一個是歸義軍史，我的碩士論文叫《歸義軍及其與周邊民族的關係》，要把已知的重要文書校錄出來；另一個是我跟張廣達先生

正在做于闐的系列研究，所以有關于闐的文書，我全部要過錄到手。我在北京就看過斯坦因敦煌編號的所有縮微膠卷，在萊頓又精選了五十個左右的號。英國藏敦煌卷子的縮微膠卷是 1953 至 1954 年日本學者榎一雄在倫敦大學教書時用東洋文庫的資金製作的，隨後中國科學院用我們北京圖書館藏、《敦煌劫餘錄》著錄的 8000 多號敦煌卷子的縮微膠卷跟東洋文庫交換，劉銘恕先生當時任職中國科學院圖書館，所以就着手編目，就是 1962 年出版的《敦煌遺書總目索引》裏的《斯坦因劫經錄》。「文革」後，北京大學王永興先生、張廣達先生開敦煌的課，翻拍了一套膠卷到北大圖書館。我們當時有個敦煌研究室，這套翻拍膠卷就在研究室裏，很方便閱讀。斯坦因收集品有 105 卷，我把這 105 卷過了一兩遍。後來台灣新文豐出版公司據這批縮微膠卷印成《敦煌寶藏》，但縮微膠卷或《寶藏》的照片，很多文書看不清楚。我這裏舉一個 S.4654《羅通達邈真贊》的對比圖（圖 1-6a、b），黑白版的來自《敦煌寶藏》，也就是我們當年在國內看到的縮微膠卷圖片的樣子，彩色版來自 IDP，就是我當時能夠親眼見到的原卷樣子，我們可以看出兩者的巨大差別。

我本子上記的第一件要查閱的是「S.329 尾 +S.361 首？」，後邊寫着「趙和平」，就是趙和平和周一良先生在做這件書儀，但他們從縮微膠卷上看不清楚這兩個卷子能不能拼接。我出發前接到張廣達先生的信，讓我來調查。過去的縮微膠卷上看不出裂痕來，《敦煌寶藏》雖然做了一些技術處理，比縮微膠卷要清楚一些，但還是看不清楚裂痕，所以他們怎麼也沒法解決這個問題。我拿出兩個原件往那一放，嚴絲合縫，證明就是人為撕開的，這種情況非常多。現在的學者有了《英藏敦煌文獻》，有了 IDP，完全沒有我們當年做研究時那種困境。我們為了解決這麼小一個問題，要花着旅費，跨越千山萬水到倫敦去確定這件事，不確定就不敢說。這是我的第一項任務，是我的老師、我的師兄輩的事兒，我必須放在首位。

凡是寫卷上有一點點油污的地方，那些字在縮微膠卷上就是黑疙瘩一塊，我們當年是錄不出來的，不像現在 IDP 的照片，都清清楚楚，錄文沒有任何障礙。比如 S.4654《羅通達邈真贊》就是這樣的情況。1992 年，我去香港，在饒宗頤先生指

導下，跟姜伯勤先生和項楚先生合作編了一本《敦煌邈真贊校錄並研究》。我們知道，古人去世之後有墓誌銘，實際古代在墓邊要立一個真堂，「真」就是寫真，畫一個像，寫一個邈真贊，是逝者的贊文。畫像和贊往往要燒掉，即使掛在真堂裏，過多少年早就沒了，真堂也不在了。敦煌卷子裏有把邈真贊作為一種文獻抄錄的文本。這些邈真贊有重要僧人的，有歸義軍文武官僚的，是非常重要的研究歸義軍史的史料。過去陳祚龍先生、鄭炳林先生對邈真贊做過錄文，但不到家。以認字的能力論，項楚先生在敦煌圈裏是很棒的，所以饒先生請他把邈真贊整個錄了一遍，之後交給我做第二遍工作。項先生錄的字，我一個字都不改，因為項先生是當時認字的高手，但是他用的縮微膠卷，有些不清楚。像這篇《羅通達邈真贊》是有油污的文本，項先生本事再高，短短的一篇邈真贊，還是留有大量的空格。1985 年我在倫敦把最重要的邈真贊全部抄過，項先生錄文留下的空格，我全部填上了。我拿了整理後的錄文稿給饒先生看，他頗為驚訝。其實這不是我的本事，是因為我在倫敦看到了原件。所以我們這本邈真贊集在很長時間裏是最可靠的。現在有 IDP 了，這些卷子都能看清楚，最近鄭炳林先生把他的《敦煌碑銘贊輯釋》做了增訂本，又推進一步。敦煌的研究就是這樣不斷地累積起來的。

再舉一個例子。S.389《肅州防戍都狀》倒數第三行有個詞 —— 通頰，這是一個吐蕃化的部落名字，但過去在傳世史籍裏沒有任何關於通頰的記載。唐長孺先生在縮微膠卷上看不清楚這兩個字，1962 年發表〈關於歸義軍節度的幾種資料跋〉時，就打了兩個框。當時沒有「通頰」這個概念，所以唐先生這麼大學問也無從推測，只能畫兩個框。我提出原件一看，清清楚楚「通頰」兩個文字，所有唐先生的框，我都填上了，我的調查結果後來寫在碩士論文裏。通過敦煌卷子，我們才知道當時河西一帶有個通頰部落，這是新知識，所以後來我單獨寫成一篇〈通頰考〉，把所有敦煌西域文書裏有「通頰」這兩個字的，漢文的、藏文的，都找了出來。這篇文章的中文版發在《文史》上，英文版發表在德國的《華裔學志》（*Monumenta Serica*）上。我當時學了一年半藏文，這篇文章是我最主要的一篇藏學論文，基本上

都是直接用藏文。文章通過了嚴格的國際評審，現在的藏學家還在引這篇文章。關於通頰的研究，我這篇文章基本上做到底了，後來沒有發現太多的材料。

我當時調閱的文書還有 S.397《五台山行記》、S.515v《敕歸義軍節度使牒》、S.526《陰氏與和尚書》、S.529《歸文牒》、S.1156《上都進奏院狀》、S.2589《張勝君狀》、S.4276《萬人上表》、S.4525《什物帳》、S.5139v《劉少晏狀》、S.5448《渾子盈贊》、S.5697《閻使君文書》、S.5981《智嚴留後記》、S.6064《糧帳》、S.6333《肅州防戍都狀》、S.6342《張議潮進表》等等。

我 1985 年 7 月 5 日回國之後，7 月 25 日必須答辯才算 1985 年的畢業生，如果我推到 7 月 25 日以後答辯，就是 1986 年的畢業生了。當時張先生說你趕緊趕，但我收集的資料還在船上，隨身的箱子只帶了一些最珍貴的材料，當然我碩士論文的草稿隨身帶了，「通頰」這些字都在碩士論文裏。

我在萊頓做了充分準備，只要前人有錄文的全部複印好，到英國圖書館上手就校。我當時校對前人錄文或自己動手錄的有關歸義軍的文書，重要的有《上都進奏院狀》、《張勝君狀》、《陰氏與和尚書》、《歸文牒》等等，最前面一件是歸義軍在長安設立的進奏院上給歸義軍節度使的狀，是研究歸義軍的最基本史料。這些校錄成果都收入到我的《歸義軍史研究》裏了。《歸義軍史研究》雖然是 1996 年出版的，但裏面的文章大概是從 1985 年以後陸陸續續發表的。這一系列歸義軍研究論文的基礎，就是 1985 年歐洲考察的收穫，基本上我用的每一件材料，都看了原件。我的論文雖然大多數都給了前人錄文的出處，但是我的錄文往往在關鍵點上跟他們不一樣，就是因為我看了原件。今天有些研究論文發表敦煌卷子的錄文，寫出處時直接上來給一個編號，或直接給圖版或 IDP 的出處，但這個錄文是他第一個錄的嗎？不是，是前人辛辛苦苦錄的。

我的另一個主要目的是校錄有關于闐的敦煌文書。過去我把英、法、中的敦煌卷子的縮微膠卷都翻過一遍，用了很大的功夫檢出其中有關于闐的卷號，但很多圖片看不清楚。

舉一個例子，就是敦煌寫本中的《瑞像記》。瑞像記是敦煌莫高窟壁畫榜題的抄錄，其中包括許多于闐瑞像。我們進到莫高窟，中間有一個龕，龕的頂子上有一個斜的四披，四披上往往畫瑞像，特別是 231、237 窟這些吐蕃統治時期的。瑞像是什麼？英文叫 famous image，在印度、西域，甚至在中國，最有名的這些像，比如說釋迦牟尼降服毒龍圖、白衣觀世音像，這些像已經形成一個固定模式，不管在哪個地方翻畫它，基本模樣是一樣的。敦煌中晚唐開始流行瑞像，特別到了歸義軍時期，每一個歸義軍節度使的頭上都是瑞像圖，主要是于闐的瑞像，有八大守護神、八大菩薩，還有印度、中國的，另有一些是佛教的史跡畫，比如說安世高去南方，跟同學揮手告別時，這樣一個固定的圖像模式。莫高窟裏畫像旁的榜題現在大部分看不清了，敦煌卷子裏沒有畫，但是把榜題抄錄下來了。1986 年我和張廣達先生合寫了一篇〈敦煌「瑞像記」、瑞像圖及其反映的于闐〉[1]，就是研究我在英法校錄過的四篇瑞像記，英藏的是 S.2113v《瑞像記》、S.5659《瑞像記》，到今天瑞像記仍然只有這四篇。我在北京就已經做好準備工作，但是當時在縮微膠卷上看不清楚字，《敦煌寶藏》還好一點，但有些字還是不知道是什麼，比如說 S.2113v 行間有一個「了」一樣的符號，很容易和左邊的字合看成一個字，但它實際上是一個符號。畫家把這一條畫完了，就在這一勾，表示畫完了。或者原文正文寫了一個字，後來發現寫錯了，就在旁邊又寫一個正確的字，但並不把錯字塗掉，這都是敦煌卷子常見的現象。可是我們從縮微膠卷上看不出原件上的層次，還有紙縫中的字，翻頁處的字，看了原件就一目了然。當然我們也用了互校的方法，《瑞像記》有很多記的是同一個像，它有一些抄本，還有莫高窟現存的榜題，我們從謝稚柳、史岩等人的抄錄裏，找到個別相同的條目。但是瑞像都在很高的頂子上，即使是清楚的，站在底下也看不到，前人的錄文很不完善。今天敦煌研究院正在做高清的數位掃描，以

1　載《敦煌吐魯番文獻研究論集》第 3 輯，北京：北京大學出版社，1986 年，頁 69-147。

CHINESE MANUSCRIPTS FROM TUNHUANG, SUPPLEMENT

(Additions to manuscript register,
beginning Or. 8210/6981-)

6981 Lichan wen(?2854-6) 寺にあ力2物资买入表
6982 Tanwude bu sifen lü
      shanbu shaji jiemo

6983 0262, p.25 Illustrated
      Guanshiyin pin of the
      Lotus sutra, in the form
      of a booklet.
6984 Dacheng wuliangshou jing
6985 Dharani
6986 Foshuo huzhu tongzi jing
6987 Vinaya
6988 Miaofa lianhua jing.0262
6989 Da boruo boluomi jing
6990 Sifen biqiuni jieben
      T1431
6991 Weimoqi suoshuo jing.
      T0475
6992 Da boruo boluomi jing
      0220
6993 Da boruo...)0220
6994 0262 Miaofa lianhua
6995 Da boruo...0220
6996 Da zhidu lun 1509
6997 Sutra extracts
6998 Livestock records— v. small round Black seal, same as in Indian Office ms.
6999 Foshuo wuliangshou   ch. i .0021 a.
      yaozong [sic] jing
7000 Boruo boluomiduo
      xinjing
7001 Stamped portraits
      (yinsha fo)
7002 Lunyu 合論第五 卷第三
7003 /1 Lunyu (Ho Yan) 八佾第三
      /2 Lunyu
7004 Encyclopedia
      (leishu, unidentified) 宮闕篇第六

7005 0235 - Missing since 1970, and not included in the microfilm.
7006 Apocrypha. Includes : 2903 = S.6761.
7007 Abhidharma
7008 0220 (6) 798a24-b3
7009
7010 0220
7011 0220
7012 0220
7013 0220(5) 1059c27-1060a26
7014 0220 (waste)
7015 0262 57c4-58a27
7016 0262 15b14-16a18
7017 0220
7018 0220
7019 0220
7020 0220(5) 1015c19-1016a18
7021 0220
7022 0220
7023 2879 1364b2
7024 0262 16a8-b2
7025 0220
7026 0220
7027 0235 751c1-752a7
7028 1071 154
7029 0665 451 b17- c19
7030 0665 442 b2- c25
7031 0220

圖 1-7a 英藏 6981 號後草目 1

10845
10846
10847
10848
10849
10850
10851 0262
10852 Unide.
10853 Reed stiffener for end of scroll with maroon ribbon.
10854 Scroll-end with reed splint with coloured ribbon cut from flower design cloth.
10855 Linen cover with outside ribbons (Da borno,2)
10856 Paper cover.
10857 0262 57 c8...
10858 0262 56 c2...
10859 Lotus title, ch.9
10860 " " ch.4
10861 " " ch.2
10862 " " ch.9 (mat.)
10863 " " ch.2 (sewn)
10864 " " ch.1
10865 " " ch.1 (Qingxin)
10866 " " ch.7
10867 " " ch.6 (miao, yong)
10868 " " ch.3
10869 Hua jing, ch.5, title
10870 Lotus, ch.4
10871 " ch.1
10872 " ch.6, with Tang silk ribbon.
10873 " ch.3
10874 " ch.7
10875 " ch.7 (dark)
10876 " ch.3 (Tang silk)
10877 " ch.5 (ribbon)
10878 " ch.6
10879 " ch.1
10880 " ch.4
10881 " p.3
10882 " ch.4
10883 " ch.4
10884 " ch.6
10885 " ch.6
10886 " Pref. p.1
10887 Da ban Niepan jing, 33
10888 Wenshushili wen pusa jing
10889 Jingang boruo boluomi jinglun juan xia, Jie, (seal)
10890 Pusa yingluo benye jing, shiyi pin di 4
10891 Foohui bannie pan lüeshuo Jiaojie jing
10892 Mohemoye fo sheng Daoli tian wei mu shuo fa jing.
10893 Da ban Niepan jing, 12.
10894 Da baoji jing (second title pasted on first)
10895 Da fangbian fo bao,en jing, 6
10896 Jinguang ming guisheng wang jing, ch.2
10897 Dacheng faju jing
10898 Sifen lü chao, ch.1
10899 Pini xin
10900 Fo ru niepan ...
10901 Fo shuo dengming jing
10902 Mohe boruo boluomi jing, 39
10903 Mohe boruo boluomi jing, 3[]
10904 Da ban niepan jing, ch.13
10905 Da baoji jing, ch.70
10906 Tianzun ming jing, xia (and another title)

10907 Da ban niepan jing, ch.26
10908 " " ch.17
10909 Dengming jing
10910 Siyi jing, ch.[] (3 lines to
10911 Pusa yingluo benye jing jizhong...
10912 Foming jing, ch.1 (Ni yan she)
10913 Jinguang ming Zuisheng wang jing, ch.6
10914 Wenshu boruo boluomi jing
10915 Jinguang ming zuisheng wang jing, ch.3
10916 " " ch.10
10917 " " ch.8
10918 Taiyi yebao yin [] jing, ch.8
10919 Jingang boruo boluomi jing
10920 Foshuo foming jing, ch.[]
10921 Weimoyi jing, ch.3
10922 Foshuo bayang shenzhou jing
10923 Fo benxing jijing, ch.33 (seal)
10924 Jingang boruo boluomi jing
10925 Dengji zhongde sanmei jing, zhong (end title shaped)
10926 Da ban niepan jing, ch.35
10927 " " ch.36
10928 " " ch.shang
10929 " " ch.xia
10930 Dazhi lun, ch.46 [?] [Pencil note chien 0375c]
10931 Le yingluo zhuangyan jing, shang
10932 ", xia
10933 Weimoqi jing, shang
10934 Amituo jing
10935 Shuoluo biqiu jing
10936 Taishang yuanyang jing, ch.6
10937 Tianqing wen jing, Bintoulu jing
10938 Jinguang ming zuisheng wang jing, ch.9
10939 Da foding wanxing shou lengyan jing, ch.4
10940 Da foding jing, ch.5
10941 Jinguang ming jing, ch.2
10942 Jinguang ming zuisheng wang jing, ch.9
10943 Jinguang ming jing, ch.9
10944 Da ban niepan jing, ch.13
10945 Jinguang ming jing, ch.4
10946 Jingang boruo boluomi jing
10947 Foshuo foming jing, ch.19
10948 Jinguang ming jing, ch.5
10949 Foming jing, ch.10
10950 Jinguang ming jing, ch.10
10951 Jinguang ming zuisheng wang jing, ch.6 (7 lines of another text)
10952 Da foding jing, ch.1
10953 Sifen lü jiemo nibie xing fashi yi juan.
10954 Foming jing, ch.7
10955 Foshuo yulan pen jing
10956 Lü she song, (2 lines text)
10957 Sifen ni jiemo, shang
10958 Jinguang ming jing, ch.8
10959 Jinguang ming zuisheng wang jing, (first 3 lines)

圖 1-7b　英藏 6981 號後草目 2

後我們錄這些文就不必再犯難了，可以在電腦上辨認莫高窟榜題上更多的字。但是這類榜題的基礎就是這些寫本中的《瑞像記》，特別是它是連續抄寫的，可以把敦煌莫高窟畫的一些圖按順序排出來。它們跟榜題抄是一致的，可以把中間缺失的那幅畫的資訊補出來。我有一年帶着博士後朱麗雙到敦煌，因為敦煌研究院公佈了于闐八大守護神在哪些窟裏頭，而且樊錦詩院長把所有的窟都給我們打開。根據這些號，我們發現所有窟頂的八大守護神全部跟這些《瑞像記》裏面記的八大守護神是一致的，沒有任何錯，於是這些畫全部可以考定，這樣就解決了一個大問題。其實它後邊的八大菩薩，還有其他的瑞像，到今天還沒有完全做完。

後來我利用英法調查的有關于闐的卷子，與張先生合作寫了一系列文章，特別是 1989 年發表的〈關於敦煌出土于闐文獻的年代及其相關問題〉[2]，是這次調查成果的集中展現。敦煌藏經洞出土了一批于闐使臣、于闐太子、于闐公主寫的于闐語文獻，關於這批于闐語文獻的年代，在歐美屬於伊朗學的于闐研究圈裏，有各種各樣的說法，我和張先生一直跟他們打筆仗。後來我想，如果確定了于闐人什麼時候在敦煌就可以解決這個問題了，於是我把在英法圖書館調查過的卷子裏提到于闐太子、于闐公主、于闐使者、于闐僧人等都找出來，排出一個年表，把所有漢語文書中于闐的史料全部抄在上面，這樣就可以看出來，于闐使者 901 年第一次到敦煌，直到 994 年。我這次在英國圖書館校錄的就有 S.1366《歸義軍油面曆》、S.2474《入破曆》、S.2528《于闐僧龍大德狀》、S.3180《大寶國百辰追念文》、S.3728《柴場司判憑》、S.4359v《開于闐》、S.6264《道圓授戒牒》、S.6452 帳等，裏面都有于闐的使者或僧侶來到敦煌活動的記錄。既然于闐人在敦煌活動是十世紀，那麼于闐語文獻只能在這個時間裏，前後不會差太遠。這篇文章出了之後，基本上把論戰打住了，依據就是對有年代資訊的漢文文書的徹底調查。這篇文章把來敦煌的于闐人

2　載《紀念陳寅恪先生誕辰百年學術論文集》，北京：北京大學出版社，1989 年，頁 284-306。

的所有史料都排列出來，後來俄藏和散藏的增補大概不出十條。我後來在東華大學開的會上寫過一篇〈綿綾家家總滿：談十世紀敦煌于闐間的絲織品交流〉（2011年發表），把反方向的敦煌出使于闐的使者的材料集中了一下。當時從敦煌去于闐出使，基本上都要帶點絹，一邊出使一邊做買賣。此外，我也校錄了 S.5864 至 S.5874、S.6964 至 S.6972 于闐出土漢語文書。

這些有關于闐的文章後來都收入兩本書，一本是我和張廣達先生合著的《于闐史叢考》（上海書店出版社，1993 年），另一本是我和朱麗雙合著的《于闐與敦煌》（甘肅教育出版社，2013 年）。這兩本書最基礎的工作是 1985 年在英法的調查成果，文章裏不會交代這些材料收集過程，現在很高興有機會給大家講一講。

80 年代是我學術的第一個噴發期，為什麼能夠噴發出來，就和 1985 年在歐洲「尋找敦煌」直接相關。

我在英國圖書館還有一個收穫值得一提。當時我們所看到的英藏敦煌縮微膠卷的編號只到 S.6980 號，其實 S.6980 號後還有幾千個號，但是負責編目的翟林奈編不動了，他比定不出這些佛典小斷片，還有許多世俗文書的內容，所以留在後面待編目，英國圖書館也沒有公佈縮微膠卷。當時我最想知道 S.6981 以後的卷子是什麼情況，吳芳思給我複印了一個草目（圖 1-7a、b），很厚的一疊，從 S.6981 到 S.10000 多號，上面已經比定了好多佛典，用中文拼音把這個是什麼經，寫在編號後邊，吳芳思她們做了很多無名英雄的工作。她把這個草目複印給我，並說最好能夠找到一筆錢，讓我 1987 年來半年，把這個目錄編一下，後來這個計劃沒有實現。

我晚上回去趕緊在這個草目裏找跟我有關的材料，找到一個小細條，S.11446號，是《東宮諸府職員令》殘片。這是一個重要的材料，過去唐史學界在英、法找到好幾個號，拼成了一個《東宮諸府職員令》，就是皇太子的東宮裏各級職員是幾品官，負責執掌是什麼。唐朝的法律文書分律、令、格、式，律是刑法典，令是國家對各項制度所做出的具體規定，格是補充律的，式是各項行政法規。留存到現在的是律 ——《唐律疏議》，如果「令」存下來，很多唐史問題不用搞，很清楚，就

看是怎麼規定執行的。跟「令」的配套有「式」,「式」是具體的規定。如唐朝尚書省有個水部,沙州的水閘斗門,哪個先開,哪個後開,在尚書省水部有規定,這是從伯希和收集品裏發現的《水部式》中知道的。但是現在完整的只存了「律」,「令」和「式」丟了,所以在敦煌卷子裏找到這麼兩行字也是欣喜若狂。我寫了一篇〈歐洲所藏西域出土漢文寫本調查隨記〉,發在《中國史研究動態》1986 年第 10 期,這是一個簡單的調查隨記,比較正式的調查報告發在《敦煌學輯刊》1986 年第 1 期。〈隨記〉中報告了這一重要發現。後來日本學者土肥義和先生、岡野誠先生也在英國圖書館發現這個斷片,他們做了更完善的〈東宮諸府職員令〉的整體復原本,這個斷片也收納進去了。當然他們沒有看到我的文章,今天講學術史,要把我自己當年的調查成果在這裏表彰一下。

我當時也拿到了個別的 S.6981 以後的重要文獻的照片,如 S.9213《孝經鄭氏解》(圖 1-8),是鄭玄注的《孝經》。這是清朝儒生沒有見過的,這裏居然存有兩個殘片。這些照片不是我在吳芳思辦公室拍的,而是向英國圖書館正式申請的,他們拍好後寄到萊頓,大概有一二十張這樣的照片。

講了這麼多學術的東西,也得讓大家輕鬆一下。我當年還是個 25 歲的小夥子,還是有玩心的,所以我得空兒,特別是下午 5 點從圖書館出來,天還沒黑的時候趕緊去玩兒。第一當然要去看白金漢宮的換崗,我當時照了不下十張換崗照片,覺得戴着這麼大一個帽子多熱。我還去了大本鐘、西敏寺、聖保羅大教堂、倫敦橋。在倫敦堡,有一個老漢穿着古代服裝一路講各種宮廷故事,最後走到一個小教堂裏,他說旅遊到此結束。我一回頭傻眼了,他的兩個同事帽子一摘,拿着這麼高的大帽子往門口一站,不扔錢你是出不去的。一般扔 20 便士就可以了,可是我當時沒有換零錢,全身最小面值的是一個 5 英鎊,5 英鎊對我來說要在倫敦住一天多,不扔的話出不去,所以我只好痛苦地往裏扔了 5 英鎊,只見老漢一鞠躬說:「ありがとうございます!」(日語:非常感謝)他以為這麼有錢的一定是個日本人。

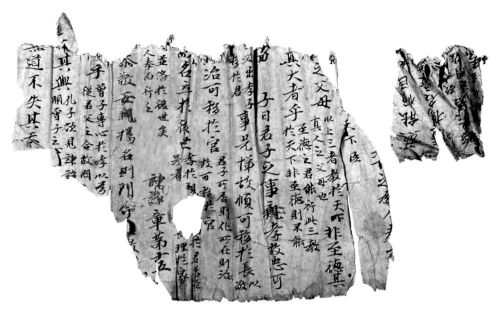

圖 1-8 S.9213《孝經鄭氏解》

印度事務部圖書館和英國博物館的收穫

　　我去的另一個地方是印度事務部圖書館（India Office Library），就在滑鐵盧橋旁邊。4 月 25 日我到印度事務部圖書館時，首先找滑鐵盧橋，到跟前發現跟《魂斷藍橋》電影裏長得不一樣。我問一個老漢，他說原來的橋被美國人一塊磚一塊磚地搬到一個莊園去了，藍橋早就沒了。

　　印度事務部圖書館原來屬於英國外交部，進館要搜身。這個館原是東印度公司的圖書館，它資助了斯坦因的探險，分得了一些與印度有關的藏品，比如婆羅謎文、于闐文、藏文、梵文、佉盧文的文獻，敦煌資料主要是大部分藏文、于闐文的在這邊。我現在還保留着 1985 年印度事務部圖書館的宣傳冊頁（圖 1-9）。

Newspaper Reading Room
South Block
Bush House
Aldwych
London WC2

BL The British Library REFERENCE DIVISION

India Office Library
and Records

India Office Library and Records
Orbit House
197 Blackfriars Road
London SE1 8NG
Telephone 01-928 9531

TRANSPORT TO ORBIT HOUSE

Underground to Waterloo Station on Northern and Bakerloo
lines. Buses 1, 4, 68, 70, 76, 149, 168A, 171, 176, 188
and 239 and Red Arrow buses 501, 502, 507 and 513 stop or
terminate at Waterloo. From there it is a short walk, by the Old
Vic and along The Cut. Buses 45, 63, 109, 141, 155, 177 and
184 pass the building.

TRANSPORT TO BUSH HOUSE

Underground to Temple Station on District and Circle lines.
Buses 1, 4, 6, 9, 11, 13, 15, 55, 68, 77, 77A, 77B, 170, 171,
172, 176, 188, 239 and Red Arrow buses 501, 502 and 513
pass Bush House.

OPENING HOURS

Orbit House 09.30–18.00 Monday–Friday
09.30–13.00 Saturday
Bush House Tuesday, Thursday 10.00–17.00

Central Line → Oxford circus → Bakerloo Line → Waterloo

圖 1-9　印度事務部圖書館宣傳冊頁

圖 1-10a　Ch.00144b 書信 1

圖 1-10b　Ch.00144b 書信 2

印度事務部圖書館的管理員叫奧凱菲（Michael O'Keefe），對我也非常好。我當時還沒學藏文，主要看有漢文的資料。我事先寫好要看的號，吳芳思電話裏告訴了奧凱菲，我去之後，他已經把我要看的文書全部攤在桌子上，所以我看得非常快。最主要的就是一件有關漢地僧人去印度求法的文書（Ch.83.xi），後來我給《季羨林教授八十華誕紀念論文集》寫了〈敦煌文獻所見晚唐五代宋初的中印文化交往〉[3]，就是這次調查的結果。現在《英藏敦煌文獻》的照片仍然模糊，IDP 上可以看得很清楚。另外，我還調閱了 Ch.I.0021a／C.107，Ch.85.IX（107）／C.108 雜寫、習字類，Ch.I.0021a（bis）／C.109 張金山文書，以及 Ch.0047／C.111，Vol.72，fol.72／C.112，Ch.0049／C.122，Vol.72，fol.72／C.133 等。

學術工作的下一站是英國博物館。我們叫熟了「大英博物館」，其實它英文名The British Museum 裏沒有「大英」，應該就叫「英國博物館」；「大英圖書館」也是一樣，應當叫「英國圖書館」。現在為了跟別的國家圖書館叫法對應，翻譯時加一個「國家」，叫「英國國家博物館」「英國國家圖書館」，其實它們的英文名裏沒有「國家」這個詞。原來的英國圖書館在英國博物館裏面，敦煌收集品全部在英國博物館裏。1973 年英國圖書館獨立出來，敦煌文書跟着英國圖書館搬家，絹紙繪畫屬於美術品，仍然放在英國博物館。絹紙繪畫上也有文獻材料。我作為歷史學者，最重要的是搜集文獻材料。我要調查縮微膠卷裏沒有的三件敦煌文書，這三件文書背面有畫，留在了英國博物館。

4 月 26 日我去英國博物館訪問，吳芳思事先介紹，管理員龍安妮（Anna Farrer）熱情接待我。她帶我進了一個電梯，下到不知道第幾層，一開門就是庫房門。收藏敦煌絹畫的庫房裏，有牆這麼高的一個一個大木板子，上面鑲了絹紙繪畫，不是完全固定，抽出一個板子，板子兩邊就是大幅絹畫，釋迦說法圖，文殊、

3　《季羨林教授八十華誕紀念論文集》，南昌：江西人民出版社，1991 年，頁 955-968。

普賢的大幅絹畫都在板子上。這個庫房一般人不讓進的，安妮把板子一個一個拉出來，給我過了一遍，還讓我拍了一些照片，然後再到樓上。

在英國博物館，我不能自己動手，安妮戴着手套，我想看什麼，她給我展開，我在那抄，她在那看着我抄。我抄的主要有三件文書，一件是 Ch.00144b（Stein painting 76），現在命名為〈甲戌年沙州丈人鄧定子妻鄧慶連致肅州僧李保佑狀〉（圖1-10），是一封信，兩邊有紙畫，是壁畫的草稿圖，我們叫敦煌白畫。寫信的人利用空白的地方寫了一封書信。背面整個是一張畫，可以看出畫的是文殊問疾圖，是個草稿。古代的書信寫好要卷起來黏合，葉邊上寫上誰致誰。我 2000 年去日本參加大阪大學的敦煌讀書會，當時一個年輕學者發表對這件書信的研究，森安孝夫教授作為他的老師在那裏坐鎮。他沒有注意到我的《海外敦煌吐魯番文獻知見錄》的注釋裏有據原件的錄文，比他據圖版的錄文要好。他又考這封信是誰致誰的，我提示他文書背面應當寫着這些內容。後來有日本朋友戲稱這是我和森安教授的一次鬥法。我看過原件，所以跟這些國際敦煌學者對話的時候，底氣非常足。因此我不認同 IDP 限制專家看原件的做法，假如我研究紙張，必須摸紙多厚，用儀器測量原件厚度，不然怎麼研究紙張。研究紙張正背面的關係也需要看原件，現在 IDP 最麻煩的是正背圖版不對應。比如《鄧慶連致肅州僧李保佑狀》到底是誰致誰的問題，如果拿到原件，一翻看就知道正背文字的關係。還有，古代著書有一種方法，正面寫正文，背後寫注。只從背面看，注是跳躍不連貫的。和正面一比對，是對應的。敦煌卷子裏有很多這樣的注，但 IDP 為了節省空間，把這些沒字的地方刪掉了。我們用 IDP 看這種文獻，就很難對應，要麼對錯了地方。如果看原件，這個問題非常容易解決。

第二件 Ch.00207（Stein painting 77）更重要，是《乾德四年（966）歸義軍節度使曹元忠夫婦修莫高窟北大像功德記》。北大像就是今天莫高窟九層樓裏的大佛像。這個文書是 966 年曹元忠夫婦出資僱人修北大像的一個功德記。它抄在一張絲綢之路行旅圖的背面，我們常常看到的絲綢之路行旅圖，多是胡人牽馬圖、胡人牽

駝圖，這裏卻是漢人牽馬圖、漢人牽駝圖，證明中國古代的商人也是往外走的，這是非常少見的。這幅畫的背面就是我抄的這件文書，後來的《英藏敦煌文獻》裏有比較清楚的圖，但原來的縮微膠卷裏沒有，它的最好錄文仍然在《海外敦煌吐魯番文獻知見錄》的注腳裏。

第三件 Stein painting 208a、b 是一個佛經目錄，它背後也是畫，因為有畫，所以把它留在了英國博物館。

這三件文書都是縮微膠卷裏沒有的，我錄入《海外敦煌吐魯番文獻知見錄》英國博物館一節的注釋裏。

劍橋拜訪貝利教授

最後說一下我的劍橋之行。在教育處，有個朋友給了我劍橋中國留學生會主席袁亞湘的門牌號，54 Trumpington Street，告訴我你到劍橋找袁亞湘，他肯定給你找住處。1985 年 4 月 29 日星期一中午 12：40，我到達劍橋，找到袁亞湘住址的大門，摁門鈴沒人，我就去各個學院溜達，看了牛頓的雕像（圖 1-11）和那棵蘋果樹。過一會兒我又去摁下門鈴，一直到傍晚的時候，終於碰到一個學生也來找袁亞湘，於是他帶我到數學系，找到袁亞湘。袁亞湘給劍橋的中國留學生打了一圈電話，那天沒人出去玩，也就沒地方住，於是他就發給我一睡袋，說你委屈一下，在我這睡。他準備了些睡袋，為的是接待各路來的留學生。我想反正就待兩天，就湊合一下在睡袋裏睡了。現在我在網上搜了一下袁亞湘，77 級的大學生，當年從中科院計算中心到這裏來讀博士學位，現在是中科院的院士、數學家，很了不起的人物。劍橋有五十多個中國留學生，基本是 77-79 級的大學生，他們跟我有很多共同語言，請我吃飯，還帶我看了一場電影《飄》。我在劍橋飯也有人管了，住也有人管了，都是靠的袁亞湘，因此對他一直心存感念。

圖 1-11　作者在牛頓塑像前

　　劍橋的貝利教授是研究于闐語首屈一指的大家，全世界第一號人物（圖
1-12）。我去劍橋的唯一目的就是拜見貝利，什麼其他目的都沒有，只要見到這個
人就滿足了。我在荷蘭的導師許理和教授研究中國佛教史，他在劍橋最好的朋友是
東方學系的魯惟一教授，就是《劍橋中國史》秦漢部分的主編。我對魯惟一的學術
也比較熟悉，他與萊頓大學漢學院前院長何四維（A. F. P. Hulsewé）合著的《漢代
中國的中亞》（*China in Central Asia: The Early Stage, 125 B.C. – A.D. 23*）一直在我的
書桌上。許理和給他寫了封信，說有一個中國學生要去劍橋找貝利，請他幫忙聯
絡一下。魯惟一就約了貝利，電話告訴我第二天在他所在學院的克雷爾堂（Clare
Hall）見面。第二天我就像古書裏的年輕人一樣，提前四十分鐘就在克雷爾堂門外

等着他們。魯惟一說他 12 點下課，大概還差十分鐘的時候，遠處走過來一位高大的人物，一米九的樣子。我在《倫敦大學亞非學院學報》上看到過貝利的半身照片，知道這就是貝利。他那時已經退休了，八十多歲，穿着一條快磨破的牛仔褲。貝利原來是梵文教授，1934 年發誓要做于闐語，於是改行做伊朗語了，開始在全世界範圍尋找于闐語的卷子，把每一件于闐文文獻轉寫成拉丁文字，然後擬翻譯成英語，再出一本字典，一本語法書，最終完成全部于闐的事業。1975 年因為他對學術的卓越貢獻，被女王授予爵士（Sir）頭銜，地位非常高，是英國皇家亞洲學會常年的會長。

我心目中不得了的頂天立地的人物，忽然走到我面前，讓我激動不已，我趕緊上去寒暄幾句。然後魯惟一也來了，我們三個人進了餐廳。按照劍橋的規矩，餐廳裏老師在台上吃飯，學生都在台下。我們三個人一進去，所有老師都站立起來，

圖 1-12　貝利教授

滿世界尋找敦煌

不管是在吃飯還是在等飯的，都站起來迎接貝利，所以貝利在學界的地位不得了。我就坐在老師們吃飯的長條桌的最頂頭，魯惟一和貝利在我的兩邊，這頓飯吃得非常光榮，可惜當時沒有手機記錄下來。吃完飯魯惟一走了，貝利帶我去了他家（圖1-13）。他家住在郊外，二層的小樓，我當時以為是個圖書館，其實就是他的家。貝利一輩子沒結婚，全部奉獻給學術事業。他後來把所有藏書捐給劍橋大學，用他的宅第設立了一個獨立的印度伊朗研究所（The Ancient India and Iran Trust），附設的圖書館以他的藏書為基礎，現在由辛維廉（Nicholas Sims-Williams）管理，有一個基金會支援這項事業。

貝利非常善談，精神很好，一下午不停地談他的研究工作，詢問我一些中國出土文物的情況，還前前後後為我找書。他有兩個助手，Dr. Y. van Lohuizow 和 Mr. Peter Khorocte，都是荷蘭人，見了我也很親切。我的第一篇學術文章是和張廣達先生合撰的〈關於唐末宋初于闐國的國號、年號及其王家世系問題〉[4]，因為張先生的名望，被翻譯成法語。所以我當時就是拿着這篇法語文章抽印本，還有一篇中文文章送給他，而我出來的時候帶了兩大提包的書。貝利送了我很多書，特別是兩卷本的 *Opera Minora: Articles on Iranian Studies*，是 1981 年他在伊朗設拉子出版的論文集，外面沒有賣的，貝利手裏也沒有幾本，他當時給了我，我太感激他了。他還給了我 *Khotanese Texts I- Ⅲ* 的合訂本，還有 *Saka Documents*，是于闐語一張一張的圖錄。他有四個大柜子，排着他的抽印本，一共有七十多種。他說你隨便拿，我不管內容是否有關，就一種抽一本，拿了七十多本（圖 1-14a、b），最後提了兩大袋，從他家走到袁亞湘那裏，累得喘不過氣來。我回到北京，跟季羨林先生彙報，說拿到了七十多個抽印本，季先生對我說：怎麼不拿兩份！

4　載《敦煌吐魯番文獻研究論集》第 1 輯，北京：中華書局，1982 年，頁 179-209。

圖 1-13 作者與貝利（左一）合影（1985 年）

圖 1-14a　貝利贈書

圖 1-14b　貝利贈抽印本

二　初窺巴黎的敦煌石室佚書

上一講說的是倫敦，這一講帶大家去巴黎轉轉。倫敦回來之後，我開始了歐洲大陸之行。歐洲大陸尋找敦煌的旅行，第一站當然去巴黎。

何謂「敦煌石室佚書」

我用「初窺巴黎的敦煌石室佚書」這樣的名字，是有緣故的，這是襲用自羅振玉最早刊佈伯希和敦煌所獲文獻的兩本書的名字：《敦煌石室遺書》和《鳴沙石室佚書》。

法國的敦煌收藏是伯希和探險隊的收集品。在當時的西方列強裏，法國的動作比較晚，勢力比較小。當時有一個中亞與遠東歷史、考古、語言、民俗考察國際協會，總部在聖彼得堡，由沙皇俄國控制，各國有分會，實際各自為政。新疆塔里木盆地南邊是英國人的勢力，北面是沙皇俄國的勢力，法國人沒有插足之地。法國人發現各國紛紛派出探險隊之後，也派了一支探險隊，伯希和當隊長，一個攝影師，一個測量員，共三個人。當時的探險隊人都很少，斯坦因探險隊也就三個人，斯坦因為主，兩個測繪員是印度考古測繪局的，純粹是幫手，用當時歐洲先進的測繪技術來測量地圖。斯坦因搭建的每個帳篷在他的地圖上都有經緯度座標，現在用Google可以找到斯坦因原來帳篷所在的地方。

1907年，伯希和探險隊三人從歐亞大陸坐火車到奧石，翻過帕米爾高原，到喀什噶爾，俄國駐喀什噶爾的總領事館接待他們。伯希和走的是絲綢之路北道，他先調查了喀什三仙洞，懸崖上的三個石窟。伯希和用盪秋千的方法從山頂盪進洞裏，

裏面是空的，沒有什麼收穫。他就去了巴楚，發掘了圖木舒克地區的脫古孜薩來佛寺。這個寺漢語叫九間房，是一個九間大房子的佛寺，挖開之後都是佛像。這些脫古孜薩來寺的雕像非常漂亮，伯希和當時沒有都取走，取不走的回填到原地。伯希和當時站在小山包上拍了照片，我去過這地方兩三次，地形和照片上沒有變化，佛寺中大的房子還有兩三米高。二十世紀 50 年代中國考古工作者挖過一次，後來沒有再挖過。伯希和在脫古孜薩來佛寺發掘的菩薩非常漂亮，有一年有人在法國拍圓明園獸首，要上千萬。我在香港《明報》上發表了一篇小文章，說不如去法國弄回一個佛像。伯希和自己記載得清清楚楚，他沒花一分錢拿走了，我們打官司要容易一些。

伯希和的第二站是庫車，他看了克孜爾千佛洞和庫木吐喇石窟，覺得德國探險隊已經做了，就選擇了渭干河西岸的一個大佛寺遺址，叫都勒都爾·阿護爾（Douldour-aqour），這是當時的老鄉給伯希和念的名字。二十世紀 80 年代我們在新疆問老鄉這個名字，沒有人知道，因為現在叫夏克吐爾了，河對岸叫阿克吐爾。吐爾是指烽火台那樣的土包，吐爾底下肯定有遺跡。伯希和認為都勒都爾·阿護爾是《大唐西域記》記載的阿奢理貳伽藍，龜茲第二大佛廟。這裏出土了很多佛教造像，一批梵文佛典、吐火羅文 B（即龜茲文）寺院帳目文書、二百餘件漢文佛典和文書殘片。這二百多件漢文也是我去巴黎要看的物件，它們比較碎、比較小，跟敦煌的沒法比。

再下一步，伯希和到了烏魯木齊休整，遇到了清朝官員載瀾。伯希和與載瀾之前在北京相識，義和團運動時，正在法國使館的伯希和曾與義和團廝殺，並和載瀾談判過。兩人在烏魯木齊重遇，原來的仇人變成了朋友。伯希和休整後原本打算去吐魯番，吐魯番雖然挖的人多，但遺址也多，只要往下挖就有東西。吐魯番降水少，所有的東西都保存在地下。伯希和在載瀾手裏看到一卷敦煌寫經，判斷這是八世紀的古代抄本，於是放棄吐魯番，直奔敦煌。

莫高窟的洞窟大概有三層，當時有木製棧道，很多地方不好上去，很危險，我

們現在還能看到一張 1908 年伯希和剛到莫高窟時在木製棧道上的照片（圖 2-1）。現在我們看到鋼筋水泥的棧道是 1962 年加固的。伯希和在敦煌待了一個月，把藏經洞中數萬卷文書、絹紙繪畫全部翻一遍，工作量驚人。他還給莫高窟編了號，帶着攝影師拍攝了大量的壁畫和塑像照片，抄錄了洞窟中的題記。他繪製了莫高窟的洞窟分佈圖，每個窟用科學方法編號。1920-1924 年，他出版了六大本敦煌壁畫的圖錄，比其他國家都早。過去研究敦煌畫，比如松本榮一寫《敦煌畫研究》，他不是到敦煌看畫，他主要用伯希和的照片和伯希和、斯坦因拿的絹畫，把敦煌畫的整體結構給構建出來的。現在敦煌研究院學者的主要工作是把經變畫做細了，其基礎

圖 2-1　伯希和在莫高窟木製棧道上

還是伯希和做的。伯希和對每個洞窟都做了詳細的快速的記錄，詳細到一個連環的經變畫，第一幅在哪，第二幅在哪，它上頭有數字。伯希和筆記現在已經出版，也有中譯本，但沒附原稿本圖片。伯希和的語言能力非常強，他一路走一路學，經過波斯學波斯文，經過塔里木盆地學維吾爾文，這筆記上有回鶻文，還有藏文，都是他摹寫的。伯希和是一個天才，在很長時間裏被西方推為「漢學之父」。

伯希和在敦煌最關鍵的工作是挑文書。伯希和會漢語，幾下就說服王道士，讓他進藏經洞自己挑東西了。之前斯坦因告誡王道士，不許把他來藏經洞的事說出去，王道士沒告訴伯希和。伯希和不知道斯坦因來過，他還說洞裏有點亂，以為東西是僧人逃跑時廢棄扔在這兒了，實際上一年前斯坦因把這翻了一遍。伯希和是第二個進藏經洞的學人，他選文書有三條原則，第一是佛教大藏經未收的佛教文獻，藏外的佛典，但他不是完全清楚哪些佛典是藏內，哪些是藏外的，很後悔沒有帶一本《開元釋教錄》；第二是選帶年款的，要有年代；第三選非漢語的。因此他所得敦煌寫本學術價值較高。後來北京官員拿了藏經洞文書，現在國家圖書館的收藏中于闐文只有一紙七行，粟特文一件都沒有，就知道伯希和挑選文書有多麼厲害。他最後悔的是沒拿走摩尼教殘經，這件沒頭沒尾看上去像佛經，其實是一個上千年的摩尼教的根本經典。

伯希和留下了一張他在藏經洞裏挑選文書的照片（圖 2-2），可以看到那些他沒有翻的，還是一個包一個包的經帙。伯希和收集品在學術界被評價得非常高，但是我做藏經洞整體構成的研究，覺得他把這一個佛藏給毀掉了，因為他要抽選，就把結構打散了。而且按照歐洲的收藏制度，經帙是美術品，放在博物館裏；裏面包的經是文獻，放在圖書館裏，原來一起的東西放到了兩個地方，沒法回去了。法國有個著名的研究遠亞的雜誌出過一個「紀念藏經洞發現 100 周年」的紀念專號，收了我一篇文章〈敦煌藏經洞的封閉及其原因〉英譯本。我在文章裏說伯希和把這個佛藏給毀了，法國人編輯的時候很不喜歡這話，就說伯希和沒有帶《開元釋教錄》，當時不知道這是一個藏。法國人很維護他們的學術領袖。

圖 2-2　伯希和在藏經洞裏挑選文書

我們來介紹幾件伯希和拿走的東西。

第一號叫《南海寄歸內法傳》，是完整的一卷，這是唐朝人或者五代人抄的，比現在所有刻本都早的本子。《大唐西域記》，伯希和拿了兩三件。這是早期的抄本，離成書不是特別遠，非常有校勘價值。

《文選》在唐朝是很重要的書，科舉考試要用。當時科舉考試的學生在寺廟裏複習功課，比如一件在長安弘濟寺寫的《文選》，而且《文選》後邊還有一句藏文，藏文是什麼字？就是「文選」這兩個字的拼音。這個卷子漢人讀，到吐蕃統治敦煌時期，藏人也在讀。這樣的文書是一個活的文物，表明不斷有人讀。現在有了新的書籍史的概念，敦煌文獻被重新賦予了書籍史價值，這就是一件，它抄得不是很整齊，這不是正規圖書館的藏書，一般就是僧人或者學子用的書。

圖 2-3《鳴沙石室佚書》

《珠英學士集》是武則天周圍的珠英學士唱和詩歌作品的集子。文獻裏有記載這些珠英學士，但是這部的詩集早就丟了，伯希和在敦煌拿到了《珠英學士集》。吳其昱先生經過仔細研究，發現這是非常重要的資料。如果研究唐朝前期的宮廷文人集團，《珠英學士集》和《景龍文館記》這類文人集團的文獻是最重要的資料。如果沒有《珠英學士集》，我們就沒法具體分析都有哪些詩。敦煌《珠英學士集》有兩個抄本，一個伯希和拿走了，一個斯坦因拿走了。此外還有白居易的詩集，後來證明這個卷子不全是白居易的詩集，後邊還有李季蘭的詩。

《書儀鏡》是寫信範本，有吉儀和凶儀兩部分，比如有《父母亡告兄姐書》，一個弟弟在家，父母如果去世了，他怎麼給哥哥姐姐寫信。《父母亡告弟妹書》，如果哥哥在家，給弟弟妹妹怎麼寫信。跟現在的《出國大全》一樣，怎麼給外國導師寫

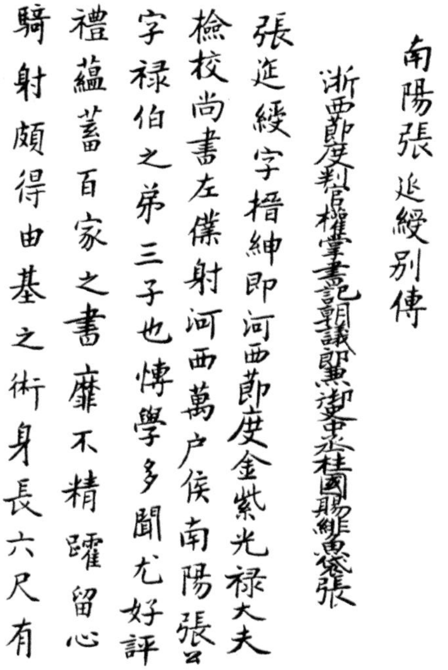
南陽張延綬別傳
浙西節度判官權掌書記朝議郎兼御史中丞柱國賜緋魚袋張
張延綬字㮣紳即河西節度金紫光祿大夫
檢校尚書左僕射河西萬户侯南陽張公
字祿伯之弟三子也博學多聞尤好評
禮蘊蓄百家之書靡不精躍留心
騎射頗得由基之術身長六尺有

圖 2-4a 《張延綬別傳》羅氏摹本

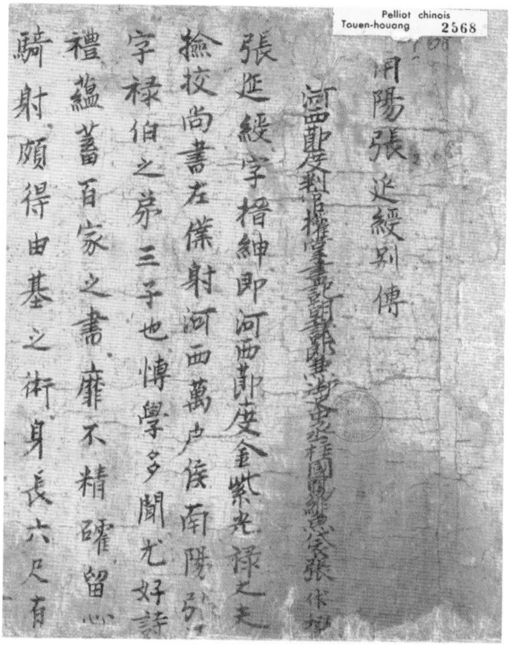

圖 2-4b P.2568《張延綬別傳》原卷（IDP 圖）

信，就是這類作用。官僚文人看不起這種書，他們大筆一揮就是一篇文章，這些書是給下層民眾準備的，所以在中原大多沒有傳下來，但是在敦煌保留着。伯希和很有眼力，他就拿這些東西。

伯希和也拿了一些畫，絹紙繪畫。有一幅畫得非常好的變文紙本畫，它的一面寫着敦煌變文的唱詞，一面畫了降魔變的六個故事，即舍利弗和勞度叉鬥法的六個場面，敦煌有好多這種勞度叉鬥聖變。這種畫是僧人講故事用的，有畫的一面對着觀眾，反面寫着詞。僧人講故事的時候怕忘詞，詞寫在反面，他講的時候可以偷偷看詞。我們現在看到刻本印的，圖就是圖，文就是文，其實兩面的文和圖是對應的。這種東西如果不是親眼實見，哪有這麼生動。

還有大量的非佛教、非漢語的文獻，比如一個藏漢對照的詞彙表。僧人翻經的時候遇到難解詞，他就做成對照表，跟我們現在的對譯表一樣。還有回鶻文的祈願文、朱墨兼寫的回鶻文的摩尼教文書。有于闐文的支出賬，寫得有點草，是個帳目。還有寫得非常規範的粟特文的禪宗典籍。粟特人原是瑣羅亞斯德教徒，後來皈依了漢地的佛教，不僅把《金剛經》、《維摩經》這種普通佛經翻譯成粟特語，也把漢地流行的禪宗典籍翻譯出來。這是很難得的胡語禪宗史料，但是比較難比定，至今沒有學者比定出到底是禪宗的哪部經，當然禪宗的經典很多失傳了。此外，值得關注的還有突厥化的粟特語的帳目，是毛織物入破曆，這種帳記得比較草、比較亂。

1908 年伯希和探險隊把敦煌西域的收集品送出中國後，他本人先去越南河內的法國遠東學院述職，然後 1909 年又奉命往北京，代法國國家圖書館購買線裝古籍。他揀選了一些他認為最有價值的敦煌文獻和文書帶在身邊進行研究，不成想在北京走漏消息，羅振玉等中國士大夫紛紛來找他，要求抄錄這些敦煌資料。伯希和傾其所攜，供他們抄錄，於是羅振玉很快編成《敦煌石室遺書》，發表抄錄的經史子集四部書的成果，其中還收入蔣斧的《沙州文錄》、曹元忠的《沙州石室文字記》，主要抄錄非典籍類文書。以後伯希和為感激中國學者「以德報怨」，陸續又

把一些敦煌寫本照片寄給羅振玉。羅氏從 1913 年伯希和寄來的照片裏選了 23 件，編成《鳴沙石室佚書》（圖 2-3），將這些寫本影印出來，其中包括《隸古定尚書》、《春秋穀梁傳解釋》、《論語鄭注》、《春秋後語》、《晉紀》、《闐外春秋》、《水部式》、《諸道山河地名要略》、《貞元十道錄》、《沙州圖經》、《西州圖經》、《太公家教》、《星占》、《陰陽書》、《修文殿御覽》、《兔園策府》、《唐人選唐詩》等四部要籍，都是清朝士大夫感興趣的。當時是辛亥革命後，羅振玉跑到日本，這本書就是他在京都的書庫宸翰樓影印的，只印了一百部送給朋友。這一百部很快就沒了，後來不斷有人找他要這書，於是 1928 年他讓兒子摹抄一遍，以應所求。

這個摹本每篇文書的字基本上跟原卷的字一樣，但是有漏抄，我在開始做敦煌研究的時候，就被帶到溝裏了。這本書裏有一篇《張延綬別傳》（現在編號 P.2568），傳主是歸義軍節度使張淮深的兒子。作者題名處，摹本只有「張」字（圖 2-4a），我以為這是原卷模樣，所以在習作〈敦煌卷子剳記四則〉中 [1]，把摹本當作原本，沒有重視看過原件的王重民先生所說此卷「亦為〔張〕球所撰」的提示，以為「從原卷照片卻找不到『球』或『俅』字的痕跡」。事實上，原件上清清楚楚有「俅」字（圖 2-4b），可能是這裏有油污，字又小，羅氏摹本乾脆給省略掉了。我的文章發表後，左景權先生給我寫信，說你弄錯了，原件上清清楚楚有作者名字，你看的是個摹抄本。這下我才明白過來。我舉這個例子是想告訴大家，我過去掉進過這樣的陷阱，所以我一定要到巴黎，把這些看不清楚的文字落到實處。

---

1   載《敦煌吐魯番文獻研究論集》第 2 輯，北京：北京大學出版社，1983 年，頁 631-673。

與張頌南「對開」

倫敦回來之後，我很快就開始了歐洲大陸之行。我當時剛過 25 歲，還可以買歐洲學生票，就是叫 interview interior，二百多元人民幣可以買一張歐洲鐵路聯營票，一個月之內，任何時間、任何車次的火車都可以上。而且歐洲坐火車的人少，基本不用買座，上來就有座。歐洲大陸尋找敦煌的旅行，第一站當然去巴黎。之所以馬上去巴黎，這與張頌南的「對開」計劃有關。

什麼叫「對開」？我給大家講一講這事的原委。我在倫敦教育處住的時候，認識一位元從巴黎來的中央美術學院的老師叫張頌南。張頌南告訴我，他想去阿姆斯特丹博物館看畫，我說我想去巴黎看敦煌文書，我們就說好大概十天之後的某一天，我們「對開」，他開往阿姆斯特丹，我開往巴黎，互相為對方解決住處。我在中國駐荷蘭領事館春節聚會時認識三個在阿姆斯特丹做生意的中國人，他們好像是機械工業部派來的。他們仨在阿姆斯特丹租個大房子做生意，打牌三缺一，他們說你們有朋友來，就推薦到我們這兒，管吃管住，但是晚上得跟我們打牌。我就向張老師推薦了這個地方，給了他門牌號，讓他去找這三位老兄。張頌南讓我住他在巴黎的宿舍，給我畫了他所住樓房的地圖（圖 2-5），說好把鑰匙放在信箱裏。當時沒有手機，沒有 E-mail，也來不及寫信，我就在約定的那天，5 月 6 日星期一，一早趕到海牙，轉乘 7：42 的車前往法國，火車晚點，下午 1：30 到巴黎北站，按照他給的地圖找到他的宿舍，記得是一座學生公寓模樣的樓。我進去之後，在編號是他的信箱裏拿到他留在那裏的鑰匙，開了他的門，把他宿舍當作我在巴黎的旅館。

這就是我和張頌南「對開」的友誼。這也是我們當年留學在外的人之間的信任感。

最近我為了講座在網上搜了一下張頌南先生。他是畫家，1978 年考取中央美術學院油畫系研究生班，1980 年畢業留校，1981 年成為中國美術家學會會員，1984 至 1985 年被派到法國巴黎美術學院進修，就是當年徐悲鴻讀過的學校。張頌南是

董希文的大徒弟。董希文曾經跟常書鴻去敦煌畫畫，後來畫了《開國大典》。張頌南是董希文在「文革」後帶的第一波學生，後來也成為了不起的大畫家。我在網上看到一幅張頌南在法國進修時畫的油畫，畫的是他的母親，背景來自《韓熙載夜宴圖》，中西合璧，很有創意。張頌南回國後，1985 至 1987 年任中央美術學院院長助理、壁畫系副教授，1988 年移居加拿大。但是他經常在國內辦畫展，前幾年他 70 歲時回國辦了一個畫展，本來可以通過他的朋友、我現在的同事朱青生聯繫到他，可惜我一直沒有清理過自己在巴黎的記錄，所以錯過和他見面的機會。

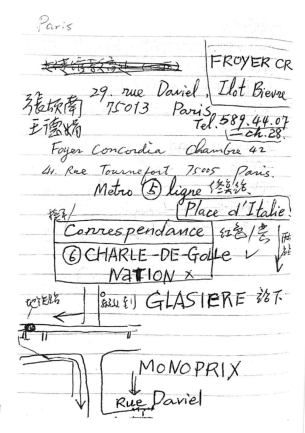

圖 2-5　張頌南畫的地圖

左景權與吳其昱的熱心

我在巴黎的張頌南宿舍稍作停留，隨即去拜訪左景權先生。

我去巴黎之前跟那裏研究敦煌的兩位華裔先生聯絡過，一位是左景權先生，一位是吳其昱先生。他們倆在戴密微（P. Demiéville）的邀請下，與法國學者一起做敦煌研究，主要是編目錄。左先生曾到北京大學講學半年，所以我和他更熟一些；吳先生也到北大短期訪問過。我現在還保留着他們兩位在我去巴黎之前的來信，對法國國家圖書館開門時間，找他們的地址路線等，都有詳細的說明。他們老輩的人非常好，但是信不加標點，跟敦煌卷子一樣。吳先生信中說（我加的標點）：「新江學兄……你於四月來法訪問，至為歡迎。此間學校春假四月一日至十三日，放假兩週，但巴黎圖書館仍開放（七、八兩日例假），從四月十五日至廿七日關閉。如欲看敦煌寫本，需避免該館閉館期，請斟酌後再定行期。」他們都很細心，怎麼安排，都告訴你，關懷備至。左景權的信是細細的小字，我現在讀起來都非常困難，他信裏不僅告訴我放假日期，還告知近年法國國家圖書館東方部為使敦煌卷子不繼續受損，對外界讀者原則上只提供縮微膠卷，不給看原卷，說你若來此，我可以陪你去見東方部主任莫尼克・郭恩夫人。左先生想得特別周到，已經想到怎麼樣打通關係讓我看原件。信裏更加詳細地告訴我，到了巴黎怎麼乘地鐵，怎麼找到他的房子，還畫了一張他家的位置圖（圖 2-6）。巴黎的街道是以廣場為中心放射狀的，從一個中心伸出去八條街道。我從地鐵上來之後，一看眼前八條街，完全蒙了。湊近一看，街牌號是拉丁文數字。一般來說 I 是 1，V 是 5，X 是 10，這還認識，IV 是 4，IX 是 9 也知道，但 50、100 怎麼寫，是不常見到的。L 是 50，C 是 100，D 是 500，M 是 1000。街道號一過 50，我就傻了，最後不知道怎麼摸到了左先生家，他家在五樓。左先生晚上請我吃飯，好像見到了多年未見的老朋友。他原來是到法國做司馬遷和希羅多德的對比研究，寫過一本很厚的書，後來受戴密微邀請做敦煌研究。他的國學底子非常好，但是脾氣怪，謹小慎微。北大邀請他，希望他把卡片帶

到北大，北大給他抄一遍列印出來。他沒答應，說如果卡片坐飛機掉下去怎麼辦？卡片如果掉下去，那人也沒了。他就是這樣一位老先生。他跟我聊天不讓我走，我晚上 11 點才回去。左先生幫了我非常大的忙，他第二天帶我去見了郭恩夫人。郭恩夫人說，榮先生你是學者，可以看原件，我們一天限十件，你看完十件，我讓館員再換十件，看十件就換十件。由此我在法圖的效率非常高，比一般讀者效率高得多。

我也去過吳其昱先生家，他家住在 9 rue Robespierre，屬於 Ivry 區，稍遠一些。吳先生家的藏書不得了，從猶太一直到中國，我特別想看的書應有盡有，而且他編了一個吳其昱藏書目錄，一覽無遺。吳先生做學問涉獵很廣，一會兒做敦煌希伯來語文書，一會兒做敦煌《景教三威蒙度贊》，和敘利亞文本比較，還有道教《本

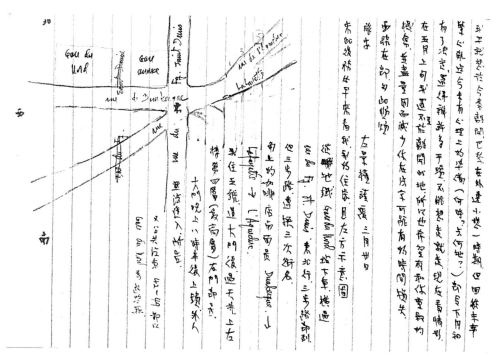

圖 2-6　左景權先生的信和地圖

際經》、唐人《珠英學士集》、法成的傳記，什麼都做，這就是老輩先生的做法，就是四部都摸一摸，語言學的、文學的、歷史的，都做過研究。他過世之後，北大國際漢學家研修基地的漢學圖書館特別想把他的書買過來，但因為這幾年疫情運輸非常麻煩，得把他的書的目錄整理好給海關看，才能夠過關，到現在還沒辦成。

438 小組的「鴻門宴」

我還要感激施舟人（Kristofer Schipper）先生，我們從舟人這個名字就知道，他是學道教的，在台灣當過道士，對道教裏頭門兒清。因為他是荷蘭人，所以我的導師許理和介紹我先去拜見施舟人，他在法國地位很高，是法國高等實驗學院第四部的主任，而且是道教研究組的組長。我當時不太了解施舟人的學問，只看過他寫敦煌道階制度的一篇文章。敦煌道階制度過去沒有人好好研究過，只有當過道士的人才能弄清楚哪個法師是哪個級，他把敦煌卷子裏的道階制度給搞清楚了，但是他更大的貢獻是做西方整個道教計劃的主持人，法國研究道教有很強的傳統。後來許理和退了荷蘭萊頓大學漢學院院長的職位，施舟人接替許理和當了漢學院院長。荷蘭的學生跟我開玩笑說：「我們原來是佛教徒，許理和研究佛教征服中國史的，現在變成道教徒了，跟着施老師讀道教。」

施舟人幫我聯繫拜訪法國科學研究中心敦煌研究小組（438 小組）的事宜，他還怕我跟他們溝通有問題，專門請了一位圖書館的中文館員王太太（羅鍾皖）當翻譯，實際上 438 小組成員有的會說英語，有的會說中文。438 小組負責法藏敦煌寫本編目工作，同時做敦煌學研究。組長叫蘇遠鳴（Michel Soymié），組員有左景權（Dzo Ching-chuan）、戴仁（Jean-Pierre Drège）、艾麗白（D. Eliasberg）、梅弘理（Paul Magnin）、童丕（Éric Trombert）、茅甘（C. Morgan）、蘇玉霞（Marie-Pascale Monnier）、吳其昱（Wu Chi-yu）、施耐德（R. Schneider）等。我去拜訪的那天，左

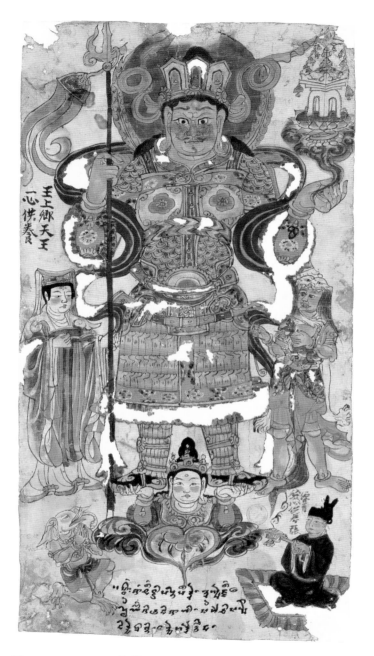

圖 2-7　P.4518-27 毗沙門天王像

景權、吳其昱沒在。聊到一半的時候，進來了索安（Anna Seidel），她是非常了不起的一位研究道教的女老師，常年在日本，幫過很多年輕的漢學家。

蘇遠鳴先生也是研究道教的，訪問過北大，我聽過他的講演。戴仁後來成了法國敦煌組的組長，他做書籍考古學，研究寫本的物質性，比如寫本的紙張年代、紙張的顏色、紙張的各種欄格，還有冊頁裝等各種裝幀形式。他研究的東西現在非常重要，走在今天書籍史研究的前面。法國人編目做得非常仔細，把紙的簾文都做過記錄，非常了不起。戴仁對我非常好，帶我去吉美博物館（Musée Guimet），他當時算比較年輕的，後來跟我也是交往最多的，他現在已經退休了。戴仁在1997年時曾請我去法國高等實驗學院講學三個月，給我另一次「尋找敦煌」的機會。

我此前是摸過敦煌小組底細的，誰做什麼研究大致清楚。蘇遠鳴先生到北大訪問的時候，張廣達先生指導我寫過〈法國科研中心敦煌研究組的研究工作〉，並正式發表在《中國史研究動態》上，這是我第一篇正式發表的學術文字。我的第一篇學術文章則是我和張廣達先生合寫的〈關於唐末宋初于闐國的國號、年號及其王家世系問題〉，這篇研究于闐的文章用的是敦煌文獻。敦煌當時跟于闐聯姻，至少聯過三次姻，我們把敦煌節度使的年代考證清楚了，敦煌節度使的閨女嫁到于闐，兒子娶于闐公主，對應地就可以把于闐國王的年代世系排出來。張廣達先生1981年去過巴黎，和法國敦煌組有很多聯繫。敦煌組看着張先生的面子，把張先生和我合寫的這篇文章翻譯成了法語，發表在蘇遠鳴主編的《敦煌研究論集》第三集上。1984年我的第一篇文章就翻譯成了法語發表，是非常幸運的。這篇法語文章的抽印本，成了我1984至1985年在歐洲闖天下的一塊敲門磚。人家一看這小子還發過一篇文章，還是法語的，對我刮目相看。實際上我沒有科班學過法語，自己買了幾本法文課本、法文語法書，突擊學了一個月法語，還翻譯了一篇簡單的文章。

我把初次拜訪法國敦煌組之行叫「鴻門宴」。為什麼叫鴻門宴呢？那天一落座，三句話沒完，縮微膠卷機器放出了一張照片，蘇遠鳴先生考問我，這是什麼？我一看，是一張毗沙門天王像（圖 2-7），左側寫着「王上卿天王一心供養」，底下

有三行于闐文字，寫的是與供養人的中文題記相關的內容。毗沙門天王是于闐的守護神，我是研究于闐的，所以他們問我。我看到這張圖很高興，因為我此前讀過關于這張畫的文章。在一本法國出版的伊朗學雜誌上，是于闐文專家恩默瑞克（R. E. Emmerick）和牛津的漢學家杜德橋（G. Dudbridge）合寫的一篇很短的劄記[2]。敦煌組編目的人不做于闐研究，不知道底下三行于闐文該怎麼寫。我就告訴他們恩默瑞克和杜德橋的文章，說明這裏是什麼內容，回萊頓後馬上複印了文章，給他們寄過去。敦煌組後來在 10 月 7 日給我回了信，那時我已經回國了，敦煌組專門寫了一封信，感謝我給他們寄了恩默瑞克、杜德橋二人文章的影本，幫了他們編目的忙。回國後我跟導師張廣達先生講這件事，他戲稱這是一場「鴻門宴」。

當時蘇遠鳴先生見沒把我給考倒，很是高興，向我全部開放了他們的資料室，所有東西我可以隨便複印。我能印的盡量印，尤其是不少日本學者送給他們的抽印本，在外面很難找，比如池田溫在《三藏》雜誌上連載的敦煌寫本識語的抽印本，後來 1987 年我寫《吐魯番的歷史與文化》時，很多高昌郡寫經題記都是根據這裏看到的抽印本。日本學者把我的文章翻譯成日語的時候，問這些寫經題記根據是什麼，我說根據池田溫在《三藏》上寫的一篇小文章。日本人一般都找不到，除非作者給對方抽印本，才能找到這種文章。那時候池田溫的《中國古代寫本識語集錄》還沒有出版，我引用的一批寫經題記都是從抽印本裏翻到的。還有布目潮渢、大野仁關於敦煌天寶地志的論文，是未正式發表的一個研究報告書，就是對敦煌市博物館存的《天寶十道錄》的一個研究。還有鄧健吾〈敦煌莫高窟第 220 窟試論〉，220 窟有于闐瑞像，我對它很有興趣，搜集了有關 220 窟的研究文獻。還有小野勝年寫的〈敦煌的釋迦瑞像記〉，牧田諦亮的〈智嚴的巡禮聖跡故留後記〉，這跟我後邊寫中印之間的文化交往的文章有關係。這些在 438 小組找到的研究論文，幫了我很多忙，都是支撐我後來若干年敦煌、于闐甚至中外關係史研究的材料。

2　"Pelliot tibétain 0821", *Studia Iranica*, VII.2, 1978, pp. 283-285.

PUBLICATIONS HORS SÉRIE
DE L'ÉCOLE FRANÇAISE D'EXTRÊME-ORIENT

CATALOGUE
DES
MANUSCRITS CHINOIS
DE
TOUEN-HOUANG

FONDS PELLIOT CHINOIS
DE LA
BIBLIOTHÈQUE NATIONALE

VOLUME V
Nᵒˢ 4001-6040

Avec le concours de la Fondation Singer-Polignac

TOME I
4001-4734

École française d'Extrême-Orient
PARIS
1995

圖 2-8《法藏敦煌漢文寫本目錄》

　　438 小組最重要的工作是編敦煌卷子的目錄（圖 2-8），第一卷在 1970 年就出版了，是謝和耐、吳其昱兩人主編，但是用了左景權的底稿。後來左先生不幹了，說你們用我的底稿為什麼不署我的名。左先生說你們要出，我告你們去，大概就有這樣的原因，到現在第二卷沒有正式出版，但是在 IDP 和 Gallica 網站的彩色圖片旁邊有法文的解題目錄，應該就是來自左先生所編目錄的底稿。第三卷開始，由敦煌研究小組蘇遠鳴先生主編，500 號一卷，編了第三卷、第四卷、第五卷。2001 年最後出版王薇（Françoise Wang-Toutain）編的第六卷，專收藏文文庫中的漢文寫本目錄，第六卷比前幾卷要薄得多。

　　法國敦煌寫本的目錄是迄今所有敦煌目錄裏最詳細的，內容的考定、編製的方式都是一絕，但是一直沒有翻譯成中文，中國的敦煌學界幾乎不太理會這個目錄。

我最近主持一個項目，重新給法藏敦煌文獻定名，擬由上海古籍出版社出版彩版的圖錄。我在使用法國目錄時覺得他們相當了不起，即使是 1970 年出的第一卷，現在也很有參考價值。除了標題之外，底下的注記，比如說跟哪個卷子號連接，是哪一個僧人寫的，卷子上沒有，他們也做過考證，非常有價值。我非常希望中國研究敦煌的年輕學者將來把它翻譯出來。我 1985 年去 438 小組的時候，法國敦煌寫本目錄第三卷已經出了，但是蘇遠鳴先生可能手頭沒有，也可能太貴，他沒給我，而是給了我一本《敦煌的寫本與繪畫》，是敦煌研究院的段文傑、施萍婷先生去跟他們合開的一個會議的論文集。所以我只好去書店買了一本法國敦煌寫本目錄第三卷，而且還很運氣地買到了第一卷，據法國國家圖書館書店的店員說，只有三本庫存了。

法國國家圖書館的收穫

下面說說我在法國國家圖書館的收穫。左景權先生幫我聯繫郭恩夫人，敲開了法國國家圖書館東方部的大門。郭恩夫人是傲視群雄的人，她對我非常好。還有一位在北京出生的魏普賢（Hélène Vetch）女士，對我也多有關照。我在法國國家圖書館東方部的時間比在英國圖書館要少，因為晚上要趕回住的地方。前面幾天在張頌南處借住時還好，多晚回去都行。五天后張頌南回了巴黎，我就只好去住巴黎使館教育處。教育處的房子收費高，管得嚴，和國內作息時間一樣，我在下班時間前必須回來，行動非常不方便。儘管如此，我的收穫並不少。

法國國家圖書館東方部的閱覽室，大概有四五條長桌子，有一個極老的電梯，裏頭大概只能裝兩個人，像鐵籠子一樣。左先生坐電梯，我走樓梯，我比他還快，你想那個電梯有多慢。一層是閱覽室，再上一層是線裝書架，這些線裝書就是伯希和買回去的。1909 年伯希和把敦煌卷子送走之後，回到河內的遠東學院述完職，又

到北京給法國國家圖書館買了這些線裝書。這些書的目錄在《通報》上發表過，我有記錄，我在等工作人員把敦煌卷子拿出來的時候，就拿一本《通報》，按照目錄去找線裝書，看那些在北大沒看過的，或者有興趣的書。

法國國家圖書館東方部外面是個花園，為了節省時間，我就在一個長凳上吃午飯，買個漢堡包什麼的對付一下，圖書館一開門，就衝進去看書。我當時畫過一個草圖，標識哪兒是登記處，中間是辦證的地方，那邊是東方部，這邊有一個咖啡館，我吃中飯或者買漢堡包的地方。

在法國國家圖書館查敦煌卷子有個麻煩，它按語言分開收藏，有伯希和漢文文庫、伯希和藏文文庫、伯希和粟特文庫、伯希和回鶻文庫。有的卷子一面是漢文，另一面是藏文，王重民編目的時候在漢文文庫中，後來拉露（Marcelle Lalou）小姐編藏文目錄，看到漢文寫本中有藏文，就移到藏文文庫中去，另外給一個藏文號。她從 1939 年出了第一冊《法國國立圖書館藏敦煌藏文寫本文獻目錄》，到 1962 年出版第三冊，其中有的卷子括注了漢文卷子編號，但大部分沒有。有些號在王重民目錄中有，但縮微膠卷裏沒有了，我過去不知道往哪去找，到了東方部閱覽室，發現有一個館藏敦煌文書卷號對照表放在桌子上，提示哪個漢文號跟哪個藏文號是對應的，這樣我就知道了哪些號要到藏文文庫去找。但是這個對照表不完備，我複印了一份，自己又做了補充，列了一個新的表放在《海外敦煌吐魯番文獻知見錄》法國那一章後邊，相信對很多人是有用的。我特別要找移到粟特語文庫的個別文書，所以也把粟特語和漢語文書的對照列入表中。

因為伯希和收集的敦煌寫本有關歷史研究的資料非常豐富，而且很長時間沒有全面公佈，所以多少年來我對巴黎的敦煌寶藏心嚮往之，有些文書的縮微膠卷看不清楚，恨不得一步跨到巴黎去核對。我們北大老師講課舉過這樣的例子：唐朝的戶籍文書，正面寫一戶人家有多少人，有多少地，要交多少稅，背面的紙縫會寫一行標題，如「敦煌縣懸泉鄉　天寶六載籍」，並蓋上敦煌縣的印。紙縫寫標題是為了不讓正面的文字被人剪裁，以免有人造假，減去幾個男丁，就少了很多稅收。當某

年的戶籍廢棄之後，敦煌的僧人會拿去廢物利用，因為戶籍這類官文書用的紙都特別好，背面可以用來抄佛經，大部分敦煌世俗文書都是因為這種情況而留下來的。僧人抄佛經抄到戶籍背面這行字的時候，就拿剪刀順着字邊上一剪，再一黏，把官印和有地點、年代的字黏在紙的下面。本來我們只要看到背面的字，就知道這是唐天寶六載沙州敦煌縣懸泉鄉戶籍，但是僧人這一剪一黏，我們從縮微膠卷上就看不到了。而能夠到巴黎看原件的日本學者，拿文書對着燈光一照，字就出來了。如果有人寫了考證文章，考證對了還好，年代考錯了，就慘了。縮微膠卷上的陷阱非常多，我們做敦煌的人非常害怕這種情況。

我在巴黎國家圖書館抄校的寫本，和倫敦一樣，主要是歸義軍和于闐的材料。下面給大家舉幾個例子。

P.3633《辛未年（911）沙州百姓上回鶻天可汗狀》是研究歸義軍史最核心的史料，甘州回鶻打到敦煌的金山國，金山國投降，沙州百姓一萬人上回鶻天可汗狀，它的背面是《龍泉神劍歌》。我們當時看到的縮微膠卷是很模糊的，亂七八糟，還有塗抹。王重民先生抄過這一件，應該是很可依靠的，但是他抄的時候略掉很多東西，沒有注釋說明為什麼少這些，比如有些地方圖片上有個黑疙瘩，是刪掉的，還是改字，我們都不知道。現在的 IDP 就和我當時肉眼看到的原件的效果一樣，和縮微膠卷一對比，反差非常大。這次一看到原件就很清楚了，如果沒有看過原件，總在那猜想可能是什麼。

還有 P.4065《曹元深上朝廷表文稿本》（圖 2-9a、b），我們在縮微膠卷上看到的文書一片黑，斷斷續續露出一些字，到巴黎一看原件，字都出來了。這是曹家第三代歸義軍節度使給朝廷上表文的底稿，是最重要的歸義軍節度使文件。我研究歸義軍，遇到這樣的文書，既繞不過去，又錄不出來，你說這歸義軍史怎麼寫？所以過去做歸義軍史，如果沒有讀原件的機會，無法通盤地做通史性研究，只能做個案研究，一旦有了看原件的機會，就可以做一部整體的歸義軍史。

圖 2-9a　P.4065 曹元深上朝廷表文稿本（縮微膠卷）

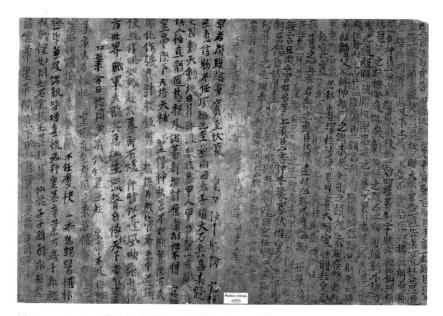

圖 2-9b　P.4065 曹元深上朝廷表文稿本（IDP 圖）

P.3518v（3）《張保山邈真贊》，因為背面是粟特文，它被移到了粟特文庫。這是研究曹議金打甘州回鶻、歸義軍和甘州回鶻的地位徹底轉變的關鍵史料。但是我起先找不到這件，縮微膠卷漢文部分沒有，後來在粟特文庫裏找到了。

還有，我考證歸義軍時期都僧統的在位年代，P.3553《鋼惠等牒》是關鍵的材料，我後來在 1989 年得以發表〈關於沙州歸義軍都僧統年代的幾個問題〉。

1996 年我出版的《歸義軍史研究》，用到的基本上是 1985 年倫敦、巴黎之行獲得的材料，後來我又補進一些 1991 年在 S.6981 號之後的卷子裏發現的材料。我把倫敦、巴黎最重要的歸義軍史料過了一遍，才敢寫出《歸義軍史研究》，從張氏歸義軍到曹氏歸義軍，做了系統的討論，是第一本系統的歸義軍政治史研究。

除了上述兩個方面的材料外，我還想調查用淡朱筆抄寫的一些重要文書，其中之一就是《李君莫高窟佛龕碑》。這座碑原來立在莫高窟 332 窟前室南側，後來被白俄打斷，上半截佚失了，下半截收在敦煌研究院的庫房裏，我進去看過。我們北大有藝風堂和柳風堂藏拓片，非常了不起，其中竟然有李君碑上半截的拓片。宿白先生對北大圖書館藏書是非常熟悉的，他找到這個拓本，寫了〈「武周聖曆李君莫高窟佛龕碑」合校〉。我們知道 P.2551v 有這方碑的抄本，是淡朱筆抄的，敦煌卷子抄文是不分行的，不知道原碑的形式，有了上半截的拓片，再加上寫本錄文，基本就能把碑復原了。當時我們北大有個敦煌研究室，北大圖書館支持當時的敦煌事業，專門給我們一個閱覽室，大概八九平米，從圖書館庫裏調了五百多種書，那些斯坦因、伯希和的考古報告都在屋裏。我當時是學習委員，拿着屋的鑰匙。老先生們來看敦煌卷子的縮微膠卷，都是告訴我一個號，我在縮微閱讀器上搖到這個號的位置，給他們準備着。有一天宿先生來看 P.2551v《李君莫高窟佛龕碑》的縮微膠卷，一看就說：「不對吧，怎麼一個字都沒有！」這淡紅色筆跡在原來的縮微膠卷上，真的一個字都沒有。拍照片的時候沒有換濾光鏡，拍不出來。後來再拍英藏敦煌文獻，遇到紅色筆跡，我就告訴攝影師要換什麼鏡頭，縮微膠卷就可以顯現出一些字跡。陳祚龍先生抄過這個文獻，發表在台灣的一個小雜誌上，大陸的學者一

般看不到。宿先生看不見，就讓他的學生晁華山去巴黎的時候抄了一遍《李君莫高窟佛龕碑》，晁華山不是研究敦煌卷子的，他抄的本子畢竟隔了一層。如果不是到巴黎看原件，是完全無法和原碑對校的，所以我到巴黎必看這個，一定要給它抄下來，這次我用陳祚龍的錄文做底子校錄了一份。

　　還有一些判集。判集是判案的，遇到一件事兒，長官怎麼判。唐朝官員銓選有身、言、書、判四個標準。身，外形長相要過得去；言，說話談吐要行；書，寫字要好，寫字不行也不能當官；判，根據唐代的律令格式判各種官司。唐朝人編了一些判集，給官員判案做參考。判集裏的判詞有實際的例子，可以舉一反三。比如發兵晚走了兩天怎麼判？根據唐律笞、杖、徒、流、死五種刑罰，是判打幾板子，還是流放，或是處死。過去我們有一些判文資料，比如白居易的集子裏收錄了他寫的判文，但是一般的判集很少流傳下來，敦煌發現了這種判集。比如《西州都督府判集》，裏面都是實際的事兒，具體到瓜沙這樣的地方。古代沒有標點，但是有句讀，還有一些塗改。像這樣的文書在北大的敦煌膠卷上好多是看不清楚的，特別是紅筆改正的字，我們看不出來，很可能錄了一個廢棄的字。

　　另外一個是中外關係史的材料，如 P.3931《普化大師巡禮五台山行記》。1991年我給《季羨林教授八十華誕紀念論文集》寫〈敦煌文獻所見晚唐五代宋初的中印文化交往〉裏錄了這篇。它是一個較長的文獻，是五代時一個印度和尚到五台山去旅行的記錄，非常難得，在傳世文獻裏完全沒有。

　　還有我此前說的邈真贊，邈真贊最重要的是 P.3726+P.4660+P.4986 可以綴合的三個卷子，主體是 P.4660。我在幫饒先生編《敦煌邈真贊校錄並研究》的時候，其實這些東西我在巴黎全校過，研究過它的抄寫系統。像這個是把邈真贊集中抄在一起。這個卷子在縮微膠卷上看不清楚紙縫在哪，到巴黎一看紙縫很清楚，在我的錄文上都畫清楚了。這是很多張紙抄完之後黏起來的，是古書拼接的一種方法，它應該從後往前黏。這個邈真贊長卷中一些單篇的贊文有年代，從吐蕃統治時期一直到歸義軍的龍紀年間，最後一個年號，卻在卷子的最前面，所有年號都是倒着的。我

當時不能決定哪個紙是哪個贊，看到原件後把一張張紙全部拆劃出紙縫，重新倒過來，再疊放一遍，整個的年代順序全部順過來了。而且，沒有年代的，根據兩邊的年代也有了大致的年代。我在《敦煌邈真贊校錄並研究》裏寫了一篇敦煌邈真贊的年代考，我沒有單獨寫成文章發表，就放在書裏頭。那篇文章實際是一個書籍史研究的特別好的例子，寫本的書是怎麼形成的，有錯亂的時候，錯亂是怎麼個錯法。

當然一有緩口氣的功夫，我還是要去玩的。我看過《巴黎聖母院》，所以第一奔向巴黎聖母院。還有埃菲爾鐵塔、凱旋門、香榭麗舍大街等。我也去過盧浮宮，但是楓丹白露這些遠一點的地方沒去，沒有時間往外跑。盧浮宮跟敦煌有關，伯希和拿的敦煌絹畫原來放在盧浮宮，後來法國政府把吉美博物館作為國家博物館的東方部，敦煌絹畫挪到了吉美博物館。敦煌絹畫有兩種編號，一個是盧浮宮的編號，一個是吉美博物館的編號。當年大的絹畫基本都在展廳裏，我得以瀏覽一遍。

拜訪學人和購買圖書

我去巴黎主要有兩個目的，一個是調查敦煌文獻，一個是收集現代的研究成果，後者就是要拜訪學人和購買圖書。所以，我此行還去拜訪了一些研究學者，主要是與敦煌學相關的漢學家以及研究胡語的學者。除了上面提到的那些人外，我到巴黎還拜訪了哈密頓（James Hamilton）教授。哈密頓是美籍法國人，住在巴黎自家的老房子裏，吳其昱先生給了我一個位址，我就勇敢地衝過去找他。他是跟張廣達先生和我打筆仗的其中一人，就是有關于闐文書年代的爭論。

敦煌的于闐語文書有一大批是于闐使者的報告，這些使者為了護送于闐王子去中原王朝，需要打前站，在沿路探明哪兒有回鶻人，哪兒有粟特人，哪兒有吐蕃部落，他們和于闐、敦煌的關係如何，然後寫成文書向于闐朝廷報告。這些報告是我研究歸義軍及其周邊民族最重要的材料，但是這些報告在于闐文獻裏是最難讀的。

翻譯于闐文的佛經，有對應的其他語言的佛典可以參考，翻譯世俗文書，沒有直接的參考材料，都不知道說的是什麼。解讀有關沙州的文獻，還可以拿同時代的敦煌卷子比對，講到甘州、涼州，甚至靈州，常常不知道使者在講什麼，有很深的語言隔閡。遇到這些東西，就需要有學者找出其他語種文獻中對應的詞進行研究。比如說從中文文獻裏找到所有「龍家」這個詞，就可以解讀于闐文中與龍家相關的內容。哈密頓是一位突厥學家、回鶻學家，他就把這些東西找出來、鑲進去。他學過漢學，後來不會說漢語了，他把《五代史》的《回鶻傳》譯成了法語，在 1955 年出版了一本書。我和張廣達先生認為敦煌于闐文卷子是不同年代的，他認為都是一批使者寫的，是護送一個王子的不同使者打的各種報告。

　　在西方，學術爭論歸爭論，朋友是朋友，我去了，他對我非常好。那天他府上還有一位蒙元史學者，漢名叫羅依果（Igor de Rachewiltz），是個義大利人，在澳大利亞國立大學當教授。後來羅依果派了一個學生到北京跟我學歸義軍史，這都有淵源的。我在哈密頓家裏碰見羅依果，那時候我還沒有做馬可·波羅研究，其實他是

圖 2-10　哈密頓的著作

圖 2-11　全球書店

圖 2-12　埃菲爾鐵塔

研究馬可‧波羅的大家,而且是《蒙古秘史》英譯者。我們三個人聊了一陣子,現在想不起聊了些什麼,但沒有聊到馬可‧波羅。

哈密頓送了我一些抽印本,沒有貝利那麼多,有十篇左右。他們這些學者家裏專門有個地方放抽印本,來一個朋友,就拿一批給你。其中有他寫的研究九姓烏古斯與十姓回鶻關係的抽印本[3],這些抽印本對我非常有用。當時的複印費很貴,我一般都是抄,我在萊頓用打字機把有用的段落抄出來,做了幾百張卡片運回國,後來輸入到電腦裏,卡片就不要了。我書架沒空間的時候,扔掉了很多重要東西,只留了若干張抄的卡片作紀念。回國後我按人物或者主題,把抽印本裝在不同的口袋裏。我有很多口袋,研究通頰,就從通頰的口袋裏找資料;研究甘州回鶻,就抽甘州回鶻的口袋。一個口袋裏一堆材料,再加一加材料就可以寫一篇文章。1986年,哈密頓把英、法兩國所有回鶻文的世俗文書翻譯成法文,書裏有轉寫、有翻譯、有注釋(圖2-10)。他是研究敦煌回鶻文文書的第一人。

我還在巴黎的書店買了一些書,最主要的收穫在梅松納夫書店(Adrien Maisonneuve)。這是個老書店,我每次到巴黎都會去。我之前在萊頓時就聯繫過這家書店,郵購他們的書。我在梅松納夫書店買到拉露編的《敦煌藏文寫本文獻目錄》第1-3冊,最早是1939年出版的,還能買到,後來我把藏學的書捐給了中國人民大學國學院。我辦《敦煌吐魯番研究》的時候,有一期沒有經費了,馮其庸先生掏腰包支持了我。後來他們要發展藏學和西夏學,我為了感謝馮其庸先生,把自己的幾百本藏學書全捐給他們了。

我在梅松納夫書店買的書有蘇遠鳴編的《敦煌研究論集》第三集,收了張廣達先生和我的〈關於唐末宋初于闐國的國號、年號及其王家世系問題〉一文。我還買了戴密微的《拉薩僧諍記》(*Le concile de Lhasa*),哈密頓的《五代回鶻史料》(*Les*

---

3   "Toquz-Oguz et On-Uygur", *Journal Asiatique* 250, 1962, pp. 23-63.

Ouïghours à l'époque des Cinq Dynasties d'après les documents chinois），1955 年出版的，哈密頓自己沒這書了，但書店裏有。梅松納夫書店可以買到 1939 年的書，這些老書店特別好。

我還買了石泰安（Rolf Alfred Stein）的書。他和于道泉先生是同學，他的書都寄給于道泉先生。于先生很早就研究藏學，後來不做藏學，把書送給了王堯、陳踐，所以中國最早搞敦煌藏文文書的是王堯和陳踐，那時候別人看不到敦煌藏文的卷子，只有他們手裏有，是石泰安寄過來的。我買了石泰安《格薩爾王傳研究》（*Recherches sur l'épopée et le Barde au Tibet*, 1959）、《漢藏邊境的若干古代部族考》（*Les tribus anciennes des marches Sino-tibétaines*, 1959）、《桑耶寺年代記》（*Une chronique ancienne de bSam-yas*, 1961），還有其他敦煌學、中亞方面的書，這些東西對我研究歸義軍及其周邊民族有很大的幫助。

在我到歐洲前的 1983 年，蘇聯敦煌學者丘古耶夫斯基（L. I. Chuguevsky）出版了《敦煌漢文文書》，裏面發表的蘇聯藏敦煌文獻都是此前不知道的材料，張先生讓我一定要買到這本俄文書。我不會俄語，問吳其昱先生哪兒能買這本書，他說有一個 Globe Bookstore（全球書店）（圖 2-11），其實是個共產黨書店，裏面賣俄文書。我們就去找，結果在這家書店裏買到了丘古耶夫斯基這本書，非常幸運。俄文書不貴，我多買了幾本送人。

1985 年 5 月 15 日，我的第一次巴黎考察到此為止。這一天是星期三，我告別埃菲爾鐵塔（圖 2-12），乘早班 7：48 的火車從北站出發，凱旋而歸。

三　穿行於漢堡與柏林之間

漢堡走訪恩默瑞克教授

　　德國沒有大的敦煌收藏品,「滿世界尋找敦煌」是個廣義的概念,除了敦煌,也包括吐魯番、和田、庫車甚至樓蘭出土文獻,其實只要是海外收藏的中國西北地方出土的,都劃在我要尋訪的地圖裏。我沒有去那麼漂亮的義大利、西班牙尋找,那裏沒有敦煌的東西。現在我希望去那裏,因為我如今做馬可・波羅的研究。前幾年去了義大利,收穫非常大,那裏有各種馬可・波羅的抄本,是個巨大的寶藏。但

圖 3-1　恩默瑞克教授

是二十世紀 80 年代時，我的興趣在敦煌吐魯番。同時我做于闐研究，所以新疆和田出土的東西，也是我重點尋找的對象。德國之行與和田、吐魯番有關，而不是敦煌。

我當時在萊頓大學進修，往北最方便去的地方就是漢堡，漢堡有于闐語專家恩默瑞克教授（圖 3-1）。之前我去劍橋拜訪了貝利教授，貝利對我說，你要是做于闐，就要去漢堡大學找我的學生恩默瑞克。我本來就計劃拜訪恩默瑞克，聽貝利這麼一說，更是急着想去見他。法國之行結束後，我就去了漢堡。所以這次的題目叫「穿行於漢堡與柏林之間」。這次學術上的收穫沒有在英法那麼大。我當時主要研究歸義軍史，大量資料在敦煌文書裏。我在英法的行程，更多的是在圖書館抄文書，而德國之行更多的是行走。

我是一個天津新港海邊出生的孩子，膽子很大，小時候整天在海裏游泳跳水，而且我喜歡一個人走。如果三個人出行，想法肯定要打架，兩個人還得商量，一個人最方便，想到哪去就去哪，想走就走，不想走就不走。荷蘭人大多騎自行車，我到荷蘭買了輛自行車。我去坐火車，把自行車騎到火車站往那一鎖，我就走了，過些天回來之後自行車輪胎還沒癟，我就繼續騎回宿舍。

先說一下德國之行大概的行程。1985 年 5 月 23 日星期四，我從萊頓先到荷蘭東邊烏特勒支的中央火車站（Utrecht CS），轉乘 8：16 的車出發，13：53 到了漢堡。我第二天跑到漢堡大學近東歷史與文化系，結果恩默瑞克出差了，他非常忙碌，那個時代的歐洲教授是滿天飛的。我在漢堡逗留了幾天，5 月 26 日去了丹麥、瑞典。我從北歐回來之後，5 月 31 日再次去漢堡大學找恩默瑞克，他的秘書一個人頂仨，耳朵上掛着兩個電話，同時幫我撥通了恩默瑞克太太的電話，她說恩默瑞克又出差了。我於是去了不萊梅、柏林，不萊梅有很多于闐出土的東西，柏林是吐魯番的一個大收藏寶地，當時分東、西柏林。吐魯番出土的文物和文獻原藏在柏林民俗學博物館（Museum für Völkerkunde），二戰時分藏在各地，二戰後分別歸東西德國所有，藝術品多在西德，我做研究所需的文書大部分在東柏林。我這次沒能看到

東柏林的寶藏，我到西柏林把西德所藏吐魯番文書看完之後，去東柏林旅遊了一圈後回到漢堡，恩默瑞克終於回來了，他的學生段晴也回來了，段晴帶我去拜訪了恩默瑞克。

去德國很早就在謀劃了。我找到 1984 年 10 月 12 日段晴寫給我的一封信，信裏說：「你來漢堡盡可能搭別人開的車，或者買半價火車票。」當時的學生都是這樣跑的，搭夜車或者搭熟人的車，更多的是夜裏在火車上過，白天跑，省了旅館費。現在我們沒有這樣的概念，那個時候都要計算時間和經費。很可惜段老師前不久去世了。段晴是北大的工農兵學員，學德語的。她是軍隊老幹部的孩子，有軍人的風格，能闖蕩，特別厲害，五十多歲還可以蝶泳，是一位女中豪傑。季羨林先生「文革」後招的第一批梵文研究生，從北大德語專業招了兩個德語最好的人，一個是段晴，一個是胡海燕。季先生帶段晴，金克木先生帶胡海燕。當時所有梵文語法課本都是德語的，季先生也是德國留學的，他教書也是用德語（圖 3-2）。後來季先生就把她倆都送出國去留學了。胡海燕去了哥廷根大學，季先生原來留學的地方；段晴去漢堡大學跟恩默瑞克學于闐語。梵語是印歐語系印度語族的一支，于闐語是印歐語系伊朗語族的一支，兩者有一定的關聯，所以段晴是印度語、伊朗語通吃的人。她要學三十多門語言才能獲得于闐語的博士學位，包括梵文、巴利文、藏文、奧賽梯語等等。一般人學奧賽梯語得一兩年，她一個學期就拿了高分。段晴說她做過排版工人，記字有特異功能，過目不忘，腦子裏不知道裝了多少詞彙，她是我特別敬佩的學長。我前面講過，北大圖書館裏有一個敦煌研究室，把斯坦因、伯希和、格倫威德爾（Albert Grünwedel）、勒柯克的書和敦煌縮微膠卷等資料都放在裏頭，我作為學習委員，拿着這個圖書室的鑰匙。段晴、馬世長、安家瑤等研究生都來圖書室看書，我跟他們都非常熟。1984 年 9 月我到萊頓大學後，跟段晴聯繫說我想去漢堡，讓她幫我的忙。她給我寫了封信，說你要來的話，給我打電話，到時候去車站接你。當時她到處跑，電話不好找，她還給了一個叫王海洋的留學生的電話，是漢堡學生會的一個頭兒。我去漢堡時，段晴恰好不在，她的老師恩默瑞克教

授也不在，我通過她介紹的王海洋找到了住的地方，在 Langenhorner Chaussee 85。這裏原是中國領事館的房子，後來旁邊修機場，領事館搬走了，房子委託給漢堡的學生會，可以很便宜地招待外來的學生。我們這樣的學生，跑了一天，即使飛機轟鳴，也可以睡得很香。但是這個地方在郊外，路程特別遠，有一天我差一點沒有趕上末班車，險些要露宿街頭。

恩默瑞克教授在歐洲的伊朗學界是數一數二的人物。我出發前，把萊頓大學東方寫本與圖書部裏所有的西方雜誌、東方學專刊、紀念文集翻了一遍，對恩默瑞克發表的文章有了個底。我給他寫信寄了個目錄，說我找到你這麼多文章，但還有很多文章沒找到。西方學者發文有個特點，比如貝利，在 50 歲之前，基本上守住幾

圖 3-2　段晴陪同恩師季羨林先生訪問德國（1980 年）

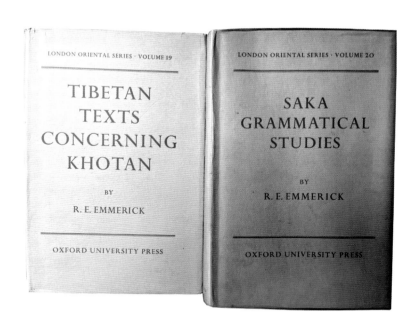

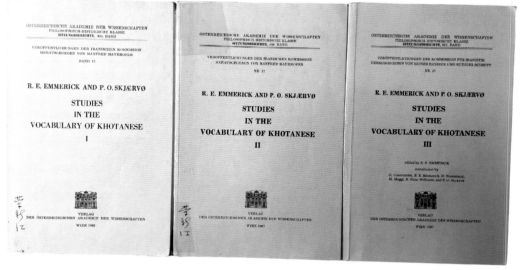

圖 3-3　恩默瑞克著作

個雜誌,他在《倫敦大學亞非學院學報》、《大亞洲》、《皇家亞洲學會會刊》三個雜誌連篇累牘地發文,有時候一本雜誌裏可以發四五篇。歐洲學術界一旦發現一個苗子,就給他創造最好的條件,經費都給他,雜誌篇幅都給他,發幾篇都可以,發一篇長的幾萬字也可以,發一頁紙的短文也可以,所以很快就能推出一個人才來。過了 50 歲出名之後,就有很多刊物來約稿,貝利的文章在伊朗有發,在印度有發,在巴西有發,這些文章我上哪兒找?只能找作者要,於是我就勇敢地給作者寫信討要抽印本。我膽子非常大,搞于闐、敦煌、突厥、粟特研究的不少專家,我在萊頓時都跟他們有聯絡。

恩默瑞克的著作非常之多,1960 至 1970 年代寫了《有關于闐文的藏文文獻》(Tibetan Texts Concerning Khotan),最主要的就是翻譯《于闐國授記》。這是傳世藏文文獻裏有關于闐的最重要的資料,恩默瑞克用了四個刊本來校勘,藏學家都沒有校這麼精細。他最厲害的地方是把這些藏文文獻裏的專有名詞追溯到于闐文,就是從藏文詞看出哪個來自于闐文,他把藏文音譯的于闐文,有專有名詞,也有非專有名詞,通過于闐文把藏文的確切含意搞得更清楚了。恩默瑞克還寫了《塞語語法研究》(Saka Grammatical Studies)(圖 3-3),這是貝利沒有完成的于闐語語法的工作。歐洲的概念認為于闐人是塞人,就是斯基泰人,他們有時候用 Saka 指稱Khotan。Khotan 是西文的于闐,就是今天塔里木盆地西南方的和田。他還出了《贊巴斯塔書》(The Book of Zambasta),把一部于闐文的佛教詩集翻譯出來。貝利後來編了塞語字典,恩默瑞克給他老師的塞語字典寫了長篇書評,列了六條不足。西方是不怕批判的,他雖然批判了老師的字典,但是每年貝利生日,他必定從漢堡跑到劍橋去給貝利過生日,而且貝利也推薦我去找恩默瑞克。恩默瑞克雖然批評過他,但是沒有關係。恩默瑞克後來還跟他一個學生施傑我(P. O. Skjaervo)合編了三冊《于闐文詞彙研究》(Studies in the Vocabulary of Khotanese)。施傑我是挪威人,北歐人學古代語言很厲害,很多古代語言如突厥語是北歐人解讀的。挪威解讀于闐

語有一個前輩叫科諾夫（Sten Konow），1970 至 1980 年代冒出了個施傑我。施傑我現在是哈佛大學教授，跟我也非常熟。我 1980 年代和他通信，他回信說，你把你的名字寫清楚了好不好？我說我的名字按中文拼音就是這麼拼的，你照拼就是了。你跟他們這些人打交道，不能夠客氣，也不能夠謙虛。

我到德國後聯繫了恩默瑞克三次，在德國之行的最後幾天，終於等到了他，這時段晴也回來了。段晴見我頭髮長，對我說：「你這麼長的頭髮，怎麼去見我的老師？坐下，我給你剪頭髮。」她沒有推子，拿了一把剪刀，唰唰就把我的頭髮給剪了。她摸過我的頭，給我灌了頂。6 月 9 日，我跟着段晴到了恩默瑞克家。

我在段晴的引薦下拜見了恩默瑞克教授。那天恩默瑞克跟我說話的時候，他太太就跟段晴說話，恩默瑞克跟段晴說論文的時候，他太太就陪着我聊天。有趣的是，一開始恩默瑞克捂着嘴咕嚕咕嚕地跟我說幾句話，考一考我能不能聽懂他說的。我聽懂了之後，他從裏屋拿出了早已準備好的四十八個抽印本，擺了一桌子，有的文章非常厚，足有一大摞。段晴說：「有的文章，都沒有送給過我。」我事先編了個目錄給恩默瑞克，有的文章確實找不着，我想他一定會送的，這是一種激將法。我去漢堡最重要的目的是拜訪恩默瑞克，雖然行程最後才見到他，但是收穫非常大。他當時表示希望我讀他的于闐語研究生，我回國後和導師張廣達先生商量後，婉拒了。

我後來把這四十八個抽印本裝訂成了五冊論文集。因為常有人來借論文，比如敦煌研究院的楊富學，在我辦公室抽出去一百多個抽印本去複印，回來之後往地下一扔。他走了之後，我至少要用兩天時間對號入座，把抽印本放回到對應的口袋裏，這樣我下次才能找到。後來我就找了一個學生，把我的抽印本裝訂成論文集，這樣就不會散失了。

不萊梅海外博物館之行

　　德國之行第二站，我從漢堡去了不萊梅。不萊梅有個海外博物館（Übersee-Museum）（圖 3-4），那裏收藏着德國特靈克勒（Emil Trinkler）探險隊 1920 年代末去和田探險的收集品，特別是在丹丹烏里克的一批發掘品。特靈克勒後來出了車禍，所以他的收集品分散了，美國大都會博物館（The Metropolitan Museum of Art）、東京大學都買過他的收集品。留在德國的，文物部分在海外博物館，文書部分在德國國家圖書館（Staatsbibliothek Preussischer Kulturbesitz）。有的壁畫上有于闐文榜題，恩默瑞克寫過文章進行解讀。我不是專門研究文物的，但是我要把有關線索累積到一起，所以要去不萊梅看一下這些文物。

　　我聯繫了海外博物館，5 月 31 日星期五前往，博物館派了湯瑪斯·海貝勒（Thomas Heberer，這次才知道他的中文名叫王海）博士到火車站接我。海貝勒會

圖 3-4　不萊梅海外博物館

說中文，娶的中國太太，是不萊梅中德友好學會的副會長，他在不萊梅大學教書，同時也在博物館裏整理中文書，跟博物館關係很密切。海貝勒接到我後，特意找了一家中餐館，我們各自點了一個菜。我好長時間沒吃地道的中國菜了，就點了一個京醬肉絲，他點了一盤宮保雞丁。我一看，這宮保雞丁不是更香嗎，一筷子衝着宮保雞丁下去了。他的眼神一顫，我意識到錯了，歐洲人是分餐制，自己吃自己的，我這一筷子下到他的盤子裏，怎麼辦？只見海貝勒馬上反應過來，拿起筷子一筷子就衝着京醬肉絲去了。太好的人了，我在海外真是遇到了太多的活雷鋒！他帶着我去博物館，為我節省了很多時間，沒有他，我得自己找路。他送了我一本他編寫的《中國研究文選》，他研究西南少數民族，我不研究這個，回國後送給研究這方面的人了。我不是藏書家，我有很多書，但是只保存與自己研究相關的書，如果我覺得接下來很多年不會用到這本書，就送給別人。比如我把一些蒙元史的書送給了我們北大畢業的張長利，他在社科院民族所工作，後來他出車禍不在了，那些書也不知道下落了。

週五沒有來得及細看，所以 6 月 3 日週一我再次到不萊梅的海外博物館，亞洲部的 Dr. Andreas Lüderwaldt 接待我。這裏特靈克勒收集品有一架子，不多，我現在想不起有什麼特別的收穫，當然有的時候收穫不一定是立竿見影的，而是多少年之後才有回報。

我這裏給大家講一下有關特靈克勒探險隊和我調查的後續故事。1927 年 10 月，特靈克勒和地質學者德·特拉（Helmut de Terra）、攝影師博斯哈德（Walter Bosshard）一起進入新疆，從喀什向和田，考察熱瓦克、約特干、麻劄塔格、阿克斯比爾、丹丹烏里克、達瑪溝等遺址，幾乎斯坦因去過的地方他們都去了。但他們考古不在行，收穫與斯坦因相比簡直是天差地別。斯坦因等秋天過了之後，大風把遺址揭開，他到尼雅，木簡被風吹出來了。特靈克勒春天去丹丹烏里克，風沙把遺址埋得很深。美國的亨廷頓（E. Huntington）也不懂這一點，他用了斯坦因用過的那個嚮導，到了丹丹烏里克，沒找到什麼像樣的文物，都給沙子蓋住了。特靈克勒

僱民工在丹丹烏里克挖了一些房子（圖 3-5），獲得了一些文物。他說一間房子很像斯文·赫定（Sven Hedin）挖過的，但是赫定只畫了圖，沒有照片，所以特靈克勒只是推測。一般來說，那些作嚮導的挖寶者，是不會告訴後來的探險隊前人挖過哪處寶藏的。1920 年代中國已經成立了古物保管委員會，發現特靈克勒的行為後，就加以抗議。1928 年春，新疆政府明令特靈克勒一行停止發掘，把他們趕走了。

特靈克勒回德國後，1930 年出了德文版遊記《狂飆之地》（*Im Land der Stürme, Mit Yak- und Kamelkarawanen durch Innerasien*）。當時歐洲很流行旅遊探險的書，一出版就譯成各種語言文字。我在北大圖書館借到過《狂飆之地》的英文版（*The Stormswept Roof of Asia: By yak, camel & sheep caravan in Tibet, Chinese Turkistan & over the Kara-koram*），書上沒有出版年月，但 1931 年有兩個人借過，我從這本書的借閱時間推測，它是 1931 年出版的。1930 年德文版出版，馬上就有人翻譯成了英文，當時這些書非常暢銷。特靈克勒探險隊的攝影師博斯哈德後來移民美國，寫過《亞洲高原與沙漠歷險記》（*Hazards of Asia's Highlands and Deserts* [Pioneer Series

圖 3-5　特靈克勒發掘的丹丹烏里克遺址

4]），1930 年出版。漢堡大學的格羅普（G. Gropp）教授是做考古學的，他幫海外博物館把特靈克勒探險隊的和田收集品做了研究整理，於 1974 年出版了《中國新疆和田的考古出土文物》（*Archäologische Funde aus Khotan aus Chinesisch-Ostturkestan*）一書。

不萊梅海外博物館之行，雖然當時收穫不多，但故事還沒結束。特靈克勒探險隊之後一直到 1996 年，再沒有人去過丹丹烏里克。丹丹烏里克在和田北面沙漠深處，外國探險家中斯文・赫定第一個發現了它，斯坦因在此收穫極大，亨廷頓空手而歸。特靈克勒探險隊走後，丹丹烏里克似乎被人遺忘。1990 年代初一位美國企業家羅傑偉（Roger E. Covey）創辦了唐研究基金會，我建議唐研究基金會應該對丹丹烏里克進行考古調查和發掘，這裏曾是唐朝的一個軍鎮。當時他出了一筆經費，僱了沙漠車，新疆考古所在 1996 年前後進去了一趟，找到了丹丹烏里克，得到了GPS 的數值，但由於某些人從中作梗，考古工作沒有能夠跟進。1998 年，有一個叫克里斯托夫・鮑默（Christoph Baumer）的瑞士煙草商，僱了幾個測繪照相的人，組織了一個所謂「中瑞考察團」，找到了丹丹烏里克並進行了發掘。這是一個完全非法的「考古」。他寫了一本書叫《絲路南道：沿着斯坦因和斯文・赫定的足跡前進》（*Southern Silk Road: In the Footsteps of Sir Aurel Stein and Sven Hedin*）。2000 年，我在美國亞洲學會年會的書攤上看到過這本書，我翻了翻，見是通俗的，沒有仔細看。後來有一年我在香港集中翻閱西文的美術史雜誌，在《東方藝術》（*Oriental Art*）雜誌看到了鮑默寫的他在丹丹烏里克發掘的文章。我嚇了一跳，他竟然把斯坦因挖過的坑全挖了一遍，挖出了很多東西。鮑默再次到烏魯木齊時，新疆考古所詢問他東西的下落。其中有個于闐文的卷子，他說那是同去的朋友拿走的，他自己用高價買回來放在香港。新疆考古所的于志勇所長到香港把于闐文書拿回來，交給段晴解讀。鮑默之前已經交給施傑我做了一篇文章，幾乎是跟段晴的文章一起出來的。文書是一個放在臂上的護身符，于闐文的。另外一些小雕像等，鮑默說放在丹丹烏里克一個樹洞裏。新疆考古所隨即進入遺址區，找到了鮑默說的地方，拿到藏

在樹洞裏的文物。樹洞旁邊有一個佛寺，秋季的大風吹開沉積已久的沙子，露出了寺廟繪有壁畫的牆垣。但是第一次去沒有足夠裝備，於是 2002 年 10 月新疆考古所做好裝備，再次來到那裏，把佛寺清理了一遍，揭取了寺院牆壁上的不少壁畫。

新疆考古所傳給我一些照片，我對比出土文物，覺得新發掘的佛寺壁畫是特靈克勒探險隊拍攝過的佛寺壁畫。我自己有一個和田文物的資料庫，斯坦因把考察過的每個遺址標記得很清楚，我根據斯坦因的標記，每個遺址做一個檔案，有十幾個文檔，每個遺址出的于闐語文書、漢文文書、雕像之類的資料，都放到相應的檔案裏。第一號就是丹丹烏里克，各個探險隊的東西，都放到其中，比如特靈克勒，我一旦判定出東西是哪個遺址的，就放到相應的文檔裏。學術就是這樣慢慢積累起來的。我寫過一篇〈丹丹烏里克的考古調查與唐代于闐傑謝鎮〉，把唐代一個鎮各個建築的功能全部解決了，哪兒是伙房，哪是睡覺的地方，哪是辦公的地方，哪是拜佛的地方，全出來了。

我判斷這座佛寺是特靈克勒挖過的，我去新疆的時候，拿着格羅普的《中國新疆和田的考古出土文物》去做比對，大體可以落實。現在還有一張做對比時的照片（圖 3-6），我在翻書比對，右二是當時新疆考古所的副所長于志勇，右一是另一位副所長張玉忠，他是帶隊去丹丹烏里克主持考古發掘的，在我左邊是考古所修復壁畫的佟文康先生。桌上放着剛拿回來的壁畫，還沒有加固，現在在新疆博物館或新疆考古所可以看到修好的壁畫。對證之後，張玉忠先生拿出一疊報紙，說是在壁畫底部的沙子裏挖出來的。我一看，是《新蘇黎世報》（*Neue Zürcher Zeitung*）和《瑞士畫報》（*Schweizer Illustrierte Zeitung*）（圖 3-7a），報紙裏面包了一個固體火柴盒（圖 3-7b），火柴盒上一邊寫着 "Please see inside"（請看裏面），一邊寫着 "important matters"（其中有重要的東西）。火柴盒裏面是一張薄薄的名片，是博斯喀的，博斯喀應當是博斯哈德護照上的名字。名片背面用粗筆寫着一段話："To the poor fellow who believed to .nd something here we leave this papers with our kindest regards. E. Trinkler, W. Bosshard. 25-3-28." 翻譯過來大意是：「向那些相信在我們留下這些報紙

的這裏會發現一些東西的可憐的後來者致以最良好的祝願。特靈克勒，博斯哈德，1928 年 3 月 25 日。」特靈克勒沒挖着太多東西，他知道後邊還會有探險隊來挖，就給他們留點東西。由此可見，這個佛寺斯文‧赫定挖了，特靈克勒挖了，鮑默又挖了，最後新疆考古所徹底做了考古清理。新疆的考古就是充滿了故事，非常有意思！我回北京後，把《狂飆之地》英文本借出來，書裏果然寫了他們把報紙和名片埋入寺廟，上面一段文字是："To the poor fellow who trusts that he will find something here, for his lonely hours, with kindest regards."（向在孤獨的時光裏相信在此會找到東西的那些可憐人，致以最良好的祝願。）文字有點不一樣，可能是特靈克勒寫書的時候或者從德文翻譯成英文的時候稍微有點改變。這是和不萊梅海外博物館藏品相關的後續故事，是以後的收穫。

圖 3-6　作者在新疆考古所核對壁畫

我在海外博物館，還翻了一些古書，抄了一個目錄，其中有《三禮通釋》、《程尚書禹貢後論》、《皇朝一統輿地總圖》、《御賜剿平粵匪方略》、《古今名人畫稿》、《增補事類賦》、《木郎祈雨咒》等。我覺得海外古籍調查做的工作比我們做敦煌吐魯番的人差遠了。做敦煌吐魯番的人，把能找到的敦煌、吐魯番、和田、庫車的，即使巴掌大的一個片都找到了，全部登記在案。但是海外古籍調查任重道遠，比如與絲綢之路研究有關的海外針經，缺少人調查它們的學術價值。調查古書的人往往衝着圖書館，忘記了博物館。博物館的圖書館是一個非常重要又常常被忽略的地方。

海外博物館的館員還拿出很多畫給我看，有一件題趙孟頫作。看了一大堆畫，我也不懂，不知道這些畫的價值，不知是真是假。另外，還有《唐貞觀二十年殘造像碑記》、《宋大觀元年造像碑記》。館裏還收藏了一個「孝聖慈宣康惠敦和誠徽仁穆敬天光聖憲皇后神位」，我回去後寫信問研究近代史的人，得知這是雍正的孝聖憲皇后鈕祜祿氏的牌位，應當是八國聯軍從太廟（今北京勞動人民文化宮）搶走的。

在不萊梅，博物館的館員對我非常好，館長接見了我。館長說，這些來自中國的文物，我們幫你們暫存在這兒，一旦時機成熟，我們全部歸還。但是其他的人未必是這樣的態度。1990 年代，德國國家博物館館長和英國博物館館長聯合十七家博物館館長發表聲明，說斯坦因、伯希和這些人是殖民主義強盜，他們搶了殖民地國家的寶藏，但是我們不為殖民主義強盜買單。我們的博物館是世界性的博物館，誰願意來看，我們都好好招待，但是東西不能拿走，一件都不能拿走。

我在海外考察過程中，在很多地方跟相關人士探討過文物回歸問題。我在倫敦認識一個律師事務所的大律師，他娶了中國太太，我們週末經常一塊兒玩。我把斯坦因旅行記裏記錄斯坦因跟王道士對話的兩章給他看，我說你只看這兩章，斯坦因拿敦煌的東西合不合法，如果打官司，按照英國的法律，中國怎樣才能拿回斯坦因拿走的東西。他給了我很好的建議，他說中國可以成立一個專案小組，準備哪些東西，怎麼跟英國的博物館打官司等等。真的有一些非常好的人，他們說我們暫

存中國文物，但是很多高層的人物不願意歸還。比如當初法國總統密特朗訪問韓國時，韓國希望密特朗能夠把一本國寶級的書歸還給韓國。法國總統府向法國國家圖書館調這本書，圖書館館長跟東方部部長說，我們的責任是必須看住這本書，有我們在，誰都拿不走這本書。某一天圖書館館長和東方部部長都放假了，這本書就不翼而飛，由密特朗帶給了韓國。我們是不是什麼時候有機會跟英國說，英國圖書館的那本敦煌刻本《金剛經》能不能還給我們。還有如果查理斯國王要來中國，中國能不能說，如果你要表示對中國人民友好，先把斯坦因的爵士稱號取消。那個英國律師告訴我，如果不取消斯坦因的爵士稱號，打起官司來，英國人的面子是過不去的。英國皇室因為斯坦因在中國探險取得的成果，授予他爵士稱號。你要說斯坦因是盜賊，就是給英國皇室抹黑，第一步必須把他的爵士稱號取消了；第二步等查理斯國王來到中國的時候，請他把那本咸通九年《金剛經》帶來。

初訪德藏吐魯番文書

不萊梅考察結束後，6 月 5 日我一早出發，從漢堡坐火車前往柏林，11：38 到西柏林，住在 West-Pension 旅館。我這次的主要目的是去德國國家圖書館調查吐魯番出土文書，那裏是世界上收藏吐魯番出土文獻最多的機構之一。當時東西德分立，東柏林很大，西柏林非常小。西德的首都在波恩，但是政治文化中心仍然在西柏林，國家博物館、國家圖書館都在西柏林。我的導師許理和教授給德國國家圖書館寫了信，他們專門給我安排了一個閱覽室，東方部的 Dr. Hartmut-Ortwin Feistel 接待我，還派了一個工人。圖書館收藏的吐魯番探險隊收集品都比較碎，用鋼化玻璃板兩邊夾着，有的鋼化玻璃板很大，要用車來推，所以派了一個工人從庫房裏把玻璃板推來推去。這就是許理和的威力，這讓我的工作效率很高，6 天半的功夫，基本看完了這裏的文書類材料。1997 年我再去德國國家圖書館時，每天必須搶佔東

圖 3-7a　特靈克勒探險隊留下的《瑞士
畫報》

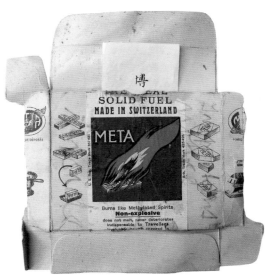

圖 3-7b　特靈克勒探險隊留下的火柴
盒和裏面的名片

方部那四張座位，出去吃一頓飯回來，沒座了，這天就白來了，和 1985 年完全不一樣。

德國吐魯番探險隊的收集品來自吐魯番以及焉耆、庫車、巴楚等地。十九世紀末、二十世紀初新疆北面是俄國人的勢力，南邊是英國人勢力，當時德國和俄國關係非常好，俄國把寶藏最豐富的吐魯番交給了德國人。1902-1903 年德國第一次吐魯番探險隊由格倫威德爾、胡特（Georg Huth）、巴圖斯（Theodor Bartus）組成，主要在吐魯番盆地挖掘。格倫威德爾是印度美術史專家，當時是柏林民俗學博物館的館長，學問相當了不起，能寫會畫，他是隊長。巴圖斯是切割壁畫的高手。吐魯番地區的高昌故城現在是旅遊景點，其實裏面都是遺址。吐魯番年降雨量極少，雨飄到半空中，落不到地就蒸發了，所有地下埋的，包括紙張、絲綢、屍體等有機物都保留着。德國探險隊用英文字母給高昌古城的遺址編號，26 個英文字母用完了，再用希臘字母編號，可以想像他們在吐魯番挖了多少遺址，攫取了大量文物和文獻資料。

1904-1905 年的第二次探險隊，因為格倫威德爾生病，由民俗學博物館的臨時工勒柯克擔任隊長。勒柯克出自德法混血的貴族家庭，但是到他這輩早衰落了，他賣了他爸爸的啤酒廠，拿着錢到柏林來學東方語言，學了波斯語、土耳其語等，同時在民俗學博物館打工。勒柯克自告奮勇帶隊，帶着巴圖斯一起出發。探險隊到吐魯番繼續挖掘高昌故城，並在柏孜克里克石窟等地切割剝取了大量壁畫。古代壁畫製作時，先上一層泥，刷一層白色的粉，再開始作畫，巴圖斯把泥皮撬開，鬆動之後，拿大鐵鏟從下面一下揭下來了。當時的西方人不把中國人當人看，探險隊住在維吾爾族老百姓家裏，帶了阿司匹林這些藥，有什麼病，勒柯克會給一點藥，一吃就好了。附近老鄉就排着隊來房東家裏請藥，房東拿了點小回扣，勒柯克知道後，拿皮鞭把房東狠抽了一頓。我特別不喜歡勒柯克這個人。

1905 年 8 月，格倫威德爾身體恢復了，就給勒柯克發電報說自己馬上去喀什噶爾，我們到喀什噶爾會合，組成第三次探險隊，你就不是隊長了，我是隊長。格倫

威德爾是美術史家，他要看壁畫原來的位置，切割之後，就看不出原貌。勒柯克不管這一套，他趁着格倫威德爾還沒來，帶着巴圖斯整天切割壁畫，因為他怕格倫威德爾一來就不讓他割了。

當時是 8 月，吐魯番四十多度高溫，沒法發掘。勒柯克跑到了哈密的白羊溝，遇到一個從敦煌來的俄國商人，告訴勒柯克敦煌發現了藏經洞。勒柯克不太信，擲銅錢決定下一步去哪兒，正面去敦煌，反面去喀什噶爾，結果是反面。這枚銅錢救了敦煌莫高窟的壁畫。如果他帶着巴圖斯這個切割壁畫的高手到了敦煌，敦煌就遭殃了。勒柯克不像伯希和、斯坦因還談判，估計他幾鞭子就能把王道士打一邊去。結果，勒柯克跑去喀什噶爾，而格倫威德爾的皮箱子丟在了聖彼得堡，遲到 12 月份才來，勒柯克給氣得要死。勒柯克說我要是去了敦煌，那就是西方第一個發現敦煌藏經洞寶藏的人。所以他跟斯坦因結了仇，跟格倫威德爾也結了仇，特別是與格倫威德爾之間，有很大的矛盾。德國探險隊把壁畫拿過去，一直到今天，在東亞美術館的庫房裏，所有壁畫都是按照原物的位置擺放的，這應當是格倫威德爾的做法。

1905 年 12 月，格倫威德爾與勒柯克在喀什會合，開始第三次探險，主要挖焉耆、龜茲。焉耆主要挖了一個叫碩爾楚克的大廟，在霍拉山前面，出土了大量佛像。碩爾楚克先是俄國人挖，然後德國人挖，後來斯坦因再挖了一下，現在已沒有什麼東西了。有一尊常常展覽的尊像，是印度模樣的，下面的座上是兩個聯珠對鳥紋，是伊朗模樣的，它的信徒可能是伊朗人。現在做大遺址保護工程，做支架的時候必須挖到生土，於是把碩爾楚克整個廟挖出來了。挖的時候，新疆考古所的張平先生在那監工，我去過一次，基本沒有出什麼東西。

德國人在龜茲挖的點更多，幾乎都給挖了。德國探險隊在龜茲地區得到了大量胡語文獻，包括所謂「吐火羅語」文獻，甲種吐火羅語就是焉耆語，乙種吐火羅語就是龜茲語。你要是研究龜茲，就得去德國找資料。德國人為什麼研究吐火羅語最強，因為材料多在他們那，季羨林先生也是到德國學了吐火羅語。古代西域有很多

文化積澱，龜茲出過鳩摩羅什這樣的三藏法師，通幾十國語言。什麼是三藏法師？中國的漢語三藏有五千多卷書，三藏法師要通經、律、論，五千多卷書的內容要熟悉，能跟人辯論。玄奘為什麼能在印度跟人家賭一個頭，誰辯論輸了就斬頭，因為他有知識儲備，有語言能力。唐朝真正的三藏法師沒幾個，玄奘是，義淨是，不空是，實叉難陀是，實叉難陀是武則天從于闐請來傳《華嚴經》的。這些是三藏法師，一般的人只是法師、律師、禪師。古書裏這個和尚叫什麼，是有定義的，在唐朝不能隨便叫。

1906 年，勒柯克由於生病先期回國，押運着第二次和第三次探險的部分東西，翻過喀喇昆侖山到奧什，再回到歐洲。

第四次探險是 1913 至 1914 年。清王朝滅亡後，新疆處於混亂中，德國政府覺得新疆很混亂，不讓他們到新疆考古，勒柯克和巴圖斯不顧德國外交部的警告，簽了生死狀，前往庫車、巴楚地區，發掘古代佛寺或石窟寺，把能割走的壁畫全部割走，包括巴楚地區的遺址出土文物。在巴楚的圖木舒克，雖然已經過伯希和探險隊的挖掘，他們仍然挖到非常好的東西，有木雕的像，也有文書，所謂圖木舒克語文書，以德國探險隊挖的最多。他們僱哥薩克兵穿越帕米爾高原，從奧什上火車，往德國運，帶走了大量東西。第四次探險沒到吐魯番。

吐魯番探險隊的足跡，主要挖的是北道，他們從奧什到喀什，再到庫車西面的庫木吐喇和克孜爾石窟，再到焉耆，到吐魯番。德國人四次探險，幾乎把吐魯番、焉耆、庫車地區的重要遺址全挖過。德國吐魯番探險隊挖到庫車，其實已經越過了他們的邊界。後來有一次在烏魯木齊的俄國領事館裏，勒柯克一高興把挖了庫車大廟的事說漏了嘴，俄國總領事拿起鞭子來就要抽他，他地位比勒柯克高得多。他說就讓你們挖吐魯番，你們怎麼挖到庫車去了！當年的古物爭奪充滿了故事，非常有意思。

勒柯克最暢銷的一本旅行記是《新疆地下埋藏的寶藏》，德文書名 *Auf Hellas Spuren in Ostturkistan*（《新疆的希臘化遺跡》）。西方人看到中亞的藝術品，第一

反應是犍陀羅藝術，而犍陀羅藝術是希臘藝術的衍生，所以他們認為這都是希臘文化的遺跡。後來英國人翻譯了勒柯克的書，英文書名是 *Buried Treasures of Chinese Turkestan*，譯作《新疆的地下文化寶藏》（圖 3-8）。這本書暢銷了上百年，現在去新疆旅遊的西方人口袋裏還會揣着它。我有一本平裝的英文版，香港牛津大學出版

圖 3-8 《新疆的地下文化寶藏》英文平裝本

社翻印，做成了窄本，適合旅遊的人放在口袋裏，要看的時候隨時拿出來看。這本書我大概是 80 年代在北京西苑飯店買的，因為偶爾去訪到京的日本友人，在飯店的旋轉書架上一轉，看到了這本書，只要 35 元。後來我鼓動一個朋友把這本書譯成了中文，我校過一遍。這本書記載了德國第二次、第三次探險的故事，既有學術性，也有通俗性，很好看的一本小書。大家如果想繼續了解，可以讀格倫威德爾等人寫的正式的考古報告，現在大多數也已有中文譯本。

這是德國吐魯番探險隊的基本情況。當時我主要奔着國家圖書館去找文書。德國吐魯番探險隊的文書有幾萬個編號，但文書都比較小。吐魯番出土漢文文獻大多數都在東德科學院保存，佛典部分出過兩本目錄，大概每本著錄一千多個號。西德部分當時只有二戰時埋在美因茨（Mainz）的文書，取出來後轉移到德國國家圖書館，編號還是美因茨的編號，有一兩百個號，主要是佛經，有寫本，也有很好的刻本。還有西夏文的，西夏文在吐魯番出的非常少。其中有五保文書，做隋唐史的學者很熟悉，唐朝的團保制度幾家互保，如果一家有人跑了，互保的其他人家就幫逃跑的交稅。1930 年代日本學者仁井田陞研究的時候有五張五保文書，現在只有兩張了。當時圖書館把原件也給我過了一遍，我主要看世俗文書，其中就有五保文書（圖 3-9）。我向圖書館申請文書照片，圖書館很慷慨地給我寄了一套，用透明防潮防酸的那種紙袋裝好，照片到現在都保存得很好。它們都是放在玻璃板底下，玻璃板上貼一個條，條上寫編號，原始編號是勒柯克用花體德文寫的，特別不好認。二戰時大部分東西埋在地下，泛潮，這些老編號好多飛掉了，好多對不出老編號。但這類東西大多在東德，因為負責人梯婁（Thomas Thilo）出差，我這次沒有機會去東德看了。

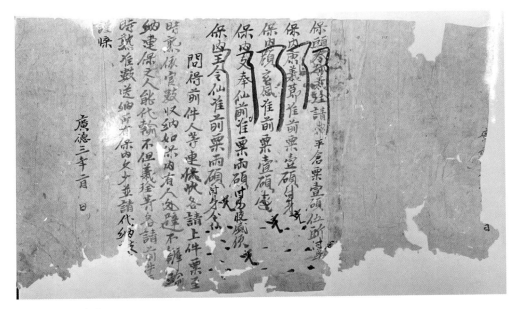

圖 3-9　五保文書

尋找《絲綢之路沿線的中亞藝術》

6 月 7 日離開西柏林那天的一大早，我去了印度藝術博物館（Museum für Indische Kunst，SMPK），這裏主要是德國探險隊收集的美術品，所以我沒有提前聯繫。歐洲的學術分類把中亞的東西放在印度學裏，比如德國國家圖書館東方部接待我的是印度部的 Dr. Feistel，而不是中國部的學者。印度藝術博物館裏還有非常多阿富汗、巴基斯坦的犍陀羅地區考古發掘品，但是有些二戰時被蘇聯紅軍拿走了。我 1991 年去蘇聯，當時還不開放，現在開放了，有一個銅牌寫着「1945 年以前存柏林民俗學博物館」。俄羅斯發佈了一個法令，說這是蘇聯人民用鮮血換來的戰利品，所以絕對不會歸還任何一件。克孜爾的壁畫有三百多塊在艾米塔什博物館郊外的庫房裏，我去過庫房，三百多塊都還是原來德國原裝的框子。

印度藝術博物館在柏林自由大學旁邊，離市區比較遠，我花了很長時間才到那裏，只是為了參觀一下。它那裏主要是藝術品，有些畫的背面有漢文寫本，當時只在展廳裏展了一件，我也不知道底細。

德國探險隊從北道拿走的美術品十分精美，比如吐魯番的高昌回鶻王畫像，特別漂亮，兩面畫了同一個高昌回鶻國王。還有木頭溝出土的壁畫，非常鮮豔。另外有不少摩尼教的插圖本的書，以及景教的壁畫。高昌城東有一個景教教堂，壁畫上面有馬腿，畫的是耶穌進入耶路撒冷的圖，左邊是一個大法師，右邊是供養人。當時的供養人，有穿翻領胡服的胡人，也有穿標準漢裝的漢人。龜茲範圍的克孜爾石窟的壁畫，畫得非常漂亮。這些壁畫都鑲在牆上，有的可以移動，有的只能在博物館固定的牆上看，但是大量的在庫房裏。克孜爾出土的菩薩頭像，那時候菩薩還沒有變成女性，帶着小鬍子。克孜爾石窟裏的木板畫，畫上面有兩個孔，是掛在牆上的，上面有題記或者是供養人。古代畫家就這麼幾筆，非常犍陀羅，非常美的幾道彎，構圖特別好。克孜爾壁畫上的龜茲供養人，畫上的人物穿着薩珊波斯的胡服，腳尖衝下站着，這也是波斯的風格，但是人物的頭髮是紅的，他們是講伊朗語甚至更西邊的印歐語的人。還有揭走的整個克孜爾的穹窿頂，鑲在博物館的穹窿頂上。博物館裏的地面上，也嵌了整幅畫。從前貴族家裏連地板都畫了畫，探險隊把畫整個撬起來，弄到博物館的地板上，不設欄杆，派了一個保安看守。保安每天非常緊張地看着觀眾，怕人踩下去。所以德國的展示方式非常好，能直接看清原畫。

我在印度藝術博物館看到的這些壁畫上，常常有吐火羅語題記，這些文字材料是我所關心的，也不是和我的研究完全沒關係，這些感官上的認識，可能就為後來我主持推進龜茲石窟吐火羅語題記調查研究埋下伏筆。我做研究是一步一步深入的，做完于闐做敦煌，做完敦煌做吐魯番。我很想把龜茲也做一遍，但是龜茲太難做了，我曾在台北「中研院」史語所訪問時認識台灣大學學考古的慶昭蓉，我鼓勵她去巴黎學吐火羅語。她後來果然去了法國，跟吐火羅語大家皮諾（Georges-Jean Pinault）教授讀博士。2008 年，我到巴黎參加一個紀念伯希和的會議，見到她和

她的師兄荻原裕敏。於是我把他倆請到北京，共同來做龜茲石窟吐火羅語題記研究。從 2009 年起，我們花了大概十年時間，以克孜爾石窟為中心，把整個龜茲地區七八個石窟跑遍了。在龜茲研究院調查的基礎上，搜集了七百多條文字，有的一條長度可以從這個門到那個門，就是一個洞窟裏頭一直寫，要是化成木簡，得有十根木簡那麼長。我們把這些題記全部解讀了，編成三冊《龜茲石窟題記》，書裏有最清晰的圖版。被探險隊割去一半的，我們都在西方或買或通過朋友要到了高清照片，跟牆壁的題記綴合上。這三冊書一出，在學界影響非常大，當年就得了法蘭西金石銘文學院的「絲綢之路獎」。所以說做一個東西的成果，有時候不是馬上出來的，可能過了十年二十年，結果就來了。當然龜茲的東西，我平時是在攢的，研究龜茲語的書，我都是買的，到了合適時機就有用了。

還有一個插曲，我到印度藝術博物館時，很想買一本《西柏林國家博物館藏絲綢之路沿線的中亞藝術》（*Along the Ancient Silk Routes. Central Asian Art from the West Berlin State Museums*）（圖 3-10）。1982 年，德國吐魯番探險隊收集品到美國大都會博物館做過一次展覽，這是有史以來展出文物最多的一次。這本展覽圖錄印刷精美，解說詳細，可以說是一份極好的印度藝術博物館收藏精品目錄，也是研究中亞藝術史者不可或缺的工具書，而且是英文寫的，對我也最為方便。我就特別勇敢地一路打聽找到博物館館長辦公室，辦公室主任雅爾迪茲（Marianne Yaldiz）接待了我，就是後來 1996 年對我非常好的館長。所以許多事情都是有淵源的。當時我說要買這本書，她說沒有了，你要到大都會去找。1996 年我去大都會博物館，讓博物館的朋友幫忙找這本書，翻遍了也沒找到。誰知兩三年之後，我路過北大東門，卻在地攤上得到了一本。我從來不買地攤上的書，覺得太髒了，那天眼前一亮，看到一本塑封的 *Along the Ancient Silk Routes*。我問擺攤的，你哪弄的，他說有人賣的。我問多少錢，他說 33 塊錢。我說 30 怎麼樣，他說沒問題。我說還是給你 33塊吧，這太難得了，比歐美便宜了不知道多少，而且全新的一本，連包裝的塑封都沒打開過。我從德國找到美國也沒找到的一本書，卻在北大東門地攤等着我。這本

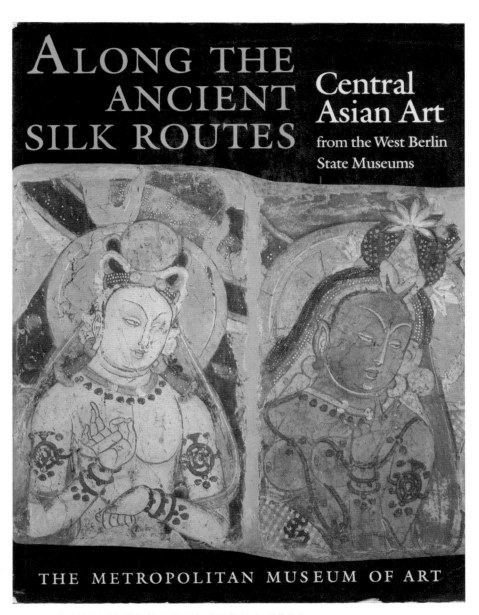

圖 3-10 《西柏林國家博物館藏絲綢之路沿線的中亞藝術》

圖錄是哈特勒（Herbert Härtel）館長主編的，用非常地道的英語描述了德國吐魯番探險隊收集的美術品，當然主要是當時西柏林保存的部分。

東柏林偶遇《彌勒會見記》

回到 1985 年，當時柏林真正好玩的地方，比如博物館島，都在東柏林，在柏林牆的另一面，我當然要去看看。歐洲的旅遊者從西德到東德，必須在關口兌換東德馬克才能進東德。6 月 6 日下午我到了關口，邊防人員說你是社會主義國家來的，不用換，直接發給我一個二十四小時的臨時簽證。我先到勃蘭登堡門，大概很近的地方有一個大皇宮模樣的建築，就是東德科學院古代歷史和考古中央研究所（Zentralinstitut für Alte Geschichte und Archäologie），大部分吐魯番文書就在裏面存放着。我從萊頓出發前一天，收到了東德科學院管吐魯番文書的梯婁博士的來信，說太不巧了，你來的時候，我正好出差。我站在門口望瞭望，梯婁博士不在，我沒得進去，只能望樓興歎了一下，就去各處遊覽了。

在逛一個書店時，我眼前一亮，看到一本《回鶻文譯本彌勒會見記》（Maitrisimit nom bitig），是哈佛大學的特肯（S. Tekin）教授幫東德科學院整理的《彌勒會見記》回鶻文譯本，1980 年出版。這正是季羨林先生託我找，而我在西歐書店裏一直沒找到的書，東德出的書在西方的書店裏有的買不到。現在忽然擺在了面前，但大街上一時找不到換錢的地方，據說一個西德馬克能兌換四十個東德馬克，我只好咬牙用西德馬克 1:1 的價買了這兩本書，奉獻給季先生。季先生當時正在整理新疆博物館藏吐火羅語 A《彌勒會見記》，一共 44 頁 88 面。他要用德藏的回鶻文《彌勒會見記》來解讀吐火羅語 A《彌勒會見記》裏的一些詞。他完成之後，出版了《中國新疆博物館所藏吐火羅語 A〈彌勒會見記〉劇本殘片》，他當時的吐火羅語知識不夠，西方有兩位吐火羅語大家，德國的 Werner Winter 和法國的皮

諾，幫他做了一些補充，三個人署名。正式署名是季羨林著，其他兩人是用"with cooperation from"這種方式署名。皮諾就是我帶過來那兩個吐火羅語學生的老師，所以事情都是有關聯的。但是相關的事情有時候也應付不了，比如今年皮諾過 80 歲生日的時候，他在法國的學生要我寫一篇文章，我實在騰不出時間來給他貢獻一篇文章。

難忘的 Büchen 小站

最後一個故事是關於格羅普教授的。我有一次去漢堡大學找恩默瑞克未遇，卻碰到另一位伊朗學教授。他問我哪兒來的，我說中國來的，就跟他聊起來了。他一報名字，我說您就是整理不萊梅海外博物館和田文物的格羅普教授吧？他說就是我呀。他問，你有《中國新疆和田的考古出土文物》（圖 3-11）這本書嗎？我說我買不到。他說你什麼時候再來，我送你一本。我說不行，明天就去柏林了。他說沒關係，我家住在你經過的 Büchen 小站旁邊，火車停靠的時候，你開車窗，我把書遞給你。我買好車票，馬上打電話告訴格羅普 6 月 5 日去柏林的車次時間。

話說格羅普教授這本書把散在全世界的特靈克勒探險隊收集品彙集到一起，非常有用，是海外博物館出的，一般的書店裏找不着。在北大只有宿白先生有一本，我在宿先生家翻過，但是宿先生不太借人書，他跟季先生一樣，季先生是不借人書的，不像周一良先生主動拿出書借人。我們研究室裏沒有法國敦煌目錄的第一卷，法國人寄給了周先生，他拿到研究室裏給大家用。周先生是藏書家的孩子，對我們很關心。但是宿先生很厲害，我們不敢借，只是在他家翻了翻，有時候要用什麼東西到他家去看一看，那時候我們跟老先生倒是走得很勤。

Büchen 是當時東西德國的邊境小站（圖 3-12），過了這個站，火車軌道兩邊拉着鐵絲網，外面就是東德，為了怕人翻越，下面是密集鐵絲網，上面是密集的電

網，往柏林這一路都是這樣的鐵絲網。火車在這個車站大概要停 15 分鐘，西德的邊防軍下車，東德的邊防軍上車。他們換完了崗，我望眼欲穿，也沒有看到格羅普的身影。我心想德國人講話是非常嚴謹的，不來一定是有什麼事兒。我到了柏林後，馬上給他家裏打電話，問您怎麼沒來，他說實在對不起，車拋錨了，你什麼時候回來，到時候通知我，我把書送過去。6 月 7 日中午我回程的時候，在柏林車站給他打了電話。大概 16：05，火車快到 Büchen 站時，遠遠看見月台上一個黑點，黑點愈來愈大，愈來愈大，最後變成了格羅普教授。我打開車窗，他遞給我這本書。我們大概聊了 20 分鐘，火車再度行駛，繼續向漢堡開去。他一直站在月台上，黑點愈來愈小，愈來愈小，我把頭伸出車窗望着他，直至看不到他的影子。

6 月 10 日上午我去了漢堡的天地書店，記得買了一本德文的《十竹齋畫譜》。下午，我帶着德國的各種收穫，乘火車離開漢堡，晚上回到萊頓。

圖 3-11《中國新疆和田的考古出土文物》

圖 3-12　Büchen 小站

四　從哥本哈根到斯德哥爾摩

童話般的哥本哈根

這是一次懷舊之旅，請大家跟着我一起回到二十世紀 80 年代中葉的歐洲，那個時候比現在的中國要落後得多。上一講叫「穿行於漢堡與柏林之間」，選擇去漢堡，一是拜訪恩默瑞克教授，二是從漢堡去周邊交通方便，往東可以去柏林，往北可以去北歐。我離開荷蘭的時候，剛剛拿到瑞典的簽證，第二天我就坐火車到了漢堡，過了幾天又奔哥本哈根而去。我買票時還不到 25 歲，可以買一種歐洲鐵路聯營的學生票，南到卡薩布蘭卡，北到赫爾辛基，東到伊斯坦布爾，東歐當時只有匈牙利是開放的，所有火車，不分時間和車次，一個月內隨便坐。

1985 年 5 月 26 日星期天，我乘 7：00 的火車從漢堡中央火車站（Hamburg Hbf）出發，去哥本哈根。到了西德邊境 Puttgarden，火車直接開到碼頭上。此前火車上用丹麥文通知了一遍，我聽不懂；又用德文通知了一遍，講得很快，我也沒聽懂。看見有人紛紛往前跑，我拉住一個人問，為什麼往前跑？他告訴我，這節火車是留在岸上的，去丹麥得到前面的車廂。我幸虧問了一下，不然就被甩在 Puttgarden 了。隨後前面四節車廂開到船艙裏，後面的車廂留在岸上。我當時在歐洲跑，有很多這樣的旅途經歷。我第一次坐火車去巴黎，沒看車廂，直接蹦上去，火車在布魯塞爾停了很長時間，車再次開動，我往後一看，後邊的車廂停在原地。如果我上了後面的車廂，當天就到不了巴黎了。進入船艙裏的車廂非常擁擠，因為所有去丹麥的旅客都集中在這四節車廂裏，好在車廂門很快打開了，可以上甲板去曬太陽、照相、聊天。天氣非常好，海峽不寬，但也到了一種四望茫茫皆不見陸地的境界，天很藍，海水也非常平靜，很快到了哥本哈根。

12：07 到了哥本哈根，我還是先找中國同學。萊頓大學的同學給我介紹了一位叫蔣惟明的留學生，我打他電話，一直沒人接。我到一個新地方，一般先找Information 的房子，一是拿各種地圖，不論是去各地玩，還是選擇交通路線，都離不開地圖；二是拿一個旅館的清單。我把雙肩背包存在火車站，先打電話，打不通，我就跑去玩，玩了一陣遇到電話亭，再打電話。當時正好趕上狂歡節假期，天氣很好，許多人在草坪上享受日光浴。我先去了蒂沃利公園（Tivoli Gardens），據說這個公園被稱為「迪士尼之母」，挺好玩的，裏頭的大人小孩看我一個中國人，挺好奇，就往我身上噴節日彩帶。我走了一圈之後，滿身都掛彩，可惜當時沒有留下光彩的照片。

我給蔣惟明打電話一直到晚上 6 點鐘還沒人接，只好找了一個交通比較方便的旅館，Saga Hotel，是家連鎖店。我到了旅館，前台問我，你是從中國台灣來的還是從中國大陸來的？我說是中國大陸來的。他說你是我們旅館第一個來自中國大陸的客人，就給了我一個加套間的房間，非常好。我住下之後，打通了蔣惟明的電話。他跑過來一看，說挺不錯的，就住這兒吧。其實他在哥本哈根大學的學生宿舍可以給我安排一下，但是我之前沒聯繫上，只好花了買書錢去住旅店。他覺得有點對不起我，就請我喝丹麥產的黑啤酒，非常好喝。

第二天是星期一，仍然是狂歡節，我選擇一個比較遠一點的地方遊玩。我一早趕往遠郊的 Hillerød，去參觀腓特烈堡（Frederiksborg Castle，水晶宮）（圖 4-1），當時要坐四十分鐘火車，下了火車，在農村田地裏走大約四十分鐘，路上基本找不着人問路。這個古堡建於 1602-1620 年，莎士比亞《哈姆雷特》的故事就發生在這裏，這也是我要來的原因之一。現在這裏是丹麥國立歷史博物館（National Historical Museum），收藏着十九世紀以前丹麥王室所用的物品，雕像、繪畫、金銀製品、木器傢俱、兵器、玩具、徽章等，應有盡有，雖然面積非常小，但收藏豐富。我們從前去故宮，每次隔着窗戶往裏望，也望不着幾件東西。一旦進了歐洲的王宮，滿眼都是油畫、壁毯及各種器皿。後來我到過凡爾賽宮、聖彼得堡的夏宮，

圖 4-1　腓特烈堡（水晶宮）

圖 4-2　丹麥皇家圖書館

裏面東西太多了，眼睛應接不暇，知識儲備完全不夠，我那時候就是看熱鬧，跟大學裏學的那點歐洲歷史完全對不上。這一天我還去了美人魚、神牛雕像、教堂等著名景點，有個哥本哈根大學的同學借給我一輛自行車，並給我帶路導遊，大半天把這些地方都跑了一遍。

丹麥的敦煌寫卷

我來丹麥最主要的目標是哥本哈根的皇家圖書館（Royal Library，圖 4-2）。這裏有 14 件敦煌卷子，我是在藤枝晃的書上看到這個資訊的。1966 年藤枝晃用英語寫的《敦煌寫本概說》（*The Tunhuang Manuscripts: A general description*）一文中，曾簡略地提到它們。北大有這篇文章的抽印本，原文是在京都大學的西文刊物《人文》上發表的，他給北大寄了一個 part one，part two 沒有再寄，因為我們沒給他寄領受書回執。日本人很嚴格，他給你寄的書裏有個領受書，你把領受書寄回去，人家下一本才來。好在描述各地收藏的都在 part one。藤枝晃曾經八下歐洲，對各個地方的敦煌收藏都有調查。1970 年代，他把發表在一些通俗讀物上的連載文章彙總成了《文字的文化史》一書，國內翻譯成《漢字的文化史》。這本書介紹這些收藏，重點則是有關書籍歷史的內容，包括不同時期筆是什麼樣的，冊子怎麼裝的。這本書得了法國的儒蓮獎，很不簡單，因為是一本很小的書。法國國家圖書館《敦煌寫本目錄》前言也提到了這個資訊。

我順着這個資訊去走訪哥本哈根，萊頓大學漢學院圖書館館長馬大任給我寫了推薦信，他和那裏的圖書館員有聯繫。我到哥本哈根，就是衝着這十四件敦煌卷子去的，我不知道它們是什麼內容，不知道裏頭有沒有歸義軍史料，有沒有于闐使者的記錄。一般情況下，這麼小的收藏品，不會有太多重要的學術價值，但是我必須找到任何一個能找到的敦煌的紙片、吐魯番的紙片。5 月 28 日一早，我終於坐到皇

家圖書館的閱覽室裏。

哥本哈根皇家圖書館藏敦煌寫卷是丹麥商人索雷森（Arthur B. Sorensen）捐贈的。索雷森當時在上海，是大北電報公司的首席報務員，他平時喜歡旅行，歐洲殖民主義時代的旅行者們特別喜歡寫作，讀者也特別希望了解各種新鮮的事兒。索雷森曾寫過兩卷本《沿着未知的亞洲道路而行》（*Along the Unknown Trails of Asia*），1951 年出版。他 1915 年到了敦煌，跟斯坦因第三次探險隊、俄國探險家奧登堡（S. F. Oldenburg）、日本大谷探險隊差不多同時在敦煌。那時候，探險者拿到的東西沒有假的。

德國漢學家福克司（Walter Fuchs）曾為這些卷子編了一個草目，題為《皇家圖書館藏 14 件敦煌卷子的詳細注記》，用德語寫的，上面還有漢字，是福克司寫的，好幾頁，一個號是一個卷子，注錄得相當詳細。福克司原來是燕京大學的教員，二戰後回到德國，他留在中國的藏書全在北大圖書館。他的書非常好，比如說我用的伯希和的抽印本，有五大冊，都是他裝訂的，應該是伯希和送給他的抽印本，他都給裝訂好了。此外還有其他人的抽印本合集，都是他裝訂的，我上學時經常用。福克司還有一些跟西域有關的中文書，比如羅振玉的《西陲石燒錄》，他在上面做過校勘，其中劉平國碑是我見到的所有校對中最細的，每一個字在什麼本子做什麼，都寫了，用的功夫很大。這些書全散在北大的大庫裏頭。後來我在柏林待了比較長的時間，柏林有一位他的學生叫魏漢茂（Hartmut Walravens），是國際圖書館協會的秘書長，他有個大辦公室在德國國家圖書館裏頭。他當時說你能不能把福克司在北大的書編一個書目，咱們出一本。我回來摸了一下，太散了，像那些伯希和的，我可以找出來，但是像他校的《西陲石燒錄》，還有其他漢文的圖書，那像大海撈針一樣，所以沒有完成這個事兒。福克司後來漢學做不下去了，因為他的書都在北京，於是改做滿學。我到柏林自由大學，是馮·曼德教授邀請我的，馮·曼德就是他的學生，他們都是做滿學的。

皇家圖書館接待我的是東方部主任勞瑞森夫人（K. R. Lauridsen），也是非常好的人。她給了我一個更好的目錄《哥本哈根皇家圖書館藏敦煌寫本》，是館員彼

得森（Jens O. Petersen）用英語寫的，當時還是稿本，就送給我。我把稿本譯成了中文，在 1987 年第 1 期《敦煌學輯刊》上發表了。彼得森的文章後來正式發表在1988 年哥本哈根東亞研究 25 周年的一個紀念文集上，那時候我已經回國了，有人給馬克垚老師寄了這本論文集，馬老師把文章拿給我看。馬克垚研究歐洲中世紀史，但是他對我們這些年輕人都非常好，知道誰在做什麼。他們收到有關論著會拿給相關的年輕人，這是北大老輩學者的優良傳統。我對比一下，彼得森正式發表的文章跟我拿到的稿本是一樣的。我在旅行中有閒置時間就做翻譯，主要翻譯貝利和恩默瑞克的文章，也順帶翻譯了這個目錄。

皇家圖書館的敦煌卷子全是佛經，裏面沒什麼重要的內容，中間有一首打油詩，讀起來挺好玩的：「不見小人行，早達如來庭。則筆皆感謝，紙上有分明。常與他人隱，不論古人情。師兄好師兄，濟接有心靈。」小孩抄經抄累了，就寫一些打油詩。我當時問勞瑞森夫人要這件寫卷的圖，她就給我做了一個縮微膠卷，全部寫卷的膠卷隨後寄到了萊頓大學，後來我把這份縮微膠卷捐給了國家圖書館的敦煌組。皇家圖書館的卷子裏有一個《華嚴經》的注疏，當時我能查到的敦煌目錄裏是唯一一件，是個孤本，對那些做華嚴學的人，肯定是有用的。其他的有七卷《大般若波羅蜜多經》，雖然內容比較普通，但是等所有的敦煌卷子發表之後，也是有用的。我認為敦煌是一個藏經的構成，但不完整。我這樣認為的依據是敦煌卷子裏的600 卷《大般若波羅蜜多經》基本上不重複，比如它卷一有一卷，卷三二三也有一卷，沒有一個卷二二有十卷這種情況，所以它不是廢棄的，它原來是一個藏的組成部分，才會形成這樣的情況。我粗編過《大般若波羅蜜多經》的卷目，雖然說北京圖書館卷一三六有 19 個號，但是這 19 個號拼起來之後是一卷完整的寫本。當年這些卷子拉到北京時，有一些官僚偷了一些，為了填補偷拿後的數字空缺，他們把一卷完整的經撕成很多條，有一卷撕成了 21 條，有一卷撕成了 19 條，這樣就編成了19 個號，但是這 19 個號當初是一卷。將來我們重現整個藏經洞的寶藏時，把這些零散的《大般若波羅蜜多經》鑲嵌到整個寶藏裏，它們的作用就顯現了。我們去調查每一卷的長短高低，目的就在於此。

斯文・赫定的和田探險和他的收集品

　　丹麥之行結束後，我坐 28 日晚上 11 點的車離開哥本哈根，前往斯德哥爾摩。歐洲火車臥鋪，拉開門，裏面是面對面各三個座，把面對面的兩個座位拉開，就是一張床。歐洲人不喜歡坐夜車，我在歐洲坐夜車，大部分時候一個門裏只有我一個人，晚上睡覺非常舒服。但是這趟卻非常辛苦，從哥本哈根去斯德哥爾摩，我沒有事先訂座，火車上了船艙就傻眼了，車上擠得連下腳的地方都沒有。歐洲學生旅行帶着睡袋，他們連訂座的錢都不花，在過道中就躺着睡。邊境檢查的人來了，他們把身份證一亮就行了，我就得被仔細盤查。我只好坐在靠窗的小板凳上，實在不行，就到甲板上看星星。從哥本哈根到斯德哥爾摩這一夜的火車，是我旅行中最困難的一段。

圖 4-3　瑞典國立人種學博物館

次日早晨 8 點多到了斯德哥爾摩，先找到使館教育處，有劉秋雲老師的介紹，他們幫我存放了行李，因為我還沒有確定什麼時候離開。我來瑞典的主要目標是瑞典國立人種學博物館（The National Museum of Ethnography in Sweden），這裏有斯文·赫定收集品。赫定多次去和田地區探險，收集了大量文物，主要集中在這個博物館，也有一些給了王室，現存於一些皇家的博物館裏。十八世紀的瑞典國王古斯塔夫三世對東方特別感興趣，所以瑞典的東方學很發達，出了高本漢（K. B. Karlgren）、安特生（J. G. Andersson）這些與中國關係密切的漢學家、考古學家。特別是高本漢，把漢文名起成「本漢」，即本是漢人的意思。

1985 年我去調查的時候，瑞典國立人種學博物館從城裏搬到郊外很遠的地方（圖 4-3），我忘記了自己是怎麼轉車找到新館的。遺憾的是，我要看的很多和田的收集品都在箱子裏，不能打開，我沒法看到很多東西。實際上瑞典的和田或者其他的收集品非常豐富。

過去不同時代，歐洲來中國探險的是不同的人。從馬可·波羅時代直到明代，主要是傳教士時代，鄂本篤（Benedict de Goës）為了證明契丹就是中國，從陸上跑了一趟。十九世紀是地理探險時代。到了二十世紀，西方考古學家的觸角才進入塔里木盆地。斯文·赫定是新疆從地理探險時代到考古時代的轉變中非常關鍵的人物。他十七八歲的時候就單騎橫穿波斯，波斯有很多高原、荒漠，荒丘地帶一點人煙都沒有，橫穿非常不易。1896 年，赫定組織了一個探險隊，第一次進塔里木盆地。這是所有跟古物有關的探險隊裏最早的一支。那時候的地理學家熱衷於發現新的物種，新的湖泊、水流、高山，新發現的地方往往以發現者的名字來命名。比如說喜馬拉雅山、慕士塔格峰等，這些在歐洲地圖上都不是這個名字，而是發現者的名字。斯文·赫定他們為了這個目的，拼死也要來。

當時他對塔克拉瑪干大沙漠完全不摸門。他在喀什東面的麥蓋提準備了六七天的乾糧和水，準備一口氣衝到和田河。和田河當年還沒有斷流，可以一直流到塔里木河。塔里木河彙聚了和田河、葉爾羌河、喀什噶爾河等幾條河，最後流入羅布

泊。斯文·赫定不清楚塔克拉瑪干的性格，在春天風最大的時候進入沙漠，此時的塔克拉瑪干都是一個一個的大沙山，風一起，天昏地暗，太陽都不知道在哪，根本分不清東南西北，必須有熟悉情況的老鄉帶路。我幾次進塔克拉瑪干沙漠都是老鄉帶着，沒有這樣的嚮導，一轉就沒有方向，肯定死在裏頭。而且塔克拉瑪干是東北季風，把沙子推到西南角，斯文·赫定走的路線是沙山最高最大的地方。他走到一半，帶的水桶打翻了一個，老鄉沒敢告訴他，走着走着，沒水了，就殺駱駝，喝駱駝血，最後駱駝血也不夠喝了。斯文·赫定是探險隊裏身體最壯的，而且他剛開始時是騎行，體力保存得好，當所有人都倒下後，他沒有往回走，而是繼續東行。白天拿沙子把自己埋上，保存身上的水分，晚上朝着和田河的方向猛衝，有一天晚上終於找到了一個水池。他用兩隻靴子灌滿水，又跑回去，把一個僕人救了出來，其他人和所有儀器都扔在沙漠裏。他們遇到一個牧民，牧民救助了他們。經過九死一生的歷險，才到達和田。和田官衙派人幫他去找儀器，什麼都沒找着。赫定略微休整之後，從和田綠洲出發，繼續沿和田河北上，到塔瓦庫裏村。老鄉說沙漠裏有個塔克拉瑪干古城，他就一路向東走，發現了當時叫「塔克拉瑪干古城」的丹丹烏里克，後來斯坦因、特靈克勒都去過丹丹烏里克，赫定是第一個發現它的探險家。他繼續往東北行，到克里雅河流域，找到了喀拉墩遺址。沙漠中有順序排列的胡楊中間，一般原來是古河道，往下挖一米，水就冒出來了。塔克拉瑪干底下的水是非常豐富的，但是一般地方挖下去是鹽粒子，有一米多厚的鹽，而古河道底下是甜水。1986 年我從且末去民豐，當時的路是 1950 年代勞改犯用鹽粒子鋪的，鹽粒子非常堅硬，和沙子路一樣。現在那裏出了石油，修了塔中公路，塔里木南緣也都修了柏油路，最結實的車都壓不壞。赫定的照相機丟在了沙漠裏，沒辦法做詳細的考古記錄，就畫了一些圖（圖4-4）。他畫得非常好，我買過一本日本出版的《斯文·赫定素描集》，其中兩幅畫，畫了塔克拉瑪干古城佛寺遺址牆壁上的千佛，畫了他挖掘前後的場景。他沒帶幾個民工，就挖了一兩個遺址。他回瑞典後寫了《1894-1897 年中亞旅行的地理科學成果》，這是正式的調查報告；還寫了一本旅遊記《穿越亞洲》

圖 4-4　斯文・赫定所繪丹丹烏里克遺址

（*Through Asia*）。赫定又會寫又會畫，文字非常好。他有一本書非常暢銷，1930 年代就出了兩個中文譯本，一個叫《我的探險生涯》，一個叫《亞洲腹地旅行記》。我在中學就讀過這本書，為他的這種探險精神所激勵。

　　1899 年，斯文・赫定開始第二次中亞探險，他沿着葉爾羌河、塔里木河漂流，順流而下到羅布泊地區。他想去西藏，考察途中偶然發現了樓蘭古城（斯坦因後來編號 LA）。當時探險隊的斧頭落在前一晚露營的地方，嚮導回去找斧頭的時候，無意中發現了一個大塔，就是樓蘭標誌性佛塔。當時未及發掘就去了藏北，斯文・赫定完成藏北考察後，1901 年 3 月又來到樓蘭古城發掘，得到了很多文物，有木簡、絲織品等，後來由瑞典學者做了整理。到今天，佛塔仍是樓蘭最高的標誌，很遠就能看到。從當時挖掘樓蘭的場景看，風很大，風一吹，很多房子顯露出來。樓蘭是被放棄的一個城市，很多東西拿走了，有些東西拿不動，比如有個大缸抬不動，斯

滿 世 界 尋 找 敦 煌

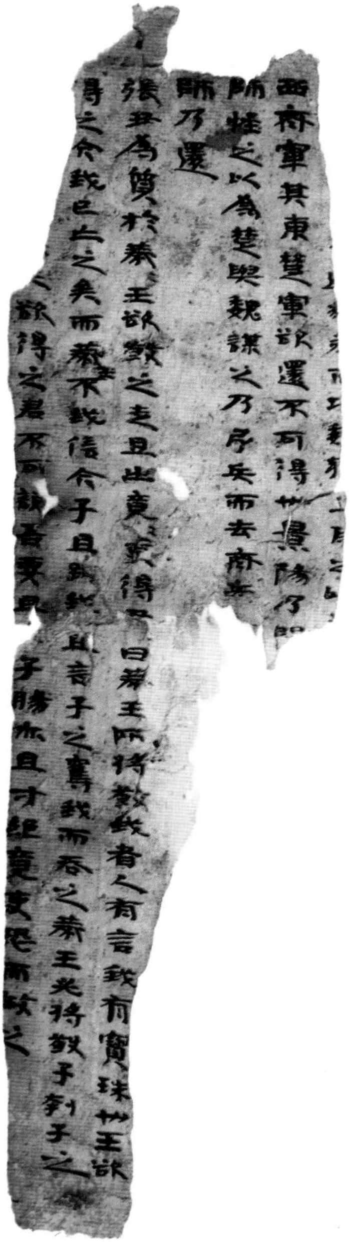

圖 4-5　樓蘭出土《戰國策》殘片

坦因等好幾個後來的探險者都拍過這個缸的照片，很有意思。

樓蘭發現了《戰國策》（圖 4-5），是很早的抄本。樓蘭遺址實際是三國西晉的海頭遺址，是管理整個西域的西域長史府的駐地。後來有一些學者認為西域長史府應該在 LK 遺址。橘瑞超晚年的時候，日本歷史地理學者森鹿三曾拿了幾張 LK 的照片問橘瑞超，你見到的樓蘭是不是這個樣子。橘瑞超說是這個樣子。森鹿三寫了一篇文章說樓蘭海頭應該在 LK。這絕對是橘瑞超糊塗了，沒有記清楚。樓蘭是個大城，LK 要小得多，跟樓蘭城沒法比。樓蘭城發現的東西等級非常高，西域長史府的官員帶着這些高等級的書到了西域地區，這是中國文化往西走的特別好的印證。我們對比一下，敦煌藏經洞裏沒有發現《戰國策》，為什麼沒有發現呢？因為魏晉南北朝到唐代的敦煌人，他們讀春秋戰國的史書，是讀西晉時成書的《春秋後語》。敦煌有不少《春秋後語》的抄本，但是沒有《戰國策》。樓蘭居然有《戰國策》，這是非常了不起的事兒。古書按卷為單位，有這麼一條殘片，當年肯定這一卷都在，另一卷在沒在就不知道了，但是這一卷絕對在。

1903 年，斯文·赫定出版了第二次考古的旅行記《亞洲 —— 一千英里的未知道路》，很快被譯成多種文字，英譯本叫《中亞與西藏》（*Central Asia and Tibet: Towards the Holy City of Lassa*），比瑞典文原著更有名。斯文·赫定削尖了腦袋要進拉薩，曾幾次裝扮成蒙古人或藏人，穿着袍子想進拉薩。當時拉薩對外國人防範很深，不讓外國人進，他一直沒能進入拉薩。當時的探險家考察之後，一般先寫個人旅行記，再寫一個正式的考古報告，斯坦因是這麼做，斯文·赫定也是這麼做。他第二次考古的正式報告是 1904-1907 年陸續出版的《1899-1902 年中亞旅行的科學成果》，一共八卷，其中《羅布泊》、《塔里木》兩本譯成了中文。後來中國社科院文學所的楊鐮先生想找小河遺址，到羅布泊考察，他找人翻譯了這兩本，其他沒有翻譯。

1920 年代末，德國漢莎航空公司準備往中國開一條航線，委託赫定來測量。赫定與中方組成中瑞西北科學考察團，這是第一個中國跟外國合作的科學考察。考

察團中方團長是北大教務長徐炳昶先生，成員中搞考古的有北大的黃文弼先生，還有一些學生，如後來成為北大著名地質學家的李憲之，以及到台灣去的劉衍淮。外方團長是赫定，成員主要是瑞典人和德國人，一方面是幫漢莎航空公司測量飛行線路，一方面是各個方面的考察，裏面有地質學、天文學、考古學等多學科的專家，這是一個綜合性的考察團體。此外，民國政府想往新疆修鐵路，委託赫定測量鐵路線。當時中國反對外國探險隊在中國挖古物，把特靈克勒轟走了，把斯坦因轟走了，但赫定卻與中國聯合考察。所以斯坦因等人非常恨他，英國皇家地理學會原來給予赫定一個榮譽會員，非常高的榮譽，他跟中國學術團體一聯合，英國皇家地理學會馬上吊銷了他的會員資格。

中瑞西北科學考察團的活動從 1927 年到 1935 年，時間非常長，這也是赫定的第四次中亞之行。關於這次考察，他寫了一本旅行記，叫《亞洲腹地探險八年》。中瑞科學考察的成果陸續刊發，有一套叢書叫《中瑞科學考察報告集》（*The Sino-Swedish Expedition Publication*），出了五十多本，包括考察團有關天文、地理、人文、考古、植物、動物各個門類的研究成果。赫定還用「絲綢之路」（Silk Road）這個名字寫了本書，影響很大。他的老師李希霍芬（F. von Richthofen）提出了「絲綢之路」這個名詞，但是沒有科學的論證，真正對絲綢之路做了科學論證的是斯文·赫定。

中瑞西北科學考察團出了很多人才，像李憲之、劉衍淮，1935 年他們在新疆的考察結束後，德國人直接給了他們簽證，他們就從新疆坐火車去了德國，讀完了博士回到中國。考察團中不少人都是科學家，帶出了一些年輕人。有一位搞考古的貝格曼（Folke Bergman），當時非常年輕，運氣非常好，他最重要的成就是跟黃文弼一起發現了居延漢簡，他本人還發現了小河墓地。他寫的《新疆考古研究》（*Archaeological Researches in Sinkiang*）收在《中瑞科學考察報告集》中，1939 年出版。這是新疆科學考古奠基的著作之一，前面也有斯坦因等人寫的考古著作，這本特別對新疆早期文化有論述。小河墓地一共有五層，我們現在已經把整個小河墓地

五層揭到底了。貝格曼當時沒有這麼大力量，但是他基本上把小河墓地各種類型的東西過了一遍手。

中瑞西北科學考察團發現的居延漢簡運到北京後，存在北京大學，北大組織了一個班子進行整理、考釋。抗日戰爭爆發後，為了保護居延漢簡，北大一個工友挑了一個扁擔，把居延漢簡從校長辦公室運到天津，在徐森玉等人的幫助下，通過天津運到香港，再由鄧廣銘先生押運，從香港運到四川李莊，存在歷史語言研究所。傅斯年把考釋工作交給勞榦。抗戰後，這批漢簡又運到美國，美國又給了台灣，現在保存在南港史語所。所以這批漢簡的產權應該屬於中瑞西北科學考察團或者是北京大學。前不久北大辦過一個展覽，展出了勞榦 1946 年前後寫給徐炳昶的信，說你們要出居延漢簡，能不能把我這個考釋作為附錄放上。看來他是沒有權利發表的，他得向徐炳昶申請。這個學案，我覺得也是一個很好玩的事情。

于闐文書與吐魯番仕女畫

我到瑞典國立人種學博物館調查，是想了解和田出土的簡紙文書，這是在中瑞西北科學考察團時期拿走的。我去的時候，接待我的是夏義普先生（Bo Sommarström），他出生於湖北，我推測他家是湖北教會裏的人。夏義普當時已經不會說中文了，但是對中國人很有感情，見到我像見到老家來的人一樣，前前後後幫我找東西。

貝利教授的《于闐語文書集》第四卷副標題叫「赫定收集品中的和田出土塞語文書」（Saka texts from Khotan in the Hedin collection），收錄的就是「斯文·赫定收集品」中和田出土的于闐語文書，有轉寫，還有翻譯，但只附了幾張圖。書中主要是于闐語文書，也有漢語于闐語雙語的，但是只有漢語的材料貝利不管。以我對遺址的了解，挖了這麼多于闐文的木簡，肯定也有漢語文書，這就是我去瑞典國立人

種學博物館的目的。

　　我獲得了當時的入藏目錄，表明這批簡紙文書是 1933 年入藏的中瑞西北科學考察團所獲的東西。這份瑞典文寫的草目，一共著錄一百多號，有木簡，有紙本。我去的時候，博物館正在搬家，紙本的全在箱子裏，木簡的全打開了，我把木簡整個過了一遍。根據這份草目，貝利刊佈的于闐語文書雖然稱為「赫定收集品」，實際上不是赫定本人收集的，是天文學者安博爾特（Nils Ambolt）所獲。他當時在和田地區活動，主要負責測量經緯度，從當地居民手中搜集了一些于闐文、漢文寫本。當時中瑞西北科學考察團訂立的協議，所有文物都不能拿走，可以送到瑞典研

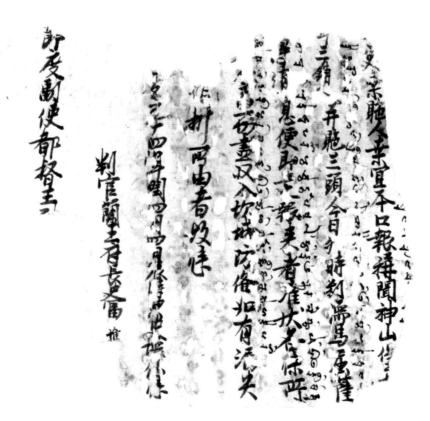

圖 4-6　Hedin 24 號文書

究，但是研究之後，必須還回來。實際上，我覺得他們有點偷湯換藥，利用那些搞科學的人把古物帶走了。

Hedin 24 號文書是我最想看的，貝利的書裏有這件牒文，但原件在箱子裏，我沒有見到原物。貝利請了漢學家蒲立本（E. G. Pulleyblank）幫他錄文，蒲立本把倒數第三行最上面幾個字錄成了「五十四年」，認為對應着一個有着五十四年統治期的于闐王。我覺得這個完全不成立。當時的于闐是唐朝的羈縻州，發出去的公文，落款是節度副使都督王尉遲某某，職務寫全了應該是「安西節度副使、毗沙都督府都督、于闐王某某某」。他是唐朝的都督和節度使，下達的公文用漢文于闐文雙語寫，牒文以漢語為主，只有牒文主體部分有對應的于闐文，後面年代、屬銜部分沒有于闐文。按照我對唐代公文書的理解，紀年的地方沒有別的可能，只能是一個唐朝的年號紀年，根據後來瑞典方面寄給我的照片（圖 4-6），我認為是「貞元十四年」。這是唐朝統治于闐的毗沙羈縻都督府最直接的證據，唐朝怎麼統治塔里木盆地，運用漢語和地方語言溝通，這都是最好的材料。

貞元十四年（798），這個年份是唐朝統治塔里木盆地的末期，之後吐蕃佔領了這裏。這件文書是吐蕃佔領之前的最後一個年號的文書，至今沒有發現比它更晚的，它是一個非常重要的節點。文書上說的是賊人從塔里木盆地北面沿着和田河到了麻剳塔格，麻剳塔格在唐朝叫神山堡，現在還有一個非常高大的城堡，在紅山嘴上，它是沿着和田河的絲綢之路上最重要的一個關口。文書稱，那裏的人偵查到了賊人的消息後，從沙漠中橫渡到丹丹烏里克，趕緊把這個消息告訴坎城地區的官員。長官發牒文通告管事的小吏 —— 所由，命令「人畜一切盡收入坎城防備」，就是牲口和人都進入城裏。古代在塔里木盆地打仗，只要把莊稼、牲口、人全撤到城裏，堅壁清野，圍攻的敵人沒有吃的，很快就會退軍。坎城在今天的策勒北面的老達瑪溝，斯坦因認為在烏尊塔提。後邊說「如有漏失，罪科所由者」，就是說如果有失誤，要找這些小吏來問罪。這是唐朝統治塔里木盆地的一條活生生的史料。

我看到原物的還有永泰三年簡，也是非常重要的。這片木簡只有漢文，貝利的

書裏沒有收錄。簡上寫有：「拔伽百姓勿日桑宜納館家草壹落子，永泰三年正月五日曹頭忽延牌。」永泰三年（767）是唐代宗時期，永泰無三年，二年十一月改元，但消息還未傳到于闐，所以仍用永泰年號。簡文記于闐一個小吏（曹頭）收到了拔伽村一個叫勿日桑宜的百姓交納的館家草，我們在于闐語文書裏找到了這個于闐人的名字。當地百姓要上交草料來喂馬，以此維持館驛的運營。史書記載，唐朝打敗西突厥汗國、建立安西都護府後，在整個四鎮地區「列置館驛」。這個簡證明，唐朝已經把館驛系統鋪設到了于闐。每件文書對於我們研究者都是非常重要的，哪怕只有幾個字。

瑞典之行的收穫不多，但找到的東西在關節點上。後來我和張廣達先生寫了〈關於和田出土于闐文獻的年代及其相關問題〉。1987 年張先生訪問日本，日本學者向他約稿，《東洋學報》破例讓我們用中文發表文章[1]，這在當時是很少見的。我們把這片木簡的黑白照片放在文章裏，但沒有給出錄文，所以一般人常常忽略掉這件重要史料。

1980 年代後期，我能和張廣達先生一起接連不斷地發表有關于闐的文章，都是 1985 年這趟考察的成果，後來這些文章收錄到《于闐史叢考》，1993 年 12 月出版，2008 年又出了一個增補版。我和我的學生還寫了一本《于闐與敦煌》。這些書和文章非常學術，書裏沒寫我是怎麼找到這些資料的，我今天就把找尋的過程都說出來。

夏義普先生還給我看了一批在敦煌買到的回鶻文卷子，寫得很整齊，肯定是回鶻文的佛經。日本學者百濟康義 1980 年編了一份《瑞典國立人種學博物館所藏回鶻文寫本草目》。夏義普把目錄複印了一份給我，目錄裏有所有卷子的圖片，用 photocopy 那種機器印的，就跟照片一樣，非常好。

1　《東洋學報》第 69 卷 1.2 號，1988 年。

夏義普又拿出一幅紙本唐畫給我看，畫的是一位站立的仕女，左上方有題記一行，九娘語：「四姊兒初學畫，四姊憶念兒即看。」（圖 4-7）意思是說，四姐的小孩在九娘這養着，九娘說，四姐的兒子初學畫，四姐想念的時候，看看你兒子畫的畫。特別生動的一封信。而且小孩畫得很好，是盛唐標準的仕女畫。吐魯番阿斯塔那墓葬中發現的盛唐時期的畫，真比敦煌藏經洞出的那些絹畫好，因為年代早，敦煌的絹畫紙畫基本是吐蕃統治以後的，阿斯塔那出的唐畫都是盛唐時期的。比如《牽馬圖》、《圍棋仕女圖》，都是長安的畫法。這些畫可能就是長安畫好帶過來的，我認為不是吐魯番當地人畫的，但是吐魯番當地孩子學畫，要跟着這些畫來學。

關於這幅紙本唐畫，社科院歷史所的張弓先生去過一趟瑞典，做了學術研究，寫了一篇小文章。其他很少有人研究過這幅畫，我估計用中文最早介紹這幅畫的就是我的《海外敦煌吐魯番文獻知見錄》。當時出一本書不容易，畫的照片都沒有放在書裏，只把題記錄文放在「瑞典國立人種學博物館」這一節裏。

我在閉館前看完了所要看的材料，趕緊回教育處，那裏的主任說一定要在 7 點之前回來。結果我匆忙中看錯了站名，瑞典文的詞兒太長，等我從地鐵裏上來，是個陌生的地方。問一位老漢，他看了半天我的地圖，說「你坐出了地圖」。我趕緊往回返，早已過了約定的時間，那位好心的主任一直在那裏等着我，聽我講完為什麼大老遠的來這裏考察之後，說我開車送你去火車站。他被「我的探險生涯」感動了，我節省了時間，趕晚上 11 點多的火車回哥本哈根。30 日在哥本哈根轉車，下午回到漢堡。

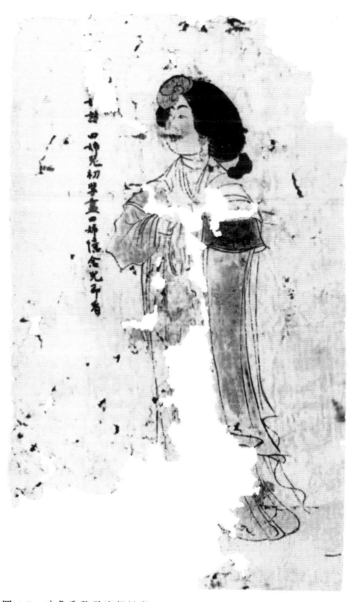

圖 4-7　吐魯番發現唐朝紙畫

馬達漢收集品的遺憾

1996 年我寫《知見錄》的時候，有些收藏敦煌吐魯番收集品的地方還沒有去。當時美國的好多地方還沒有去，日本有些地方也沒有去，另外有三個地方，我估計以後也不一定能去了，一個是芬蘭，一個是韓國，一個是印度。我 1985 年在歐洲考察，有我的導師許理和給各個收藏單位寫信，一般單位都會接受，唯獨被拒絕的就是芬蘭赫爾辛基大學圖書館。館方給許理和回信說這些文書太脆了，要看可以去日本看百濟康義拍的照片。他哪兒知道，那時候中國人出趟國多不容易！我出國前跟周一良先生彙報，周先生說，你把馬達漢（Gustaf Emil Mannerheim）的這些東西弄回來，就不虛此行了，他覺得這是最重要的。到今天這批資料也沒有完全公佈，只有個別學者寫了文章，有黑乎乎的很小的照片。我到了斯德哥爾摩，離赫爾辛基很近了，但是沒去成，特別遺憾。

馬達漢的名字，1996 年我寫《海外敦煌吐魯番文獻知見錄》時音譯成「曼涅爾海姆」，後來新疆檔案館公佈了有關他的檔案，他的漢文名字叫馬達漢。這是個傳奇人物，他早年在沙俄海軍服役，是海軍部的軍官。沙俄派他到新疆打探軍事情報，同時他受芬蘭的芬烏學會委託，搜集古物和民俗學標本。當時他向清朝政府申請的護照還沒發下來，就假裝成伯希和探險隊的成員，跟着伯希和一起從安集延進入新疆。現在留有一張照片，小個子是伯希和，大個子是馬達漢，年輕時候很英俊。他來中國之前，受了兩年各種各樣的訓練，天文、地理、動植物等各方面，比如怎麼捕捉完整的蝴蝶做成標本，怎麼製作猛獸標本，往哪個地方開槍才能獲得完整的獸皮。到了喀什噶爾，他和伯希和吵翻了，馬達漢往南去了和田，伯希和往北去巴楚，兩人分道揚鑣。馬達漢不是考古學家，他到和田就在當地買東西，他有錢，什麼都買，包括文書、錢幣、陶製小雕像、建築構件、生活器皿，古物也拿，民俗器物也拿，什麼都要。和田早期的漢佉二體錢，除英國外，國內外收藏非常少，英國博物館的汪海嵐（Helen Wang）二十一世紀初到芬蘭調查，結果發現有

97 枚，過去芬蘭人沒有好好整理過。馬達漢在和田也買了一些于闐文、梵文的東西，但是比較少。馬達漢的考察日記做得非常詳細，他的調查報告現在放在聖彼得堡的海軍部裏，中國社科院邊疆所曾經申請過，他們不給，說這是軍事情報，絕對不給。

馬達漢從和田北上，由烏什、阿克蘇，再北上柯坪，進入天山和伊黎河流域考察。這不像一般搞考古的，他不挖墓，也不挖城址，他為什麼跑到天山的山口去？（圖 4-8）因為他是諜報人員，他要看這些山口的冰層，什麼時候可以過人，能過多少人，馬驢能過，還是車能過。他對每一個村鎮有多少兵，兵營在哪，用的什麼武器，都有記錄，而且畫了圖，比清朝地方志詳細多了。他在天山山口待了一段時間，還有一個原因，就是在等他的護照。他從裕勒都斯河谷下到焉耆的時候，肯定有眼線告訴他，清朝政府給他的護照已經到了新疆。他到焉耆才拿到護照，有了正式的身份。他們在申請護照時，都不寫自己是考古的，只說是遊歷者。1995 年我曾經到新疆檔案館，沒有告訴新疆的朋友，我用了一天時間，從館長到保管員，全部被我給說服了，同意帶我到檔案館庫房裏自己找東西。我事先整理好了馬達漢、伯希和、斯坦因這些探險家到新疆的時間，按照日期在檔案裏一抽就是一個馬達漢，一抽就是一個伯希和，一抽就是一個斯坦因，資料全都有，所有探險隊的檔案都有。但這些人沒有說是來做考古的，都說來遊歷的，他們的資料跟傳教士以及一般旅遊者的資料混在一起。但是我一拼，這個叫「馬達漢」，那個叫「斯代諾」，只有伯希和就寫作「伯希和」。特別是馮·柯勒克，他叫「封里格」，格倫威德爾叫「呂推力」，德文裏「倫」不是上面有兩點嗎，就變成「呂」了，「威德爾」成了「推力」。清朝人根據發音隨便給他們護照上寫了一個名，我們現在都不用這個名。新疆檔案館是一個大寶藏，很可惜不開放。

咱們再看馬達漢從焉耆到烏魯木齊，沿天山北路到古城（就是北庭），再南下吐魯番，在吐魯番一些地方收集了不少寫本，向東經哈密到敦煌。他大概比斯坦因早到敦煌三個月，但沒去莫高窟。現在芬蘭學者很遺憾馬達漢為什麼沒去，他在日

圖 4-8　馬達漢調查天山山口

記裏說好長時間沒有野味，去打野鴨子了，所以沒去莫高窟。他是一個軍人，對那些經卷興趣不大。芬蘭人非常可惜，說他要是去了莫高窟，馬達漢就是斯坦因了。之後，馬達漢從敦煌向南山跑到撒里畏兀兒那裏，又經武威，到拉卜楞寺去了一趟，然後從蘭州、開封、太原到五台山，最後到北京，再經日本，繞符拉迪沃斯托克，回聖彼得堡。

　　馬達漢當年寫了一本書《由西向東穿越亞洲》（*Across Asia from West to East in 1906-1908*），現在有一個很好的中譯本，是中國駐芬蘭大使退休後，從芬蘭語直接譯的。我用的是 1940 年赫爾辛基出的英譯本，1970 年代翻印過一次。這本書與調

查報告相比肯定刪掉了很多內容，主要是旅行過程，但是也有很多記述軍事的內容，他特別注意當地軍隊用什麼武器，有什麼樣的炮，他都有調查。他本來是沙俄的軍官，二戰中，他指揮了抵禦蘇聯入侵芬蘭的戰爭，1944年當選為芬蘭總統。這些探險家裏頭，各式各樣人都有。

1999年芬蘭做了一個「1906～1908年馬達漢在中亞」（C. G. Mannerheim in Central Asia 1906-1908）的展覽。當時我有個學生到芬蘭旅遊，我讓她買了本展覽圖錄。

迄今為止我還沒有機會到芬蘭調查這批吐魯番文獻資料，但我在百濟康義的研究室看過他拍的所有照片，他也讓我複製了其中的非佛教文獻。後來我一個學生到赫爾辛基大學進修半年，通過他芬蘭的老師，拍了一些吐魯番文書的照片。這些照片拍得不太規整，但是非常有用。現在，馬達漢收集的兩千多卷文書已經從赫爾辛基大學移到了芬蘭國家圖書館。我這裏提示幾件重要文書。

高昌王供養的《佛說仁王般若波羅蜜經》（圖4-9），殘存題記的上半截，上面寫「延昌卅一年（591）辛亥歲二月十五日，白衣弟子高昌……」。這是相當於隋朝時期高昌地區最高等級的佛教典籍，用的紙張很高級。這樣的寫經有兩件，另一件是同年十二月十五日寫的，也殘失下半，雖然第一行只殘存了「白衣」，但一定是高昌王，高昌王都供養這個《仁王經》。這些寫經和題記與我在柏林看到的高昌王麴乾固的寫經是一模一樣的，因為他每一卷後邊都要寫同一個題記，所以我敢把這件定為高昌王麴乾固的寫經。

《老子道德經序訣》。前幾年我們與旅順博物館合作整理該館所藏大谷探險隊的文書。大谷光瑞辭去西本願寺法主之位後，把大量探險收集品帶到了旅順。當年旅順是日本直轄的城市，而且是個免稅港。大谷光瑞把東西帶到旅順，是為了逃稅。他收集的兩萬六千片佛教典籍留在今天的旅順博物館，先是被蘇聯紅軍接管，1951年移交給中國政府，一直沒有得到徹底的整理。前幾年，我們和旅順博物館合作，把這兩萬六千片編成了35大本八開的圖錄。不光是佛經，裏面還有道經、儒家經

圖 4-9　馬達漢所獲《仁王經》高昌王題記

典，過去都被大谷探險隊當成了佛典。我們有大收穫，其中有幾片可以和馬達漢收集品中的《老子道德經序訣》拼在一塊兒。小的一片的是旅順博物館藏文書，大的一片是馬達漢拿的，他比大谷探險隊去得早，拿到了一塊大的。我們現在的工作就是把一片一片做拼圖，跟小孩拼七巧板一樣，非常好玩。

　　我們做旅順博物館藏卷的工作中，最有典型意義的是拼合《武周大足元年西州高昌縣戶籍》，這也是我積累了多年的結果。按照背面的佛經目錄順序，我們大致可以復原位置。大谷探險隊的僧人只要正面的佛經，背面大足元年的戶籍給黏在紙板裏，我們看到裏面隱隱約約有字，但是不敢撬開，它黏得很死，旅順的一件（LM編號）上面接龍谷大學收藏的一件大谷文書（Ot.5452r），這兩件是上下綴合的。按照這一個戶籍的人家，文書前後的順序，大概接的多長。再後是旅順博物館的一長紙片，再下四五片是日本書道博物館的（SH 編號），是清朝新疆布政使王樹枏在

吐魯番收集的，後來輾轉賣給了日本。再後面一大片是克羅特科夫（N. N. Krotkov）的收集品（Kr 編號），他是沙皇俄國駐烏魯木齊總領事，收集到不少吐魯番文書。克羅特科夫就是要拿鞭子抽勒柯克的那個人，他派了眼線到吐魯番收集古物。他的收集品也有幾千件，原來沒有公佈過，後來日本的東洋文庫花錢做了一套縮微膠卷，但是這套縮微膠卷沒做副本給俄國人，你到俄國都沒法找。前幾年我到東洋文庫，知道他們有四十四卷克羅特科夫收集品，我用兩個星期整個搖了一遍。東洋文庫幫我忙的小夥子，我要哪件照片，他都給我拍。我是從東洋文庫申請到的黑白照片，把它們接在這組文書裏。最後一件是龍谷大學藏大谷文書。這裏面還可以插進兩片馬達漢的，但是我們沒有圖。這是一組由王樹枬、大谷探險隊、克羅特科夫、馬達漢的收集，現散落在世界各地，計有 12 件文書殘片（圖 4-10）。我讓整理旅博藏文獻課題組成員寫了一篇文章，題為〈武周大足元年西州高昌縣籍拾遺復原研究〉，所用材料是我從 1985 年陸陸續續攢起來的。

這些成果收在我近年編的兩本書裏，一本是和史睿合編的《吐魯番出土文獻散錄》（全二冊）。大的收集品比如大谷搜集品、英國的斯坦因收集品，這都有人出了書。其他的小收集品裏吐魯番的所有非佛經文書，我能找到的，全裝在這上下兩冊裏。最主要的是德國的，我花三個月抄的德國的所有非佛教的世俗文書和儒家道家典籍，全在這兩冊裏。另一本是我和王振芬、孟憲實主編的《旅順博物館藏新疆出土漢文文獻》，35 冊，全彩印，基本是原大的。我們在整理文書的同時做了很多研究工作，相關的綴合成果發表在我們的研究論集中。

有一年，我在聖彼得堡的機場候機，一位芬蘭人沒有趕上班機，一點都不著急，因為她很快可以搭後面的班機去赫爾辛基。我多希望自己也能去一趟那裏，把馬達漢的收集品調查清楚，這是我 1985 年在歐洲尋找敦煌的最大遺憾。

Ot.5059r

SH.125-1r

SH.12

Kr 4/654r

圖 4-10　武周大足元年（701）西州高昌縣順義鄉籍殘片關係示意圖

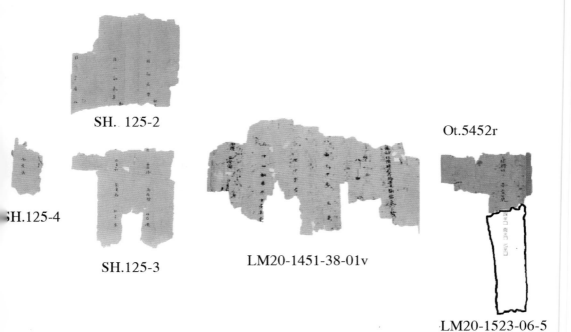

SH. 125-2

Ot.5452r

SH.125-4

SH.125-3

LM20-1451-38-01v

LM20-1523-06-5

五　走訪散落在東瀛的遺珍

坐船去日本

日本收藏的敦煌吐魯番文書非常豐富，我分兩次介紹在日本尋訪的過程，內容都是以我第一次去日本的收穫為主。1990 年 8 月到 1991 年 2 月，我應龍谷大學佛教文化研究所邀請，做了半年訪問研究，把日本收藏敦煌吐魯番文書的主要地方都跑了一遍。日本的收藏有公家的，有私人的，私人博物館很難進去，託關係才能看到一些藏品，也不知道看得全不全。我後來多次去日本，有些地方通過多次探訪才弄清楚整體情況。

武漢大學唐長孺先生對我去龍谷大學的訪問寄予很多期待。唐長孺先生是武漢大學的教授，1976 年到 1990 年代初擔任國家文物局下屬的古文獻研究室主任。古文獻研究室在「文革」期間就開始整理馬王堆帛書、銀雀山漢簡、吐魯番出土文書。唐先生為了吐魯番文書的整理專門與國家文物局局長王冶秋先生去過一趟新疆，路途顛簸導致他右眼視網膜脫落，後來視力就不行了。1983 年唐長孺先生在避暑山莊主持審閱《中國大百科全書‧中國歷史‧隋唐五代史》的詞條，唐先生主編，我的老師張廣達先生是副主編。我跟着在避暑山莊裏面住了近一個月，非常舒服，每天遊客散去之後，避暑山莊裏就我們十個人左右，還有陳仲安、胡如雷、朱雷、張澤咸、吳宗國等先生。我們念「隋唐史」等長條，唐先生閉着眼睛聽，遇到要修改的地方，他就講這處實際是怎麼回事，應該怎麼改，相當於給我們上了一個月課。有些網友說我是唐先生的學生，我不敢高攀，但我確實系統地聽過唐先生的唐史課。唐先生是非常了不起的，他原來研究遼金史，往上推研究到宋、唐、魏晉南北朝，再從上往下寫書。《魏晉南北朝史論叢》和《續編》、《拾遺》，把魏晉南

北朝各方面都寫了;《山居存稿》以及他學生整理的《山居存稿續編》、《山居存稿三編》,還有《魏晉南北朝隋唐史三論》中的部分,把隋唐史大的方面寫了,但是很多細節的研究成果來不及著述發表。

1990 年我去日本之前,唐長孺先生給我寫了一封信(圖 5-1),信中說:「東渡想已有期,龍谷大學所藏吐魯番文書整片碎紙均未發表,必多創獲。」那時去日本的人還比較少,特別是我們這樣專業的。龍谷大學集中存放了大谷探險隊搜集的吐魯番文書,唐先生希望我能徹底查一下這批文書的情況。現在這些文書全部可以在網上查到了,那時候只有零星地隨論文發表,大多沒有圖片,單看錄文是不可靠的。在這種狀況下,唐先生給我寫了這封信。信的後半部分說國燦同志要去日本,即他的學生陳國燦先生。後來有兩位敦煌吐魯番學者跟我同時在日本,一位是敦煌研究院敦煌遺書研究所(後更名為敦煌文獻研究所)所長施萍婷先生,她以調查敦煌文獻為主;還有一個就是陳國燦先生,他來得晚一點。如今施先生 90 歲了,就住在杭州;唐先生不在了,陳先生也不在了。三十多年前的這些事回憶起來,已很有歷史感。

1990 年我去日本,沒有選擇坐飛機,而是選擇了坐客輪。當時剛剛開通了中國與日本之間的一條客運航線,客貨兩運,從天津新港開到神戶,叫燕京輪。我出生在天津新港,住在燕京大學的院子裏,我想就去坐一趟燕京輪吧。我父親認識船長、大副,幫我打了招呼,可以多帶點兒行李。日本之行結束後,我從日本飛英國繼續訪問,在日本收集的 18 箱資料就託給大副、船長運回來,擱在集裝箱碼頭倉庫的鐵籠子裏,我半年之後才去領。我買的是一等艙 B 級客艙,船上人很多,大多是東北的日本遺留孤兒家屬去日本探親,小孩很多,鬧鬧騰騰的,但是我的房間位置非常好,可以安靜看書。

1990 年 8 月 28 日,我從天津港客運站辦理海關手續,託運行李。然後從客運站乘車到集裝箱碼頭,登上燕京號客輪。上船後,因為人數對不上,又重點一遍,遲到晚上 10:30 才起錨航行。次日,船在海上航行了一整天,當時中國還沒與韓國

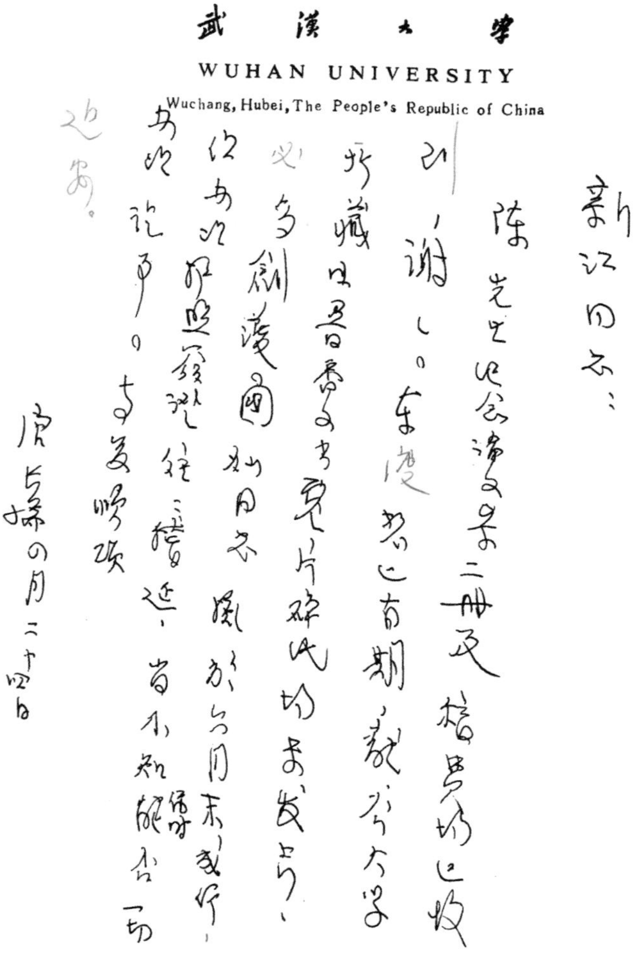

武 漢 大 學

WUHAN UNIVERSITY

Wuchang, Hubei, The People's Republic of China

陸先生：迴念澄兄二冊及楷書均已收

到，謝。東漢畫像已有期，教於大學

所藏止吾兄之書更片確氏切未發上，

必多創漢國如月亦風於台月末發行，

位為此仍望發起往續延，當不知嫩台一切

功此化手。古美順硯

新江同志：

唐長孺四月二十四日

延商。

圖 5-1　唐長孺先生來信

建交，船不能穿過韓國領海，要繞一個很大的彎兒，兩天三夜才到神戶。靠岸時，海關下班了，沒人辦手續，我於是又在船上睡了一宿，次日才登岸。31 日一早，船入神戶港，靠碼頭，看到老朋友木田知生先生靠在岸邊的護欄向船上張望。他昨晚已經提前來到神戶，住賓館等着接我。9 點下船，與木田見面很高興。他在京都大學人文科學研究所讀博士研究生時，1979 至 1980 年在北大歷史系留學兩年，師從鄧廣銘先生學習宋史；1985 至 1986 年又來中古史中心進修一年，跟我相當熟，可謂是老朋友了，他中文說得跟中國人一樣好。

木田帶我乘電車到京都，見了龍谷大學校長、研究所長、佛教文化研究所上山大峻教授、百濟康義副教授，百濟負責我的來訪。他們為我安排了住處，在京都、奈良之間的向島學生中心的教師公寓。電話接通後，接到藤枝晃先生的問候，約下週見面。9 月 1 日，木田帶我到京都站附近的福幸中國餐館，龍谷大學方面設接風宴，東洋史方面有谷川道雄、小田義久教授，佛教學方面有上山大峻、百濟康義等在座。席間主要談了大谷文書的流散情況，以及中國收藏的敦煌吐魯番文書情況。

大谷探險隊與龍谷大學藏大谷文書

說起日本之行的緣起，和我的歐洲考察是接續的。1985 年我在歐洲考察，我的導師許理和給各個文書收藏單位寫信，幾乎所有單位都邀請我去看，唯獨芬蘭赫爾辛基大學圖書館不讓我看。赫大圖書館說日本學者百濟康義剛剛看過，給所有文書拍了照，文書特別脆，再翻一遍怕弄壞了，你想看可以去日本看百濟康義的照片。我根據赫大提供的位址給百濟康義寫了一封信，百濟先生非常熱情地說有機會就安排我來日本。百濟是研究古代回鶻文的專家，跟歐洲學者聯繫緊密，是一位非常開放的國際型學者。促成日本之行的另一個人是我的好朋友木田知生，他京都大學畢業後在龍谷大學任教，負責與中國學界的交往事宜。所以他們倆這一摻和，成全了

我 1990 年 8 月的東渡日本之行。我當時是副教授身份，龍谷大學給我的經費和住宿很不錯，安排我住在教師公寓。後來陳國燦先生他們到京都就住在我那，他們一來，他們做飯，我就有好吃的了。還有我在日本的同學，只要到京都來玩，基本上就由我帶他們到奈良一日遊。

我平日工作的地點是西本願寺旁大宮學舍圖書館 403 室（圖 5-2），這是百濟康義的研究室，二十世紀 50 年代成立的龍谷大學西域文化研究會的藏書和資料就在這裏，當時的負責人是上山大峻先生，具體管事的是百濟康義。平日百濟康義不來，我自己從圖書館門房拿鑰匙進研究室，很長一段時間有位非常勤的中田篤郎先生也在這裏工作。房間裏面有很多在中國看不到的書和油印本，有所有大谷收集品

圖 5-2　龍谷大學大宮圖書館舊貌

的縮微膠卷，有赫爾辛基大學馬達漢收集品、伊斯坦布爾大學吐魯番寫本等原始資料的照片，還有《西域文化研究》、《敦煌寶藏》等大部頭書，複印、打字等電腦設備俱全。百濟說你可以隨便翻看，隨便複製。唐先生給了我調查大谷文書的任務，我先把大谷文書的縮微膠卷過了一遍，知道大谷文書整體情況，必要的時候再申請看原件，原件就在我所在的圖書館裏面。

龍谷大學收藏的大谷文書是大谷探險隊的收集品。歐洲的探險隊一般由國家或某個博物館支持，東西拿回去之後屬於公家，除了德國的勒柯克賣過一些小的壁畫，其他基本上全部進入國立的博物館和圖書館，沒有流失，而大谷探險隊的三次探險是大谷光瑞的個人事業。大谷光瑞是淨土真宗西本願寺法主，娶的是大正天皇皇后之姐，與日本皇室有聯姻。日本佛教有很多宗派，其中最大的宗派叫淨土真宗，淨土真宗太大了，所以國家很早就把淨土真宗拆分為八派，如東本願寺派、西本願寺派等。東本願寺和西本願寺有競爭關係。東本願寺辦的學校叫大谷大學，西本願寺辦的學校就是我所在的龍谷大學。如果我們去京都，從京都火車站往西北走，就到了佔地面積很大的西本願寺，西本願寺旁邊就是龍谷大學本部。

十九世紀歐洲誕生了東方學，歐洲學者收集了很多梵文佛教寫本，用梵文寫本來研究漢譯佛典，對漢譯佛典某些地方提出質疑。日本的宗教團體對此非常敏感，十九世紀末，東本願寺、西本願寺分別派了兩位高僧到英國牛津大學留學，一位叫南條文雄，一位叫高楠順次郎。這兩人都是日本學術史上了不起的人物，高楠順次郎在歐洲將《南海寄歸內法傳》譯成英文出版，回國後編了《大正新修大藏經》，到今天仍是最學術的佛教藏經文本。南條文雄把《大明三藏聖教目錄》譯成了英語，每一個經名下都有一個提要，並有構擬的梵文名稱。這本書成為歐洲學者離不開的一本佛教目錄書，比如翟林奈編敦煌卷子，必須標南條目錄的號，比如《妙法蓮華經》，他標上南條目錄裏相應的號，讀者就知道是《妙法蓮華經》，梵文叫什麼名字，是誰翻譯的，還有提要。所以南條文雄的目錄跟我們敦煌吐魯番學也有密切的關係。

1900 年，第 21 代西本願寺法主大谷光尊派他的兒子大谷光瑞去歐洲考察宗教情形。大谷光瑞看到了斯文・赫定、斯坦因等人從中國掠奪去的文物，十分眼熱這些從佛教之路上出土的文物，於是組建了大谷探險隊。探險隊成員是僧人，但是日本很早把佛教世俗化，這些佛教徒吃肉喝酒、娶妻生子，跟世俗人沒什麼不同。大谷探險隊的探險以新疆、甘肅地區為主，他們挖吐魯番人的祖墳，把文物用駝隊一隊一隊地運走，什麼事都幹。

大谷探險隊有三次中亞探險。第一次探險是 1902 至 1904 年，由大谷光瑞親自帶隊，率弟子渡邊哲信、堀賢雄、本多惠隆、井上弘圓等從尼泊爾出發，經布哈拉、撒馬爾罕，越帕米爾，到達喀什噶爾，然後分兩路，一路去新疆，一路南下西藏。大谷光瑞剛一進新疆就聽到父親去世的消息，趕緊回日本繼任西本願寺派法主。渡邊哲信、堀賢雄從葉城到和田，北上阿克蘇，東行庫車，對其周邊克孜爾、庫木吐喇千佛洞和通古斯巴什、蘇巴什等古遺址做了考古調查，然後到吐魯番，挖掘了阿斯塔那、哈拉和卓古墓。這些僧人沒有經過考古學訓練，以獲得文物為主要目的，能挖什麼就挖什麼。

第二次探險是 1908 至 1909 年。這一時期，斯坦因、伯希和、勒柯克等都在新疆考察。這次大谷光瑞派橘瑞超、野村榮三郎從北京出發，出張家口，入外蒙古，考察了鄂爾渾河流域突厥、回鶻、蒙古等遊牧民族遺跡，然後越阿爾泰山，到達天山北麓的唐朝北庭都護府遺址，再到吐魯番，洗劫了周邊的交河故城、木頭溝、柏孜克里克、吐峪溝以及阿斯塔那、哈拉和卓古墓群。二人在庫爾勒分手，橘瑞超南下羅布泊，挖掘樓蘭古城，獲得了李柏文書，這是前涼時期西域長史李柏寄給焉耆王的一組信的草稿。橘瑞超記載這份文書是插在牆縫裏的，哪可能呢？不知道他怎麼弄到的。橘瑞超的《中亞探險》記載得非常潦草，很多地方說不明白，他不是真正做考古的，不按考古人一站一站挖掘的規則，他喜歡亂跑，他挖完吐魯番，跑到庫爾勒，然後又南下樓蘭，再西行，最後到喀什噶爾。當時處在日俄戰爭期間，英國人以為橘瑞超是個間諜。橘瑞超自己的記錄，有時候連每天走到哪兒都沒寫明

白，但英國的諜報網路裏有記錄。當時英國在整個塔里木盆地有一個諜報網，俄國也有個諜報網，橘瑞超哪天到了庫車，哪天到了阿克蘇，英國海軍部檔案裏都有記載。橘的英文為 Tachibana，檔案裏的 Tachibana 即指橘瑞超。中國早期的報刊把 Tachibana 翻譯成「立花」，是另一種漢音對音，「立花」就是橘瑞超。

第三次探險是 1910 至 1914 年，以橘瑞超為主。橘瑞超從倫敦出發，從西伯利亞進入新疆，先到吐魯番挖了一個月，然後南下樓蘭和米蘭遺址。此前斯坦因的第二次中亞探險，在米蘭遺址發現了有翼天使的壁畫，為了趕在伯希和、勒柯克之前獲得樓蘭的文物，他沒有來得及剝離這些壁畫就埋了起來，直奔樓蘭。斯坦因回到喀什後，派隊員辛格去米蘭遺址取那些壁畫，辛格去往米蘭途中突發青光眼疾，瞎了，沒拿到壁畫。後來這些壁畫被橘瑞超發現，橘瑞超沒有受過嚴格的考古學訓練，剝壁畫的時候將壁畫搞碎了，所以斯坦因特別恨橘瑞超。1911 年 2 月，橘瑞超從且末北進，橫越塔克拉瑪干大沙漠，西至喀什。3 月，沿東南到和田，發掘古物。大谷光瑞由於長期得不到橘瑞超的消息，派了吉川小一郎去找橘瑞超。吉川小一郎從蘭州到敦煌，於 1912 年 1 月 26 日在敦煌街頭偶遇橘瑞超，兩人分別買了一些敦煌卷子，然後一起到吐魯番挖掘。此後，橘瑞超押送探險獲得的古物，從西伯利亞回日本，吉川小一郎繼續留在吐魯番工作，並往西經焉耆到庫車，調查庫木吐喇、蘇巴什等遺址，然後西進喀什，南下和田，又穿越塔克拉瑪干，經阿克蘇、劄木台，到伊犁，而後東返烏魯木齊，經吐魯番、敦煌等地，1914 年 5 月回到北京（圖 5-3）。日本僧人的路線不遵循考古的原則，也不知道他們是幹什麼的，也許有軍事的背景，都說不準。

大谷探險隊隊員的原始記錄，主要刊佈在上原芳太郎編《新西域記》上下卷中，1937 年有光社出版。此前，橘瑞超的探險記錄《中亞探險》，1912 年東京博文館出版。堀賢雄的《西域旅行日記》，後來分三篇發表在《西域文化研究》第二、四、五卷，1959、1961、1962 年京都法藏館出版。1915 年 6 月，出版了香川默識編的《西域考古圖譜》，刊佈了大谷探險隊在新疆所獲美術品、寫經、文書之精品，

圖 5-3　大谷探險隊運走文物的駝隊

國華社出版，圖版印刷非常精美。《圖譜》採用宣紙印刷，將文物照片黏在紙上。
該書編輯時，第三次探險所獲文物還沒有完全運到日本。前幾年東京的拍賣行裏出
現了一些大谷文書，據說是給《西域考古圖譜》拍照的攝影師把一些卷子留在了家
裏，後來不知道這些卷子到了哪裏。我們去東京在拍賣行老闆那兒，花了兩三天把
卷子全部拍了一遍。

圖 5-4　二樂莊

　　大谷光瑞花錢如流水，除了做西域探險，還辦了一個貴族學校武庫中學，造了別墅二樂莊。二樂莊坐落於神戶的六甲山莊（圖 5-4），極盡奢華，別墅內的英國館，所有家居、地毯、壁毯、炊具、餐具等全部從英國進口，阿拉伯館的東西都從阿拉伯進口，中國館的東西都從中國進口。大谷光瑞資助過孫中山搞革命，清亡後羅振玉、王國維避居日本，是大谷光瑞出資把羅、王兩家四十口人，以及羅家的收藏運到日本，並出資給羅振玉建了宸翰樓，給王國維租了一個很好的房子。後來由於財政問題，大谷光瑞被迫辭去西本願寺法主之位，先後住在上海、旅順、大連、台灣等地，大谷收集品也陸續分散到中、日、韓三國的公、私收藏者手中。

韓國的收藏主要在韓國國立中央博物館。大谷光瑞出現財政問題後，把二樂莊賣給了政商久原房之助，留在別墅內的文物歸久原氏所有。久原氏隨即將這批文物贈給同鄉、時任朝鮮總督的寺內正毅。這批文物後來被搬到韓國，今藏韓國國立中央博物館。二樂莊後來被人縱火燒了，現在只剩殘跡，特別可惜。

　　大谷收集品的主體，特別是文獻資料部分，因大谷光瑞後來長住大連而運到旅順。旅順當時屬於日本的關東廳，是免稅的自由港。大谷光瑞把東西寄託在滿蒙物產館，就是今天的旅順博物館（下文簡稱「旅博」）的前身。旅博的建築由設計了東京國立博物館和京都國立博物館的建築師設計，是日本風格的西洋式建築，非常漂亮。所以我國國內收藏大谷收集品最多的地方是旅博，旅博收藏的紙本文書主要是佛經。1945 年日本戰敗前，大谷光瑞把旅順的一萬多件文書（主要是世俗文書）裝在兩個大木箱裏運回京都西本願寺，箱子上有「大連關東別院光壽會」的字樣，這批文書後來移交龍谷大學圖書館保存。一般稱「大谷文書」，主要就是從旅順運

圖 5-5　作者在龍谷大學圖書館書庫中找材料

回來的這一批，再加上後來橘瑞超捐的 55 件及一些斷片，吉川小一郎捐的，以及大谷探險隊其他隊員捐的。但是還有很多流散的文物，現在根本不知道在哪裏，比如拍攝《西域考古圖譜》圖片時流散了一批；據說武庫中學解散時，每個中學生發了一枚錢幣，開元通寶、大曆通寶等，如果發的是西域本地打製的錢，那現在就值錢了。還有很多小件的壁畫、雕像等都不知所蹤。

　　二十世紀五六十年代，龍谷大學西域文化研究會以石濱純太郎為主，編了六卷《西域文化研究》，全精裝，紙張極厚，號稱是日本戰後敦煌吐魯番研究的金字塔。第一卷是佛教資料，第二、三卷研究社會經濟史，第四卷研究胡語、梵文、于闐文、吐火羅文、藏文等，第五卷研究美術史，第六卷是歷史與美術諸問題，還有一個別冊，摞起來一大堆，真是一個金字塔。這套書以論文的形式整理發表大谷文書，比如寫到均田制，把均田制相關文書放裏頭；寫到租賃制，把租賃制相關文書放裏面。發表的文書是經過選擇的，有的有照片，有的沒照片。1980 年出版了井之口泰淳編的《西域出土佛典之研究》，把大谷文書裏的佛教資料重新整理了一遍。1984 年起陸續出版了小田義久主編的四冊《大谷文書集成》，把世俗文書按照編號順序校錄，但是這套書只發表錄文以及比較好的、相對完整的文書的照片，不是全部文書的照片。

　　我當時想，如果能知道大谷收集品分別是從哪裏出土的，就能把它們與後來科學考古發掘的文物對應起來研究。所以我去日本的一個重要目的，是想找大谷探險隊的原始挖掘檔案，看看有沒有草圖什麼的，以確定這些文物是在哪兒出土的。比如像張懷寂墓出土的所謂葦席文書，墊在張懷寂身下的一層葦席是用唐朝官文書裱的，所以文書背後都有葦席印。日本學者大津透在池田溫先生的指導下，把葦席文書全部拼合到一起，一共 103 片，然後又和阿斯塔那 226 號墓出土的兩大片拼在一起，獲得了重要的唐朝儀鳳三年度支奏抄和金部旨條，是全國財政預算案，就是第二年全國物資如何調配。這不僅是涉及敦煌吐魯番，更是涉及唐朝全國財政史的資料，如果沒有這件東西，唐朝財政史寫不到現在的水準。還有一些葦席文書在韓國

國立中央博物館，去年發表了圖片，又補了一些內容，包括廣州的物資如何通過水路運到揚州，最後到東都洛陽。韓國現在一類一類地整理大谷收集品，他們主要是文物，這種文書很少。這個資料非常重要，比如我們研究唐代沉船黑石號當年是從揚州出海，還是從廣州出海的問題，就可以參考這個資料。

另外，日本學者過去發表整理的大谷文書只是一部分，我有了去龍谷大學訪問的機會，就可以在現場一組一組地比對文書，有時候把文書複印出來，按缺痕剪下來，看看能否拼接。現在大谷文書的彩圖全部上了 IDP，我覺得中國應該有個團隊，把大谷文書重新綴合校錄一遍。但是有的卷子皺在了一起，彩色照片上看不清楚，遇到這種情況，就得看原件。我後來去了好幾次龍谷大學，都是找這些東西，比如庫車出土的文書，我都拆開看看裏面隱藏了什麼字。

龍谷大學有好幾個校區，深草校舍是現代化的理工科，大宮校舍是文科，就在西本願寺旁邊。門內正面有一個教堂，平時不開門，做宗教儀式的時候才可以進去。我是 2004 年參加龍谷大學絲綢之路與科技研討會的時候，進去看了一下。二十一世紀初，各個國家變相地紀念他們的探險隊 100 周年，當時中國學者有一點不高興。我不喜歡那些探險隊的人，但是我把所有活動都參加過一遍，是為了學術，不是紀念。龍谷大學的活動也參加了，當然龍谷大學也很謹慎，這次會議不叫紀念大谷探險隊 100 周年，叫絲綢之路與科技研討會。研討會第一天，教堂裏設了一個大谷探險隊成員的靈堂，日本學者在那祭拜，我去看了一下熱鬧。不開這種會，你根本進不去，不知道裏頭是幹什麼的。

龍谷大學圖書館藏書極其豐富，好多在國內找不着。我進了圖書館挨本翻，和我研究有關的停下來看，沒關係的就快速過，雜誌我大概翻了三分之一（圖 5-5）。進龍谷大學圖書館必須穿拖鞋，到了冬天，裏頭沒暖氣，穿拖鞋待不了多長時間就得出來暖和一下，再衝進去看。我看到有用的資料就複印，百濟康義他們下午 5 點下班，圖書館晚上 8 點關門，我利用 5 點到 8 點的時間拼命複印資料，我那 18 箱資料，很多是影本。

日本學者很關心旅博的大谷收集品，他們不清楚這些東西後來的情況，特別是 1981 年北京圖書館善本部出了《敦煌劫餘錄續編》，裏面有六百餘號大谷探險隊從敦煌拿走的寫本，這是大谷探險隊所獲最大一批敦煌的東西。它們怎麼從旅順到了北京圖書館，日本學者不清楚。其實這批東西是 1954 年由文化部上調，入藏北京圖書館善本部的。當時文化部聽說旅博有敦煌卷子丟失，就將旅博所藏敦煌漢藏文寫經 620 件上調，只留下九件完整的敦煌寫經供旅博展覽之用。文化部給所有文書編了目錄，其中有些沒有名字的佛經，都編出目錄，這份目錄比《敦煌劫餘錄續編》都好，《敦煌劫餘錄續編》只要沒有名字的，就略過去了。我去龍谷大學之前，與北京圖書館敦煌吐魯番學資料研究中心的尚林、社科院南亞所的方廣錩合作，做了一些調查，弄清了旅博藏敦煌文書調撥北圖的具體情況。尚林到文化部複印了目錄檔案，我們對照《敦煌劫餘錄續編》與橘瑞超編《敦煌將來藏經目錄》，核對結果是還有十件文書不知所在，而且都是最好的文獻。後來找到了兩件，一件倒賣到了日本天理圖書館，一件在旅博的書畫部找到了，就是《六祖壇經》。其餘八件，現在還不知道在哪兒，會不會是蘇聯紅軍給拿走了。1945 年日本戰敗，蘇聯紅軍接管旅順，旅博這些東西他們過過手，敦煌卷子上都有俄文編號。我在莫斯科的列寧圖書館東方中心，看到有的書上有大連圖書館的印，是從大連圖書館或者旅博拿走的，但是不知道有沒有這幾個敦煌卷子，如果有敦煌卷子，一定放在善本部，善本部我們進不去。如果沒編過目錄，就一點轍都沒有。我到龍谷大學後，做了一個中國所藏大谷收集品的講演，把我們的調查成果以尚林、方廣錩、榮新江合撰的名義，出了一個《中國所藏「大谷收集品」概況 —— 特別以敦煌寫經為中心》的小冊子，1991 年 3 月由龍谷大學佛教文化研究所西域文化研究會印行，中文日文雙語，後附〈大谷收集品‧敦煌寫經諸家著錄存佚調查表〉，這使日本學者對中國所藏大谷收集品的情況有了整體的了解。

　　1995 年我有機會和上山大峻、小田義久、木田知生諸位先生一起訪問旅順博物館，第一次參觀旅博及其所藏大谷文書。後來龍谷大學和旅順博物館合作，對館

圖 5-6　藤井有鄰館合影（左起：陳國燦、藤枝晃、礪波護、作者）

圖 5-7　作者與藤枝晃、池田溫先生一起參觀有鄰館

藏新疆出土殘片做了一部分整理工作，但是不完善。2015 年起，我們北大、人大和旅博合作，把所有兩萬六千片漢文殘片做了整理，出了 32 冊全彩印《旅順博物館藏新疆出土漢文文獻》，基本是原大。但是胡語的文書還沒有完全整理好。胡語文書部分，早在二十世紀初，南條文雄和一個印度學家柯恩（Kern）用大谷探險隊的《妙法蓮華經》做底子，出了一本梵文版《妙法蓮華經》，非常著名。還有很多胡語文書被橘瑞超黏貼在大本子上，無法揭示。值得高興的是，漢文部分已經全部刊佈了。

藤井有鄰館的秘藏

龍谷大學的大谷文書是我此次日本之行調查的第一目標，既然到了日本，其他收藏敦煌吐魯番文書的地方，我也要想辦法去看，特別是私人博物館。

京都的藤井有鄰館是藤井善助於 1926 年 10 月設立的私人博物館。藤井氏大力收集中國古代文物，從先秦的青銅器，到明清的字畫，應有盡有，尤以所藏古璽印最為有名，也有部分敦煌寫經、文書及繪畫品。有鄰館每年更換展品，由於敦煌吐魯番不是它的主要收藏方向，每次展覽就拿出幾件來，都不全。

1956 年，藤枝晃先生曾在書法雜誌《墨美》上發表了有鄰館藏長行馬文書的照片和研究成果。長行馬是唐朝官方的一種運輸模式，是史書裏沒有記載的。唐朝史書記載的驛站體制，官馬跑累了，要放到驛站休息，換膘肥體壯的馬繼續運輸。但是我們在敦煌吐魯番文書裏看到許多長行馬的記載。過去不知道長行馬是什麼，藤枝晃依靠有鄰館的資料，把這個制度研究清楚了。長行馬即一路不換馬，比如說政府要把一批物資從長安運到安西，它不用官方的人馬，是由工頭組織一個民工隊，買好馬，一路從長安運到安西，民工隊路上慢慢走不換馬，有點像後來的鏢局。

藤枝晃發表的長行馬文書照片只有正面，沒有背面。根據我對唐朝文書的了

解，文書背面的紙縫處有編號，抄出背面的編號，或許就能把這些長行馬文書的順序排出來，所以我特別想看背面。恰好藤枝晃退休後在龍谷大學開讀書班，我問他能不能聯繫看長行馬文書。他說因為他發文章講日本私人藏卷多為假的，所以人家現在不待見他，他讓我去找出身京都大家族的京都大學礪波護教授。我找礪波先生幫忙，果然很快聯繫好了，9 月 16 日參觀。我立刻告訴了陳國燦先生，他在東京大學池田溫先生那兒做訪問研究，提前一天趕過來，晚上住在我宿舍裏。9 月 16 日一大早，我和陳先生趕到有鄰館，藤枝晃先生、礪波護先生都來了（圖 5-6），遠遠看到又來了一個人，是池田溫先生。他也沒看過長行馬文書，他聽陳國燦先生說今天可以看，趕第一班新幹線跑過來。我保存了一張參觀藤井有鄰館的照片，是陳先生拍的。照片上我和藤枝晃在交談，池田溫在拍照（圖 5-7）。池田溫、藤枝晃是東京大學和京都大學研究敦煌吐魯番最頂尖的兩位學者，對我都非常好。

藤井有鄰館的館長給足了面子，在他館裏不對外的小展廳裏，放好了長行馬文書和其他我們想看的敦煌吐魯番文書，看完一批之後，請我們出來喝茶，工作人員換一批文書，我們再進去看。然而看了兩輪，有五六十張，也沒有看全長行馬文書，因為東西太多了，他家的展廳比較小。我仔細看了夾在玻璃板中的長行馬文書，把每一個卷子背面的編號和殘痕都摹下來。我後來得知這些文書是從經帙上一層層揭下來的，早期揭取水準不高，現在也沒辦法揭乾淨。這次經歷非常難得，有鄰館對外的展覽，一週就開放一天，館藏不開放的資料更難得看到。

看完之後，我們五個人一起吃飯。藤枝先生說自己 50 年代研究這些文書的時候認為都是真的，現在認為是假的。為什麼是假的？他拿測紙器量過長行馬文書紙的厚度，與唐朝官文書紙的厚度不一樣，有的薄了，有的厚了。池田先生不接他這話，說從內容上來看假不了。我當時也弄不明白，但傾向池田溫的觀點。後來我到英國圖書館編目，才弄明白紙之所以厚薄不同的緣由。英國圖書館藏的長行馬文書與有鄰館所藏是同組文書，都是開元九年（721）的。這些文書是從哪來的呢？古代敦煌僧人用作廢的官文書裱糊經帙，這些文書是從 S.8877A-E、S.11450、S.11451、

S.11458 四號經帙上揭下來的裱紙。在我編目之前，英國圖書館請了北京圖書館善本部杜偉生先生幫他們揭經帙。杜先生說，揭取時，先把經帙放在水中泡一天，然後一層層揭，有的可以揭一二十層，所以紙的厚度早就改變了，與唐代官文書紙張厚度不同了。而且裱糊的時候，按經帙的大小，對官文書做了切割。唐朝官文書高一般在 30 釐米，寫經高 28 釐米，所以這些裱糊經帙的文書天頭地角裁掉了一些字，我們看有鄰館文書有一件右邊一行「西州牧馬所」的「西」字就裁掉了點（圖 5-8）。此外，中國國家圖書館、俄國聖彼得堡、羅振玉收藏品、書道博物館也有長行馬文書，原本都是同一組長行馬文書，可能是從幾個經帙上揭出來的。我本來想把長行馬文書寫一篇文章，後來我的好朋友荒川正晴教授要研究驛傳制度，申請看有鄰館的藏品，沒看成，我把一口袋長行馬文書資料全寄給他了。

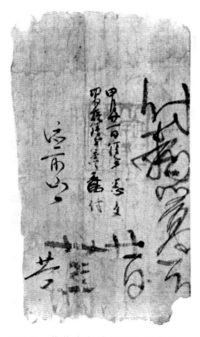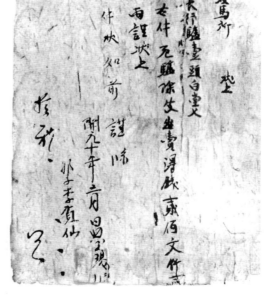

圖 5-8　藤井有鄰館藏長行馬文書

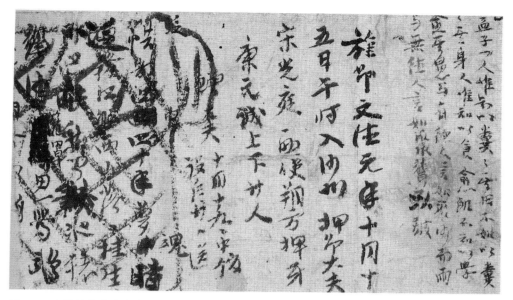

圖 5-9　有鄰館藏唐人雜寫

圖 5-10　藤枝晃教授帶蘭卡斯特教授和作者走訪京都國立博物館（1990 年）

藤井有鄰館有很多好藏品，比如王樹枏題字的唐人草書寫經。其中對我最重要的是一件雜寫，上面題：「旌節，文德元年十月十五日午時入沙州，押節大夫宋光庭，副使朔方押牙康元誠，上下廿人。十月十九日中館設後，廿日送。」（圖5-9）這個雜寫對我研究歸義軍史有極其重要的價值。歸義軍節度使張議潮進了長安之後，他的侄子張淮深繼任留後，在敦煌處理歸義軍的軍務。張淮深向唐朝請了三十年旌節，唐朝就是不給他。我們過去從已知敦煌文書中就了解到這裏，沒想到在這裏看到這條雜寫，記錄了文德元年（888）朝廷終於給了旌節，押節大夫叫宋光庭，副使康元誠。宋光庭的名字正好見於張淮深的墓誌。我一看見宋光庭，眼前一亮，抄了這條，後來寫入《歸義軍史研究》中。

現在藤井有鄰館可能有些財政問題，陸陸續續出售了好多藏品，2018年央視春晚上出現的所謂「絲路山水地圖」，原題「蒙古山水地圖」，就出自有鄰館。

京都國立博物館藏卷的真偽

1990年10月23日，藤枝晃先生帶着我和美國學者蘭卡斯特（L. Lancaster）去看了京都國立博物館的藏卷（圖5-10）。京都國立博物館有五件大谷文書，由京都大學學者松本文三郎捐贈。松本文三郎曾幫忙整理大谷文書，有五件佛經留在家裏，後來忘記還，最後捐給了京都國立博物館。

京都國立博物館更多的是守屋孝藏（1876-1953）收集的古寫經，有日本古寫經，也有中國古寫經，一共268件，其中號稱有72件敦煌寫卷，編成《守屋孝藏氏搜集古經圖錄》。圖錄沒有刊發文書全圖，只刊出首尾，文書尾部多有紀年題記，而且題記大部分寫的是六朝時代。這就讓人很懷疑，怎麼他家的六朝寫經題記比例這麼高。藤枝晃先生對這批文書的真偽抱有懷疑，認為只有一件咸亨年間的宮廷寫經是真的，並讓館員赤尾榮慶拿出來給我們看了。那些帶有六朝題記的寫經，藤

枝先生一概認為是假的，我認為有的寫經是真的，題記可能是後人寫的，不能一概而論。

藤枝先生對守屋孝藏收集品真偽存疑的一個重要證據是上面的印章，這批文書很多有李盛鐸的藏書印「德化李氏凡將閣珍藏」，印文有八個樣子。藤枝說這是李盛鐸的八個兒子，一人拿着一個印章造假，並且把這些假東西拿到敦煌去賣。可是你想想，常書鴻 40 年代去敦煌，一路上車馬顛得腸子都快顛出來了，民國初年怎麼跑到敦煌去賣北京造的假卷子。而且李盛鐸家裏有的是敦煌卷子，幹嘛要造假，造假都是別人幹的。藤枝晃先生沒有看過真的「德化李氏凡將閣珍藏」印，下一講我給大家看真的在哪，在我們北大的善本書上，扣了很多這種印。我當時還沒有這麼多知識，也不跟他討論這個話題，只是從他那學習，他講什麼我聽什麼。

還有一件《大智度論》卷第八寫本，我們也調出來看了，藤枝先生認為是假的，但這件背面有粟特文，我不敢輕易贊同，因為二十世紀似乎還無人能編造粟特文。後來就此請教粟特文專家吉田豐教授，他轉寫翻譯過這件粟特語文書，是有內容的，不可能是假的。

這次同行的蘭卡斯特是美國加利福尼亞大學教授，研究佛教典籍，在歐美佛學界非常有名，而且長得也帥。1997 年，我們三人在倫敦英國圖書館召開的「二十世紀初葉的敦煌寫本偽卷」學術研討會上再次相遇。這是一個閉門會議，邀請了二十個學者參加，會議主辦方把敦煌卷子拿到會場，可以直接翻看來講，沒有收到邀請的學者不能進入會場，即使從美國飛過來都不能進屋。會議結束後，主辦方選了三個人在倫敦大學做公開演講，就是藤枝晃先生、蘭卡斯特和我，所以很多事是挺有緣分的。

圖 5-11　書道博物館老館內中村不折銅像

圖 5-12　書道博物館走訪（1990 年）

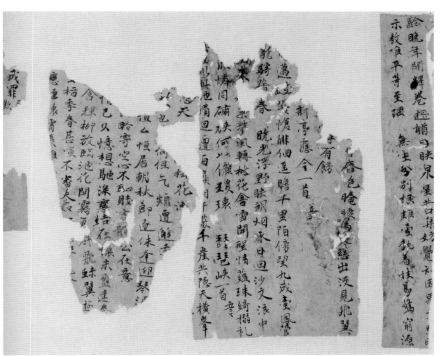

圖 5-13　書道博物館藏詩集之一

書道博物館的豐富寶藏

東京地區收藏敦煌吐魯番文書最多的是中村不折（1868-1943）創建的書道博物館。中村不折是一個油畫家（圖 5-11），後來開始收集中國書畫文物，包括敦煌吐魯番出土文獻。1936 年，他在東京都台東區自家的宅子裏創辦了書道博物館。中村不折收集了許多晚清西北地方官員如王樹枏（晉卿）、梁玉書（素文）、何孝聰、孔憲廷等人所藏敦煌吐魯番文獻，又獲得部分日本收藏者的藏品。日本曾經旅行陝甘等地的老田太文、旅行新疆的陸軍大佐日野強、文求堂主人田中慶太郎以及勝山岳陽、江藤濤雄、黑田久馬等人搜羅的藏品，二十世紀 30 年代以前很多進入了書道博物館，30 年代以後很多進入了下一講我要講的杏雨書屋。所以書道博物館裏藏有很多寶貝，最好的那些《左傳》、《三國志》寫本有的就在他家，在日本是重要文化財級別的國寶。近年來日本顏真卿大展、王羲之大展，都從書道博物館借東西。

我在龍谷大學圖書館西域文化研究室見到一種蠟紙油印的《書道博物館所藏經卷文書目錄附解說》，題「西域文化研究會複製」，沒有複製年月、編者姓名，推測是五六十年代從書道博物館複製來的。這份目錄只在很小的範圍裏能看到，沒有出版過。我後來複印一份給陳國燦先生和劉安志先生，作為他們編《吐魯番文書總目·日本收藏卷》書道博物館部分的底本。現在書道博物館重新整理館藏敦煌吐魯番的卷子，底子也是這份目錄。

1990 年 11 月 25 日，池田溫先生帶我去書道博物館參觀（圖 5-12）。此時由於經營不善，滿屋子蚊蠅，冷不防被叮一下。我只看到展出的五件寫本，包括題吐魯番出唐代藏經目錄，敦煌出六朝寫經、《佛說法句經》、延昌二年寫經、《律藏初分》，這其中有的分不清是敦煌還是吐魯番出土的，也沒法看到庫存。當時抄寫了寫本上的題跋，摹了文書上的印。我一直想看中村家的庫存，找了好多人，都沒有成功。

後來中村家經營不下去，把博物館轉歸東京都台東區，2000 年「台東區立書

道博物館」重新開館，原來的舊樓變成窗明几淨的新模樣。隨着博物館歸公，所有藏品也隨之公佈，這就是 2005 年出版的磯部彰主編《中村不折舊藏禹域墨書集成》三大本，收錄了全部書道博物館藏敦煌吐魯番文獻的彩色照片，是用日本文部省的資金印的，非賣品。磯部彰教授給我們北大國際漢學家研修基地送了一套，現在能看到書道博物館全部的藏卷。

最近二三十年敦煌吐魯番研究進步非常快，就是因為大量的文獻以高清的照片發表，或者在網路上，或者紙本出版。《中村集成》中，文書正文、題記、跋文都印出來了，比如有一份長長的詩卷和書儀（圖 5-13），首次影印出來，十分重要，裏面有梁武帝的詩、梁簡文帝的詩、唐玄宗的詩，都在這個卷子上，但是被裱亂了，到現在也沒有完全整理好。書道博物館好東西極多，王樹柟、梁素文把很多藏品黏在冊子上，有的冊子就有幾百片，沒有仔細編過目錄。我讓我的學生包曉悅根據《中村集成》，利用大藏經電子資料庫，比定斷片，重編成《日本書道博物館藏吐魯番文獻目錄》，在《吐魯番學研究》上分三期發表。

日本國立國會圖書館的敦煌寫卷

東京的日本國立國會圖書館也收藏有部分敦煌文獻的寫本，其來歷不一，據說主要是經井上書店而得自濱田德海的舊藏。池田溫《中國古代寫本識語集錄》記錄原石井光雄藏《神會語錄》在國會圖書館，這是我最想尋找的材料。我在曾經留學北大的松浦文子女士幫助下，前往國會圖書館考察，因為有一位國會議員打了招呼，善本部的服務人員很熱情，但是找了半天也沒找到《神會語錄》，估計沒有在該館收藏。《神會語錄》原來在日銀財團的總裁石井光雄家裏，後來流散出來，當時池田溫先生聽說被國會圖書館買了，實際上這批敦煌文書國會圖書館剛買了一部分，藤枝晃先生就說那裏頭都是假的，國會圖書館就不敢買了，因為拿國家的錢

買假卷子，真的很糟糕。所以國會圖書館一開始對我的到來很謹慎，問我是來看真假的還是幹嘛的，我說我是找史料的。他們看我沒有查真假的意思，才放心地拿出文書給我看，並且給我做了一個全部敦煌文書的縮微膠卷。我後來把膠卷捐給了北京圖書館敦煌吐魯番學資料研究中心。事實上，這批卷子中還是有一些很不錯的材料，如道教寫本《金籙晨夜十方懺》（圖 5-14），背面是《吐蕃午年（826）、未年（827）敦煌諸寺付經歷》。

這批文書原先由濱田德海家族收藏，然後通過井上書店賣到國會圖書館、東洋文庫等幾家，現在還有一些在井上書店。我曾跟着土肥義和先生到井上書店看過庫存的敦煌卷子，就在書店的小櫃枱上展開敦煌卷子看，我都怕給弄壞了。

國會圖書館買卷子的時候，做了非常好的目錄，上面打着「機密」字樣，因為涉及國家財產。現在東洋文庫出的一本內部發行的書《濱田德海舊藏敦煌文書收集品目錄》裏，把這些機密檔全都影印出來了，包括幾次買賣等情況。但是最關鍵的像《神會語錄》、《歷代法寶記》，目錄裏列了，下家是誰沒有記錄，所以我們的「尋找敦煌」還任重道遠。

2016 年北京伍倫拍賣行拍賣過濱田德海舊藏 50 件文書。方廣錩先生編了《濱田德海蒐藏敦煌遺書》，就是拍賣的這批，基本是佛經，稍微有一些雜件，也不是很重要，等於是國會圖書館挑剩的。

東京國立博物館的大谷收集品

東京國立博物館也有一批大谷探險隊的收集品。1904 年大谷探險隊第一次探險所得物品運到日本後，由於大谷光瑞跟皇室的關係，把一部分家裏放不下的文物寄託在京都帝室博物館，即京都國立博物館的前身。1944 年，這批東西被木村貞造買走，後來由國家收購，交東京國立博物館東洋館收藏。1971 年，出了一本黑白版的

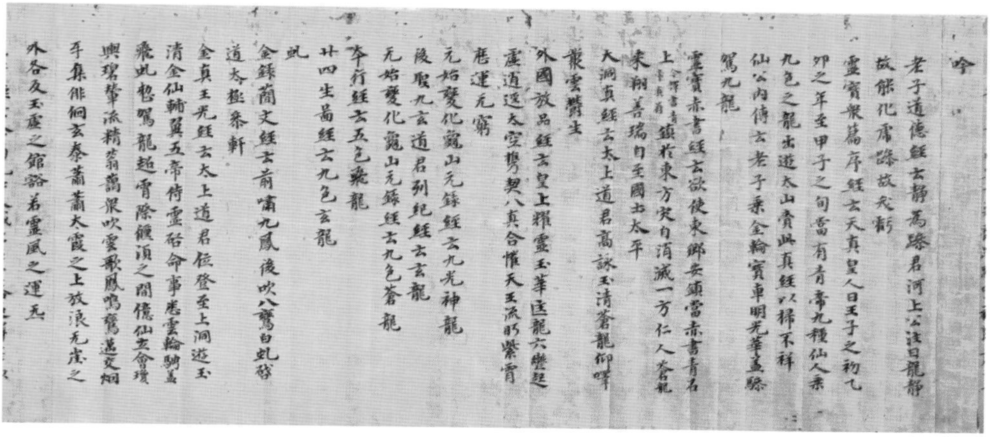

圖 5-14 日本國立國會圖書館藏敦煌道教卷子

《東京國立博物館圖版目錄·大谷探險隊將來品篇》，專門刊登大谷收集品，幾乎每件文物都有一張很小的圖，但很多看不清楚。

我循着這本圖錄提示的線索，1990 年 11 月 29 日造訪東京國立博物館東洋館。在東京大學進修的新潟大學關尾史郎先生陪我前往。池田溫先生事先幫忙聯絡，東洋館負責人台信祐爾很認真地接待了我，恰好台信手下的組長谷豐信是我的大學同學，北大考古 78 級留學生。他們安排我在一個單獨的房間裏看文物，把我想看的大谷收集品擺了一大屋子。我在圖錄上勾出要看的東西，有壁畫、雕塑殘片，有青銅造像，還有紙本文書、木簡等，凡是我勾出來的，他們全都拿出來給我看，真是不錯。

我最主要想看一方壁畫的供養人榜題，是從庫木吐喇第 16 窟割走的，其殘文現在基本可以全部讀出：「大唐莊嚴寺上座四鎮都統法師悟道」（圖 5-15）。其中「莊」「悟」是後來釋讀的，1990 年時還沒認出來。但「四鎮都統」是指唐朝安西四鎮的僧都統，是西域地區的最高僧官，這點是確定的，這是我要落實的文字。莊嚴

寺是長安的寺院，這位供養人是從長安派到安西管理漢化系統的佛寺的最高僧官，是一個法師，叫悟道。釋讀了這個題記，加深了我們對唐朝在安西四鎮統治形態的理解，我後來寫了一篇〈唐代西域的漢化佛寺系統〉的文章，核心資料就是這方題記。另外，我還看了和田出土的雕像、龜茲出土的木簡等。

另外，這裏還收藏有張懷寂墓出土的絹畫《樹下美人圖》，原在屏風上，應該有好幾屏，背面是用《唐開元四年（716）西州柳中縣高寧鄉籍》和《唐開元年間西州交河縣名山鄉差科簿》裱糊的，是現存西州戶籍和差科簿中較長的一件。這些材料都已公佈，我沒有調閱。

我在小房間看完之後，又參觀了展廳的陳列，忽然眼前一亮，我看到一件《劉子》殘卷，蓋的是羅振玉的藏書印（圖 5-16）。從前我們不知道這個卷子在哪兒，1988 年上海書店出版林其錟、陳鳳金兩位先生合著《敦煌遺書劉子殘卷集錄》，提到他們專門跑到北京圖書館校對了根據這個原卷排印的一個本子。我沒想到在東京國立博物館看到了原卷，於是立刻向東博訂購了這件寫本的全卷照片，後來林、陳二位先生出修訂本，託人問我，我就把照片轉給他們了。

圖 5-15　東京國立博物館藏大谷探險隊切割的壁畫榜題

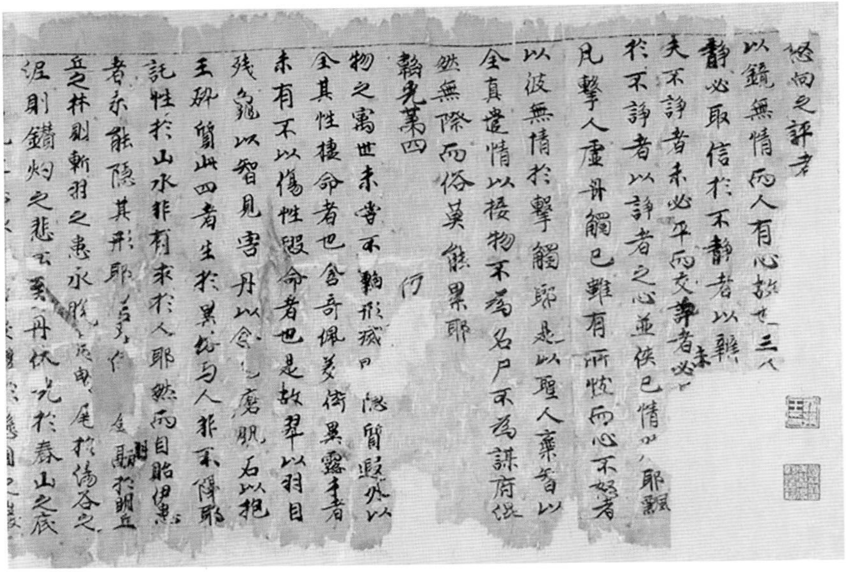

圖 5-16a　羅振玉舊藏《劉子》殘卷首部

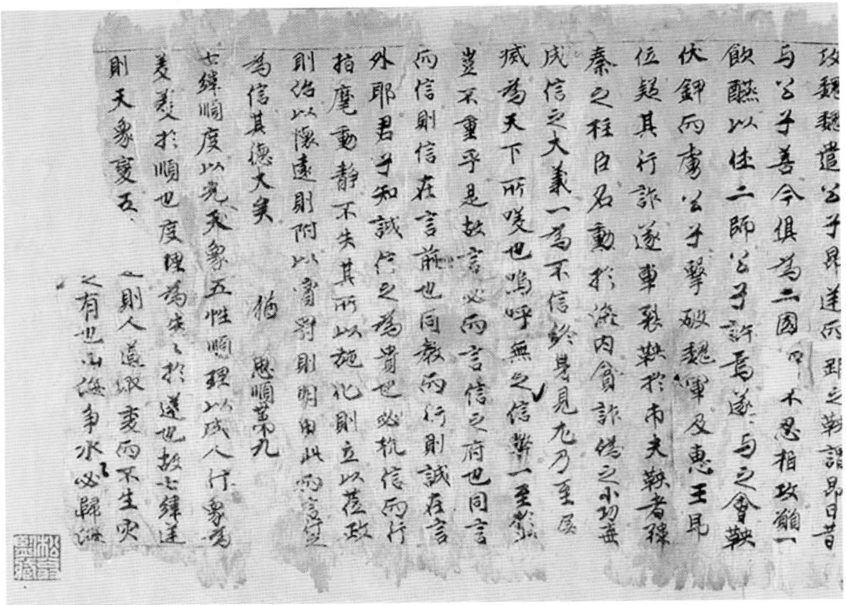

圖 5-16b　羅振玉舊藏《劉子》殘卷尾部

六　從羽田亨紀念館到杏雨書屋

今天這一講，先講一些小的館藏，最後講羽田亨紀念館和杏雨書屋。

走訪靜嘉堂文庫的驚喜

靜嘉堂文庫是日本三菱財團第二代社長岩崎彌之助創建的收藏中國古書的文庫（圖 6-1）。1907 年，岩崎家購入中國清代四大藏書家之一歸安陸心源的全部藏書，奠定了靜嘉堂的基礎。陸心源的收藏非常豐富，其藏書樓叫皕宋樓，即有兩百部宋版書的意思。三菱財團還有一個東洋文庫，以莫理循（George Ernest Morrison）文庫西文書為基礎，跟敦煌學的關係更為密切。莫理循常年居住中國，曾任北洋政府的政治顧問，收藏了大量有關中國的西文書。他的藏書可以說是二十世紀 20 年代中國境內關於中國的西文書最全的文庫，其中有西洋人調查中國的植物圖譜，我看過，大羊皮裝的，黏貼有植物標本；我也看過其中很多版的《馬可·波羅遊記》，最早的一版是十四世紀的刺木學本。陸心源皕宋樓藏書和莫理循藏書被日本人整鍋端地買走，是中國近代文化典籍的重大損失。

研究敦煌學的學者肯定要去東洋文庫，對於靜嘉堂文庫收藏的吐魯番文書，早先外間知者甚少。1966 年，龍谷大學小笠原宣秀〈吐魯番佛教史研究〉一文，介紹了靜嘉堂文庫藏的六件佛典斷片。我原以為靜嘉堂文庫就這幾件，沒有什麼特別。1990 年 11 月 30 日，我跟隨關尾史郎先生走訪靜嘉堂文庫，是去參觀宋本《冊府元龜》的。看完《冊府元龜》，隨口向司書增田晴美女士問了一句，你們有敦煌吐魯番文書嗎？她說有，一下子抱出八大函裝裱好的文書斷片（圖 6-2），每一函封皮上

都寫了一個封題，如「北魏以來寫經殘字　素文珍藏　第多少號」，從 81 至 88 號，可想而知素文的收藏非常巨大。我當時不知道「素文」是誰，也不知道這些文書從何而來。增田幫我查看了這批寫本的入藏記錄，得知是 1935 年前後購入，購入時已裝裱成折本形式的八冊，均為「素文珍藏」。我花了三個多小時，粗編目錄，並抄題跋和有關文書資料。

　　隨後我便開始搜尋素文舊藏文書，在日本期間就找到一些線索。

　　1990 年 11 月，日本「古典籍下見展觀大入劄會」展出了一件《唐儀鳳二年西州都督府北館廚牒文》(圖 6-3)。儀鳳二年西州都督府北館廚牒文是唐朝的官文書，有很多片，主要存於大谷文書中。這組文書記載了西州一個館驛買柴、買醬、買醋等等的帳目，多是小片，而古書展上這片是比較完整的一大片，後邊有跋稱「素文先生以為是否」，知道是素文舊藏。這張圖片來自展覽圖錄，上面沒有展示跋文部分，我的朋友荒川正晴、大津透在展覽上抄了跋文發給我。這件文書後被千葉縣國立歷史民俗博物館買去，朱玉麒曾去該博物館拍了完整的照片，但沒有發表過。

　　1990 年秋，京都臨川書店《洋古書總合目錄》第 130 號刊出了兩件此前未見的西域出土古寫經書影。臨川書店拍賣前，請研究回鶻文的學者小田壽典先生鑒定，小田壽典給我寄了一份目錄。其中一件軸端簽題「回鶻寫經殘卷」，下小字書「吐魯番出土　素文珍藏　十號」，這件文書非常完整，後邊有王樹枏寫的很長的一篇跋。「十號」是素文的收藏編號。裝裱用的織物、裝裱形式跟靜嘉堂文庫的吐魯番文書一樣。小田壽典就這件寫經寫過一篇文章，在一個學術會議上發表，指素文為"Sven Hedin"（斯文・赫定）。其實素文和斯文・赫定風馬牛不相及，小田壽典是搞回鶻文的，不知道素文是一個人的字，不是姓名。

　　我回國後，問北京圖書館善本部有沒有「素文珍藏」，工作人員找到兩件，一件軸端簽題「北涼以來寫經殘卷　出吐魯番　素文珍藏」，編號塗抹掉了，當時文書轉手後，新藏家把老的編號塗掉了。還有一函編作「臨」字型大小，裝裱和靜嘉堂收藏的完全是一個模式，內容一半是漢語，一半是胡語，很重要。這兩件後來在

《中國國家圖書館藏敦煌遺書》裏影印出來了，連跋、裝幀形式都有，黑白版的。我後來碰到的素文珍藏愈來愈多，有的藏家把簽題上的「素文」兩字塗掉了，但是仔細一看，還能看到底下的「素文」。

　　經過一番調查，得知這位素文姓梁，名玉書，字素文，名和字對得很工整。周一良先生提示我清末筆記《都門識小錄》裏記述了一段有關素文的事，說吐魯番出了很多經卷和文書，外國人大力收購，王樹枏、梁玉書也收購，但是老百姓寧肯售給外國人，也不給王樹枏和梁玉書。

　　王樹枏是新疆布政使，是新疆當地最大的官。梁玉書是什麼人？梁玉書是清朝派到新疆清理財務的官。他是去查帳的，查清朝官員腐敗貪污的賬，所以那些官員就使勁給他送東西，把最好的文書送給他。他的收藏一點不比王樹枏差，可惜整個散了。梁玉書出身瀋陽的大家族，我搜尋過他的後人，宿白先生讓我找這個人，周一良先生讓我找那個人，我跟破案似的，滿世界尋找素文，故事非常好玩，也很成功。當然我是研究古代歷史的，我更多的精力是研究唐代的于闐、吐魯番。後來國家圖書館的劉波老師把素文的各種題跋輯出來，準備在上海古籍出版社出一本敦煌吐魯番題跋的書，我給寫了序，這本書裏關於素文的資訊更多了。

　　這是我在靜嘉堂的收穫。在我之前，僅有龍谷大學小笠原宣秀在文章裏提過靜嘉堂的淨土宗文獻，一般人不知道靜嘉堂的吐魯番文書。我買了一套文書的照片，並把消息告訴了施萍婷、陳國燦、池田溫諸位先生。靜嘉堂文庫的人後來給我寫信，說你走之後，又來了好幾波人看這批東西，過去沒人看這個。因為靜嘉堂文庫是不對外，它都是預約的。中國現在花這麼大力量印各種善本書，全國高校古籍整理委員會安平秋先生調查日本藏中國古籍，很多宋元版的都給我們影印，唯獨靜嘉堂一本不給。雖然你去看的時候，他對你很好，可能會給你照片。但是你不能隨便發表照片，發哪張要向他們申請。

圖 6-1　靜嘉堂文庫

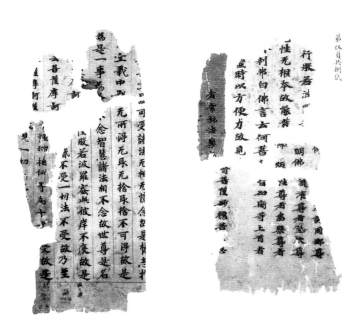

圖 6-2　靜嘉堂文庫藏高昌寫經殘字

天理圖書館的莫高窟北區文物

　　天理是關西地區的一個小城市，因天理教而得名。天理市的街上會看到很多教徒穿着天理教的黑袍子，袍子後面有一個圓的標識，這番情景讓這個城市與其他日本城市顯得不太一樣。天理教是日本的一種小宗教，在二戰後發展迅速，聚集了很多財富。教會借一些圖書館和收藏家缺錢拋售之際，大力收購圖書文物，建立了天理參考館、天理圖書館，一個放文物，一個放圖書。我去參觀過，都非常好。其藏書有唐朝初年的類書《文館詞林》，還有《永樂大典》等，以及大量西文書。在我之前，台灣成功大學王三慶先生曾去天理大學交換一年，仔細看過館藏敦煌寫卷，寫過一個報道式的目錄。

　　1991 年 2 月 12 日，我經奈良女子大學橫山弘教授介紹，去天理圖書館進行考察，中田篤郎先生陪我一道前往。天理圖書館藏品的來歷比較複雜，其中最主要的一批敦煌文物是張大千收集的莫高窟北區文物，不是莫高窟藏經洞出的。莫高窟

圖 6-3「古典籍下見展觀大入箚會」陳列之唐儀鳳二年西州都督府北館廚牒文

北區 464、465 窟是一個回鶻文的印刷所，裏頭有回鶻文木活字，有很多回鶻文佛經，也有很多殘片，如回鶻文插圖本《十王經》殘片。張大千在莫高窟臨摹壁畫的時候，偷挖了很多文物。後來張大千去了巴西，把這批文物放在香港出售，有些被天理圖書館買走了，有題為《石室遺珠》、《西夏文經斷簡》的冊子，其中有西夏文的冊子，還有回鶻文、漢文殘片，主要是宗教典籍，世俗文書很少。我把每一件文書、每一個冊子過了一遍，做了記錄。這些東西現在有一些刊佈出來了，有一些還沒有完全刊出。

與唐史關係密切的是一組張君義文書。張大千說這些文書是在沙子裏發現的，他有一天吃完西瓜，把瓜皮往沙子裏一戳，結果露出來一個臂骨，往下一挖，還有一個頭骨，幾片殘片，一個完整的卷子，還有幾件公驗（圖 6-4）。張君義是個軍官，打仗戰死後，士兵們收了他的遺骨和公文書，一起運回他的家鄉敦煌。張君義文書肯定是埋在莫高窟北區頂層的那一排洞窟中，那是瘞窟，就是埋人的，這些文書都是隨葬品。張大千不能說自己挖了人家的祖墳，就說是在沙子裏頭掏出來的，這都是瞎編的，搞考古、搞歷史的一看就知道這都是隨葬品。其中的公驗文書被天理圖書館購去，上面鈐有鹽泊都督府的印章，鹽泊都督府是位於今焉耆的一個唐代羈縻州。

與天理圖書館藏張君義公驗相關的還有《張君義勳告》，原件也是張大千挖出來的，現藏於敦煌研究院陳列中心。唐代官員下葬時會隨葬告身抄件，告身原件留在家裏。唐朝有門蔭制度，比如說你是一個三品官，皇帝過生日一高興，給每個三品官的兒孫一個九品官。兒孫授官的時候要拿出告身來證明祖上在哪年哪月哪日得了一個幾品的官。所以家裏需保留告身原件，抄一份副本隨葬，抄件是沒有蓋印的。吐魯番唐代古墓出土了很多告身，全是不帶印的，而且抄件一般會省略原件上一起授官的人的名字。一起授官的人有時候多達好幾百人，抄那麼長，擱地下也沒用。《張君義勳告》是景龍三年（709）張君義在打了一次勝仗後授勳的告身，這件文書把當時一起立功授勳的人名都抄上了，非常難得，史料價值很高，朱雷先生專門寫過一篇《張君義勳告》的研究文章。

張大千的功過都在敦煌，他畫得非常好，對敦煌做了編號、記錄等工作，但是他非法挖掘文物，特別是為了看裏層的唐代壁畫，剝了一些表層的壁畫，由此受到學術界的詬病。北大的向達先生對他最憤怒。我寫過一篇文章〈驚沙撼大漠——向達的敦煌考察及其學術意義〉，講向達先生兩次敦煌之行。在這個問題上，我是堅決站在向先生的立場上批判張大千，那篇文章是批判得非常厲害的，大家可以去看。但是張大千這個人非常值得研究，我收集了若干張大千的畫集，也看了一些張大千的畫展，比如四川博物院藏的，香港藏家收藏的，我也研究過，這些和敦煌很有關係。

《張君義勳告》原件是怎麼到敦煌研究院的呢？這要感謝徐伯郊先生（圖 6-5）。據尚林先生查閱文化部檔案，得知這件文書是 1962 年 12 月香港王南屏售出，由文化部委託在香港的徐伯郊先生購回，於 1963 年 8 月 5 日撥交敦煌文物研究所收藏。徐伯郊是徐森玉的兒子，抗日戰爭時，徐森玉先生押送北京圖書館的善本書去後方，經過袍哥的領地時，袍哥說：「我沒兒子，你得把你兒子過繼給我，你就可以過。」徐森玉就把徐伯郊留給袍哥了。誰知後頭來了一幫兵把袍哥隊伍衝散了，徐伯郊躲在草叢裏，找機會溜了。徐伯郊先生開玩笑說：「我是撿了一條命，要不然過幾年共產黨剿匪的時候，我被當成袍哥領袖滅掉了。」1949 年以後應周總理的安排，他代表國家在香港購買文物，《伯遠帖》等著名文物都是他從各大藏家處購買來的。1992 年我第一次到香港，住在北角，和他家很近，經他的弟弟徐文堪先生介紹拜訪他，聽他講了很多故事。他曾說過：「不客氣地說，香港藏家手中的東西都是我買剩的。」他的人緣也非常好，和張大千很熟，可以在現場看張大千作畫。徐伯郊還講了很多關於自己和父親徐森玉的故事。徐先生特別風趣，講了很多事，但他就是不寫。

張大千送給徐伯郊一些臨摹敦煌的畫，這些不是那五個喇嘛畫的。有人批評張大千的畫有匠氣，其實張大千畫不過來，就請了青海黃南縣五個做工筆唐卡的喇嘛打底，喇嘛勾好線，他再上色。四川博物院有很多張大千的畫只有勾勒，沒有上

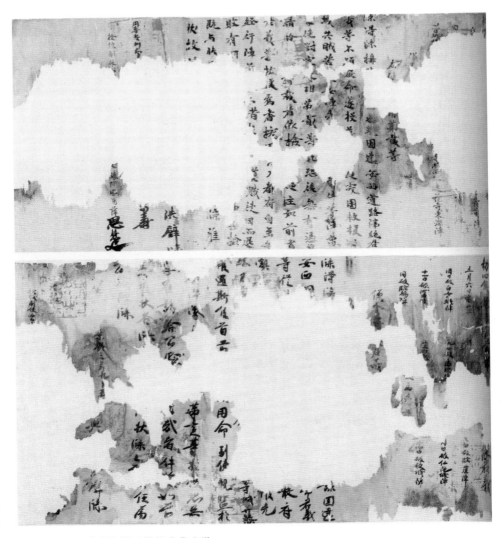

圖 6-4　天理圖書館藏四鎮經略使公驗

色，那是喇嘛勾的。給徐伯郊的這些畫都是張大千自己畫的。徐伯郊因為跟張大千熟悉，得知《張君義勳告》要輾轉出售，就幫國家買了。1994 年 8 月，我在敦煌研究院敦煌遺書研究所的資料室中，仔細看過這件《勳告》原件。

借此機會講一講徐森玉、徐伯郊和徐文堪先生。徐森玉先生對我國學術文化貢獻極大。日軍侵華時期，日本人賤價大量購買中國的古籍珍本，徐森玉兩次潛入上海、蘇州、杭州等地區，為國家搶救古籍珍本。徐森玉先生跟日本學術界也有很多交往，1990 年我去日本時，徐文堪先生給了我狩野直喜寫給他父親徐森玉的明信片，我去找狩野直喜的孫子狩野直禎，代表文堪先生把這個明信片贈給他。徐文堪先生對我的海外調查給了很大的學術支持，介紹我去找相關的人，我第一次去香港找徐伯郊，也是他給了我電話和位址。最近我在《文匯學人》週刊上寫了一篇紀念

圖 6-5　徐伯郊先生在張大千所臨敦煌菩薩大士像前

徐文堪先生的文章，大家可以配着這個看。

天理圖書館藏有敦煌《行腳僧像》，圖上畫了一位行腳僧，背了許多經卷。有人說畫的是玄奘，但是長得不像玄奘，是個胡僧的樣子。這張畫與《玄奘取經圖》實際是一個模子來的，是唐朝或者五代時期畫的，圖中的卷軸畫得很清楚，一軸一軸的。這種行腳僧圖有很多張，有絹本的，有紙本的，這一件是流散出去的大谷收集品。大谷探險隊獲得的文物很多，有很多非常好的東西流散出去了，現在不知在哪兒。

天理圖書館還有很多好東西，其中一件是敦煌寫本《太上妙本通微妙經》卷十，完整的一卷，其卷軸以龍蟠雲袞錦繡裝裱，和北京圖書館所藏大谷探險隊所獲敦煌寫本相同，題簽上有「太玄真一本際妙經道本通微品第十　殿」。上一講說到旅順博物館藏大谷探險隊所獲敦煌寫經丟了十件，這就是其中的一件，上面有大谷探險隊用《千字文》編的號。天理圖書館館員幫忙查入藏記錄，得知這件是 1961 年從東京古書店反町氏弘文莊購入，原卷末紙尾鈐「月明莊」印。《本際經》在其他敦煌文書中有很多，但卷十的整卷只有天理圖書館這一卷。《本際經》是唐初盛行的道教經典，後來散失不全，只見殘本。吳其昱先生把巴黎、倫敦的殘本做過彙輯，但是他也沒見過這件，我找到了這件，特別高興。天理圖書館好意提供了這件文書的影本，我交給姜伯勤先生的弟子萬毅，他把整卷錄出來發表了。影本我手裏沒有留，有些東西來不及做複製就直接給人了。

寧樂美術館的熱情款待

寧樂美術館也有敦煌吐魯番文書，以蒲昌府文書最為有名。寧樂美術館也是私人的，位於奈良水門町依水園內。依水園是非常漂亮的日式庭院，就在奈良國立博物館附近。我去寧樂美術館看過兩次普通展（圖 6-6），但沒能看到敦煌吐魯番文

書。後來請花園大學研究敦煌禪宗典籍的衣川賢次教授聯繫到了館長，館長答應我們去看文書，並且同意拍照。1991 年 2 月 21 日，在我離開京都前的一天，我們去了寧樂美術館。衣川教授專門找了一個攝影師，神野先生，扛着三腳架，把未刊敦煌寫本全部拍攝了高清照片。中村館長熱情接待我們，還招待我們吃了一頓他自己做的午飯。

我們很早就知道寧樂美術館有一批唐西州蒲昌府文書。唐開元二年（714），為了防突厥來侵，蒲昌府有大批往來文件。大概三十五葉，包在一個很大的錦緞書函裏，每葉貼的殘片不等。書函外套上題「唐蒲昌府都督府官文殘牒冊」，書函封面題篆書「西垂（陲）碎金」四字。函內有伯希和法文題跋，並附有不知名者的漢譯文。二十世紀 30 年代，一個叫顧鰲的官人託人把這批文書帶到日本出售，經過多次輾轉收藏，最後到了寧樂美術館。這批文書之前發表過部分照片，這次考察我得到了全部文書的照片，文書上的茬口都拍得非常清晰。後來我在《歷史檔案》雜誌裏看到一篇名為《唐代檔案》的文章，刊佈了六件遼寧省檔案館從羅振玉家接收的唐代檔案。是什麼檔案呢？就是蒲昌府文書。雜誌上的圖比較模糊，我拿寧樂美術館藏文書的茬口一對，有一件基本能夠拼合。我就寫了一篇很小的文章，判定遼寧省檔案館藏的是蒲昌府文書。現在遼寧省檔案館有很好的彩色照片，館方提供給我們，所以可以做進一步的對比。

蒲昌府文書還有幾處收藏，橋本關雪美術館有三件，另一位藏家有二十餘件，京都大學日比野丈夫教授發過研究文章，但是他對藏家守口如瓶。將來如果能把散在各處的蒲昌府文書湊在一起，可以拼出一個很大的長卷。

蒲昌府文書的學術價值是加深了我們對唐代府兵制度的了解。過去認為唐代府兵「上番」是輪流去京城宿衞。那麼問題來了，吐魯番去京城長安路途遙遠，吐魯番的府兵去京城上番，可能剛走到長安，番期已經到了，他要如何上番？蒲昌府文書表明，吐魯番的府兵不用去京城上番，他們上番就是守護烽燧、巡探、打仗，這些工作也是定期輪值換番的。《新唐書》記載的兵制主要是中央的制度，地方怎

麼做沒有細寫。蒲昌府文書寫了地方上的做法，補充了《新唐書》的空白，貢獻非常大。

比如一件《西州都督府牒蒲昌府為寇賊在近督查事》（圖 6-7），是西州都督府發給下屬蒲昌府，催促其趕緊去督查賊寇的文書。第一行右上角「都督府」就是西州都督府，是發文單位，這是唐朝發文的寫法。

蒲昌府文書記錄了許多人與事，是我們研究唐代兵制的重要資料。蒲昌府文書雖然記了吐魯番的事，但不一定是吐魯番出土的。有鄰館的長行馬文書記的是吐魯番的事，卻是從敦煌的經帙上揭下來的。蒲昌府文書記的也可能是類似的情況，目前雖然沒有明確的來源，但看其大小也像是經帙揭下來的，可能是在吐魯番當官的敦煌人回老家時，把文書帶到了敦煌。

圖 6-6　作者在寧樂美術館（1991 年）

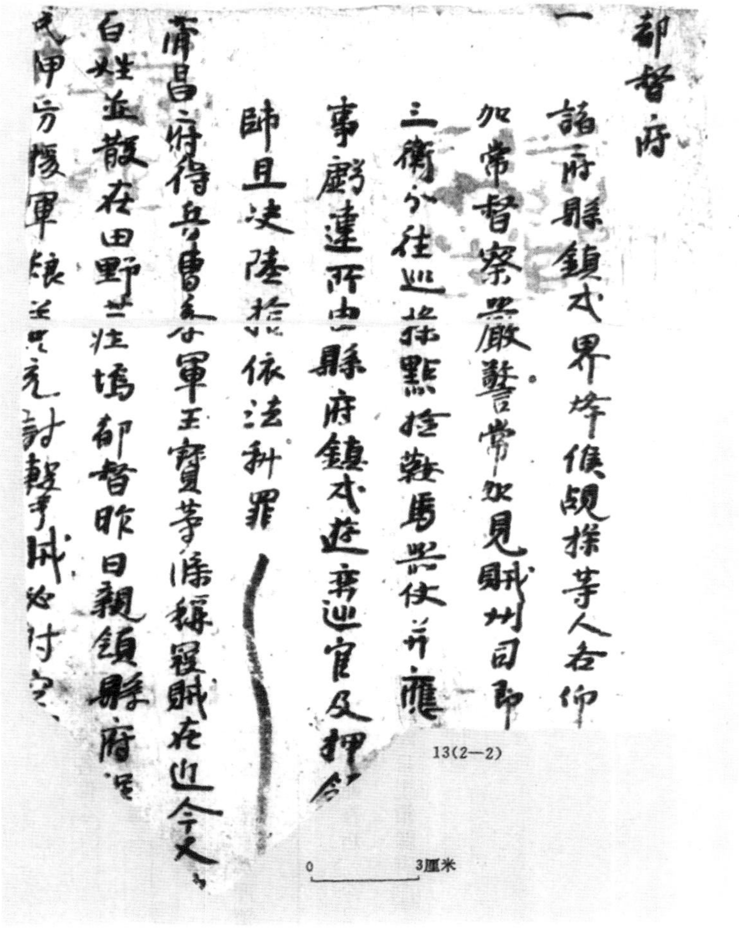

圖 6-7　寧樂美術館藏唐西州都督府牒

　　寧樂美術館還藏有敦煌《八相變》（圖 6-8），經吳昌碩、長尾雨山遞藏，最後入寧樂美術館。變文鋪陳釋迦牟尼的八個故事，這是過去的《敦煌變文集》沒有收錄的，隨行攝影師拍了高清照片，我回國交給張湧泉和黃征，供他們校注《敦煌變文集》使用。我收集的很多資料，雖然有的自己也可以做一篇文章，但我把國外收集的資料交給相關最專業的人來做，把很多資料送給了學界的朋友們。

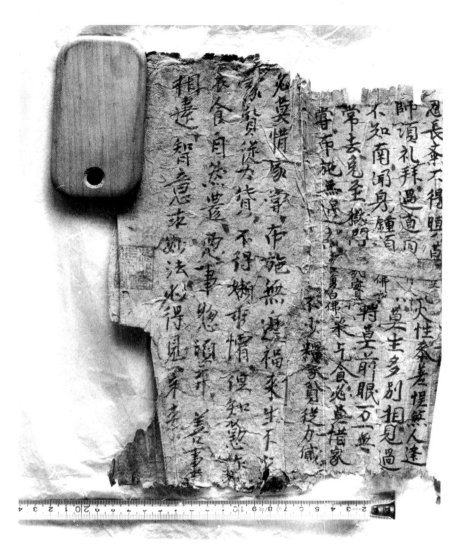

圖 6-8 寧樂美術館藏《八相變》

探訪羽田亨紀念館

下面講這一講主標題中的羽田亨紀念館。

羽田亨（1882-1955）是日本東洋史專家，曾任京都大學校長。他出身京都大家族，自幼非常聰明，二十世紀 20 年代留學法國，是日本東洋史學者中的法國派。《羽田博士史學論文集》裏收錄的文章，西文目錄不是常見的英文目錄，而是法文目錄，所有文章都有法文提要，這在別的日本學者文集中很少見。1926 年，羽田亨與伯希和合作，選取巴黎藏品中重要的寫本，輯印為《燉煌遺書》，出了一個影印本，出了一個活字本，活字本是錄文本，影印本選的都是當時最有眼力的人挑選的重要文書，比如《慧超往五天竺國傳》、《漢藏對譯千字文》，法成譯《薩婆多宗五事論》，選的都是非常好的，一看就是學術水準最強的人做的工作。可惜只出了第一輯，沒有繼續編下去。他對學術界影響最大的著作是《西域文明史概論》，這本書發表於 1931 年，篇幅不大，影響卻非常大。我有一個很大的志向，就是總結該書發表後幾十年來西域文明史研究的新成果，寫一本《西域文明史概論新編》。羽田亨還是日本學界第一個學會回鶻文的人，他不是橘瑞超那樣囫圇吞棗地轉寫回鶻文，他不僅能解讀佛教的回鶻文，還能解讀摩尼教的回鶻文，這都收在他的集子裏。羽田亨的學術精神也非常可貴，他為了研究元代的驛傳制度，從京都跑到聖彼得堡去抄徐松藏《經世大典》裏的「站赤」條，後邊我講俄國那篇裏有這些故事。羽田亨後來當了京都大學校長，日本叫學長。他是日本侵華時期的京都大學的校長。所以羽田是個很複雜的人，一方面學術地位非常高，一方面摻和了政治，他跟日本大財團也有非常密切的關係。

羽田亨去世後，京都大學把他的舊宅改建成羽田亨紀念館，他的普通書存放在紀念館內，善本書被杏雨書屋買走。杏雨書屋屬於武田科學振興財團，書屋的名字來自內藤湖南的書齋名。內藤湖南去世後，其善本書被杏雨書屋收購，普通書和手稿被關西大學買去。我在關西大學待過三個月，看過一些內藤的藏書和手稿。

1991 年 2 月 13 日，我在高田時雄先生的陪同下走訪了羽田亨紀念館。我之所以去羽田亨紀念館，還要從小島文書說起。1943 年，日人小島靖號稱從李盛鐸家的遺留品中得了兩件景教文書，一件是《大秦景教宣元至本經》（圖 6-9a），一件是《大秦景教大聖通真歸法贊》（圖 6-9b），稱為「小島文書」。小島靖將文書的照片分別寄給了羽田亨和佐伯好郎。羽田是日本當時最權威的東洋史專家，佐伯是日本研究景教的大家，1916 年就在英國出過英文的景教研究著作。

　　兩位學者收到照片後都發表了文章。羽田在文章裏表示他有點懷疑真偽，但是因為佐伯寫了文章，他也得對小島靖有個交代，所以他寫了文章，對內容做了一番考證。這兩件文書，一件尾題「開元五年十月廿六日，法徒張駒傳寫於沙州大秦寺」，另一件題「沙州大秦寺法徒索元定傳寫教讀，開元八年五月二日」。羽田認為題記的年代有悖史實。

　　景教最早由波斯人阿羅本在貞觀九年（635）傳進中國，故此唐朝人以為景教是波斯人的，將景教寺廟叫波斯寺或波斯胡寺。玄宗時有一批大秦國的景教僧人來到長安，告訴唐朝人景教源於敘利亞，唐朝稱敘利亞為大秦，所以應該叫大秦景教，而不是波斯景教。天寶四載（745），玄宗發詔敕將波斯寺全部改成大秦寺，這時才有了大秦寺。開元五年（717）也好，開元八年（720）也好，哪來的大秦寺？所以羽田亨說題記不對，但他最後還是肯定兩件寫本是景教文獻。

　　然而題記和正文是一個人的字跡，當然也可能是高手照着正文的筆跡摹寫了一個題記，中國摹寫的高手多了，但一般來說，正文和題記字跡一樣，就是一個人寫的，題記存偽，本文不也是假的嗎？文書裏還有一段老子《道德經》的注文，他們就說景教徒為了增加自己的勢力，把唐朝人喜歡的《道德經》抄進去了。這是曲解，我對這個論點很懷疑。

　　1945 年日本戰敗前，小島靖從天津回日本，在船上丟失了《大聖通真歸法贊》，另一件《宣元至本經》帶回日本，後捐給同志社大學。同志社大學位於京都，是一座基督教學校，學校校舍由歐洲建築師設計，非常漂亮，是文化財。大家如果

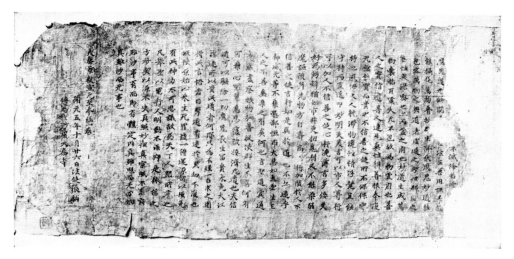

圖 6-9a　小島靖所獲《大秦景教宣元至本經》

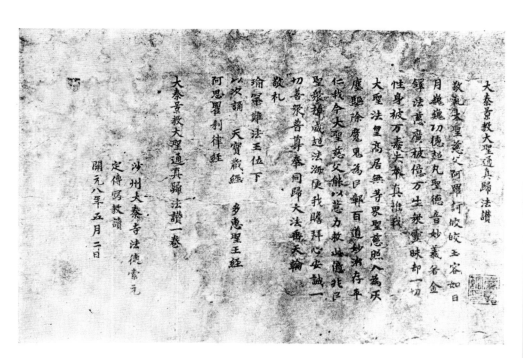

圖 6-9b　小島靖所獲《大秦景教大聖通真歸法贊》

去京都，可以去同志社大學轉一轉，校門口沒有人管，隨便進門。我向同志社大學申請看《宣元至本經》，申請了三次，都不給看。

榎一雄先生也曾懷疑文書真偽。他去同志社看過原件，50年代寫的文章裏提出，文書上有一行李盛鐸題記，是另外用紙貼上去的。榎氏認為，李盛鐸若要題記，可以直接寫在文後，沒有必要另外貼紙。榎一雄先生是很有名的東方學家，他在英國讀過小學，英文非常好，擔任了很多東方學西文刊物的編委，長期擔任東洋文庫的文庫長。東洋文庫一直由洋派的學者掌門，比如負責把莫理循文庫運到日本的石田幹之助，後來是榎一雄、護雅夫，再到現在的斯波義信，這都是東京大學教授退下來之後出任。榎一雄當文庫長的時間最長，對東洋文庫的學風影響最大。

有意思的是，羽田亨之子羽田明編輯《羽田博士史學論文集》時，在為小島文書研究的文章配圖時，沒放小島文書的照片，而放了另外兩張照片，一張是《志玄安樂經》，後有李盛鐸題記，一張是《大秦景教宣元本經》。小島文書叫《宣元至本經》，這件叫《宣元本經》。文章和配圖的內容對不上，我猜測可能是羽田明故意放錯，他知道小島文書有問題，於是改放了兩張李盛鐸舊藏真品。

我看到《志玄安樂經》和《宣元本經》的照片，就想知道這些照片現在何處。我猜在羽田亨紀念館，於是去那裏找。到了那兒，我問有沒有照片？館員說有，933頁，兩大櫃子，都洗成很大的照片，並裱在硬紙板上。我們趕緊快速翻閱，裏頭有一大堆李盛鐸家的舊藏，還有藤井有鄰館的藏卷，書道博物館的，寧樂美術館的，大谷光瑞的，旅順博物館的，大量沒有發表過的敦煌卷子、吐魯番文書，其中特別亮眼的是李家的東西。我們搞敦煌學的人一看，一點都不假，全是黑白照片，雖然看不到原彩色，但是一看就是真的。之前我只見過三四種李氏收藏印，如「李盛鐸印」、「木齋真賞」、「麐嘉館印」，這裏有「兩晉六朝三唐五代妙墨之軒」、「李盛鐸闔家眷屬供養」等很多印章，在其他敦煌卷子上沒見過。我快速地摹了這些印文，準備回北京後，與北大圖書館藏李盛鐸善本書上的印章進行比對。

幾天後，我就結束了日本之行，飛到了倫敦。我在英國時，和中山大學林悟殊

教授住同一個公寓。林悟殊是研究摩尼教、景教的。我與林悟殊探討，我說敦煌景教文書共有七件，只有一件屬於伯希和收集品，其他六件屬於散藏品，分散在李盛鐸、小島靖、高楠順次郎等藏家手中。這從概率上來說不對，其中肯定有假的。林悟殊說咱們就開始研究吧，你研究傳播史，我研究內容。於是我們倆以小島文書為突破口開始研究。

　　我選小島文書為突破口，是有底氣的，小島文書據說出自李盛鐸舊藏遺留品。我知道李盛鐸的敦煌卷子已經全賣出去了，他家的善本書全在北大圖書館。

李盛鐸和他的收藏

　　這裏說一下李盛鐸和他的收藏。李盛鐸出身書香門第，曾任清朝駐日本大使、駐比利時大使，獲得了牛津大學、劍橋大學名譽博士。李盛鐸祖上就開始藏書，本人收藏了大量古籍善本以及朝鮮、日本古籍，他晚年寓居天津，成為北方最大的古籍收藏家。敦煌文獻運到北京清廷學部後，李盛鐸夥同劉廷琛、方爾謙盜走其中精品。李盛鐸精心挑選敦煌文書，分得的是最好的。

　　羅振玉得知李盛鐸盜走卷子後非常憤慨，加上李盛鐸除自己研究外，很少示人，羅振玉看不到，後來在寫一個文書的跋文時大罵李盛鐸。李盛鐸託人帶話給羅振玉，給你看文書，你不要再罵我了。現在出了一本《羅振玉王國維往來書信》，原來只有王國維的信，現在兩邊的信都出來了，所以特別好玩，把很多故事都給連在一起了。

　　1919 年 7 月 2 日，羅振玉給王國維寫信說：「李木齋藏有敦煌古籍，多至四五百卷，皆盜自學部八千卷中者，已輾轉與商，允我照印，此可喜可駭之事。弟當設印局印之，此刻且勿宣為荷。」羅振玉說李盛鐸的文書「盜自學部八千卷中」，這話說得特別準。過去說押送敦煌文書的馬車到北京後先進了李盛鐸女婿的私宅，

李盛鐸等人盜取文書，其實這些文書是李盛鐸在學部監守自盜的。羅振玉在勸說清廷收購敦煌文書時說，這批文書你們學部不買，京師大學堂買；京師大學堂不買，我自己買。其實當時花不了多少錢，所以就給了學部，後撥交京師圖書館，即現在的國家圖書館。

京都大學得知消息後，派內藤湖南、狩野直喜等五位教授到清朝學部調查敦煌卷子，並做了仔細的經眼目錄，每一個卷子的題記都抄下來。這份目錄從內藤湖南傳到松本文三郎，松本文三郎留了一份在京都大學人文科學研究所。我從高田時雄那兒複印了一份。我一比對，發現李盛鐸家的好多件敦煌文書就在松本文三郎的目錄裏，因為有題記，可以一一對出來。也就是說，這批敦煌文書都進了學部，內藤湖南等人看完後，李盛鐸再偷走的。有一陣子李盛鐸在學部掛職，監守自盜偷出來的。

羅振玉 7 月 3 號又給王國維寫信，說：「木齋處之石室書籍，已與約，待渠檢出，弟當入都一觀。異日檢視後，再陳其概略。聞其中有《漢書》數卷、六朝寫本無注《論語》一卷，其斷簡不知書名者無數，必有奇物也。李請弟不咎既往，弟已諾之，故此事且勿披露為荷。」

9 月 17 日的信中寫道：「弟前日往看李木齋藏書，敦煌卷軸中書籍，有《周易》單疏（賁卦），有《左傳》，有《尚書》（帝典），有《本草序列例》，有《開蒙要訓》，有《史記》（張禹孔光傳），有《莊子》（讓王篇），有《道德經》，有七字唱本（一目連救母事，一記李陵降虜事），有度牒（二紙，均北宋初），有遺囑。卷中印記，有歸義軍節度使新鑄印。其寫經，有甘露二年（當是高昌改元）、麟嘉四年（後涼呂光）及延昌、大統、景明、開皇、貞觀、顯慶、儀鳳、上元、至德、天寶、證聖、乾寧等。其可補史書之缺者，有敦煌太守且渠唐兒之建始二年寫《大般涅槃經》，其《華嚴經》有《志玄安樂經》及《宣元本經》（其名見《三威蒙度贊》中），以上諸書乃木齋所藏。渠言潛樓藏本有《劉子》。以上諸書頗可寶貴，恨不得與公共一覽之也。」《甘露二年寫經》就在我剛才說的松本文三郎的目錄裏，所

以沒有第二份，只有這一份，肯定是從學部盜的。信裏提到《志玄安樂經》、《宣元本經》，羅振玉影印過伯希和所獲《三威蒙度贊》，這兩件見於《三威蒙度贊》的「尊經」名錄。

當時王國維在上海，9 月 20 日收到信的第二天，王國維就回信說：「李氏諸書，誠為千載秘笈，聞之神往。甘露二年寫經，君楚疑為苻秦時物，亦極有理。景教經二種，不識但說教理，抑兼有事實，此誠世界寶籍，不能以書籍論矣。」王國維的水準還是比羅振玉高，他知道《志玄安樂經》、《宣元本經》是景教經，而且能說出裏頭寫了什麼，其實王國維也像偵探一樣四處打探各種東西。王國維說：「此誠世界寶籍，不能以書籍論矣。」他的眼界很開闊，看到了這兩種景教經極高的學術價值。

1928 年 10 月，羽田亨專程到天津黃家花園拜訪李盛鐸。是誰介紹他去的呢？就是徐森玉。羽田亨說由於徐森玉的面子，在李家看到《志玄安樂經》原件並做了錄文，《宣元本經》沒看到，李氏說放在上海老宅了。其實是不想給他看。羅振玉來的時候，李盛鐸也是自己先清點一遍，確定哪個給羅振玉看，哪個不給羅振玉看。

李盛鐸晚年和姨太太打官司輸了，要賠錢，錢不夠，其善本書抵押在天津新華銀行，並在 1935 年把 432 號敦煌卷子以 8 萬日元出售給日本人。《中央日報》等報紙登了這個消息，有的還刊發了目錄，但當時不知被誰買走，下落何處。1937 年李盛鐸去世後，民國政府派胡適帶着徐森玉、傅增湘、趙萬里等人到天津與李家後人交涉，由國家收購李氏藏書。李家開價 80 萬，胡適只拿出 50 萬，最後口頭協議以 60 萬成交，胡適南下盧山向蔣委員長再請 10 萬元。後來發生「七七事變」，北大學人多數撤離北京，這批善本書最後還是被北大收購。李家的小兒子李滂是李盛鐸的日本太太所生，「七七事變」後在偽政權中做官。

我從倫敦回北京之後，到北大圖書館善本部找張玉範老師，她對北大的李氏善本書最熟悉，曾把李盛鐸善本上的題跋全錄下來，出了一本書。我說我要看李盛

鐸印，她進庫裏兩三分鐘就拿出一本書來，告訴我這個印在這兒，那個印在那兒。與羽田亨紀念館藏卷上相同的李家藏書印，如「木齋審定」、「木齋真賞」、「德化李氏凡將閣珍藏」（圖6-10），他兒子「李滂」、「少微」的印，都在北大善本書上。北大圖書館還藏有李盛鐸印譜，李盛鐸怕有人偽造他的藏書，所以把自己的印做了一個印譜。印譜上的「德化李氏凡將閣珍藏」，非常清楚，與之一比對，可見京都國立博物館守屋孝藏收集品上的印有個別是真的，其他都是偽刻。藤枝晃所說八種偽刻的「德化李氏凡將閣珍藏」，他只能說哪個是最好的，但是他沒有看過真的「德化李氏凡將閣珍藏」印，真印都鈐在李家的善本書裏。

　　我把李盛鐸印譜和其他善本書上的印鑒照片洗了一套給高田時雄，高田拿着照片去和羽田亨紀念館藏照片上的印鑒覆核了一遍，說沒一個假印。拿真的李盛鐸題記跟小島文書上的李盛鐸題記一對，確認小島文書的題記是別人模仿的。李盛鐸科考時中了榜眼，全國第二名，字寫得非常漂亮，小島文書的題記字不能與之相比。還有一處疑點，《宣元至本經》題記下蓋了「麐嘉館印」。張玉範老師告訴我，李盛

圖 6-10 「德化李氏凡將閣珍藏」印

滿 世 界 尋 找 敦 煌

鐸寫題跋時鈐私印，即個人的名章，而不是書齋的印。所以小島文書從多方面來看都是假的。

我又拿着李盛鐸印比對了其他收藏，上海圖書館、天津藝術博物館等各個散藏的，發現假冒李盛鐸的太多了。為什麼到處都是假託李盛鐸之名的？原因是那會兒坊間都知道李家有敦煌卷子，所以在假卷子上蓋一個李家的印，當真的來賣。其實李盛鐸收藏的 432 號敦煌卷子從來沒打散過，李盛鐸自己編了目錄，題《李木齋氏鑒藏敦煌寫本目錄》（圖 6-11），收藏在北京大學圖書館。王重民在編《敦煌遺書總目索引》時抄了這份目錄，但是當時為了省紙，合併同類項了，比如說《妙法蓮華經》卷四、卷五是兩個號，就編作《妙法蓮華經》卷四卷五，變成了一條，所以數不出 432 號。

那麼 432 號敦煌卷子究竟被誰買走了？就是羽田亨。1935 年羽田亨聽到出售的消息，趕緊運作，最後以八萬日元購買，資金當出自武田家族。羽田亨購買時自己做了一個目錄，432 號，一號不少，一號不多，但是旁邊有一些缺頭缺尾的注記，買的時候記一下，李盛鐸目錄沒有這些記錄。這份目錄羽田亨傳給了塚本善隆，塚本善隆傳給了牧田諦亮。牧田諦亮是研究敦煌疑偽經的一位老先生，京都大學人文科學研究所退休。我曾向牧田先生請求，能不能複印一份給我。他說這裏涉及一個關西大財閥，我們不敢惹，所以不能給你。後來牧田的弟子落合俊典把目錄一點一點地發表了出來，我跟北大藏的李盛鐸目錄一對，就知道這是羽田亨做的目錄。

上海圖書館藏有顧廷龍先生抄的一個李盛鐸藏卷目錄，也是 432 號。顧先生也是很厲害的，他大概是從李盛鐸家抄來的，或者在琉璃廠買的。這些學者，他們只要知道哪兒有資料，就趕緊弄一份。

有的假卷子上蓋着真的李盛鐸印，這是怎麼回事呢？我在台灣出版的惲茹辛《書林掌故續編》找到一條記載：「傳聞李盛鐸的印記都流落在北平舊書店中，店主凡遇舊本，便鈐上他的印記，以增高價。」北大也遇到一回這樣的事。50 年代在隆福寺的舊書店裏，出現了一些李家的善本書，扣着李家的印，而且李家的善本書目

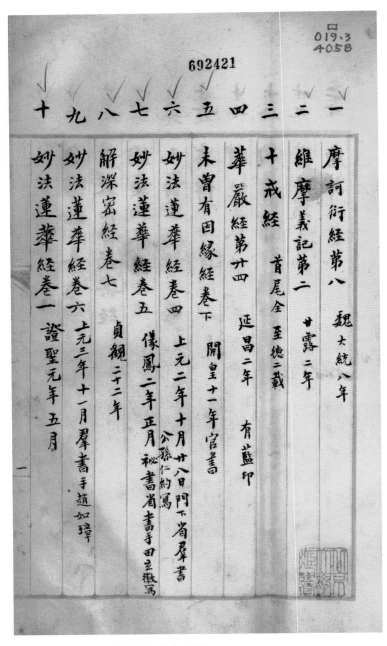

692421

019.3
4058

十　　九　　八　　七　　六　　五　　四　　三　　二　　一

妙法蓮華經卷一　證聖元年五月

妙法蓮華經卷六　上元三年十一月羣書手葫如璋

解深密經卷七　貞觀二十二年

妙法蓮華經卷五　儀鳳二年正月　祕書省書手田玄徽寫

妙法蓮華經卷四　上元二年十月廿八日門下省羣書
公孫仁約寫

未曾有因緣經卷下　開皇十一年官書

華嚴經第卅四　延昌二年　有藍印

十戒經　首尾全　至德二載

維摩義記第二　廿露二年

摩訶衍經第八　魏大統八年

圖 6-11《李木齋氏鑒藏敦煌寫本目錄》

裏也有這些書。北大圖書館很緊張，不知道是不是李家賣書的時候掉包了，把真本留在家裏，這會兒賣出來？館長趕緊抱着館藏李家的善本書，帶着張玉範和白化文跑到隆福寺。現場一對，那家書店裏都是假的，真的還是在北大，但是假書的印都是真的。原來當初北大收李家藏書時兵荒馬亂的，沒收印，印落到了京津地區的舊書店裏。後來這些假書連帶印一塊沒收了。北大現在有一些李盛鐸的印，但不是全部的。

周玨良先生在《我父親和書》一文記過一件事：「1941年辛巳，在天津出現了一批頗像從敦煌出來的草書帖、書籍（如《論語》）、文書等等，往往還有李木齋的收藏印。他（指周叔弢）當時用大價錢買了近十種，後來仔細研究，看出是雙鈎偽制，並請趙萬里先生看過，也認為不真。在看準了之後，他毫不猶豫，說這種東西不可留在世上騙人，就一火焚之，費了多少錢，毫不顧惜。」一般人發現買了假貨，退給賣家就算了。周叔弢先生說假的東西不可留在世上騙人，一把火全燒了，真是了不起。現在天津藝術博物館、天津圖書館有一些周叔弢先生捐的敦煌卷子，一般認為是真的，也有帶李盛鐸印的，但也有個別極可能是假的。

周玨良在注文裏又說道：「偽造敦煌藏品還不是唯一的例子。當時天津有一陳某，聽說是李木齋（盛鐸）的外甥，見過李氏所藏的敦煌卷子。他精於書法，所以造了不少假東西賣錢。我曾見過一卷近一丈長的仿隋人寫經，若不仔細看，幾可亂真。」其實周玨良知道陳某是誰，大概周家跟李家太熟了，不便直說。這個人叫陳益安。《天津文史資料選輯》裏有一篇雷夢辰的回憶錄〈天津三大商場書肆記〉，說賣假卷子的是李盛鐸的外甥陳益安，他抽了大煙之後，精神頭一來，做的假卷子以假亂真。後來史樹青先生在一篇關於李盛鐸的小短文中也說起，真正造假的不是李家，是李的外甥陳逸安。陳逸安就是陳益安。

我在滿世界追尋敦煌寶藏的時候，也追尋到很多敦煌偽卷，將來我想寫一本小書叫「國寶與贗品」，把這些事情記下來，當然涉及到很多人，要再晚一點寫。

杏雨書屋 —— 敦煌的最後寶藏

我在 1996 年 6 月出版的《海外敦煌吐魯番文獻知見錄》中，簡略地提到了羽田亨紀念館藏有李盛鐸 432 號敦煌寫本的部分照片。池田溫先生看到後即到京都，抄出其中的戶籍類、歸義軍帳目類文書進行研究，發表了論文。落合俊典抄錄發表了《佛說照明菩薩經》和《法花行儀》，並從佛教學的角度加以研究。牧野和夫先生抄錄了《孔子見項橐》，岩本篤志刊佈了《十六國春秋》。等我 2005 年 12 月 16 日再次去羽田亨紀念館時，好東西基本被人發表得差不多了，沒留下幾件給我。這次是在京都大學文學部杉山正明先生的安排下，承志先生開車帶我去的，應當表示感謝。這時原本是散葉的照片已經裝訂成冊，題了一個正式的名稱，叫「羽田博士收集西域出土文獻寫真」。我用了整整兩個小時，把所有照片全部翻閱一遍，主要記錄了李盛鐸舊藏文獻的情況。一些我在十五年前看過的照片並不在其中，不知何故。

杏雨書屋在大阪一幢不起眼的樓裏，屬於武田科學振興財團，藏有敦煌文獻 758 件，其中 432 件是李盛鐸舊藏。我知道李盛鐸舊藏在杏雨書屋後，多次申請看資料都不成功。

2009 年，杏雨書屋編集出版《敦煌秘笈·影片冊》，共九冊，刊佈了一直秘不示人的所藏全部敦煌資料。時任杏雨書屋文庫長的是吉川忠夫先生，他也是從京都大學人文科學研究所退休的，是吉川幸次郎的兒子。吉川幸次郎對中國非常友好，他在中國留學時住在輔人大學孫人和教授家裏。當時其他日本留學生住在北京的日本寮裏，穿日本的和服，唯有吉川幸次郎和倉石武四郎兩位住在中國人家裏，穿中國人的衣服。倉石回日本時也穿着中國衣服，還被海關卡住，刁難了很長時間。吉川忠夫出生在這樣的家庭，同樣對中國友好。他一當上文庫長，就出版了《敦煌秘笈·影片冊》，把所藏資料全部公佈。這套書是武田科學振興財團的非賣品，十大本，全彩版，研究者向他們申請，基本上都免費贈送，我們中古史中心有一套。

書的前面 432 號即李盛鐸舊藏，跟李盛鐸目錄一模一樣，一件不少。現在所有文書編號為「羽」字型大小，因為原來在羽田亨那兒。現在舉一些例子，看看我尋找的李氏舊藏品和杏雨書屋收藏的其他文書。

　　編號為羽 13《志玄安樂經》（圖 6-12），這是景教的真寫本，這就是我一系列尋找的起點，《羽田博士史學論文集》裏有黑白照片，現在終於看到杏雨書屋原件彩圖了。羽 431《宣元本經》（圖 6-13），我們原以為它後邊很長，其實就這麼短的一個小經。後來洛陽出土了一個景教經幢，經幢只有上半截，前面刻了《宣元本經》，後邊刻了發願文，經幢上《宣元本經》的內容跟這件文本一模一樣。所以李家這個東西絕對假不了，因為經幢是唐朝元和年間（806-820）刻的。前面說六件散藏的景教文書可能有假，李盛鐸家的東西一件都不假。

　　羽 2 的《甘露二年寫經》，上鈐「兩晉六朝三唐五代妙墨之軒」印，這個章是李盛鐸專鈐敦煌卷子的，其他藏書上不鈐這個章。這件文書王國維神思夢想也沒看到，我們現在能看到彩色照片，應該感謝吉川忠夫先生。羽 11《法花行儀》是法華經的一個注釋書。羽 84《佛說照明菩薩經》是疑偽經，中國和尚照着釋迦牟尼的口吻編造的經，這件書法也是非常漂亮的。羽 432-9《漢書》卷八十一，這都是秘笈，過去整理《漢書》的人也沒見過這個《漢書》抄本。羽 38R《十六國春秋》，我們原先見到的是明代的《十六國春秋》輯本，這是原本《十六國春秋》。羽 20《開元律疏議》，是開元年間《唐律疏議》的一個抄本。羽 24《唐天寶六載敦煌郡龍勒鄉籍》，這件戶籍在伯希和、斯坦因收集品裏都有，加上這一件，能拼成一個很長的卷子。池田溫先生編過《中國古代籍帳研究》，他從羽田亨紀念館抄出這件，馬上一篇文章出來了。

　　羽 32《驛程記》（圖 6-14），我當時在羽田亨紀念館看到這張文書的照片，就想起《李木齋氏鑒藏敦煌寫本目錄》裏有個「驛程記」，覺得這件八成就是它，於是申請照片，但沒有成功。羽田亨紀念館說，如果給你照片，原藏家會有意見。原藏家就是武田藥品公司。當時沒拿到照片，現在可以看到彩版圖了。在杏雨書屋公

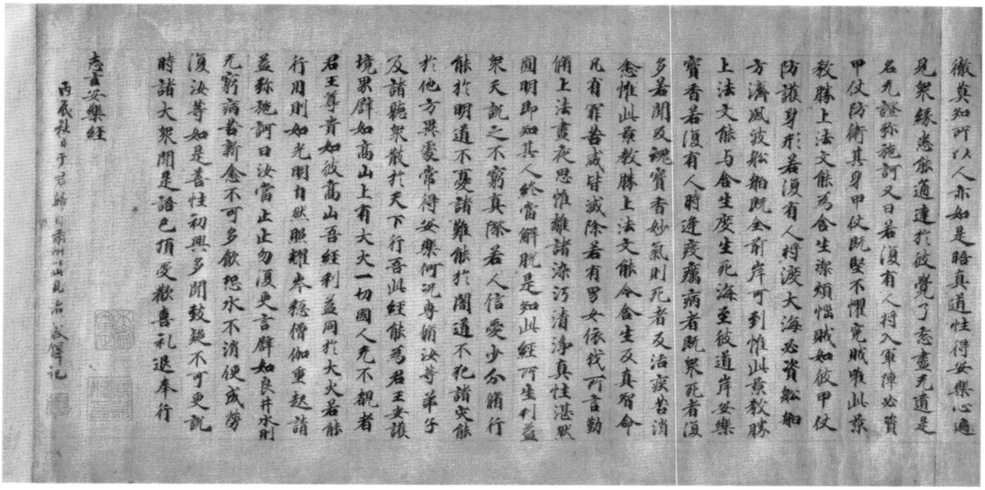

徹真知所以人亦如是賠真道性得安樂心通
見衆緣悉能通達於彼覺了悉盡无遺是
名无證弥施訶又曰若復有人將入軍陣必資
甲仗防衛其身甲仗既堅不懼寇賊唯此景
教勝上法文能爲含生滌煩惱賊如彼甲仗
防護身形若復有人將渡大海必資舩舶
方濟風波舩舶既全前岸可到惟此景教勝
上法文能与含生度生死海至彼道岸安樂
寶香若復有人將逢疫癘病者既衆死者復
多若聞反魂寶香妙氣則死者反活疾苦消
念惟此景教勝上法文能令含生反真智命
凡有罪苦咸皆滅除若有男女依我所言勤
修上法晝夜思惟離諸染污清淨真性湛然
圓明即知其人終當解脫是知此經所生利益
衆天說之不窮真際若人信愛少分修行
能於明道不憂諸難能於闇道不犯諸災能
於他方異處常得安樂何況專修汝等弟子
及諸聽衆散於天下行吾此經能爲君王安護
境界譬如高山上有大火一切國人无不覩者
君王尊貴如彼高山吾經利益同於大火若能
行用則如光明自然照耀岑穩僧伽重起請
益弥施訶曰汝當止止勿復更言譬如良井水則
无窮病者新念不可多飲恐水不消便成勞
復汝等如是善性初興多聞致疑不可更說
時諸大衆聞是語已頂受歡喜礼退奉行

志玄安樂經

丙辰秋日于君歸自肅州以此見詒 盛鐸記

圖 6-12　羽 13《志玄安樂經》卷尾及李盛鐸跋

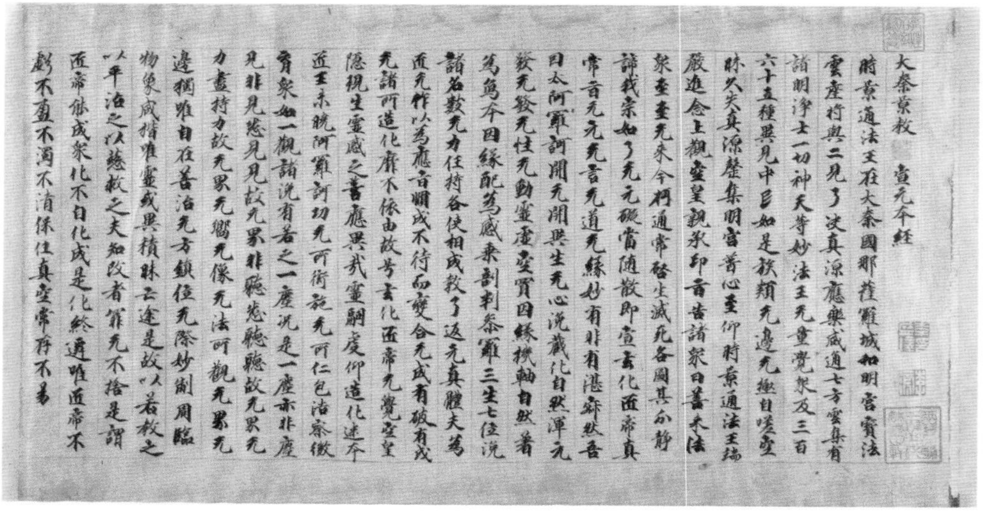

大秦景教宣元本經
時景通法王在大秦國那薩羅城和明宮寶法
雲座將與二見了決真源應樂咸通七方雲集有
諸明淨士一切神天等妙法王无量覺衆及三百
六十五種異見中民如是族類无邊无極自嗟空
昧久失真源罄集明宮普心至仰時景通法王端
嚴進念上觀空皇親承印旨告諸衆曰善來法
衆至至无來今柯通常啓生滅死各圓其分靜
諦我宗如了无元礙當隨散即宣玄化匠帝真
常旨无元无言无道无緣妙有非有湛寂然吾
因太阿羅訶開无開異生无心浼藏化自然渾元
發无發无性无動靈虛空買因緣機軸自然著
爲象本因緣配爲感乘剖判參羅三生七位浼
諸名數无力任持各使相成教了返元真體夫爲
匠无作以爲應旨順成不待而變合无成有破有成
无諸所造化靡不依由故号玄化匠帝无覺空皇
隱現生靈感之善應異哉靈嗣虔仰造化迷本
匠王未曉阿羅訶功无所衛施无所仁包洁察微
育衆如一觀諸浼有若之一塵況是一塵亦非塵
見非見悉見見故无界非聽悉聽聽故无界无
力盡持力故无界无嚮无像无法可觀无界无
邊獨唯自在善治无方鎮位无際妙制周臨
物象咸揩唯靈或異積昧亡途是故以若教之
以平治之以慈救之夫知改者罪无不捨是謂
匠帝能成衆化不自化成是化終遣唯匠帝不
虧不盈不濁不清保住真空常存不易

圖 6-13　羽 431《宣元本經》

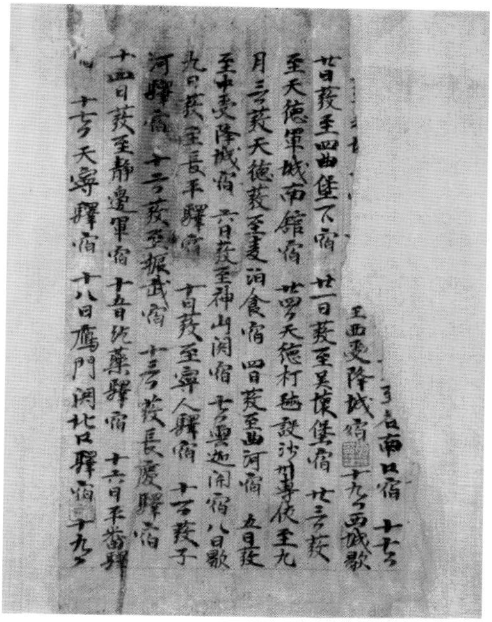

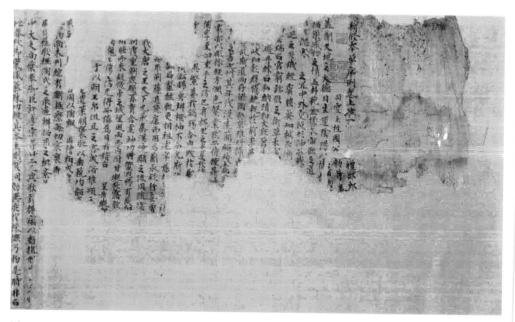

圖 6-14　羽 32《驛程記》

圖 6-15　BD12242+ 羽 40《新修本草》

佈前，高田時雄寫《敦煌漢文文獻》的書評，把這個文書錄出來，現在已經有四五篇研究文章了。這是歸義軍的押牙們去中原上貢，經過天德軍那段地方的驛程記。這裏記載的驛程能增補嚴耕望的《唐代交通圖考》。

羽40《新修本草》序並卷上。李盛鐸敦煌文書是從學部藏卷裏偷來的，從《新修本草》上可以找到一個證據。《新修本草》是唐高宗時期官修的一部本草書。日本學者岡西為人《本草概說》（創元社，1983年）書前的圖版裏就發過首部的一張照片，當時是黑白照片。我後來在國家圖書館發現編號BD12242的一張小片，左上角有殘缺的「新修本草」幾個字，可以與《本草概說》上發的李盛鐸舊藏《新修本草》的荏口綴合起來。李盛鐸盜取敦煌文書時，為了湊學部八千卷總數不變，把一張文書撕成好幾張，其中有一卷《大般若波羅蜜多經》撕成了21條。所以我們搞敦煌學研究，千萬別按號數去統計敦煌卷，沒有意義的。它從敦煌藏經洞出來時是一卷，到了李盛鐸手裏，被撕成了21條。這件《新修本草》，李盛鐸從書名這個角撕開，文書主體部分自己留下了，給學部留下一個小角。現在可以看到彩圖了，我讓國家圖書館的劉波幫我把兩件文書拼了一下，他拼上了（圖6-15），這就證明了李家文書的來歷。

當時羽田亨和武田藥品公司有一個計劃，把市面的敦煌卷子全買到杏雨書屋。現在杏雨書屋敦煌卷子有七百多號，前432號是李盛鐸舊藏，432號以後，各家收藏都有，大部分是真品，也有個別假的。羽田亨是高手，他看的敦煌卷子多，所得精品也不少。下面舉幾個例子。

羽561號不知從哪來的，包首題簽「唐時物價單殘紙　吐魯番出土　素文珍藏」，這是新出來的素文舊藏。裏面是一些裱好的物價單殘片。大谷文書裏有一個唐代物價表，杏雨書屋又出來一批新的物價表，都是吐魯番出土的《唐天寶二年交河郡市估案》，這是有關絲綢之路商品貿易的重要文書。我讓我的學生陳燁軒把這些新發現的殘片按照池田溫的復原本重新綴合，做了一個新的復原本，寫了一篇名為〈《唐天寶二年（743）交河郡市估案》新探〉的文章，發表在我最近編的《絲綢

之路上的中華文明》上。所以杏雨書屋是一個大寶藏。實際上,《敦煌秘笈》的圖片還是有點小,上下欄,有些部分有好幾層,他們沒有拆過,只照了一層照片。真正要做研究,還要看原件。

羽459《序聽迷詩所經》。唐朝的景教文獻把彌賽亞譯成「彌施訶」,從《大秦景教流行碑》到景教經幢,到《三威蒙度贊》,都寫成「彌施訶」。可是這個卷子寫成「迷詩所」,我認為這麼寫是假的,唐朝官方的譯經不可能這麼寫。這個卷子看上去寫得很漂亮,實際上有些地方語句不通,漏字缺字,比如「一切有無」,它寫成「一有無」。而且紙張也有問題,我過去看黑白照片時就覺得它像是日本紙,密得很,所以我一定要看原件。我對此寫了一篇文章,在香港的一個景教會議上發表,結果他們出英文論文集時沒收我的文章,他們肯定不高興我說他們這些是假的,所以我是得罪了一些人。

羽460《一神論》的紙張也是這樣的,和敦煌卷子紙不太一樣。而且他們認為這是阿羅本時代翻譯的景教經典,怎麼可能。貞元年間才翻譯出《三威蒙度贊》這樣的小經,怎麼可能在唐朝初年翻譯出這麼深奧的長篇經典,邏輯上說不通。原來林悟殊先生覺得這是唐朝人抄的,抄錯了,現在他觀點和我一致,認為這是民國時期偽造的。

2014年10月,我終於有機會進杏雨書屋(圖6-16)。我是通過吉田豐聯繫的,他曾幫杏雨書屋整理有關伊朗文資料,有面子。這天我和吉田豐早晨6點多從京都出發去大阪,一開門就衝到樓上趕緊看,要利用所有的時間來看。我看了《序聽迷詩所經》、《一神論》和其他一些感興趣的世俗文書,特別對兩件所謂景教文書堅定了自己的看法。

除了以上地方,我還看了很多散的藏品。2018年3月我承九州大學阪上康俊教授的好意,調查了九州大學的十幾卷敦煌文書,這些文書沒有裝裱修補過。其中最重要的是《新大德造窟簷計料文書》。這是莫高窟建窟時,計算窟簷用料的文書。後來有兩個搞建築的人通過計算,推測出可能是哪個窟的窟簷,所以這件文書是莫

高窟重要的營建材料。敦煌研究院的馬德在日本進修時，我曾介紹他去找阪上康俊，他把這文書也抄了。

此外，東洋文庫也有個別敦煌卷子，但是我去東洋文庫，更多的是找相關書籍。當然還有各地的古書店，1990 年 11 月我和池田溫先生去逛了京都古書市，池田溫先生是幫我很多忙的。我逛得更多的東京神保町，在疫情之前，我每年大概去三趟日本，主要是去看日本出的有關中國的各種書。

圖 6-16　作者在杏雨書屋調查敦煌文書（2014 年）

七　再訪英倫未刊寶藏

去英國圖書館做敦煌殘卷編目工作

　　我第二次比較集中地去歐洲尋找研究敦煌資料是在 1991 年。我結束日本的訪問後，將收集的 18 箱子材料托給燕京輪，運到我的老家天津新港，寄存在集裝箱碼頭的倉庫中。2 月 24 日，我乘坐蘇聯 AEROFLOT 航空公司 SU582 航班，下午 2:00 從成田機場起飛，經停莫斯科國際機場，當地時間晚上 8:45 到達倫敦。

　　2 月 25 日，我就去英國圖書館和吳芳思討論工作計劃，吳芳思是當時的中文部主任。我在第一講裏提到過，1985 年我第一次去英國圖書館時，吳芳思希望我將來有機會能把 S. 6980 號以後的敦煌文書殘片編一個目錄。1991 年，我和方廣錩應英國圖書館的邀請做編目工作。我還存有吳芳思給我的正式邀請信（圖 7-1）。方廣錩是優秀的佛教文獻學者，他負責編佛教文獻的部分，我編非佛教文獻的部分，這項工作由「英國學術院王寬誠獎學金」（British Academy K. C. Wong Fellowships）資助。

　　當時的英國圖書館東方部還在羅素廣場，我在上班地點的門口照過一張像，作為留念（圖 7-2）。東方部離英國博物館很近，我每天去英國博物館的職工餐廳吃飯，雖然貴一點，大概 1 英鎊多，但是非常方便。

　　S.1-S.6980 號的敦煌文書早先由英國圖書館館員、漢學家翟林奈編了目錄。翟林奈從 1919 年到 1957 年一直在編目錄，1958 年他去世了。原來我們以為英國圖書館的敦煌漢文卷子只有 S.6980 這麼多，1985 年我到了那發現有 11604 號，1991 年增長到了 13677 號。為什麼不斷地增長？其中一個原因是有一些文書翟林奈比定不出結果就沒編目。現在有了電子版《四庫全書》、中華電子佛典協會（CBETA）的《大藏經》這些資料庫，比定非常方便，尤其是佛經。CBETA 做得非常好，按古代

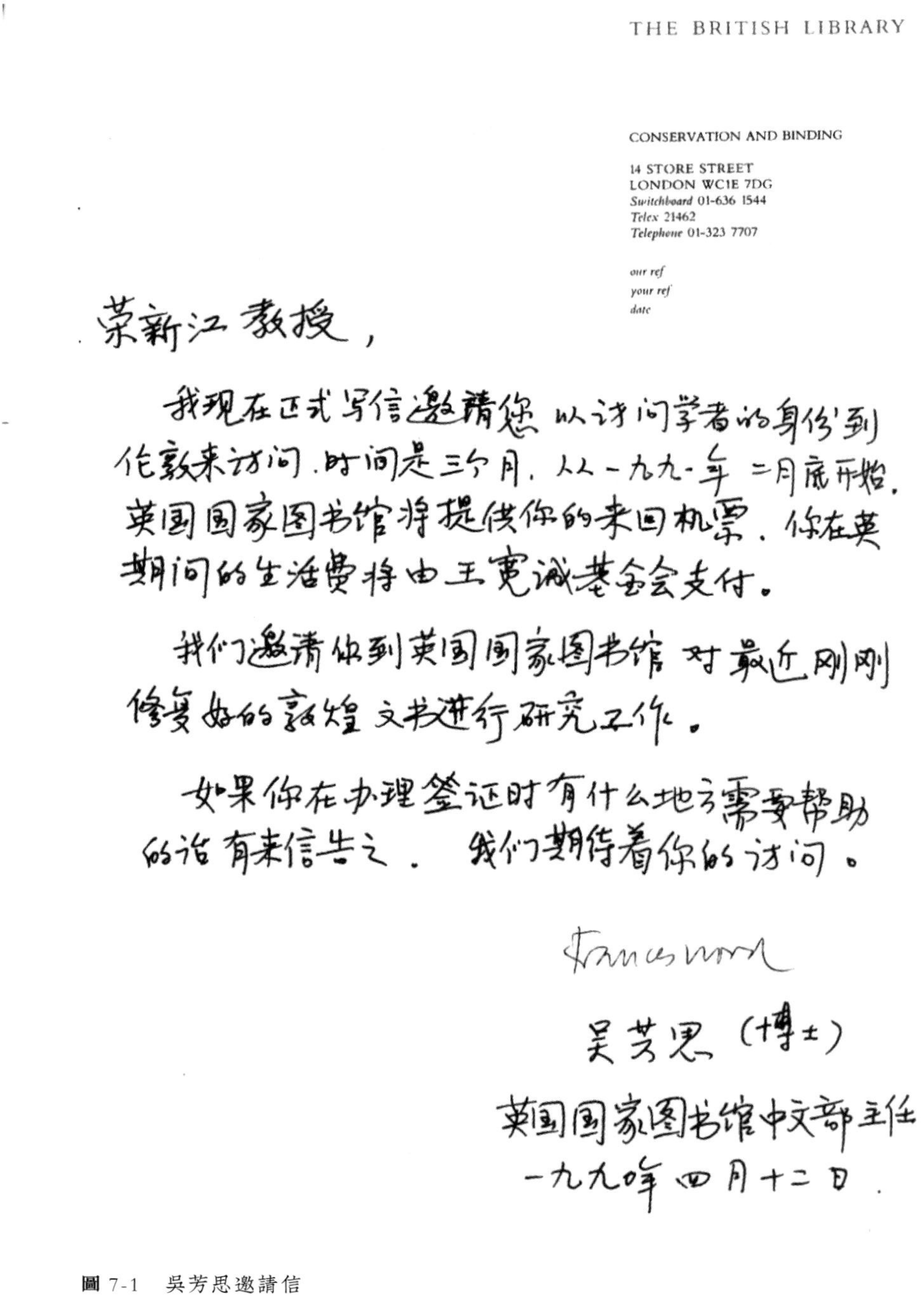

THE BRITISH LIBRARY

CONSERVATION AND BINDING

14 STORE STREET
LONDON WC1E 7DG
Switchboard 01-636 1544
Telex 21462
Telephone 01-323 7707

our ref
your ref
date

荣新江 教授，

　我现在正式写信邀请您 以访问学者的身份'到伦敦来访问. 时间是三个月. 从一九九一年 二月底开始. 英国国家图书馆将提供你的来回机票. 你在英期间的生活费将由王宽诚基金会支付.

　我们邀请你到英国国家图书馆 对最近刚刚修复好的敦煌文书进行研究工作.

　如果你在办理签证时有什么地方需要帮助的话 有来信告之. 我们期待着你的访问。

Frances Wood

吴芳思（博士）
英国国家图书馆中文部主任
一九九〇年 四月十二日.

圖 7-1　吳芳思邀請信

標準寫經的格式錄入，每一欄 17 個字，CBETA 裏文字的位置與唐朝寫經基本是一樣的，比對起來非常方便。在翟林奈編目的時候，沒有資料庫，他得對照紙本文獻，光是《大般若波羅蜜多經》就有六百卷，比定工作量很大。翟林奈編出 6980 號，已經非常了不起了，但還是剩了大量的佛經斷片和世俗文書。另一個原因是英國圖書館從經帙、經卷、絹畫背後揭取了許多裱糊紙片，把這些殘片列入到後面的編號。其他圖書館也在揭經帙、經卷背後的裱糊紙，法國人給揭出來的紙片編號是附在母本號碼後面的，比如母本編號是 P.2504，它上面揭出來的斷片一編為 P.2504 pièce 1，斷片二編為 P.2504 pièce 2 等，這種做法比較好。

斯坦因當年把藏經洞翻了個底朝天，一共有一千多個包，所有漢文佛典原先都包在包裏。古代佛經一般十卷一個包，稱為一帙，如果是小經，可能十五卷一個包。其他胡語文書、絹紙繪畫、碎紙片，也都包在包裏中，可見藏經洞的東西是有意埋藏的，不是隨便廢棄的。我在第一講中提到過，斯坦因發表的一張他從敦煌藏經洞剛剛拿出來的經帙照片，包布的右上角上寫了「摩訶般若　海」，表明是《摩訶般若波羅蜜經》的第二帙，這是按千字文編的「海」字型大小。如果有千字文編號，我們對照《開元釋教錄》的《入藏錄》，就能查出這個帙子裏是什麼經。但是歐洲的收藏機構把這些用絲織品製成的帙和裏面的典籍分開收藏，於是現在絲織品收藏在博物館，文本收藏在圖書館，倫敦、巴黎、聖彼得堡的都分開了。我老想把這些分開的帙和經重新給攢在一起，這樣就知道藏經洞原來是個什麼情形，但是很難做到，這些帙被拆開之後，裏面的東西到底去哪了，我們不知道。

現在收藏在英國博物館的一件經帙非常漂亮，邊緣有聯珠紋錦的包邊，圖片左下角有個「開」字（圖 7-3）。「開」有兩種可能，一種可能是千字文編號，還有一種可能是它屬於開元寺。究竟是什麼意思？由於缺少整個包裹內的資訊，沒法確定。所以我特別想把藏經洞的經卷重構一下，但是還做不到。裱糊紙片很多來源於經帙包裹皮的內側，由於看經時要打開經帙，所以經帙很容易破。破了之後怎麼辦？僧人就拿紙黏在背後加固，他們特別喜歡用廢棄的公文書，因為公文書的紙張

圖 7-2 　作者在英國圖書館東方部（1991 年）

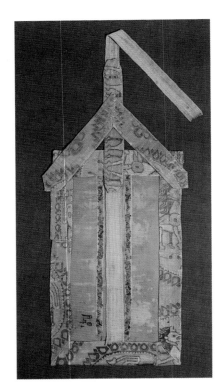

圖 7-3 　斯坦因所獲精美的絹製經帙

品質好，有的經帙最多加固了二三十層。在我們編目之前，英國圖書館請了北京圖書館善本部的揭裱專家、修復部主任杜偉生先生，用一年時間揭取經帙的加固紙。杜偉生把要揭的帙泡在水盆裏，泡上一兩天，慢慢地一層一層揭，有的能揭乾淨，有的揭不出來。

從經帙中揭出來的重要文書

（一）《唐景雲二年（711）七月九日賜沙州刺史能昌仁敕書》

能昌仁是沙州（敦煌）最高長官，這份敕書是唐朝皇帝發給能昌仁的回覆，是

圖 7-4　S.11287C《景雲二年（711）七月九日賜沙州刺史能昌仁敕》

唐朝七種敕書中的論事敕書。它作廢之後，被僧人拿來加固在經帙上。這份文書上寫道：「敕沙州刺史能昌仁：使人主父童至省，表所奏額外支兵者，別有處分。使人今還，指不多及。」意思是：「你打了個報告，要國家額外支援一些兵，別有處分。」因為發兵要用另外一種敕書，這份敕書僅僅是一個回覆，沒有其他的內容。敕書正文後面畫了一個很大的「敕」（圖 7-4）。我們在唐朝人的文集裏能看到很多敕書的正文，比如白居易文集裏收了很多白居易起草的敕書正文，但是正文後面的內容，因為是格式化的內容，就被刪掉了，不見於文集和碑帖。有些唐朝碑上即使有「敕」字，也是縮小了的，如果刻一個原大的「敕」字，太佔地方了。過去我們以為「敕」字就這麼小，看到這件文書，才知道唐朝敕書的原貌。

（二）《唐北庭瀚海軍牒狀文事目曆》

事目曆就是文書的目錄，裏面寫了什麼呢？比如墨筆右起第五列，「一牒倉曹為肯仙壽賜事」，這個牒是為從倉庫裏取東西賜給肯仙壽的，下面有經辦人的署名，還加了印。雖然這只是目錄，不是檔本文，但是可以從中了解瀚海軍這個地方軍政單位每天做些什麼事。這些內容對研究隋唐史非常重要，我把這批經帙揭出來的材料拿回來給了專門做吐魯番軍制文書的孫繼民先生，他寫成了一本書，《唐代瀚海軍文書研究》（甘肅文化出版社，2002 年）。

今天的學者沒機會近距離接觸這些文書，看不到太多的細節。比如說瀚海軍文書，有些地方揭得不乾淨，兩張紙黏在一塊兒，上面那張紙上寫的人名把下面那張紙上的人名蓋住了。從照片上看，只能看到上面的人名，我拿燈光一照，能透過紙看到下面的人名。類似這種情況，我都告訴了孫繼民。

（三）長行馬文書

我給大家看一下我當時做的筆記（圖 7-5）。我編的每一件文書，都按原來的格式進行了抄錄，包括它殘破的地方，以及鈐的印。如果是見過的印，我就記一下

印的文字，如果是沒見過的印，我就做一個摹本。我對文書做了簡單的考證，比如「大使楊楚客」，是最高的首領，應該是節度使級別的，晚上我就翻資料，在《吐魯番出土文書》第八冊的 206 頁找到了這個人。《吐魯番出土文書》是我從北京背到日本，從日本又背到倫敦的。我出國之前，準備了一些編目時可能用到、在倫敦又比較難找的書，比如《吐魯番出土文書》，這部書是新出的，倫敦的圖書館可能還沒有上架，我從北京背了過去。文書下方簽名處「有」後面只剩一個角的字，可能是「孚」，因為在別的文本裏有這樣簽名的人。我在背後的紙縫能看到「百卅八」或「卅八」的字，我也記了一下。古代公文書卷成案卷之後，在每一個紙縫要編號。我當時遇到認不出的字，就摹一個樣子，以後再慢慢推敲。最後這行字，我摹一個樣子，唐朝人的簽名非常草，很多簽名的部分我沒法認。但這些簽名都是非常重要的，有楊楚客，有司馬兼副使姓麻的，還有都護兼副使遊本，這都是非常重要的人物。在我們研究唐史的人來看，這都是最高等級的官府文書，有較高的研究價值，我把它們都抄出來了。

這件其實是一組長行馬文書中的一件，我後來發現長行馬文書至少一百多張紙，規模很大。這些是在敦煌發現的，原來是北庭都護府的文書。唐朝在西域設兩大都護府，天山以北屬於北庭都護府，天山以南屬於安西都護府。楊楚客相當於是北疆的「軍區司令員」。另一件文書有典楊節「八月一日受，其月二日行朱」。行朱是蓋了印，可以行文往下發送了。文書上鈐了四枚「瀚海軍印」。過去我在敦煌文書中沒見過「瀚海軍印」，因為這是北庭都護府下面的軍的印章，在敦煌文書中很少。我標的 S.5914、S.8515，表示這兩個號是同類的東西，同類文書還見於《沙州文錄》。《沙州文錄》是羅振玉舊藏的長行馬文書，沒有圖，只有錄文。

我當時的工作就是這樣，把能找到的線索先標在邊上，然後趕緊做下一個文書的編目工作。

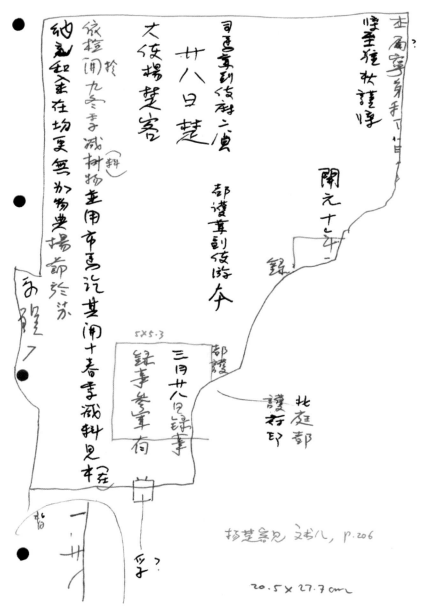

S 11458B

司馬事到後樹二貳

廿八日楚

依挨开九条孚減掛物並用市為記其開十春孚減掛見本（在

紳意和合在均更無加物典場即於苏

大使揚楚客

都護章副使游今

怪奎狳牧謹牍

開元十二年

録

北庭都
護行印

三月廿八日録事

録事參軍判

都護

揚楚客見 文书八, p.206

20.5 × 27.7 cm

圖 7-5　S.11458B 長行馬文書作者錄文稿

碎片中的遺珍

有的殘存文書非常碎，所以翟林奈放棄編目，我們這次不能遺漏任何紙片，這樣一來，也發現了不少重要的典籍和文書。

在我編的斷片裏，屬於經史子集四部書的有《周易》王弼注、《古文尚書》孔安國傳、《春秋左氏傳》、《孝經鄭氏解》、《孝經》白文無注本、《論語鄭氏注》、《莊子》、《劉子》、《列子》等，還有各種書儀，很多道經。我當時比定了一大批道經，主要用日本學者大淵忍爾的《敦煌道經·圖錄編》來對照。還有占卜書、《孔子馬頭卜法》、《李老君周易十二錢卜法》、《聖繩子卜》，以及一些葬事目錄、藥方、音韻書等。

比對典籍類的斷片，對我來說是一個非常大的挑戰。我不是學文獻學的，但是我之前為了找于闐的史料，把從戰國到北宋初年的書大致翻過一遍。遇到一個東西，我大概知道要找什麼書，然後去亞非學院圖書館找，先從敦煌文獻裏找，比如《敦煌變文集》、王重民《敦煌古籍敍錄》等，然後再找其他書。王重民先生二十世紀 30 年代在巴黎整理敦煌文書，其中許多典籍本身已經失傳，只有部分見於其他傳世書籍的引用，有的已完全失傳。王重民先生憑藉深厚的文獻學功底，有時候從現存古書的目錄，來推這個寫本可能是什麼書。有些典籍現在還沒有認定，王重民當時已經推定可能是一本什麼書。我當時最大的理想是找到王重民所編敦煌典籍之外的東西，最後沒有找到，所以我的文獻學水準比王重民差得遠了。當然我面對的文書比王重民當時整理的小得多，殘碎得多。我現在很想把我編的目錄重新增訂一遍，但是還沒有安排出時間。

我也有很有成就感的事情，比如我把十九件殘片比定為《列子·楊朱篇》張湛注的同一件寫本，並綴合成三大片（圖 7-6）。《列子》是一部子書，當時沒有電子文本，我工作的時候，先把文字抄下來，判斷它可能是什麼書，週末到倫敦大學亞非學院圖書館去比定。我剛到英國不久，就在亞非學院艾蘭（Sarah Allen）老師的

幫助下辦了借書證。我辦公室只有最基本的書籍，從英國圖書館提一本書出來比較慢，而亞非學院圖書館五層樓的書全部開架，隨便看。我在綴合這些碎片的時候，一頁頁翻典籍，最後在《列子》很靠後的〈楊朱篇〉裏找到了相應的幾個字。我不像老輩先生們那樣熟讀四書五經，我編目的時候就靠翻書，當然我也有一些切入點，不是隨便翻的。我當時可以直接進東方部的庫房拿敦煌卷子，想看哪個號自己去拿，可以拿一堆出來，跟拼七巧板一樣，慢慢就拼出了三大片。這十九片碎片的編號前後不關聯，有些距離較遠，最後拼成了三大片，這是我在編目時拼得最多的一件。我回到中國之後，問國家圖書館善本部的人敦煌文書裏有沒有《列子》，他們說有一片，我說那肯定跟英圖的是同一抄本，拿出來，果然能綴合上。

S.9502《下女夫詞》也是非常好的材料。唐代婚禮有一個「下女夫」儀式，即給上門娶親的新郎設置各種障礙，新郎要作一首詩，才能通過一關，進一道門；到下一道門，又要再作一首詩，直到新娘的閨房，這些詩歌稱為「下女夫詞」。過去發表的敦煌卷子裏也有《下女夫詞》，是一種特別活潑、富有民俗氣息的文學形式，是研究唐代婦女史的生動材料。S.9502《下女夫詞》寫得非常規整，朱筆寫標題，墨筆寫詩歌（圖7-7），在已見的《下女夫詞》裏屬於上品。其中包括到了大門口，要作詠門詩，到了中門，要作詠中門詩。我回國後，把這個寄給了天水師專的張鴻勳先生，他寫了專門的研究文章。

有一張筆記上面寫了S.9945《沙州靈圖寺塑釋迦像功德記》，這是一個比較完整的文本，也比較長，我做一些記錄，然後另外用一張紙抄錄它。

S.9946，我初步判斷它是一個變文，因為變文都寫得特別草，我認出裏面有個字像「陵」，可能是《漢將王陵變》，我就要去查相關的文書，如伯希和文庫的P.3627+P.3867《漢八年楚滅漢興王陵變》一鋪、S.5437《漢將王陵變》、北大藏卷《漢將王陵變》，最後做出判斷。

編目過程中有一些非常有意思的事。比如S.11564這片很小，只有九個字，我看着這九個字很眼熟，有一天喝咖啡時靈機一動，這不就是S.3329《張淮深碑》中

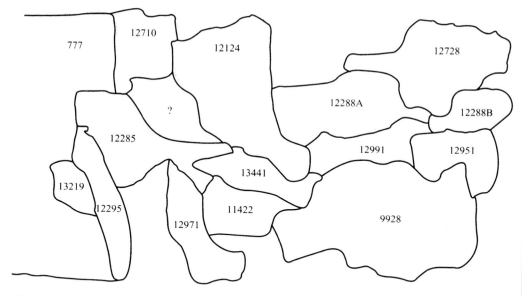

圖 7-6 《列子》綴合圖（部分）

間缺的那個洞嗎？我做歸義軍史，對這個碑文和寫本的樣子非常之熟，我把 S.3329 拿出來，把 S.11564 往中間一放，嚴絲合縫（圖 7-8a、b）。這是我編目過程中非常興奮的一件事。這塊碑藤枝晃 1964 年曾經拼過，他把原名「張氏修功德記」的 S.3329、原名「殘表狀」的 S.6161、原名「張義潮別傳」的 S.6973、原名「張淮深修功德記」的 P.2762 綴合到一起，認為是歸義軍第二任節度使張淮深的一個碑，記載了張淮深建寺廟、修北大像等功德。這篇碑文是沙州有名的文學作品，有人加了句讀，做了注，成為沙州文人寫碑文的參考用本，是一個非常重要的文獻。我後來發現，北京圖書館藏《大方等大集經》卷第八（BD06091）寫本背面，有一行字「敕河西節度兵部尚書張公德政知碑」，字跡拙劣，當是小孩子寫的，「之」寫成了「知」，但這行字應當來自一塊石碑的標題，所以我推測這個應當就是《張淮深碑》

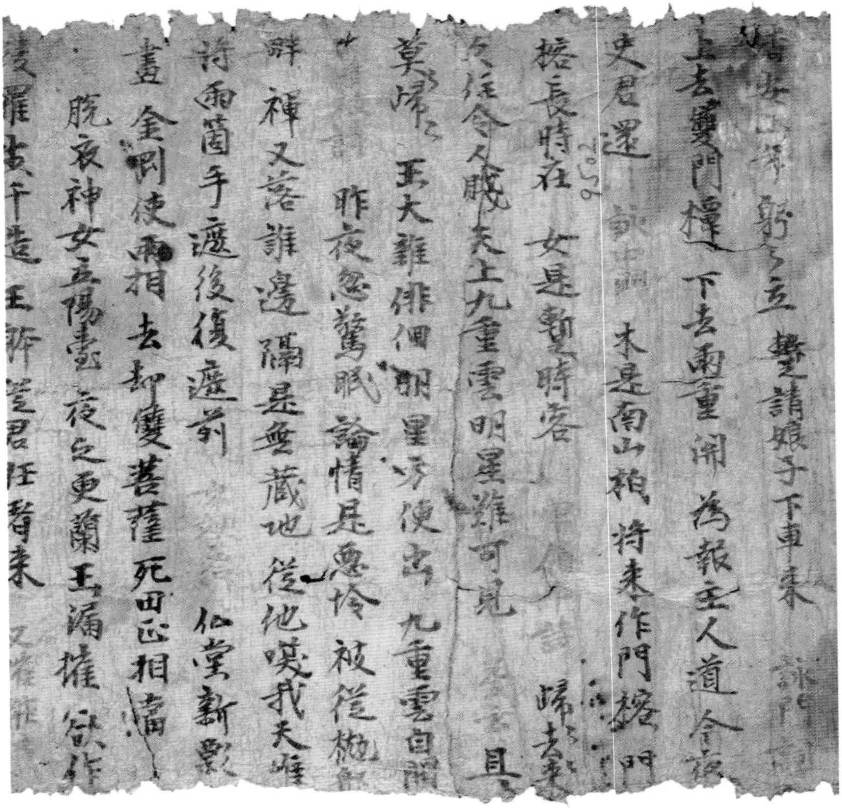

圖 7-7　S.9502《下女夫詞》

原來的碑名。另外一個卷子上也有這麼一個標題，有兩個標題，足以證明它是碑名，從而把缺失的碑頭文字補充完整。我後來在慶祝周一良先生八十生日的時候，寫了一篇題為〈敦煌寫本《敕河西節度兵部尚書張公德政之碑》校考〉的文章，把上面的成果集中寫出來，這個題名的看法得到了學界的公認。1992 年我應饒宗頤先生之邀，去香港幫忙編《法藏敦煌書苑精華》時，把我綴合的成果和考證的碑名告訴了饒先生，在這本書裏用了填補空缺後的照片。

殘片中好東西還有不少，如歸義軍節度使曹元忠牓。這件由十來個斷片綴合，是十世紀中葉歸義軍節度使曹元忠發的一個牓文（S.8516 A+C），牓文後有曹元忠的簽名，「使光祿大夫太保兼御史大夫曹」。這個簽名的每個字上下挨得很緊，每一捺寫得又粗又長，這個簽名字體很怪，像一隻小鳥，這是他特意設計的簽名。廣順三年（953）曹元忠為了防禦東邊甘州回鶻的侵擾，設立了一個新鄉軍鎮，這篇牓文招募百姓移民新鄉，移民的百姓可以免幾年稅，如遇甘州回鶻軍隊打過來，要參與抵抗回鶻軍。願意移民的百姓，在牓文後寫上自己的名字。

牓是古代資訊傳遞的重要載體，往往張貼在官府衙門前面，或者人來人往的市場前面。這件文書讓我們第一次看到了實實在在的五代時的牓，背面厚厚的漿糊都在。牓文結束張貼後，還被寺僧拿去收藏，可能是還沒來得及廢物利用，也可能僧人覺得它比較重要，沒用來寫字或加固經帙。後來北大有一位博士生研究宋代的牓文，我把曹元忠牓背面塗漿糊的照片給了他，這件背面沒有文字，一般圖錄是不發表的。

2004 年英國圖書館辦了一個大型的絲綢之路展，向我約稿，我利用曹元忠時期豐富的文書材料，寫了一篇〈曹元忠的日常生活〉，並請英國圖書館根據我畫的綴合圖，把文書斷片進行了拼合（圖 7-9），發表在展覽圖錄 *The Silk Road: Trade, Travel, War and Faith* 裏，其他書刊上只能看到斷片的照片。這張圖前面拼得不錯，後面有的部分綴合得不夠嚴絲合縫。這些斷片現在都固定在防酸的塑膠夾板裏了。我跟英國圖書館修復部的負責人皮特說，這樣的文書不應該固定在夾板裏，固定了

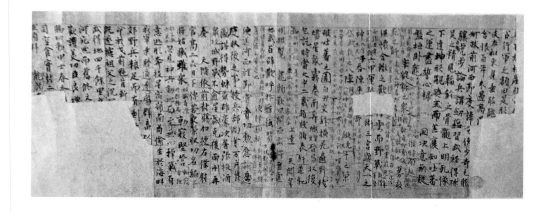

圖 7-8a　《張淮深碑》（S.3329）

圖 7-8b　《張淮深碑》（S.11564）（局部放大圖）

以後，我們沒法直接拿斷片去拼，只能用圖片拼了，給研究增添了不少麻煩。而且英藏敦煌卷子的彩色圖片目前只有三分之一上了網，用彩色圖片去拼，許多寫卷還無法操作。

我當時的工作就是這樣，有時候很失落，什麼有學術研究價值的材料都沒找着，什麼東西都比定不出來；有時候很興奮，比定出來一個眼前一亮，就非常高興。我獲得的第一手資料，有的我陸陸續續寫了一些文章，比如說《張淮深碑》，在藤枝晃研究的基礎上，又推進了一步；有的我交給相關的同事或者朋友，由他們去做研究；有的放着沒有來得及寫，我的興趣轉移到別處，到今天也沒有人寫。

1991 年 8 月 6 日，我完成了編目工作，形成《英國圖書館藏敦煌漢文非佛教文獻殘卷目錄（S.6981-13624）》的稿本，並且寫了一篇英文的工作報告——〈英國圖書館所藏敦煌寫本殘卷的重要史料價值〉（*The Historical Importance of the Chinese Fragments from Dunhuang in the British Library*），介紹了我發現的重要文書，其中放了我補了窟窿的《張淮深碑》的照片、《列子·楊朱篇》的綴合圖等一些圖片。1998 年，《英國圖書館館刊》雜誌做了一個敦煌專號，發表了三四篇文章，其中就有我這篇。目錄和文章是我對英國學術院（The British Academy）、英國圖書館的交代。《英國圖書館館刊》是一份核心刊物，對我也是榮譽。那個時候我的英文還是很不錯的，文中所有文獻名，都用了西方漢學的譯法，是寫給英國人看，給外國人看的。

我編的《英國圖書館藏敦煌漢文非佛教文獻殘卷目錄（S.6981-13624）》（圖7-10），1994 年 7 月由台北新文豐出版公司出版，吳芳思作的序。書裏有我做的注記，由於我後面還有其他研究計劃，當時沒能做得非常細緻，後來因為看不到原件，也沒法重新核對。但這本目錄得到了學界的肯定，成為大家認識這部分敦煌文書的工具。後來有些日本學者在研究這批斷片的時候，對一些編號提出不同的意見，據說池田溫先生說我們只能信榮新江的，只能認《英國圖書館藏敦煌漢文非佛教文獻殘卷目錄》這本目錄。這本目錄裏的編號不是連續的，因為這部分的殘片大

圖 7-9　曹元忠牒（S.8516 A+C）

部分是佛教文獻，由方廣錩編目。他把佛教部分編到 S.8400，後邊的到現在還沒有出版。《英藏敦煌文獻》S.6980 之後只收了非佛教部分，是在我編的目錄基礎上，用他們的定名原則進行了標注。所以 S.6980 之後佛教部分的資料，到現在我們還是沒有完全佔有，如果要看，IDP 沒有上傳的話，只能看縮微膠卷。

　　在編目的過程中，我也會去看 S.6980 以前的、跟我的研究有關的材料，特別是歸義軍史的材料。我 1985 年去時，只有一個多星期的時間，看的有限，這次我有了庫房鑰匙，想看什麼，隨時可以拿出來，可以把幾個卷子拿到桌子上對比，非常方便，所以我趁這個機會看了很多 S.6980 以前的卷子。但是如果看佛經，一個上午最多只能看四件。看佛經非常花時間，一邊看一邊卷，得對齊了卷，看到最後的題記，再卷回去。所以中國人去英國圖書館，一般不看佛經，而是專挑有學術研究價值的世俗文書看，而後者大多是殘片。這給我們造成了一個錯誤的印象，以為藏經洞的東西是殘卷，其實藏經洞文書以完整的佛經為主。我們到北京圖書館看敦煌卷

圖 7-10 《英國圖書館藏敦煌漢文非佛教文獻殘卷目錄（S. 6981-13624）》

子，大多是殘經，其實這些是斯坦因、伯希和劫餘的，是李盛鐸他們偷的時候撕碎的，剛出來的時候很多是完完整整的。英國圖書館保存了大量斯坦因拿走的完整經卷，有一卷很粗的，長達十幾米的佛經。有的佛經可能第一紙、第二紙由於經常翻閱而脫落了，後面的都在，其實還是一個近乎完整的卷子。

英國圖書館修復部曾在二十世紀 50 年代對敦煌文書進行托裱，他們用了日本師傅的托裱方法和日本紙。日本紙的熱脹冷縮和中國古代的紙不一樣，一到冬天，托裱紙收縮得厲害，展開閱讀時，可能嘣的一聲，中間斷了，一下子連原紙都可能折斷了。我們冬天遇到卷得特別緊的卷子，不敢展開，這種托裱方法是很糟糕的。我跟修復部時常有一些爭論，有個別文書，他們裱的時候，把字給糊在裏頭了。1997 年 7 月我借到倫敦參加會議的機會，幫助徐俊校對 S.6973、S.3329、S.6161 詩集卷子，它背面都是詩歌，但是 S.6973 在《敦煌寶藏》上是一張白紙，《英藏敦煌文卷》裏也沒有這張照片，因為給托裱了，字糊在裏面，看不見裏面任何字。我跟修復部說，你把我們中國的字給糊在裏面，這是你們的錯誤，必須拆。最後這一件我爭取成功了。拆了之後，我單獨為徐俊《敦煌詩集殘卷輯考》申請照片。他在這本書前特別放了這張照片，英國圖書館授權首次發表。現在 IDP 上已經有這張卷子的彩色照片了。

這次在英國圖書館，我也把和田出土的漢語文書重新校對了一遍，還有部分有關于闐的敦煌文書，但馬繼業（G. H. Macartney）所獲 M.9 傑謝文書沒有找到。這項工作是為了後來的和田出土漢語文書合集做準備。

英倫其他收穫

這裏我想要特別感謝英國圖書館中文部主任吳芳思女士。二十世紀 70 年代，吳芳思在劍橋大學讀博士，研究北京四合院，這期間中國接受了一批留學生，她就

在那撥留學生中，我們管他們叫「工農兵留學生」。吳芳思有一本記錄留學中國的書，寫她跟着中國學生一起上山下鄉，扔手榴彈、種地、淘糞的經歷。這一撥留學生都特別親中國，跟中國特別好。後來，吳芳思寫了一本《馬可·波羅到過中國嗎？》（*Did Marco Polo go to China?* London: Secker & Warburg, 1995），她說沒來過，把馬可·波羅這位古代中國的友好使者給弄沒了，所以很多中國學者，特別是蒙元史的學者，很不高興，寫文章批判她。其實吳芳思才是中國人民的友好使者，對在英國的中國學者特別關照，對素不相識的中國人也給予幫助。吳芳思在辦公室忙得不得了，各種人來找她。有一次希思羅機場發現一對中國夫婦拿着假護照，想坐飛機去巴拿馬，轉機時被扣在了機場。可是女的快要生孩子了，機場沒辦法把他倆送回去，也不能去巴拿馬，就打電話給吳芳思，說你來把人接走吧。吳芳思把這對夫婦接到家裏，僱了一個保姆照顧孕婦，還給男的找一個打黑工的地方。這真是一個活雷鋒啊。

其實吳芳思寫的《馬可·波羅到過中國嗎？》自有她的出發點，她從十三世紀初威尼斯的文獻記載的角度出發，認為馬可·波羅沒來過中國，只是憑藉威尼斯所見的資料，寫出了遊記。她的父親是英國圖書館研究義大利中世紀文學的學者，她受家學影響寫了這本 non-fiction（非虛構），是暢銷書類的，在香港機場都擺着賣的，她寫的不是純學術著作，沒必要和她較真。吳芳思寫暢銷書，又翻譯中國文學作品，她後來不搞研究，是一個社會活動家。我們提什麼要求，她都努力辦到。現在她在中國做好多講演，有很多照片，雖然年歲大了，但跟我們中國學術界往來很多。

我工作的後期，東方部房租到期了，要搬到 Orbit House 的印度事務部圖書館裏。他們搬家拿不走的書，準備送給南斯拉夫的一個大學，那個大學因為戰爭一直不來取。吳芳思說你隨便挑，喜歡的拿走，我由此白得了一大批書，比如《伯希和考古叢刊》個別冊，這麼厚一大本，賣五百法郎的，都是白拿的，運氣非常好。英國圖書館還有一個好處，郵資總付。中文部門口的事務室有兩個郵件筐子，一個

圖 7-11 　作者在維多利亞與阿爾伯特博物館
（1991 年）

是 out，要寄出的郵件；一個是 in，寄來的郵件。吳芳思告訴我，要寄什麼東西，往 out 的籃子裏一丟就可以了，不用付郵費。我把複印好的或者買的書，攢夠一袋子就往 out 的筐子裏一扔。我回到中國後，一麻袋一麻袋地收，一分錢都沒有掏。那段時間，北大收發室一看到英國皇家郵局的袋子，就給我打電話，說你的書又來了。所以我在英國圖書館中文部，在吳芳思主任的關照下，收穫非常大。

　　順帶說一下，我與英國學術院的淵源，也是從這次編目專案開始。這半年間，我去了好多趟英國學術院。我記得第一次去英國學術院參加學術交流時，門口的秘書小姐對所有中國嘉賓說：「你們進屋以後不能跟中國人說話，要跟外國人多說話。

　　　　　　　　　　　　　　　　　　　　　　　　　滿 世 界 尋 找 敦 煌

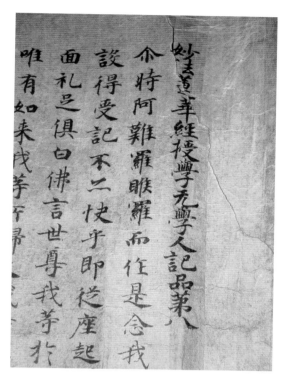

圖 7-12　Sam Fogg 書店的敦煌寫卷

你如果總是跟中國人說話,我就去把你們分開。」其實也沒幾個中國人,但是有的中國人進去之後,三個鐘頭就紮堆跟中國人說話,這樣就缺少交流了,他們是不允許的,這點讓我感受很深。我一直想寫一個小文章,講西方的 party 和中國的宴會有什麼區別。

2021 年,我榮幸地當選了英國學術院的通訊院士,中國以前只有陳寅恪和夏鼐先生當選過。其實英國學術院提名前,不與提名者聯繫,我事先完全不知道。直到消息發佈前的最後一步,英國學術院給我發一封信,告訴我當選了通訊院士,他們將對外發佈,請我確認一下頭銜這麼寫對不對。這是英國學術院在全世界的院士和

通訊院士一起投票選上的，所以這個還是很給中國學者和北大爭光的。

我這次在倫敦的時候，還去維多利亞與阿爾伯特博物館（Victoria and Albert Museum）進行了探訪（圖 7-11）。斯坦因當時覺得英國博物館太大了，東西太多，保護不好，把一部分絹畫借存到了維多利亞博物館。這裏是皇家博物館，條件很好。我首次去英國圖書館時認識的馬克樂，此時是維多利亞博物館東方部的負責人，她邀請我去參觀館藏斯坦因收集品，都是絲織品，其中有一件有于闐文題記的絹畫，是我所感興趣的。8 月 13 日我快離開英國前，特地跑去看了一下。

我平時工作非常忙，基本上都在英國圖書館，編目、抄文書，但是也看了一些其他地方的敦煌卷子，主要是 Sam Fogg 書店的。Sam Fogg 是一家印尼人開的書店，看上去不太起眼。倫敦大學亞非學院藝術史教授韋陀（Roderick Whitfield）有個台灣學生在 Sam Fogg 書店打工，有一天她拿了一些敦煌卷子的照片讓我看看是真的假的（圖 7-12）。我當時說了幾句話，這些話後來印在了書店的拍賣品目錄上，我平常是不給人家看真偽的。我回國後才從日本學者辛嶋靜志那裏得知這個情況，就寫信給書店，讓他們把那幾本目錄寄給我。這份目錄裏有幾個敦煌卷子，還有一封重要的樓蘭發現的書信。新疆考古所也有一件樓蘭發現的信，沒有正式出版，我在于志勇手裏頭看過。Sam Fogg 書店這件樓蘭出土的信被不懂行的人剪過，太可惜了，但是大致內容還在。拍賣圖錄上放了一支筆在上頭，錄不全信裏的字，書店給我的圖是全的（圖 7-13），後來我給了專門研究樓蘭的伊藤敏雄先生，這封信真是一個好東西。但是也有一看就是假的東西，如有一塊寫了「敦煌大守軍」的麻布。大守軍是啥東西？完全不通。這塊麻布是不是真的，不知道，得專家去鑑定，但是這個字和內容是絕對沒戲。圖錄裏還有《妙法蓮華經》，有三個還是五個，後來這些敦煌寫本被一個挪威的鐵路大亨收藏了。

Sam Fogg 最厲害的是出售了上萬件阿富汗出來的梵文、佉盧文寫本。最早的一批從白沙瓦流出來的樺樹皮佉盧文寫經被英國圖書館買了。後面成組的東西，一共一兩萬件，全部被挪威大亨 Martin Schøyen 給買走了，裏面比較雜，有最早的梵文

圖 7-13　Sam Fogg 書店的樓蘭文書

寫本，還有佉盧文寫本、巴克特里亞文寫本。這個人很好，邀請了世界上的梵文學家去他那兒管吃管住搞研究，然後一批一批地出書，佛教文獻已經出了好多本了。

　　8 月 18 日，我完成了在倫敦的工作，早上 9 點出發，到 Gatwick 機場，10:30起飛，一小時後經停巴黎，然後繼續飛十二小時，香港時間 19 日上午 8:37 到港，參加香港大學主辦的隋唐五代史國際研討會。

再訪法京的敦煌寶庫

　　1991 年之後，我去了好幾次法國，每一次都看一點東西，或者幫朋友們核對一些東西，比較零碎，放在這裏一起講一下。

　　我在英國編目的這半年，忙裏偷閒跑出去了三趟。我在英國移民局簽證排隊的時候，先偵查一下幾個視窗的工作人員。我們北大留學生排美國使館有些經驗，據說有個老太太是超級殺手，不能排她的隊，看着這個小夥子是剛上班的，就排他的隊，同時一定要穿個北大的背心之類的衣服。我根據這個經驗，排了一個黑膚色的小姑娘的隊，她看着 20 歲左右，肯定剛上班的。簽證窗口的牆上寫着：「以下共產黨國家……不給多次入境簽證。」我排到了問她：「我又要去法國，又要去德國，又要去蘇聯，能不能給多次入境簽證？」小姑娘眼皮都沒抬，說了句：「多交 20 鎊。」好，我馬上遞給她 20 鎊。我拿到護照一看，護照上先是按照一般規定給了一次入境簽證，然後又蓋了註銷印，再給了我一個多次入境簽證，這真是太好了。後來我每次從歐洲大陸回到希思羅機場，機場的人都說：「你不應該拿多次入境簽證，你要去移民局把這個改了，一定要改了。」我回到倫敦，吳芳思說：「你不能改。英國的簽證從入境即日起半年內有效。你想多在英國留些時日，可以在簽證快到期的時候去一趟法國，回來之後又能在英國待半年。有了多次入境簽證，你就不用愁英國簽證到期了。」所以我拿了多次入境簽證，有機會就去法國，我的業師張廣達先生住在巴黎。那會兒，英法之間還沒有地下隧道，但是有氣墊船，1991 年 5 月 17 日我就是上午 10 點從倫敦 Victoria 站出發，中午到 Dover 港，乘氣墊船，45 分鐘就過了海峽，非常快，到法國 Boulogne 港，換乘火車，16：46 到達巴黎北站。我還去了一趟荷蘭，看望老師許理和教授。我又去了一趟列寧格勒，在蘇聯變成俄羅斯前的最後一個月去的，有很多好玩的事情。

　　5 月這次巴黎之行，法國國家圖書館當然是最主要的走訪物件，我要來核對研究中需要看原件的敦煌文書。我也幫委託我看原件的其他學者一些忙，比如幫郝春

文先生校社邑文書，幫李正宇先生校錄 P.3829《吐蕃論董勃藏重修伽藍功德記》。李正宇是敦煌研究院的學者，文史兼通，語言、文學、歷史都能做，對敦煌文獻極為熟悉，他有機會跟着段文傑先生、施萍婷先生去了一趟列寧格勒，抄錄了俄藏 Дx.1462《論董勃藏重修伽藍功德記》的上半截。他知道這件《論董勃藏重修伽藍功德記》的下半截在巴黎，即 P.3829，是上下接着的，但卷子上油污的地方，黑白照片上黑乎乎的，有藍色污點的那些地方，當時的照片上是看不清楚的。李正宇跟我說，如果有機會去巴黎，幫忙校一下下半截的卷子。我在他初稿的基礎上，把看不清楚的字校錄了，寄給他，後來李正宇發表了論文〈吐蕃論董勃藏修伽藍功德記兩殘卷的發現、綴合及考證〉，發表在 1997 年出版的《敦煌吐魯番研究》第二卷。

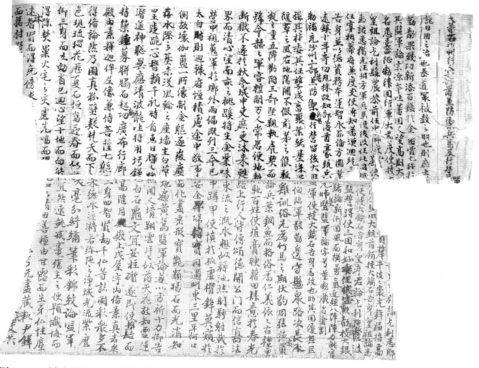

圖 7-14　拼合後的《吐蕃論董勃藏重修伽藍功德記》

現在可以在俄羅斯的展覽圖錄上找到Дx.1462的彩色圖片，我讓學生按李正宇的接法，把照片拼在了一起（圖7-14）。這是個非常重要的文書，是吐蕃貴族論董勃藏在敦煌城裏建了一個寺廟的功德記。論董勃藏是一個吐蕃首領，「論」是吐蕃最高貴族名字帶的字，他的官職全稱是「大蕃古沙州行人部落兼防禦兵馬使及行營留後監軍使」。他的父親、祖父都是軍事首領，是大人物，在吐蕃其他碑銘裏也可以印證。論董勃藏的祖父曾經作為行軍大節度使，率吐蕃軍隊征討勃律，勃律即今天的喀什米爾。這件文書裏資訊豐富，不僅有建寺廟的資訊，還有很多吐蕃歷史的資訊，從中可以了解吐蕃進攻勃律，與大食爭奪喀什米爾地區主導權的重要資訊，是研究中亞史的重要資料。森安孝夫看到李正宇的文章後，在他寫的有關中亞出土文書的文章裏，特別提到了這個卷子在中亞史研究上的重要意義。這是李正宇先生的重要發現，我在其中起到了一些作用，幫助他圓滿地作出了文章。

　　我還保留着校錄《論董勃藏重修伽藍功德記》的手稿，當時有電腦了，先打好原文，錄文的時候，在上面校補一些缺字。雖然有了IDP上非常好的圖片，對於我們專家來講，還是要看原件。比如說我要研究紙，必須在原件上測紙的厚度，感受紙的手感。再比如，有很多文字在頁邊上，有些紙會折掉底下的字，我們都要調查清楚，如果原件還看不清楚，我就認了。

　　我在法國國家圖書館做過的另一個工作是幫徐俊先生校錄敦煌詩歌，當時徐俊先生在編寫《敦煌詩集殘卷輯考》，有很多看不清楚的地方。我在他寄來的錄文稿上做校補，把很多字補出來，再把稿子寄回去。

　　詩集也是我做歸義軍史研究時注意的內容，其中有一件《河西都防禦招撫押蕃落等使翁郜牒》，我校錄的時候，卷子上只有一個「郜」字，我研究歸義軍史時，一直不知道這個「郜」是什麼人。後來蘭州大學李軍博士從史籍中發現了「郜」是翁郜。翁郜在晚唐時期擔任河西都防禦史，管理涼州地區，翁郜與歸義軍的關係似乎蠻好的。還有一組寫卷，編號有P.5007+S.6234、P.2672，我認為是翁郜收到的書信，是牒和狀的形式。這組文書字跡很亂，在縮微膠卷上根本看不清，原因是翁郜

看完信之後，拿信紙做了寫詩的草稿紙，在正面空隙的地方打草稿，然後在反面把作好的詩謄寫一遍。翁郜從涼州一路吟詩，吟到了焉耆的鐵門關（今新疆庫爾勒），形成了一個很長的詩卷。從王重民到項楚，再到徐俊，他們都整理過這組詩卷，把這組詩卷連在了一起。這個卷子的反面雖然是謄寫過的，仍有修改，所以這是一個特別好的唐詩的生成史料，富有文學史價值。我們現在念的唐詩，都是整理完畢、收錄在書裏的固定版本。這個卷子從草稿一直到整理成文本，體現了創作的過程，是一個文獻生成史，在研究唐詩的學者看來特別重要。我盡最大的努力校錄了這組詩集文字，但還有一些文字沒有釋讀出來。這些校錄成果，都體現在徐俊先生 2000 年出版的《敦煌詩集殘卷輯考》一書中。

我還去了吉美博物館做進一步的考察。吉美博物館收集的多是敦煌絹畫等藝術品，我主要看畫上的題記。一般這種畫上面是主體畫面，下面是供養人，中間有時有一方供養人題記，我當時主要是核對題記中的文字。有一幅《被帽地藏菩薩十王圖》（編號 MG.17662），把供養人張氏的邈真贊寫在這中間了，非常難讀，我和張廣達先生花了兩個小時把這篇邈真贊錄了出來，我寫了一篇文章〈敦煌邈真贊拾遺〉，其中一件就是絹畫上的邈真贊。

我最重要的一個發現是伯希和收集的一個經帙（現在編號 EO.1208），這個經帙被伯希和認為是他得到的最精美的經帙。伯希和當年從敦煌到北京，再到河內的遠東學院述職，再從河內經南京到北京，一路把這個經帙帶在身上。伯希和 1909 年在北京的時候，給羅振玉、王仁俊等人看過這個經帙。羅振玉在書裏描述說：「與日本西京博物館（即正倉院）所藏者同，以竹絲為之，有一枚以席草為之，蓋古人合數卷為一帙，此即其帙也。帙之裏面，有舊書糊之，有唐人書狀一紙，上加以印，其文不及備錄。」其實王仁俊把文書錄在了《敦煌石室真跡錄》裏，只是不太完整。這件糊在經帙裏的文書是一個告身，是給令狐懷寂的一個委任狀，但是研究告身的學者不知道這東西在哪兒。直到 1989 年，我在香港的 *Orientations* 雜誌上看到一篇吉美博物館藏伯希和收集品的介紹，是吉美博物館館員 Laure Feugère 寫

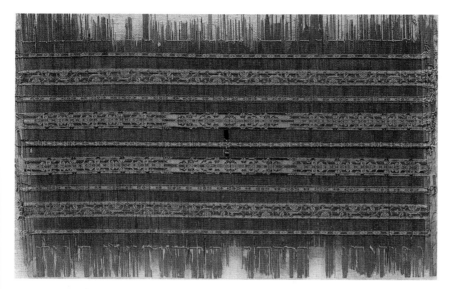

圖 7-15a　伯希和所獲竹製經帙正面

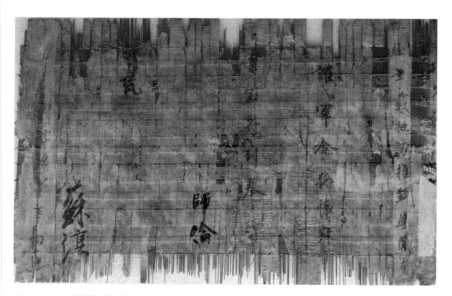

圖 7-15b　竹製經帙背面的令狐懷寂告身

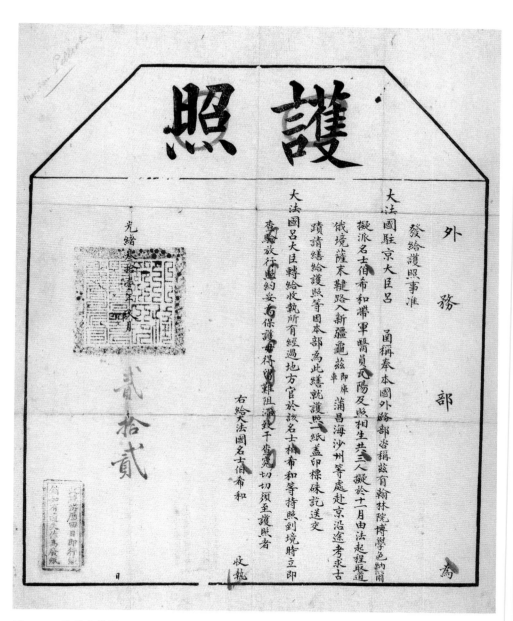

圖 7-16　伯希和護照

的，上面刊佈了經帙內外兩面的照片。其實外面的照片，里博（K. Riboud）夫人編《伯希和考古叢刊》絲織品那一卷裏早就發過了。裏面文書的照片直到這時才發出來。我一直在尋找這個告身，終於在吉美博物館找到了。這個經帙用竹子製作（圖7-15a），藏經洞的竹經帙大概只有兩件，因為敦煌不產竹子，這個經帙可能是長安傳過去的，也可能是南方傳過去的。

我後來正式要做告身研究的時候，發現 *Orientations* 雜誌上的圖還是不清楚。正好趙豐館長在吉美博物館做絲織品研究，我就拜託趙館長拍了很多細部照片（圖7-15b），從而把告身上的鈐印都讀出來了。這件令狐懷寂告身，其實紙是黏亂了，不是接續的。後來我在上敦煌吐魯番研究課的時候問班裏的學生誰願意研究這件告身，有一個魏晉南北朝史專業的學生唐星自告奮勇來做。被授官的令狐懷寂是個小人物，在史籍中查不到資訊，但是在唐朝史書裏查到了文書上蘇淳的史料，從而把這件告身的年代基本判定在唐高宗時期。唐星的文章〈釋令狐懷寂告身〉，2011 年發表在《敦煌吐魯番研究》第十二卷。在這裏我要感謝一下中國絲綢博物館，是趙豐館長給了我最清晰的照片資料。

我在吉美博物館還有一項值得一提的收穫。伯希和個人的手稿都在吉美博物館，包括探險檔案、日記、公文、往來信件等。2008 年我去法國開會的時候，通過當時在巴黎留學的社科院文學所王楠的介紹，認識了吉美博物館館長。館長非常好，同意我們複印想要的資料。我用博物館的投幣影印機，印了一百多封斯坦因給伯希和的信和其他資料。我找博物館的咖啡館換零錢，幾乎把咖啡館的硬幣全換出來了。其中有一張清廷發給伯希和的護照原件，護照上印着「派名士伯希和，帶軍醫員瓦陽，及照相生共三人……入新疆龜茲、蒲昌海、沙州等處赴京沿途考求古跡」等字（圖 7-16），這是非常珍貴的資料。伯希和的檔案裏還有李盛鐸的名片，可能是李盛鐸做比利時大使時的名片，寫作「LI SHENG TOU」，這是清朝時的音譯，跟現在的翻譯不太一樣。不了解這段歷史的人，看見也不知道這是李盛鐸的名片。認出李盛鐸的名片，一聯繫，一批故事就都來了。伯希和沿路遇到的清朝官員

的名片，都在吉美博物館，這裏頭可以寫出很多故事。斯坦因在收到的名片後邊往往寫上幾行字，備註這是個什麼人；伯希和沒寫，名片都是沒字的。斯坦因的那些名片，現在收藏在匈牙利科學院圖書館，我也去看過。吉美博物館的伯希和檔案是敦煌學學術史的一大寶藏，目前只有少量與中國學者的通信發表出來，還有伯希和的考察日記全本也已出版，但大量的材料，包括伯希和與當時其他國家的考察隊、與同時代的東方學家的通信，仍然沒有整理。我在看這些檔案的時候，吉美博物館的館員曾拿來一些老照片讓我辨識，我也不知道拍的是什麼地方，這些照片因為判定不出地點，所以沒有收入伯希和的日記。

1997 年，我應戴仁教授的邀請，到巴黎的法國高等實驗學院講學三個月，因為授課任務重，所以看的材料不多。記得曾跟哈密頓、吳其昱、柴劍虹一起去巴黎國家圖書館的錢幣部，看伯希和探險隊所獲新疆出土錢幣，錢幣學家蒂埃里（François Thierry）接待我們，看了西元一至三世紀絲路南道的貴霜錢幣、于闐漢佉二體錢、四至七世紀絲路北道的拜占廷金幣、波斯銀幣、漢五銖銅錢、龜茲王國自鑄五銖、漢龜二體錢、高昌王國的高昌吉利錢，以及唐朝佔領西域時期（650-790）的開元通寶，特別是西域當地鑄造的大曆元寶、建中通寶銅錢，還有突騎施錢等等，琳琅滿目。我們在圖書館門前照了一張合影（圖 7-17），也是難得的學術交流記錄。

圖 7-17　柴劍虹、哈密頓、吳其昱、榮新江合影（1997 年）

滿 世 界 尋 找 敦 煌

八 從列寧格勒到聖彼得堡

從倫敦硬闖列寧格勒

本章的標題叫「從列寧格勒到聖彼得堡」，前面也有如「從哥本哈根到斯德哥爾摩」式的標題，那是地理空間的轉移，而這次是時間的轉換。1991 年蘇聯解體，列寧格勒更名為聖彼得堡，我第一次去這個城市，是它叫「列寧格勒」的最後歲月。

1991 年 7 月 13 日，我和方廣錩先生從倫敦前往列寧格勒。當時，我們在編英藏敦煌殘片目錄，為了將俄藏文獻與英藏文獻對比，所以打算去一趟列寧格勒。出發前諮詢中國駐英國使館，使館說中國人去蘇聯，社會主義國家之間不要簽證；打電話問蘇聯駐倫敦的領事館，對方卻說中國人要簽證。我們倆想了想，得信中國使館的，所以就沒辦簽證。到了希斯羅機場，機場的票務人員見我們沒簽證，不讓上飛機。我把中國使館的說法告訴他們，他們給 AEROFLOT 航空公司打電話，航空公司表示的確不要簽證。機場票務人員對航空公司說，如果他們倆進不了蘇聯，你們把他倆運回來，航空公司說可以，我們就這樣匆匆忙忙上了飛機。從倫敦飛到列寧格勒很快，大概兩個小時，下午 3 點起飛，列寧格勒當地時間 7：50 到達，飛機沿着歐洲海岸線，途經北歐上空，一路上景色很美。

到了列寧格勒，進關時，邊防的人聽不懂中文，把我們的護照拿進去研究了十五分鐘，回來之後「啪」地扣了個戳子，我們就進關了，真是不容易。來接我們的是孟列夫（L. N. Menshikov）的女兒瑪莎，瑪莎是做中國藝術史研究的，會講英文，她把我們送到旅館就離開了。我和方廣錩都不會俄語，我登機前在希斯羅機場買了一本英俄對照的小冊子，一邊是英文詞彙，一邊是俄文詞彙，標注了俄語的拉丁字母發音。打車的時候，用俄語拼「計程車」，列寧格勒的司機非常好，不管是

不是計程車，看到有人在那兒，就停下來，問你去哪兒。我用小冊子上的俄語，連指帶比劃地說，我要去某某博物館、某某大學、某某賓館，諸如此類，我們就這樣勇闖了一次列寧格勒。

7 月 15 日到蘇聯科學院東方學研究所列寧格勒分所，見到孟列夫，看了寫本展覽。下午丘古耶夫斯基來，說研究所一般只星期三開門，但他可以安排我們從明天起看卷子。

列寧格勒聚集的敦煌等地出土寶藏

蘇聯科學院東方學研究所列寧格勒分所（現為俄羅斯科學院東方文獻研究所）（圖 8-1）收藏了大量敦煌、吐魯番、和田、庫車文書，特別是黑水城出土的文獻，最為豐富。俄國在中國的北面，從地理上很容易進入中國西北地方。清朝末年，新疆南疆的北道在沙俄的勢力範圍下，沙俄的各支探險隊和外交人員，很早就開始收集西北地方的古物。當時俄國跟德國關係比較好，俄國把古代寫本儲存最多的吐魯番盆地部分讓給了德國探險隊，當然俄國探險隊也多次去吐魯番。俄國探險家奧登堡（S. F. Oldenburg）曾到吐魯番、敦煌考察，科茲洛夫（P. K. Kozlov）去了黑水城，把一整個圖書館搬回去了。

奧登堡是各國西域探險隊的領隊裏學術地位最高的人。德國的格倫威德爾是印度美術史家，法國的伯希和是年輕的漢學家，當時不到 30 歲，英國的斯坦因是一個受過波斯文、梵文訓練，但不懂中文的考古學家，而奧登堡帶隊考察時已是聖彼得堡皇家科學院（今俄羅斯科學院）的院士，後來成為皇家科學院副院長。今天在俄羅斯科學院裏有一個檔案室，專門存放奧登堡的檔案，其中有不少是他西域探險的檔案。奧登堡平時工作很忙，沒有寫出正式的西域考古報告，但是他本人的學問非常了不起。格倫威德爾在吐魯番柏孜克里克第 38 窟發現一幅壁畫，畫的中央有

三棵樹，兩側有人祈禱。格倫威德爾看不出畫的意思，向奧登堡請教，奧登堡一眼看出這是摩尼教的壁畫。今天我們看這些探險家，要客觀地、一分為二地看，他們都是來搶我們文物的帝國主義強盜，但是他們中確實有一些飽學之士，奧登堡就是一個很有學問的人。

奧登堡曾兩次帶隊到中國西北探險。第一次是 1909 至 1910 年，以吐魯番盆地為主要目的地，當時的照片顯示，探險隊成員裏有彪悍的哥薩克兵，所以他們在西域通行無阻。1914 至 1915 年，奧登堡第二次探險去了敦煌。他去敦煌，是在斯坦因、伯希和以及清朝政府調運文書之後，按理說敦煌藏經洞裏沒什麼東西了，但是俄羅斯現有一萬八千多號敦煌文獻。這麼多文書是從哪兒來的？前三百多號是卷軸形式、比較完整的卷子，可能是從王道士或者其他老百姓那兒獲得的；後面的殘片，除了混進去的黑水城、于闐、吐魯番等地出土文書，至少還有一萬號左右的敦煌殘片。這些敦煌殘片的來源，由於奧登堡沒有正式的考古報告，我們不知道確切來源，憑猜測，可能是奧登堡挖掘了洪䇊座像下的大坑。藏經洞洪䇊像下面有一塊木板，木板下有個大坑，比一張桌子還大，或許奧登堡挖掘了這個坑而有了巨大收穫。

俄藏敦煌文獻，過去沒有系統發表過，我們僅從相關研究文獻裏看到過一些記錄。比如二十世紀二三十年代，狩野直喜去歐洲途經列寧格勒，看過編號為 Φ.242 的《文選注》，這是一個非常漂亮的《文選》注本。50 年代，中國和蘇聯關係很好時，鄭振鐸先生在蘇聯看到了大量敦煌文獻，他寫了一封長信，把這一情況告訴徐森玉先生。這封信後來由徐森玉的兒子 —— 徐文堪先生錄文發表在《讀書》雜誌上，是一件非常珍貴的尋找敦煌卷子的史料。鄭振鐸回國時飛機失事，不幸去世，後面便沒有中國學者系統地整理這批文獻，只有個別學者在做其他工作時，連帶着做一點敦煌的東西。

我們了解俄藏敦煌文獻，主要是通過俄國學者編的兩本目錄，即孟列夫主持編纂的《蘇聯科學院亞洲民族研究所藏敦煌漢文寫本注記目錄》第一、二冊，分別在

圖 8-1　蘇聯科學院東方學研究所列寧格勒分所

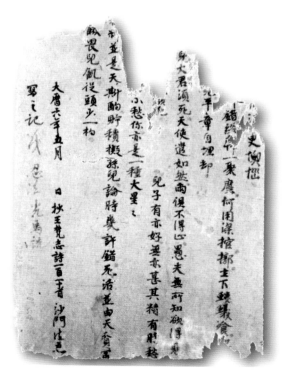

圖 8-2　Дх.1349 法忍抄本《王梵志詩集》

1963 年和 1967 年出版。這兩本目錄著錄了近三千號，僅僅是全部藏品的一部分，而且目錄僅抄錄文書最前面一句和最後一句，有個短短的敘錄，沒有圖片，非常簡略。很多文獻從目錄上看着很好，但到底長得什麼樣，不知道。多年來，中日學者和歐美學者都很難看到俄藏敦煌文獻。每次蘇聯學者發表出一點東西，就成為全世界敦煌學者追蹤的對象。法國漢學家戴密微在 1970 年去列寧格勒時，曾寫過一篇〈列寧格勒的敦煌學〉，介紹俄國的出版物。戴密微當時也只能靠兩本目錄去了解俄藏文獻，目錄上沒有的，一點轍都沒有。我去的時候，就是這種狀態。

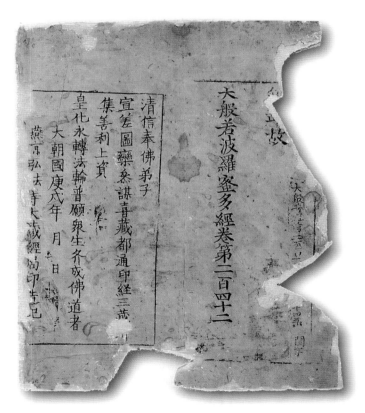

圖 8-3　弘法藏

我這裏舉一個俄藏敦煌卷子發現歷程的例子。Дx.1349 是法忍抄本《王梵志詩集》（圖 8-2）。王梵志詩的研究開展得很早，英、法等地收藏的王梵志詩大都是連着抄，一首抄完，緊接着抄第二首，這給判斷哪幾句是一首詩帶來了麻煩。一首詩可以這樣拆分，也可以那樣拆分，有很多拆法，很多人就拆錯了。俄藏的這個抄本，抄完一首，換一行頂欄抄下一首，抄得明明白白，不需要研究者再去拆分。孟列夫曾就王梵志詩寫了一本書，因為蘇聯的經濟條件欠佳，一直沒得出版。後來法國的陳慶浩先生託朋友在列寧格勒抄了這個本子，交給台灣的朱鳳玉老師，我最早就是在朱鳳玉發表的錄文上看到這個文本。後來又有好幾位學者到列寧格勒抄過這個本子。項楚先生得到抄件後，以他了不起的校勘功夫，校勘了王梵志詩。為了趕在日本學者入矢義高之前發表項楚先生的王梵志詩整理本，北大的先生們決定在所編《敦煌吐魯番文獻研究論集》第 4 輯上一口氣把項楚先生三十多萬字的書稿當作文章發出來了，其實就是一本書，然後才是 1991 年上海古籍出版社出的《王梵志詩校注》。這本書其實就把孟列夫的書給廢了，孟列夫的書最終也沒有出版。後來朱鳳玉的《王梵志詩研究》也出版了。這兩本書給王梵志詩的整理工作，畫上了一個終結符號。終結符號能夠畫好，離不開法忍抄本《王梵志詩集》，離了這個卷子，沒人能做到最後一步。俄藏有很多這樣的好東西，所以我一定要到列寧格勒，開展「挖寶式」的調查。

俄藏敦煌斷片裏還有大量的戶籍、契約等各類世俗文書，以及非佛教文獻。

編在黑水城文書編號中的 B63，是宋端拱二年（989）智堅西天取經文書，應當是在敦煌發現的文書碎片，雖然很短，但是填補了學術上的一個空白。俄藏敦煌的碎片裏有很多世俗文書，學術價值較高。

俄藏還有大量的吐魯番文書，如吐魯番出土燕京弘法寺印本《大藏經》（弘法藏）。這件刻本是曾任俄國駐烏魯木齊總領事的克羅特科夫收集的，後來被編到了敦煌文書的編號裏。俄藏敦煌吐魯番文書來源很多，有些沒有原始編號，管理比較混亂。克羅特科夫收集了上萬號吐魯番文書，很多沒有發表過，主體是回鶻文，還

有一些文書一面是漢文，一面是回鶻文，還有吐火羅文、梵文的，這些編作 SI. Kr. 開頭的文書，被日本東洋文庫拍成縮微膠卷入藏，而純漢文的編到了敦煌文書的編號裏。我在東洋文庫曾把 44 個縮微膠卷搖了一遍，所以我知道哪些卷子背面有漢文文書，哪些是重要的漢文文書，我還獲得了少量重要文書的照片。

這頁弘法藏刻本是混入敦煌文書的吐魯番出土物。敦煌的印刷品比較粗糙，除了一件咸通九年（868）的《金剛經》，其他都是單頁的。而這件是長卷中的一紙，是弘法藏的一紙（圖 8-3），雖然只有一紙，但價值連城。弘法藏是金元時期燕京（今北京）弘法寺印刷的大藏經，在今天的中國內地沒有存下一片紙。二十世紀 50 年代，宿白先生曾在西藏的寺廟裏發現了弘法藏，這是一個特別重大的發現。宿白先生寫過一篇弘法藏的文章，材料全來自西藏的寺廟。有些西藏的寺廟幾乎沒被毀過，所有的東西都存着，是一個很大的寶藏。二十世紀 30 年代，義大利藏學家圖齊（Giuseppe Tucci）聲稱在薩迦寺見過全本的回鶻文《大藏經》，現在的中國學者還沒找到。薩迦寺有很多牆是用書壘的，敦煌研究院幫薩迦寺修壁畫的時候，我託人拍了一些書牆上拿下來的經本照片，也沒找着回鶻文《大藏經》。各位讀者如果去薩迦寺旅遊，看看哪個牆角露出點什麼東西來，要注意一下。

俄藏文獻的另一個重要來源是科茲洛夫所獲黑水城文書。科茲洛夫是一位軍官，也是探險家，他年輕時跟着普爾熱瓦爾斯基（N. M. Przhevalsky）在中國西北考察，進出甘、新、蒙、藏等地。1907 至 1909 年，他第一次去了黑水城。黑水城位於內蒙古額濟納旗，額濟納河的下游，西夏時期在此處設立監軍司，這裏曾經是絲綢之路上的一個交通樞紐，後來因為沙漠化，被廢棄了。二十世紀初，黑水城附近的蒙古族百姓提防着外國人，不給外國人指路，很少有人能進到黑水城。今天的額濟納旗已經開發成了觀賞胡楊林的景區，自駕車從寧夏銀川出發，900 公里開到額濟納旗。順着額濟納河、黑河向西南 300 多公里，就是著名的酒泉衛星發射中心。我有一年從黑水城考察回來，在額濟納旗的賓館看到酒泉衛星發射基地有民航機飛北京南苑機場的航班，我問賓館工作人員怎麼才能坐這班飛機。工作人員說，機場

圖 8-4　俄國地理學會展室中的黑水城收集品

在酒泉衛星發射中心的南邊，去機場要穿過衛星發射中心，外國人不讓進，中國人可以憑身份證穿過，他們可以打電話，我們去發射中心取票。我是一個很有闖蕩精神的人，我邀了一個朋友，我們倆穿過衛星發射中心，去坐了飛機，路上還看了神五、神六的發射塔。

科茲洛夫成功進入黑水城，收集了大量古物。有一張照片是 1910 年俄國地理學會展室中的黑水城收集品（圖 8-4），可以見到黑水城的收集品非常豐富，西夏文的、漢文的，有很多是整本的書籍。這些文獻發現于黑水城佛塔的塔基底下，應是封存的圖書館。艾米塔什博物館有一個展廳全是黑水城唐卡等藝術品，也是科茲洛夫這一趟拿走的。科茲洛夫不是考古專家，也漏了很多東西。後來斯坦因去了黑水

圖 8-5　作者在列寧格勒東方文獻研究所抄書（1991 年）

城，徹底挖掘了一遍，收集了很多古物。斯坦因收集的西夏文、漢文文書，有些是從科茲洛夫發掘過的同一個坑裏挖出來的。

黑水城出土文書，除了西夏文、漢文，還有大量回鶻文、敘利亞文、藏文的。黑水城是一個特別重要的研究點，這裏的好東西非常多，現在有一個非常大的團隊在做黑水城出的各種文書的研究。

在列寧格勒東方文獻研究所抄書

敦煌、吐魯番、黑水城等地出土文獻，現在收藏在俄羅斯科學院東方文獻研究所（Institute of Oriental Manuscripts of the Russian Academy of Sciences）。這個機構改過好幾次名字，原先叫亞洲博物館，即沙俄皇家博物館的亞洲部，所以早期說起俄藏敦煌文獻，說是亞洲博物館藏。蘇維埃時期，亞洲博物館改為蘇聯科學院亞洲民族研究所，後來又改為俄羅斯科學院東方學研究所聖彼得堡分所，現在叫俄羅斯科學院東方文獻研究所，沒有「分所」了。實際上，現任所長波波娃（I. F. Popova）很想把東方文獻研究所恢復到亞洲博物館。東方文獻研究所緊挨着艾米塔什博物館，也是一個大王宮，漂亮極了，閱覽室裏金碧輝煌。它其實是一個博物館，管理體制也像博物館，裏面研究者不多，而且經常居家辦公，把敦煌卷子拿到家裏慢慢研究。我去的時候，想看什麼東西，經常找不到，說是去修復了。

我找俄藏文獻依據的是兩本書，一個是孟列夫編《蘇聯科學院亞洲民族研究所藏敦煌漢文寫本注記目錄》（現在有中文譯本《俄藏敦煌漢文寫卷敘錄》），另一個是俄文版的丘古耶夫斯基《敦煌漢文文書》，後者 1985 年我曾在巴黎的「共產黨書店」買到過，這本書出了第一卷，後面就沒出了。孟列夫、丘古耶夫斯基是當時蘇聯最優秀的兩位敦煌學家，非常友好地接待了我們。孟列夫在中國短暫留學過，中文很好，他書裏所有的漢字據說都是自己寫的。俄藏敦煌文獻有很多斷片已經綴

成了一個號，據說這個工作全是孟列夫做的，是非常大的貢獻。孟列夫的研究偏文學，他出版過《雙恩記》、《妙法蓮華經講經文》，都是非常重要的敦煌變文的材料，是二十世紀 50 年代編《敦煌變文集》時完全不知道的材料。丘古耶夫斯基出生在哈爾濱，漢語也非常好，他父母原來是哈爾濱工業大學的老師。當時丘古耶夫斯基是東方所的副所長，他和我都是做歷史的，有時候比較保守。他拿出許多正在研究的東西給我看，每一件都是好東西，讓我看了心跳的東西，但是他不讓我抄，我告訴他是什麼，他就拿進辦公室裏去了。

圖 8-6　Дx.354 長行馬文書錄文

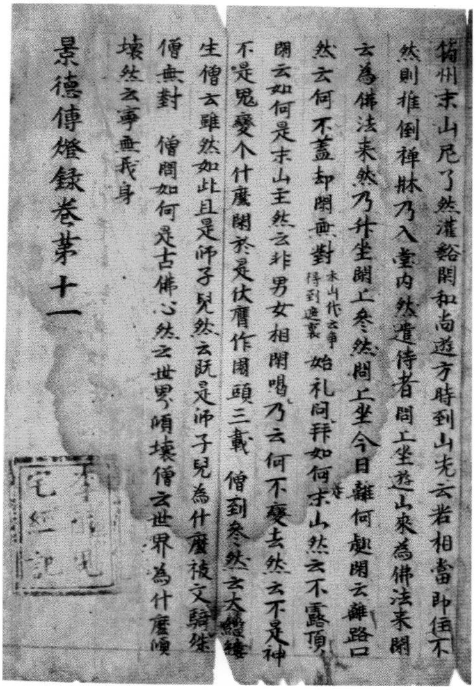

圖 8-7a

景德傳燈錄卷第十一

筠州末山尼了然灌谿閑和尚遊方時到山先云若相當即佳不
然則推倒禪牀乃入室内然遣侍者問上坐今日離何處閑云路口
云為佛法來然乃升坐閑上參然問上坐遊山來為佛法來閑
然云何不蓋却閑畫對 末山作云〔…〕 始礼問拜如何末山然不露頂
閑云如何是末山主然云非男女相閑喝乃云何不變去然云不是神
不是鬼變个什麼閑於是伏膺作園頭三載 僧到參然云大嶺嵯
生僧云雖然如此且是师子兒然云既是师子兒為什麼被文殊騎
僧無對 僧問如何是古佛心然云世界頹壞僧云世界為什麼頹
壞然云寧無我身

〔鈐印〕

圖 8-7a 俄藏《景德傳燈錄》卷十一

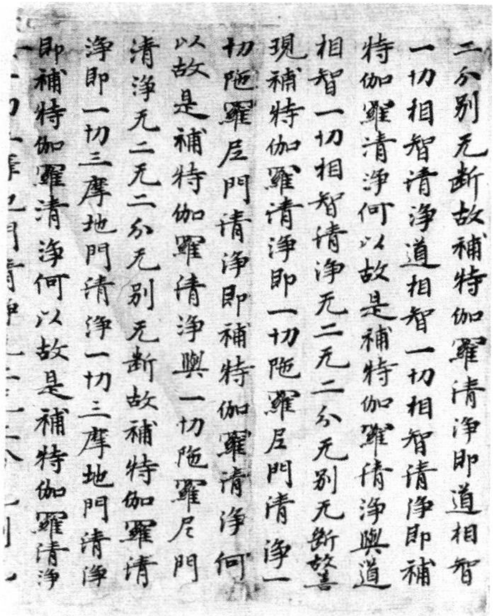

二分別无斷故補特伽羅清淨即道相智
一切相智清淨道相智一切相智清淨即補
特伽羅清淨何以故是補特伽羅清淨與道
相智一切相智清淨无二无二分无別无斷
現補特伽羅清淨即一切陀羅尼門清淨一
切陀羅尼門清淨即補特伽羅清淨何
以故是補特伽羅清淨與一切陀羅尼門
清淨无二无二分无別无斷故補特伽羅清
淨即一切三摩地門清淨一切三摩地門清淨
即補特伽羅清淨何以故是補
特伽羅清淨

圖 8-7b 俄藏《大般若波羅蜜多經》卷一九二

圖 8-8a　英藏《景德傳燈錄》卷十一

圖 8-8b　英藏《大般若波羅蜜多經》卷一九二

東方文獻研究所還有大量西夏文的東西，我不懂，但是我知道俄國學者研究西夏文在全世界是最厲害的，因為西夏文的資料主要都在他們那兒，特別是西夏文字書，比如《番漢合時掌中珠》，一邊是漢文，一邊是西夏文，雙語對照的工具書，是解讀西夏文的重要資料。當時研究西夏文最權威的是克恰諾夫（E. I. Kychanov），他是當時東方文獻研究所的副所長，曾在北大留學，對我們也很好。

從 7 月 16 日開始看文書，研究所騰了一個一樓的會議室給我們用。研究所工作人員一般 11 點上班，下午 3 點下班，下午 5 點關門。丘古耶夫斯基上午把我們要看的卷子拿出來，我們可以看到 5 點，看完了，把東西放到保險櫃裏一鎖就可以了。我還保留着一張 1991 年 7 月 16 日在東方所工作的照片（圖 8-5），桌上放着一卷一卷的卷子，我在埋頭苦抄，主要是歸義軍史料、西天取經文書、高昌大事記等。因為離開這裏就看不到卷子了，也申請不到照片，所以全靠抄，能抄回多少，就能寫多少文章。當時蘇聯食物匱乏，商店裏除了黑麵包和醃鹹菜，幾乎買不到其他食物。我去蘇聯前，買了一些巧克力，準備當作禮物送人。後來因為工作關係，不方便出來吃中飯，外面也沒有什麼可吃的，中午就用巧克力當午餐，把巧克力都吃掉了。

我是靠上面說到的兩本書來選擇文書，目錄提供文書最前一行和最後一行的錄文，特別是最後一行，往往有官文書的押署。比如 Дx.354 最後一行有「開元九年十一月十四日　兵曹參軍某某」字樣，我推測這片與藤井有鄰館、英國圖書館藏的長行馬文書有關，我就「蒙」着提出來，一共五片，果然都是同一組長行馬文書的殘片。我當時的抄本是先大致摹一下邊痕，然後錄文（圖 8-6），有的字認不出來，比如兵曹參軍的簽名，可能是爽字，可能是別的字，唐朝人簽名非常草，所以就用鉛筆把它摹下來，以便跟別的卷子比對，其實如果有照片，就不用這樣摹了。

在調查俄藏敦煌文獻研究時，我非常關注禪宗文獻。在日本訪問期間，我在禪宗研究上下了很大的功夫。敦煌市博物館有《六祖壇經》和《神會語錄》抄本，這個本子原藏於任子宜家，解放後入藏敦煌市博物館，後來周紹良先生以敦煌文獻編

輯委員會的名義，派鄧文寬先生到敦煌市博物館拍了照片。我說這是日本學者削尖腦袋找了幾十年未果的卷子，咱們開始研究它吧。鄧先生說咱們是搞歷史的，咱們不搞這個，但是我說一定要搞，所以我在日本搜集了所有關於《六祖壇經》和《神會語錄》的研究文獻。我到東方文獻研究所後，第一個找的就是《歷代法寶記》。這是四川的禪宗僧人寫的禪宗燈史，一本已經佚失的古書。我後來寫了一篇《敦煌本禪宗燈史殘卷拾遺》，其中有一部分就是講《歷代法寶記》的，1997 年發表在中華書局出版的《周紹良先生欣開九秩慶壽文集》上。

我來列寧格勒，重點想看的有兩件孟列夫目錄裏的《景德傳燈錄》。《景德傳燈錄》成書於宋真宗景德元年（1004），而藏經洞有年號的最晚的文書，時間是 1002年。所以敦煌學界一般認為《景德傳燈錄》是藏經洞年代最晚的卷子。戴密微在〈列寧格勒的敦煌學〉一文中，曾對其中一件《景德傳燈錄》的比定表示懷疑。我把兩件《景德傳燈錄》提出來，一看編號為 Дx.1728 的文書，根本不是《景德傳燈錄》，而是比它早得多的唐朝開元年間編的《楞伽師資記》，所以這件跟《景德傳燈錄》八竿子打不着。《楞伽師資記》也是寫禪宗的歷史，與《景德傳燈錄》不同的是，它是北宗的燈史，《景德傳燈錄》是南宗的燈史。唐代安史之亂後，以慧能為代表的南宗興起，北宗式微，北宗的文獻漸漸沒人讀了，《楞伽師資記》也失傳了，但在伯希和收集品裏有比較全的抄本。傳世文獻裏沒有北宗文獻，而敦煌藏經洞發現了不少北宗文獻，這是敦煌文獻的一個重要價值。後來隨着五宗七家的興起，神會的文獻也漸漸丟失了，所以胡適在二十世紀 20 年代到倫敦、巴黎去找神會的資料。胡適在《荷澤大師神會傳》中這樣描述神會：「南宗的急先鋒，北宗的毀滅者，新禪學的建立者，《壇經》的作者——這是我們的神會。」胡適評價神會，就跟他寫自己一樣，渾然一個新文化運動的急先鋒。

另一件編號為 Φ.229v ＋ Φ.241v 的寫本，的的確確是《景德傳燈錄》卷十一，而且尾題寫了「景德傳燈錄卷第十一」（圖 8-7a），另一面抄的是《大般若波羅蜜多經》卷一九二（圖 8-7b）。我看到這件寫本，第一眼覺得這不是敦煌卷子。景德時，

敦煌的文化水準非常低，沒有書法老師，這一時期的卷子應當寫得非常差，而這件寫得很規整。疑點二是尾題下有印一方，文曰「李醜兒／宅經記」，這個印沒在其他敦煌卷子裏見過，但在孟列夫編《西夏黑水城出土的西夏時期漢文文書目錄》裏著錄的黑水城文書中有此印。這件文書從書法到印記都不像敦煌的，我的第一判斷是不是把黑水城出土的東西，編目時編到敦煌文獻裏來了。

我回國後，在馬伯樂（H. Maspero）編的《斯坦因第三次中亞探險所獲漢文文書》裏看到一條英藏黑水城出土 KK. Ⅱ.0238 的文字著錄，正面是《景德傳燈錄》卷十一（圖 8-8a），背面是《大般若波羅蜜多經》卷一九二（圖 8-8b）。我心想這兩件的正背面是一樣的內容，怎麼這麼湊巧，於是向英國圖書館的吳芳思申請這件卷子的照片。吳芳思第一時間給我做了 6cm×10cm 的大照片寄過來。我一對，書寫字體和版式完全一樣，只不過 KK. Ⅱ.0238v 尾部破了，被古代僧人托裱過。斯坦因收集品有原始編號，KK. Ⅱ.0238，KK. Ⅱ指的是哈拉浩特（Khara-khoto）古城西面的一個寺院遺址，旁有被毀的佛塔，哈拉浩特即黑水城的蒙古語叫法。科茲洛夫曾在此掘得大批寫本、繪畫和各種古物。1914 年，斯坦因在科茲洛夫報告的指引下，也發掘了這一遺址，獲得了一批文書和藝術品。由此不難推測，這件長卷的主要部分先被科茲洛夫掘得，餘下的一小部分為斯坦因獲取。至此，可以肯定地說，俄藏所謂敦煌本《景德傳燈錄》是出土於黑水城，以它作為敦煌藏經洞最晚的文獻是錯誤的。我寫了一篇〈俄藏《景德傳燈錄》非敦煌寫本辨〉，發表在 1996 年出版的《段文傑敦煌研究五十年紀念文集》上。花園大學的衣川賢次很快把這篇文章譯成日語，發表在 1996 年《禪文化》第 161 夏季號上。衣川賢次是做禪宗典籍研究的，中文非常好，我在日本訪問期間，他帶我去過寧樂美術館考察。如果沒有 1991 年的這次探訪，那就沒辦法做這些文章。

1991 年之行也有遺憾，最遺憾的是沒看到我最想看的《天壽二年文書》。我和張廣達先生跟一些學者就于闐王統紀年打筆仗，其中一個問題是于闐的天壽年號對應的西元紀年是何時，屬於哪個于闐王。這個問題有兩三種說法，我們推測了

一種可能。只要《天壽二年文書》一拿出來，估計就有定論了，但丘古耶夫斯基說是修復去了，不給我看。後來敦煌研究院的施萍婷先生跟着段文傑院長去俄羅斯，我託施先生抄這個卷子。段文傑先生一行來自敦煌，東方所對他們非常友好，所有要看的，都找出來。當時丘古耶夫斯基去日本了，研究所把他辦公室的門打開，那些好東西都被施先生抄回來了。施萍婷、李正宇過北京的時候，給我們看他們抄的東西。我當時幫老先生們編《敦煌吐魯番研究》，約他們趕緊寫經眼錄，因為是他們抄的，所以要讓他們先發表出來。後來我和張廣達先生根據施先生抄的材料，寫了一篇〈十世紀于闐國的天壽年號及其相關問題〉。天壽年號是一組文書，內容非常豐富。當時歸義軍節度使與于闐王室聯姻，于闐國因為和信仰伊斯蘭教的黑汗王朝打仗，把王子、公主寄養在敦煌。伺候王子、公主的人就給于闐皇室或宰相打報告，索要小孩用的箭、絹、棉布等物，其中有一件文書提到，西天大師去時附着書信帶過去一些東西。恰好法藏伯希和收集品裏有一件文書提到曹元忠介紹西天大師去于闐。法藏文書可以考出大致的年代，與于闐人書信中的天壽年號兩相對照，就確定了于闐天壽年號的時間，從而排出了于闐年號的先後和天壽的于闐王歸屬。

蘇聯那時候經濟條件不好，但是學者們在鄉下都有別墅。前面說孟列夫讓他女兒來接機，因為他那段時間到鄉下別墅去了。他回來之後，請我們到他家裏喝酒，拿黑麵包蘸鹽當下酒菜。雖然那時候日子不好過，但第一次列寧格勒之行給我留下了非常好的印象，我遊覽了涅瓦河畔的鎮海神塔、要塞、教堂，看到了阿芙樂爾號巡洋艦等很多從小在文學作品、電影中知道的名勝。

7月20日我結束列寧格勒之行，乘11：35班機，12點起飛，下午3點到倫敦機場。

後來，我有很多機會去俄國，至少去過五六趟，有時是開會，有時是專門去調查，每次抄一些卷子。後來管理變嚴格了，如果沒有什麼特別的關係，每次只能提三件，提完三件，你再寫三個號，工作人員進去給你找。因為工作人員很少，每次去調三個卷子，幾乎要等半個小時到四十分鐘，一天看不了幾個。我們抓住每一個

機會去看，有時候我用我的許可權幫朋友們提號，提出來，實際上是讓朋友看。比如有一年開會，我們好幾個中國學者，大家事先講好了，誰給誰提，誰提哪個號。如果你看一點，他看一點，誰也弄不全一個東西，所以大家幫忙，保證一個人把資料看全了，完成一項工作。

後續走訪聖彼得堡的收穫

1992 年，上海古籍出版社與俄羅斯方面達成協議，出版俄藏敦煌收集品，只要屬於敦煌的部分，全部影印，但是 SI 編號下的克羅特科夫、奧登堡、馬婁夫（S. Ye. Malov）等收集的西域文書，沒給上海古籍社出版。SI 是「西域」的縮寫詞，後邊是一個 P 或者一個 M，P 是彼得羅夫斯基（N. F. Petrovsky），沙皇俄國駐喀什總領事，他買了大量和田出土的梵文、于闐文的文書；M 是指馬婁夫，他也曾到新疆、甘肅考察。我們現在能看到俄藏敦煌文獻，但是看不到俄藏吐魯番文獻，也看不到和田出土文獻，後者可以去東洋文庫看。東洋文庫有膠卷，看起來很方便，俄羅斯沒有膠卷，看原件，提出的時間很慢。我建議大家查吐魯番的東西，先到東洋文庫把那四十四個膠卷翻一遍，記錄下號，再到俄羅斯按號去提。我後來有些文書的查閱工作程式就是這樣的。

上海古籍出版社的《俄藏敦煌文獻》陸陸續續印了近十年，在這過程中，我經常去上海，只要上海古籍拍回一批照片來，我就買張火車票，跑到他們旁邊找一小旅館住下來，看新拍回來的文書照片，抄錄重要的內容，也幫出版社做一點編目的事，然後有機會再去聖彼得堡調出原文書來看。

這一過程中有很多發現。比如伯希和收集品的 P.2492，從頭到尾全是白居易詩，王重民先生說這是一個《白香山詩集》。結果我們發現俄藏文獻 Дх.3865 能接在 P.2492 後面，在〈鹽商婦〉這首詩後邊，完滿綴合（圖 8-9），下一首不是白居易

的詩，而是李季蘭的。李季蘭是一個女道士，是唐朝有名的風流女子和詩人，和很多唐朝詩人有交往。唐德宗時期，朱泚叛亂，李季蘭給朱泚寫了一首頌揚的詩，唐德宗平叛後，下令殺死了李季蘭。史籍上記載了這件事，詩卻丟了，結果在敦煌卷子上出現了這首詩。從史料價值和詩歌價值上看，都是非常重要的。李季蘭詩後邊又接了一篇岑參的文章，由此可見，P.2492 ＋ Дх.3865 不是《白居易詩集》。我和徐俊先生合寫了一篇文章〈新見俄藏敦煌唐詩寫本三種考證及校錄〉，發表在 1999年出版的《唐研究》第五卷，我們把它稱為「唐詩文叢抄」。

一個更重要的發現是《瑤池新詠集》。這是一個唐朝女詩人的詩集，唐人蔡省風編纂，收錄了李季蘭、元淳等詩人的作品，後來佚失了，只在一些筆記裏有部分保留，如宋代的《松窗韻語》裏有女詩人詩集的目錄，過去不知道這個目錄是不是按次序抄的。比對俄藏《瑤池新詠集》，發現前面十幾首的排序是一樣的。通過俄藏《瑤池新詠集》殘卷，加上宋人的筆記，基本上把《瑤池新詠集》的架構整理出來了。它不僅讓我們發現了很多佚詩，也是研究婦女詩歌的重要材料。我現在還有當時抄錄的紙片，發現的過程是先找到了上半截，後找到了下半截，最後拼合起來（圖 8-10），為了做對比，我用兩種色筆來抄。因為有了圖片，抄得非常快。我和徐俊先生發表了上面提到的〈新見俄藏敦煌唐詩寫本三種考證及校錄〉，其中包括《瑤池新詠集》。寫完這篇文章後，又發現了幾片《瑤池新詠集》，於是又寫了一篇〈唐蔡省風編《瑤池新詠》重研〉，發表在 2001 年出版的《唐研究》第七卷。

還有一些重要的歷史研究資料，即 Дх.3558 祠令。唐代的行政法律文書分律、令、格、式四種，「律」在《唐律疏議》這本書裏整個地保留了下來，令、格、式則佚失了。如果找到這些資料，歷史研究可以省很多事兒，找到了規則，就不用我們拿殘文書再去推補了。但是這類文書很少，是學界一點點發現的。我發現俄藏Дх.3558 是一個令的文書，內容應是祠部的令文，講唐朝祭祀的時候怎麼操作。我和史睿就此寫了一篇〈俄藏敦煌寫本《唐令》殘卷（Дх.3558）考釋〉，發表在《敦煌學輯刊》1999 年第 1 期。李錦繡提出了和我們不一樣的觀點，我和史睿不太同

意，又寫了一篇〈俄藏 Дx.3558 唐代令式殘卷再研究〉，發表在 2006 年出版的《敦煌吐魯番研究》第九卷上。

Ф.209《聖地遊記述》是一個僧人到印度旅行的記錄。這個記錄如果是一個實際的遊記，他走的線路非常凌亂，所以我對這件比較遲疑，沒寫文章。後來鄭炳林先生寫過兩篇文章，認為是義淨《西方記》的殘卷，因為義淨的書佚失了，沒有印證，只是推測。陳明和萬翔也寫過文章，萬翔的〈俄藏敦煌遺書 Ф.209 號寫卷考訂〉是我課上的一個作業，他寫得非常仔細，我把這篇文章發表在 2008 年出版的《敦煌吐魯番研究》第十一卷上。Дx.234 是另一件《聖地遊記述》，這件的字體比較偏古。鄭炳林也寫過文章，認為是王玄策《中天竺國行記》殘卷。王玄策的書

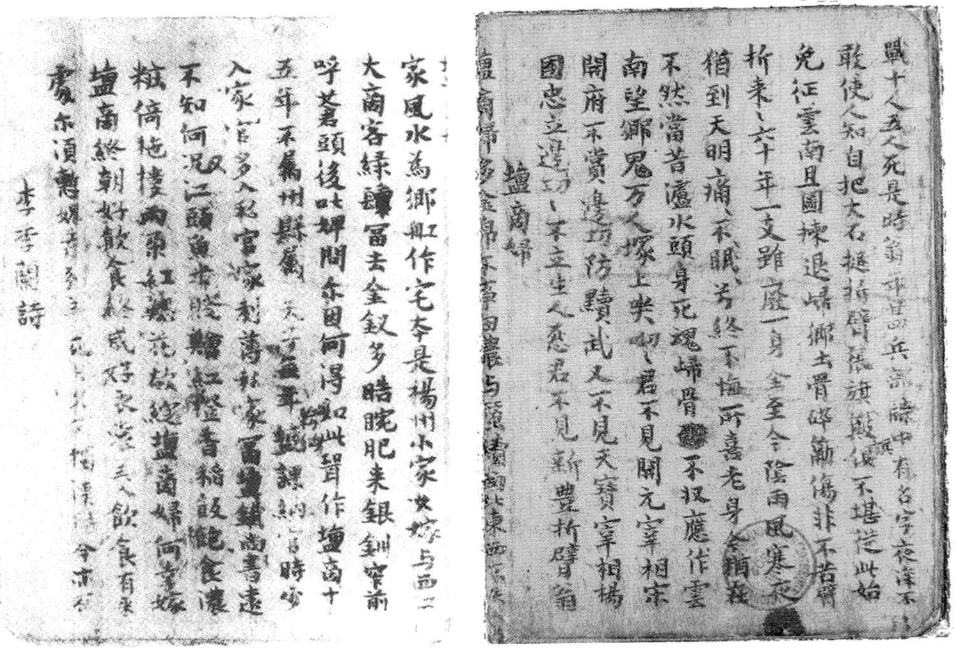

圖 8-9　Дx.3865 ＋ P.2492　唐詩文叢抄

早已散失了，今人從《釋迦方志》等書裏輯出了一些，沒有完整的原本可以用來比對。這件是不是王玄策的，大家可以繼續討論。這兩件我當年錄了文，沒有做進一步研究。

Дх.2881＋Дх.2882《開元廿九年（741）二月九日沙州大雲寺授菩薩戒牒》（圖8-11），是一件授菩薩的戒牒。和尚出家後要不斷地授各種戒，最高位是授八戒，有的人授過五戒，有的人授了三戒。其中有一個級別叫菩薩戒，菩薩戒也授給俗家弟子，有的皇帝就授過菩薩戒。這個卷子我在北大的「長安讀書班」上講過，為什麼？因為主持授戒儀式的和尚是從長安大安國寺派來的。文書第五行「大安國寺」右上角有個「京」字，指的是京城的大安國寺。沙州（敦煌）也有個安國寺，但那

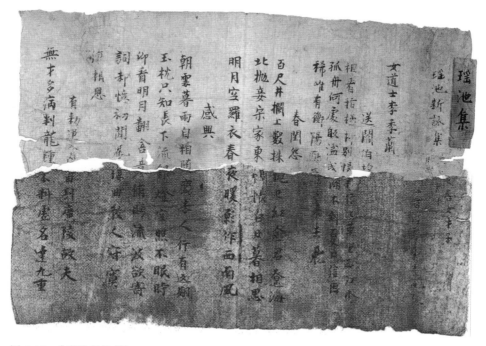

圖 8-10　《瑤池新詠集》

是個小廟，不能叫大安國寺。這件文書講的是沙州大雲寺舉行授戒儀式，長安大安國寺派了和尚道建來主持儀式，並且帶着唐玄宗剛剛編纂完畢的《御注金剛經》。主持和尚的簽名寫得很草，我認作「道建」。大安國寺原是唐玄宗父親睿宗的宅第，在西安老火車站一帶。睿宗當皇帝後，捐宅為寺，大安國寺後來成為一個傳習律學的重要寺院，所以從大安國寺派一個律僧到敦煌主持授戒。我寫過一篇〈盛唐長安與敦煌——從俄藏《開元廿九年（741）授戒牒》談起〉，2007年發表在《浙江大學學報》第 37 卷第 3 期張湧泉主持的一個敦煌專欄中，從這件文書討論長安和敦煌的密切關係。

這件文書還有一個重要問題，文書上的三個佛像是印刷的，這件文書應當是現存最早的帶年代的印刷品，將全世界的印刷史提前了一百多年。目前普遍認為帶年代的最早的印刷品是咸通九年（868）印的《金剛經》。後來鄧文寬考證俄藏的一個具注曆日比咸通九年《金剛經》年代早，但這是根據甲子干支推的年代，原件沒有年代記載。明代文獻記載玄奘用回鋒紙印普賢像，沒有實物佐證。我很早就注意到《開元廿九年授戒牒》的佛像可能是印刷品，但是我一直沒機會看到原卷，便沒有對此專門寫文章，只在上述《盛唐長安與敦煌》裏點了一下。後來在 2018 年 11 月，我有機會到聖彼得堡的東方文獻研究所，仔細觀察了這個戒本，確定是印刷品。2021 年，東方文獻研究所準備出一本論文集為波波娃所長祝壽，於是我以這個授戒本為題，寫了一篇英文的文章 "The Earliest Extant Example of Woodblock Printing: the Precept Certificate of the 29th Year of Kaiyuan（741 A.D.）"，配上研究所提供的高清圖片，發表在研究所編的 *Pis'mennye pamiatniki Vostoka 18.3（festschrift for Popova）*，2021。可以肯定，《開元廿九年授戒牒》是迄今所見帶有年代的最早的印刷品，但是所有印刷史的著作都沒提這一件。

俄藏敦煌文獻裏混了一批和田出土的文書，在 18000 號偏後面的號碼裏。1991 年我去蘇聯的時候，壓根不知道有這些。施萍婷先生去聖彼得堡時從東方文獻研究所抄了幾件，我一看這些人名、地名都是于闐的，那一定是混進去的于闐

文書（圖 8-12）。不久後，我和張廣達先生在巴黎遇到了東京大學研究于闐文的熊本裕。熊本裕從東方文獻研究所的沃羅比耶娃－捷夏托夫斯卡婭（M. Vorobyova-Desyatovskaya）處得到一批于闐語文書中的漢語資料，邀請我們和他合作研究。

比如一件唐大曆十六年（781）傑謝百姓買賣契約，是一份于闐文、漢文雙語契約。于闐人原先用伊朗文書的形式寫契約，到了唐朝，受漢文化影響，開始用漢文的形式寫契約，前面說事項，賣野駝一頭，後面是保人。這件文書用于闐文去拼漢字的發音，在研究唐朝古音上，有着和唐蕃會盟碑一樣的重要價值，是漢語音韻學的寶貴材料。這是研究古音的最直接也是最可靠的材料。

在施萍婷、熊本裕提供的材料以及《俄藏敦煌文獻》的基礎上，我和張廣達先生合寫了一篇〈聖彼得堡藏和田出土漢文文書考釋〉，發表在 2002 年出版的《敦煌吐魯番研究》第六卷。這組文書有十幾件，保存得相對完整，從內容看，都出自唐代傑謝鎮，即今丹丹烏里克。這組文書裏有一件《蘭亭序》臨本，編號為 Дх.18943-1。之所以說是臨本，因為它頂着紙邊寫的，如果是書籍抄本，應該在欄格裏寫，或者留個頁邊。我當時還猶豫了一陣子，後來發現中國人民大學收藏的和田文書裏有《蘭亭序》，我才確定這件東西的價值。和田文書中除了《蘭亭序》，還有王羲之的《尚想黃綺帖》，不過《尚想黃綺帖》沒有臨本，只存文字。我經過研究，畫出了一條漢文化書法典籍從長安到敦煌，到吐魯番，到龜茲，再到于闐，一路傳播的線路，專門寫了一篇〈《蘭亭序》與《尚想黃綺帖》在西域的流傳〉，2014 年發表在故宮博物院編《二零一一年蘭亭國際學術研討會論文集》。唐朝統治安西四鎮時期，漢文化的傳播非常強勁。

2013 年 9 至 10 月份我去聖彼得堡，集中校錄了和田出土文書。我手邊有一張 2013 年 9 月在東方文獻研究所的照片（圖 8-13）。這是在二樓，相比 1991 年一樓的閱覽室，二樓的屋子非常漂亮，工作環境舒適，等待工作人員拿卷子的時候，還可以欣賞房間裏的畫和窗外的涅瓦河。東方文獻研究所門口的大街叫涅瓦河大街，旁邊就是涅瓦河。涅瓦河有很多故事，河上的折疊橋很有名，折疊橋晚上打開，讓大

圖 8-11　開元廿九年授戒牒

船出去，白天再合起來。我們為了看橋打開，一直等到凌晨 3 點。聖彼得堡靠近北極圈，冬天幾乎沒有白晝，夏天幾乎沒有黑夜，夏天凌晨 3 點天還是亮的。

現任東方文獻研究所所長波波娃與京都大學高田時雄教授合作較多，高田時雄請俄國學者與他的研究團隊一起編寫一本小書，叫《涅瓦河邊談敦煌》，2012 年由京都大學人文科學研究所出版，像是一個內部出版的書，裏面有些重要的文書是第一次發表。直到今天，俄國學者仍然經常發表一些新的東西，特別是吐火羅文、梵文的，他們像擠牙膏一樣，不斷擠出新東西，這些文章值得我們追蹤。

圖 8-12　俄藏和田出土文書 Дx.18917

圖 8-13　作者在聖彼得堡的東方文獻研
究所（2013 年）

艾米塔什博物館的西域美術

在俄國，除了東方文獻研究所，我也多次去艾米塔什博物館參觀。艾米塔什博物館早期開放度比較小，陳列的展品每次都是那麼幾件。上海古籍出版社出版了《俄藏敦煌藝術品》、《俄藏黑水城藝術品》，讓我們系統了解了這兩組藝術品。

2008 年，東方文獻研究所為慶祝亞洲博物館建立 190 周年，和艾米塔什博物館合作，舉辦了「千佛洞：俄國在絲綢之路上的探險」（*Caves of Thousand Buddhas: Russian Expeditions on the Silk Road*）大型展覽。展覽之後，辦了一個大型會議，會議論文集《敦煌學：第二個百年的研究視角與問題》（*DunHuang Studies: Prospects and Problems for the Coming Second Century of Research*, St. Petersburg: Slavia, 2012）由波波娃和中國的劉屹教授合編出版。展覽主要以文物為主，俄藏文物也是非常了不起的，其中也有敦煌、吐魯番、庫車、和田出土的文書精品。這些文書精品，通過高田時雄先生的努力，在京都國立博物館辦了一個小型展覽，名為「絲綢之路古文字巡禮──俄國探險隊收集文物展」，也出版了展覽圖錄。

俄國目前還保存有德國探險隊在克孜爾、庫木吐喇等地盜取的壁畫。1945 年，蘇聯紅軍進入柏林後，把幾百塊壁畫運到了列寧格勒，現藏於艾米塔什博物館在聖彼得堡郊外的一個倉庫裏。趙莉老師做過一個《克孜爾石窟壁畫復原研究》的大圖錄，收錄了其中一些壁畫的圖版。2008 年俄羅斯通過了一個法令，表明二戰時期蘇聯從德國拿來的文物是俄羅斯人民用鮮血換來的戰利品，一件都不歸還。之後博物館把德國拿來的部分東西公開陳列了，展廳裏琳琅滿目，犍陀羅風格的雕像、整幅的龜茲壁畫，都是從德國搬回來的，標牌說明裏注了 1945 年以前存柏林人種學博物館。

俄國探險隊也盜取了一些克孜爾石窟的壁畫和碩爾楚克的佛像。碩爾楚克是焉耆的一個大廟，俄國人很早開始發掘碩爾楚克，收穫了很多非常好的東西。我每次去艾米塔什博物館，把每一件文物都拍下來（圖 8-14），照片有時候是比日記還詳

細的記錄。我寫「滿世界尋找敦煌」，很多時候靠照片上的日期，才知道我哪天走到哪裏。

我還去看了粟特壁畫。2007 年 7 月我去聖彼得堡的時候遇到瑪律沙克（B. I. Marshak）先生，他是從蘇聯到俄羅斯時代片吉肯特遺址的考古領隊，大部分時間在中亞做考古，那次正好在聖彼得堡，他帶着我去看艾米塔什博物館中亞廳。中亞廳的藍廳展示從片吉肯特拿去的壁畫，紅廳展示從布哈拉的瓦拉赫沙拿去的壁畫。當時壁畫正在修復，用塑膠布蓋着，瑪律沙克讓人把塑膠布揭開給我們看。美術史雖然不是我的專業，但它是我研究中外關係、西域史時的取材物件，也是我研究入華粟特人時最需要的感性認識。

莫斯科列寧圖書館的徐松藏書

2005 年以後我多次去俄羅斯，在莫斯科的列寧圖書館發現了另一類寶藏，主要是徐松的著作和藏書。起因是朱玉麒老師跟我做博士後時，整理校勘徐松的《西域水道記》。《西域水道記》刊印後，徐松做了多次修訂。我們從周振鶴先生處得知早稻田大學圖書館藏有徐松《西域水道記》增補本，早大的藏本來自錢恂。錢恂是清朝的外交官和教育家，錢玄同的兄長，物理學家錢三強的伯父。錢恂在日本期間，發現早稻田大學接收了很多中國留學生，於是把自家藏書捐給了早大。周振鶴老師注意到早大圖書館漢籍目錄裏，《西域水道記》題下有四個字 ——「徐松肉筆」。「徐松肉筆」即徐松親筆寫的意思，果然書裏有徐松親筆增補修訂的箋條。周振鶴把徐松的箋條錄了出來，整理發表。早大藏《西域水道記》一共五卷，其中四卷裏都有箋條，唯獨卷三沒有，顯然卷三的箋條本丟掉了。丟哪去了？我們一直在尋找。

徐松於 1848 年去世，同一年，俄國學者斯卡奇科夫（K. I. Skachkov）來到北京，以「俄國駐北京佈道團」隨班學生兼天文師的身份，負責俄羅斯館內的觀象

圖 8-14　作者參觀艾米塔什博物館（2013 年）

台，定期把氣象觀測資料整理成報告，寄給俄國天文台。那時西方的科學院很早就在記錄中國的各種東西。斯卡奇科夫沒事的時候，就到北京周邊的農村調查農業、手工業、風土人情，還僱了一個高手幫他買漢文書籍，其中有大量剛剛散出的徐松藏書。我們過去不知道這事兒，後來台灣影印出版了清代抄本小說《姑妄言》，俄羅斯科學院院士李福清（Boris Lyvovich Riftin）先生在前言中寫道，這個抄本來自斯卡奇科夫的收藏，斯卡奇科夫還收藏了大量的徐松的書。我根據李福清的注腳，在北京圖書館找到了《斯卡奇科夫所藏漢籍寫本和地圖題錄》，這本書自 1974 年入藏北京圖書館後，我是第一個借出來的人。這本解題目錄編得非常好，但是只有寫本部分和地圖部分，沒有印本部分。俄羅斯的收藏制度規定，凡是漢文印本，不管是什麼時代的本子，不管有沒有籤條、批校，都收藏在列寧圖書館東方中心，不在善本的範圍內。

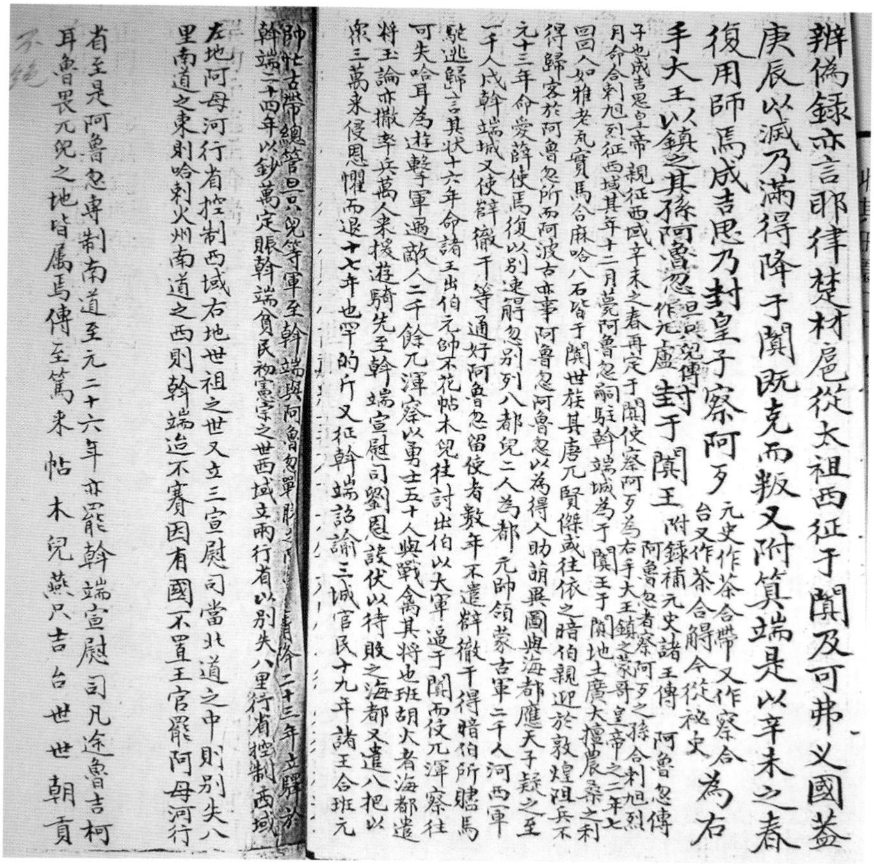
辨偽録亦言耶律楚材扈從太祖西征于闐及可弗义國益
庚辰以滅乃滿得降于闐既克而叛又附箕端是以辛未之春
復用師焉成吉思乃封皇子察阿歹元史作茶合帶又作察合台又作茶合䚟今從秘史為右
手大王以鎮之其孫阿魯忽旦只兒傳作元盧封于闐王附録補元史諸王傳 阿魯忽傳
阿魯忽者察阿歹之孫合剌旭烈
子也成吉思皇帝親征西域辛未之春再定于闐使察阿歹為右手大王鎮之蒙哥皇帝之二年七
月命合剌旭烈征西域其年十二月薨阿魯忽嗣駐斡端城為于闐王于闐地土廣大擅農桑之利
回回人如雅老丸寶馬合麻哈八石皆于闐世族其唐兀賢傑咸往依之暗伯親迎於敦煌阻兵不
得歸客於阿魯忽所而阿波古亦事阿魯忽阿魯忽以為得人助萌異圖與海都應天子疑之至
元十三年命愛薛使焉復以別速解忽別列八都兒二人為都元帥領蒙古軍二千人河西軍
一千人戍斡端城又使薛徹干等通好阿魯忽留使者數年不遣薛徹干得暗伯所贈馬
馳逃歸言其狀十六年命諸王出伯元帥不花帖木兒往討出伯以大軍逼于闐而使兀渾察往
可失哈耳為遊擊軍過敵人二千餘兀渾察以勇士五十人與戰禽其將也班胡火者海都遣
將玉論亦撒率兵萬人來援遊騎先至斡端宣慰司劉恩設伏以待敗之海都又遣八把以
衆三萬來侵恩懼而退十七年也罕的斤又征斡端詔諭三城官民十九年諸王合班元
帥忙古帶總管旦只兒等軍至斡端與阿魯忽單將[illegible]二十三年立驛於
斡端二十四年以鈔萬定賑斡端貧民初憲宗之世西域立兩行省以別失八里行省控制西域
左地阿母河行省控制西域右地世祖之世又立三宣慰司當北道之中則別失八
里南道之東則哈剌火州南道之西則斡端迨不賓因有國不置王官罷阿母河行
省至是阿魯忽專制南道至元二十六年亦罷斡端宣慰司凡途魯吉柯
耳魯畏兀兒之地皆屬焉傳至篤來帖木兒燕只吉台世世朝貢
不絶

圖 8-15　徐松《西域水道記》箋條本

2005 年 7 月 4 日我去聖彼得堡開會，特意先飛到莫斯科，請李福清先生幫我遞申請，申請看所有徐松的著作。7 月 13 日我結束聖彼得堡的行程後，回到莫斯科。15 日那天一大早走進了東方中心主任的辦公室裏，徐松的著作堆了一桌子。我的目的是找《西域水道記》卷三簽條原稿本，結果沒找到，但讓我驚喜的是，在三種《西域水道記》刻本中，有兩種有簽條和眉批，幾乎每一卷都有簽條（圖 8-15），在場的人都大聲歡呼。當時我放棄莫斯科一日游，王三慶、鄭阿財兩位也自告奮勇留下來，一起幫我抄簽條，我們三個人抄了一整天，還有 19 條沒抄完，最後在李福清先生的努力下，全部讓我複印回來了。我們工作結束後，與李福清先生在東方中心大門前合影留念（圖 8-16）。當時朱玉麒整理的《西域水道記》標點校勘本正在中華書局印刷，我當晚給朱玉麒打電話，說趕緊停印，又發現了新的材料，他說已經開印了。

回北京後，我把俄藏本上的簽條和眉批與早大的徐松簽條原稿對照，發現俄藏本文字工整，不像徐松原稿文字那樣用流暢的行書，因此可以斷定不是徐松的原稿。俄藏本和徐松原稿基本上內容一致，可知俄藏本過錄自徐松的原稿。俄藏本中有十四條文字是徐松原稿沒有的，但從文脈和語氣上可以肯定是徐松本人補注定本的文字，說明錢家得到徐松原簽條本時，一些簽條已經散落。俄藏本上有「月齋藏書」印，即張穆（號月齋）的藏書印。北大圖書館藏徐松《唐兩京城坊考》手定底稿本上，也有張穆「月齋金石書畫之印」朱印，且有張穆的簽改條，與俄藏本《西域水道記》字跡一樣，可知俄藏本是張穆的過錄謄清稿。將來如果再次出版《西域水道記》，得把俄藏本的內容補上。

實際上，徐松的書，當初一部分賣給了一個長沙的收藏家，後來又回到琉璃廠，被錢家買到，另一部分更早的被斯卡奇科夫買走了。斯卡奇科夫後來做過俄國駐塔城領事、天津領事，他還收集了很多中國地圖和邊疆史地的東西，如《經世大典》、《新疆道里表》、《山口卡倫塔爾巴哈台》等，這些都是研究邊疆史重要的材料。

過去漢學家去俄羅斯尋訪漢籍，主要是奔着聖彼得堡的東方文獻研究所、聖彼

得堡大學、國家圖書館等處，其實莫斯科的列寧圖書館有大量好書。列寧圖書館的斯卡奇科夫藏漢文印本古籍沒有正式的目錄，只有三盒卡片目錄，我們把卡片目錄基本上錄出來了，每次根據這個卡片去申請相關的書籍。2013 年 10 月和 2018 年 12 月，我又去過列寧圖書館善本部（圖 8-17）和東方中心兩次，館員對我們非常好，和館員熟悉了以後，他們找書很快，一大堆都給你堆在桌子上。東方中心閱覽室與列寧圖書館主館不在一個樓裏，它是對外開放的公共圖書館。我們與列寧圖書館達成合作協定，挑選了一批國內佚失的古籍，在國內整本影印，第一批原本已經準備撥款影印了，因為疫情暫停，現在疫情過去了，我們可以繼續這項工作了。

圖 8-16　李福清先生（右二）、王三慶（右一）、鄭阿財（左二）和作者在列寧圖書館東方中心門前合影（2005 年）

圖 8-17　作者在列寧圖書館善本部（2013 年）

滿 世 界 尋 找 敦 煌

九　再訪兩德統一後的柏林「吐魯番收集品」

　　1985 年 6 月初，我曾短暫訪問西柏林的西德國家圖書館和印度藝術博物館，看到少量德國「吐魯番探險隊」的收集品。當時東西德分治，更多的吐魯番出土文書收藏在東德科學院古代歷史和考古中央研究所，我未能見到。兩德統一後，東德收藏的文書都歸屬德國國家圖書館，部分伊朗語、回鶻語等文獻由於整理研究的方便而存於柏林布萊登堡科學院吐魯番研究所中，所有文物集中在德國國家博物館的印度藝術博物館（後改名為亞洲藝術博物館）。1996 年 6-8 月，我應柏林自由大學邀請，做三個月客座教授，又有機會重訪柏林。我在德國國家圖書館、印度藝術博物館、柏林科學院吐魯番研究所，每個地方花了大約一個月，在三個月的時間裏把柏林收藏的文獻和文物整體調查了一遍，系統翻閱了德藏吐魯番文獻，抄錄了其中所有的非佛教文獻。

德國「吐魯番探險隊」收集品

　　滿世界尋找敦煌，其實我尋找的不僅僅是敦煌文書，也包括中國西北地方發現的吐魯番文書、于闐文書、龜茲文書。德藏文書以「吐魯番收集品」為中心，這裏說的「吐魯番收集品」打了一個引號。當時德國和俄國關係好，俄國把勢力範圍內的吐魯番盆地交給德國探險隊來挖掘。德國探險隊挖着挖着，挖出了吐魯番，到了焉耆、庫車、巴楚，超出了俄國規定的邊界。德國為了表明自己並未越界，所以將所有收集品都叫「吐魯番收集品」，實際上裏面包括焉耆的、庫車的、巴楚的，

還有在喀什噶爾買的和田的文物和文獻。了解德國吐魯番收集品，要先弄清楚這一點，否則在利用這些材料做研究時，就容易張冠李戴。

德國的吐魯番探險一共有四次，我在前面第三講略有介紹。德國探險隊挖掘了吐魯番盆地很多石窟寺，如柏孜克里克石窟寺、吐峪溝石窟寺等，還有很多地面遺址，如佛教遺址、官衙遺址、民居遺址（圖 9-1）。其他地方很少能保留這麼多地面遺址。在敦煌，城裏的古代地面遺址已經蕩平了，大部分值錢東西被人撿走，只有像懸泉那樣距敦煌城幾十公里的偏遠處，還能保存一個漢代驛站的遺址。

如今去高昌故城旅遊，從南門進去，擺渡車會把你拉到西南大寺，就在西南角有個豁口的地方，那裏有兩道內城的城牆，城牆上有個小的方形遺址，標作希臘字母的 α，是一個摩尼教寺院，裏面發現了一個圖書館，出土了大量摩尼教文書，有中古波斯語的、帕提亞語的、粟特語和回鶻語的。像這樣的摩尼教寺廟圖書館，勒柯克在高昌城還挖了一個，在編號 K 寺的地方，就在可汗堡的南邊，那是皇家供養的最大寺。1995 年我拿着地圖找到這個寺，原來的房間結構還是清楚的。另外，德國探險隊在吐峪溝挖了一個佛教圖書館，在葡萄溝山頂上還挖了一個景教寺廟的圖書館。

所以，柏林吐魯番收集品是一個巨大的寶藏，有各種宗教的典籍，佛教的、道教的、摩尼教的、基督教的都有。這些收集品最初收藏在柏林民俗學博物館，二戰時藏到了地下，其中很多藏在柏林的地下水道，二戰後取了出來，一部分被蘇聯紅軍運到了列寧格勒（今聖彼得堡），現藏於艾米塔什博物館；大量紙本文書落在東德，目前收藏於德國國家圖書館和柏林布萊登堡科學院；美術品大部分埋在西德，現收藏於德國國家博物館的印度藝術博物館。為什麼把新疆出土的東西放在印度藝術博物館？因為在西方人的學科劃分裏，中亞分在印度學裏。同樣的，中亞出土的漢語文書，在德國國家圖書館中文部裏是找不到的，得到印度學部去找。

德國探險隊的收集品非常豐富，在這裏簡單地給大家看幾個例子。如高昌回鶻國王肖像的幡畫，正反兩面都有畫，畫得非常好，畫上的回鶻文題記表明畫中人物

是當時的高昌王。又如高昌佛教供養天人壁畫，這是壁畫底下的一塊，切割水準非常高，中間沒有斷裂。勒柯克在《新疆的地下文化寶藏》裏詳細講述了他們是怎麼包裹、捆紮壁畫的，這些壁畫運到柏林後，大部分保存完好。這幅壁畫畫了一個供養天人，舉着一個果盤獻給佛。這幅壁畫因為處在壁畫的最底部，寺廟坍塌後，它埋在地下一兩米處，顏色保持得非常鮮豔，沒有氧化變色。敦煌莫高窟的壁畫氧化變色了，原來金碧輝煌的顏色變成了黑乎乎一片。我們研究古代壁畫，最好先看顏色保持好的壁畫，否則你一進敦煌莫高窟，都是黑乎乎。你如果懂得顏料的氧化，就能自動戴上一個變色眼鏡正確看待現存的壁畫了。

又如西元九至十一世紀摩尼教彩色細密畫插圖本書籍。摩尼於西元三世紀在波斯創立了摩尼教。在摩尼教的教義中，世界有三個階段，光明世界到黑暗世界，再到光明世界。在現實世界中，光明分子被黑暗勢力吞噬了，所以天降各路神來解救光明分子。摩尼教把佛教、基督教、瑣羅亞斯德教等各種宗教裏的神佛都裝到了自己的宗教裏，有彌勒、耶穌、瑣羅亞斯德等等，但是他們的神性和等級與在原來的宗教裏不一樣。由於摩尼教否定現實社會，它在波斯經過短暫的成功後，很快被禁了，摩尼被釘死在十字架上。摩尼教徒一支往西跑，跑到今天的北非，北非的科普特語裏有大量摩尼教經典；另一支往東跑，跑到了中國。安史之亂時，前來協助唐朝平叛的回鶻可汗在洛陽遇到了摩尼教大法師，將摩尼教帶到漠北，立為國教。後來，回鶻人西遷到吐魯番盆地，建立了高昌回鶻王國，摩尼教成為高昌回鶻的國教。高昌出土的摩尼教文書紙張極好，文字非常漂亮，有很多彩色的插圖本。從書籍史來看，是很了不起的古書。有件彩色文書上面，穿白袍子的是摩尼教徒，即選民，是入教的，要遵守戒律；下面是在家教徒，作世俗人的打扮，都是回鶻的上層人士。

還有景教供養人畫像，在高昌故城東邊約一里的景教教堂發現。高昌國裏佛教、摩尼教、景教各種宗教共存。高昌城東的景教寺廟主要給信徒做婚禮等儀式，出土過婚禮儀式書。還有一座景教寺廟在葡萄溝一座山的山頂上，是教徒的隱修

圖 9-1　今日吐魯番高昌故城遺址

地，出土了《聖喬治受難記》等宗教文書，以及天文、地理等科學文書，後者也是景教徒要學習的知識。

　　德國吐魯番收集品中有大量文書，這裏舉一個例子，婆羅謎文所寫的甲種吐火羅語文書。甲種吐火羅語的官方名字叫焉耆語，是古代新疆的一種印歐語。婆羅謎文是古代印度的一種文字，可以拼寫梵語、吐火羅語，也可以拼寫于闐語，甚至回鶻語，當然大部分回鶻語用粟特文字拼寫。中亞的語言和文字要分開看，語言是語言，文字是文字，不同的語言差距很大，但是可以用一種文字來拼寫。

圖 9-2　德國印度藝術博物館（今亞洲藝術博物館）

印度藝術博物館的吐魯番絲路寶藏

　　1996 年 6-8 月，我住在柏林自由大學的公寓房，距印度藝術博物館（圖 9-2）很近，走路只要五分鐘。1985 年我第一次去印度藝術博物館找人買書時，認識了當時還是辦公室主任的雅爾迪茲。1996 年，雅爾迪茲已經是館長了，她了解了我的考察意願後，同意我進庫房工作。當時在庫房裏工作的學者，除了我，還有三位。一位叫巴塔查亞（Chhaya Bhattacharya-Haesner），原來在印度國立博物館做佛教美術研究，後來嫁到德國，幫助印度藝術博物館整理吐魯番收集品裏的佛教畫幡。一位是美國來的博士生古樂慈（Zsuzsanna Gulásci），她做摩尼教藝術的研究，後來出了一本書《柏林藏摩尼教藝術品》（*Manichaean Art in Berlin Collections*）。還有一位是古樂慈的合作者 J. D. BeDuhn，是做中古波斯語研究的。我們四個人經常一起討論，他們遇到漢文就問我，我遇到胡語就問他們。有時候他們仨不在，保安就把我一個人鎖在庫房裏，要上洗手間，得從裏面打電話，才能出來。

　　印度藝術博物館收藏的壁畫，按原來的位置鑲在牆上。原來在多高的地方，就鑲在牆上多高。原來在牆拐角上，就在庫房牆上弄一個拐角，把壁畫鑲上去。原來在穹窿頂上的三組壁畫，一組在展廳裏，兩組在庫房，博物館都在天花板上挖了個大窟窿，把壁畫鑲上去。現在亞洲藝術博物館要搬到柏林博物館島上的老皇宮裏，老皇宮大教堂的穹窿頂放上了克孜爾石窟穹窿頂的壁畫。

　　博物館也收藏了部分吐魯番文書，因為上面有圖像，所以存於博物館。長卷很少，大部分是碎片，博物館按照文書碎片的大小，用鋼化玻璃板夾住文書，放在保險櫃裏。鑰匙放在桌子上，我可以一個個打開來看。

　　我在出發前做好了功課，把印度藝術博物館第三組（中亞組，編號 MIK Ⅲ）的藏品，按編號順序在本子上一行一個編號寫好，注明是否已刊（圖 9-3）。如果文物圖發表過的，我就快速過一下，沒有發表過的，我在該編號一行注一下，文書類的注明語種，其他的注明木器、銅器、鐵器、石膏，一件件清點。在一個月裏，我

391 △	31	Sangam Buddhalegende	tochar. HS. aus Schortschuk		MIK86.391
392 △	32		Sog. HS. aus Murtuq 金剛經		MIK86.392
393 ◯	33	P1/TM 195	中古波斯 HS. aus Murtuq	Liste von Verbformen	MIK86.393
394 △	34	Toyuk	Runen u. Manichäisch Alphabet		MIK86.394
395 △	35	Murtuq	Runen Turkisch		MIK86.395
396 △	36	D II 125 Chotscho	MP u. Turk. Hymnen id. III 6371 manichäische		MIK86.396
397 △	37	T II Toyok	Großes Haphtalitch frag.		MIK86.347
398 △	38	m 795 (murtuq)	Parthisch Manichäisch.		MIK86.398
399 △	39	T II Y 45 uig. Manichäisch? end des Taiśanki			MIK86.399
400 △	40	Chotscho	晋照含經經語詞 Chin. u. Uig. buddh. Wörter	比12	MIK86.400
401 △	41	Turfan	tib. HS.		MIK86.401
402 ◯ △	42	Chotscho mongol. 主文部主	Subhāṣitaratnanidhī		MIK86.402
403 √ △ 43		T I a (chotscho)	汉文 《正法华经》 AD.399, 比3,		MIK86.403
404 △	44	B52	敦煌正文暴致 Barśabbā-Legende		MIK86.404
405 △ √ 45		Bulayik	,,	choralbuch der Nestorianer	MIK86.405
	46	Tumschuq	Terrakotta , id. III 9006		
521 △ 47		Toyoq 135 ASR S.60 MIK86.521	Illuminiertes u. Sur. MS - Frag. zeit 900	壁画老女	
√	48	Chotscho	votiv - stūpa id. III 6858 Y		
√	49	T II D 170/14.445	Sog. Hwydgm'n Papers to Boyce 85 mackenzie		
◯ √	50	T II cistim No.6	Frag. kontrakt. Schrift u. Uig. 85		
√	51	S.N.2/#10010 Toyok	Sog. frag.		
√	52		Sog. HS.	18	
	53	T I chotscho ∞	ⓐ Parthisch " Part of a Bema Liturgy ⓑ Sog. Confession text for the elect.	ASR 113, S.74	
	54 a.b.		手引 Brahmi id. III 4048 aⓐb		
	55	kizil	圭	ACA 49	
√	56	T II B 66/12.955 (Bulayik)	Uig. Georgs-Passion	23	
√	57	Tm 352/18.121	ms. Uig.文, M I 語	28	
√	58	T II B 10	ms. " "	88	
√	59	T II B 17/12.601, B28	Christl. - sog.	38	
	60	T II B 14	sog. syrisch - Estrangela	28	

圖 9-3　德國印度藝術博物館藏吐魯番收集品草目

把印度藝術博物館中亞組的家底翻了個底朝天。

印度藝術博物館除了藝術品，也有很多重要的文書，我有很多新的發現，增進了我對吐魯番歷史文化的認知。

編號為 MIK Ⅲ 4996 的是《大般若經》第五十八帙帙條，編號為 MIK Ⅲ 6591 的是《大悲經》等帙條（圖 9-4a-c）。古代的佛經大概十卷為一帙，用一個包裹皮兒包起來放在書架上，經帙上搭下一個帙條，寫明裏面包的是什麼東西。《大般若波羅蜜多經》有六百卷，MIK Ⅲ 4996 是第五十八帙的帙條。一些比較小的、不足十卷的經，就把幾種經包在一個經帙裏，MIK Ⅲ 6591 的帙條上就寫了好幾種經。有這樣的帙條，我們基本上能知道這個帙裏包了什麼經，就可以去復原這個寺廟的藏經。吐魯番石窟寺前面堆積的塌方土層下，出土了很多碎片文書，這裏原來是寺廟的圖書館，塌方以後，經卷戳碎了。這兩件帙條對我們研究吐魯番寺廟的圖書館非常有意義。

印度藝術博物館藏的佛教類文物有很多畫幡，在此工作的巴塔查亞編了一本畫幡的目錄。目錄裏每一張都有彩圖，有詳細描述。巴塔查亞不認識漢字，畫幡上的漢字是我幫她解讀的，一條一條翻譯成英語，我大概寫了四五頁，作為第二個附錄附在她的書裏。

MIK Ⅲ 7484 是道經，我把照片寄給首都師範大學的劉屹，他告訴我這是《太上洞玄靈寶無量度人上品妙經》（圖 9-5），是隋唐時期非常流行的道經。這件道經書法優美，乍一看就像《開元道藏》。《開元道藏》是唐玄宗開元年間（713-741）編輯的，後抄送給全國三百多個州。怎麼抄送到全國？過去不知道。這件背後紙縫上清清楚楚鈐了一個「涼州都督府之印」。由此可知，這件出土於西州的《開元道藏》是從涼州轉抄的。我們過去知道敦煌卷子 P.2819《公式令》背面紙縫鈐有「涼州都督府之印」，這次我正好有機會從柏林到巴黎，就把伯希和的卷子調出來，摹了印文，回去跟柏林的一對，是一個印。此外，P.4634《永徽東宮諸府職員令》背面、俄藏 Дх.01111+Дх.01113《老子道德經》背面，也有「涼州都督府之印」。我得出一個結論，敦煌吐魯番大部分標準道經寫本，即使背面沒有「涼州都督府之印」，

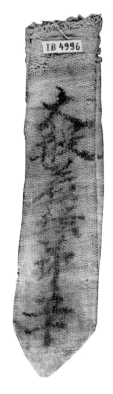

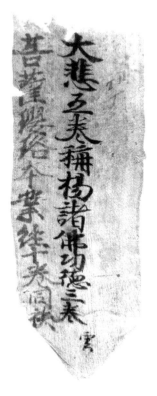

圖 9-4a MIK Ⅲ 4996
《大般若經》卷五十八
帙帙條（正面）

圖 9-4b MIK Ⅲ 4996
《大般若經》卷五十八
帙帙條（背面）

圖 9-4c MIK Ⅲ 6591
《大悲經》等帙條

圖 9-5　《太上洞玄靈寶無量度人上品妙經》

其實也是從涼州轉抄的。我後來寫了一篇文章〈唐代西州的道教〉，過去沒人專門寫過唐代西州道教，我有這樣的材料支撐，就討論了一下，把這件事寫在文章裏。

　　比較重要的寫本是 MIK Ⅲ 520 白文《文選》（圖 9-6a）。《文選》是唐朝士子必學的課本，寫各類文章都要參考《文選》。這個《文選》沒有注，次第跟現存本的《文選》不一樣，是較早的寫本時代的《文選》。它為什麼佈滿了窟窿？因為它的背面後來畫了一系列神像，圖中尊像的頭部被異教徒摳掉了（圖 9-6b）。什麼人摳掉的？回到吐魯番的歷史背景裏，這卷畫很有瑣羅亞斯德教的風格，早期伊朗文化的

風格，可能是摩尼教徒或者佛教徒摳掉了畫中的尊像。畫雖然不完整，還是很有研究價值，到現在還沒人把這卷畫的內容解通了。畫上有一些婆羅謎文字。我在印度藝術博物館時，曾向印度文字學專家桑德爾（Lore Sander）博士請教過。她是瓦爾德施密特（E. Waldschmidt）教授的學生、季羨林先生的師妹，她的博士論文是《吐魯番收集品中的梵文字體研究》。當時老太太把畫上的婆羅謎字都認了一下，比如倒數第二排左邊有個婆羅謎字，像小花一樣，指的是旁邊的物品或尊像，比如一條蛇或一桿秤。這裏面內容非常豐富，有些可以和撒馬爾罕粟特壁畫上的一些圖像對應起來，有些又說不太清楚，最關鍵的是這些圖像為什麼這樣組合到一起，是個未解之謎。我寫過一篇文章，在巫鴻教授主持的「漢唐之間」學術討論會上講過，發表文章時，我把相關內容全部刪掉了，因為我還沒全弄懂。法國的葛樂耐（Frantz Grenet）和皮諾對這卷畫寫了一篇釋讀文章，用希臘羅馬占星術的圖像來解讀這卷畫，我覺得缺乏說服力。德國很少有這麼長的文書，但是它們是出土的，跟敦煌藏經洞包在經帙裏的文書保存狀況完全不一樣，德國的文書，大部分都是一小片，後來保存在很厚的玻璃板裏。二戰轉移的時候，玻璃一碎，紙就給擦碎了。現在博物館不用這種方式了，但是德國已經用了玻璃板的，現在還是這樣放着。

這裏有兩件吐魯番出土的《具注曆日》，一大一小兩片（MIK Ⅲ 6338、MIK Ⅲ 4938），上面畫了二十八宿和黃道十二宮的圖，是一個很好的材料。大片的德國人發表過，夏鼐先生寫宣化遼墓發現的黃道十二宮時用了大的那張圖，他不知道還有一片小的。

重要的官文書，有編號為 T Ⅳ Chotan（MIK Ⅲ 7587）的文書。T Ⅳ Chotan 是原始編號，T 表示吐魯番探險隊，Ⅳ 表示第四次探險，Chotan 表示和田的收集品，其實這是在喀什買的，MIK Ⅲ 7587 是館藏編號。這些文書夾在玻璃板裏，曾經藏在地下水道，潮氣把大部分文書的原始編號糊掉了，現在是按照館藏編號來管理的，這件幸運地保留了原始編號。從內容可知，這件文書記的是唐代于闐鎮的神山等館驛的支糧帳。這些館驛在塔里木河畔。這件小小的文書，實際是講古代絲綢之

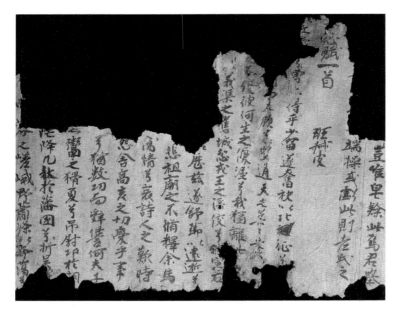

圖 9-6a　MIK Ⅲ 520 白文《文選》（局部）（正面）

圖 9-6b　MIK Ⅲ 520 圖像（局部）（背面）

路上的糧食供給，留下了一串五個館驛名稱，讓我們可以勘驗這條古代道路上的地名，其中「神山」一名見於《新唐書》記載。這件文書之所以留在印度藝術博物館，是因為背面畫了一匹馬。我在研究于闐史時多次引用這件文書，最近寫了一篇〈從黃文弼所獲兩件文書看龜茲于闐間的交通路線〉，提交西北大學召開的「黃文弼與絲綢之路」研討會。我用黃文弼所獲兩件小文書做引子，以斯坦因收集品和德國收集品來構築這篇文章，講龜茲于闐之間的交通道路，這件重要的文書是研究這條道路的最重要史料。

印度藝術博物館藏的官文書很少，有一件編號為 MIK Ⅲ 172 的武周天冊萬歲二年（696）一月四日關。「天冊萬歲」的「天」字寫法特殊，是武周新字。「關」是一種官文書的格式，在敦煌吐魯番文書裏留存的不多。後來我的學生雷聞把敦煌吐魯番文書裏的「關」集中起來寫了一篇文章，交給我看。我說還有一件，把 MIK Ⅲ 172 給他看，這件沒有發表過，他不知道。這件其實只剩了一個尾部，正文內容沒有了。

這裏還保存有回鶻王國建佛寺的木柱。現在建房子有奠基石，古代就是打這麼一個木樁，木樁上寫為什麼要建寺廟，這是非常重要的史料。德國有三根這樣的木樁，有漢文的，有回鶻文的，都是哪個王、哪個可汗為了什麼事要建一個寺廟，其中有一個是把摩尼教寺廟改成佛教寺廟。這都是研究高昌史的重要史料。

以上是我在印度藝術博物館的收穫。這裏的許多材料還沒有上網，只能在展覽圖錄上看到一些，所以給大家講得比較細。

尋找《安周碑》

我去印度藝術博物館調查的一個重要目的，是尋找「涼王大且渠安周造祠碑」。這個碑右上角缺了一塊，碑名是我們推補的。1902 年格倫威德爾在勝金口挖

掘時，聽說老鄉在高昌城裏發現一塊大石碑，就去買了過來。石碑運輸過程中斷成了兩截，所幸保留了碎塊，可以把斷裂處的字補上去。這塊碑立於西元五世紀中葉，發現於高昌故城 M 寺，是一個王家供養的寺廟，就在著名旅遊景點可汗堡旁邊。1905 年，德國漢學家奧托・弗蘭閣（Otto Franke）在《德國皇家科學院學報》上發表了一篇文章，考釋碑的內容，將碑文譯成了德語，並附了照片。當時是斜着拍照，照片上所有字都能看清楚（圖 9-7a）。

1905 年前後，清朝政府派五大臣出洋考察憲政。端方是五大臣之一，他參觀柏林民俗學博物館時看到《安周碑》，驚喜不已，與館方商議，對碑進行了捶拓。由於沒帶專業拓工，技術不佳，第一次拓印的拓本很多地方不清楚，最後一行重要的年代沒拓到。第二次拓印時，拓工用力過猛，把碑敲掉了一小塊，博物館不讓拓了。端方帶回了一張整拓和一張四分之一拓，現藏於中國國家博物館。由於《安周碑》在二戰中失去蹤跡，這個拓本成為十分珍貴的孤拓（圖 9-7b）。

端方非常珍愛這個拓本，邀請諸多好友題跋，拓本四周有 21 個題跋，分別由楊守敬、張之洞、鄭孝胥、張謇、羅振玉以及伯希和等人題寫，清末的一流高手幾乎都曾在上面題跋，有的人題一首詩，有的人寫了長篇考證文章，如楊守敬考證碑的年代，但是沒考對。其實碑上年代寫得清清楚楚，他們如果看到碑的照片，年代問題會迎刃而解。後來伯希和到中國探險，身邊帶着奧托・弗蘭閣文章的抽印本，他在北京時曾借給王仁俊看，王仁俊在《敦煌石室真跡錄》裏錄了《安周碑》的文字。王仁俊根據照片錄的文，比拓片錄文好多了。當時還有一個大學士惲毓鼎也看到了《安周碑》的照片，1915 年他在一件佛經的跋中寫到了《安周碑》，對年代的判斷十分準確。這卷佛經後入藏北京圖書館（今國家圖書館），我在國圖調查時曾抄錄出來（現在已有圖版發表）。當時這些學者間沒有互相通氣，所以中國一批學者寫了很多考證文章，幾乎都沒考對年代。這個碑年代太早了，他們幾乎難以想像。1912 年新疆布政使王樹枏看到王仁俊的《安周碑》錄文，結合自己所獲吐魯番出土《佛說菩薩藏經》尾署「大涼王大且渠安周所供養經，承平十五年歲在丁酉」，

圖 9-7a 《安周碑》照片

圖 9-7b 《安周碑》孤拓本

正確判斷碑文年代為承平，但他的《新疆稽古錄》流傳不廣。而憚毓鼎雖然據此也有正確的認識，但跋文沒有正式發表。直到 1918 年王樹枬《新疆訪古錄》出版，國內學人才認清《安周碑》的年代。

　　立碑的且渠安周是北涼的王子，北涼是河西走廊上的一個小國，439 年被北魏滅了，涼王投降，且渠安周是涼王的弟弟，逃到敦煌，與哥哥且渠無諱會合，堅守敦煌。後來北魏大軍打到敦煌，兩人不敵，率眾向西撤到鄯善，又北上高昌，趕跑了高昌太守，建立大涼流亡政權。且渠兄弟帶來的人馬多，在高昌引起了饑荒，為了安撫民眾，且渠安周修廟立碑，這就是當時立的一塊碑。寫碑文的是夏侯粲，是當時從河西去的大手筆，非常了不起的人物。我們讀過《三國演義》都知道，夏侯氏是魏晉以來中原的大族，在已經出土的上萬件吐魯番文書中卻查不到一個姓夏侯的，可見夏侯家族沒有在吐魯番繁衍下來。作者文化功底深厚，熟悉內外典故，碑文文筆也非常漂亮。古人寫碑文有範本，唐朝以後的人給廟裏寫碑，拿《文選》的《頭陀寺碑》作為模本，先讚頌釋迦牟尼，再誇兩邊的菩薩，最後寫功德主，起承轉合基本是這麼一個邏輯。《安周碑》比《頭陀寺碑》早得多，《頭陀寺碑》的所有邏輯，在《安周碑》裏都有，所以《安周碑》有很高的歷史和文獻價值。後來吐魯番有六七塊碑，都是照着《安周碑》照貓畫虎寫的，《安周碑》是一個母本。

　　過去研究吐魯番的人比較注重文書和墓誌。大多數文書巴掌大一塊，記錄的不過是一個官衙，一個小吏的東西；墓誌記錄一個人的資訊，吐魯番大官很少，大部分是普通官人和百姓；而一塊碑往往涉及一個重大歷史事件。我曾在北大的敦煌學課上和研究生一起仔細讀了五塊吐魯番出土的碑，《安周碑》是第一塊。我們仔細讀過碑文，做過所有專名的注釋，把《頭陀寺碑》跟它做過對比。1995 年，我還到高昌故城考察，找到了《安周碑》出土的地方，即德國人標作 "M" 的遺址。德國人拿走碑的時候沒有碑頭，他們說地下積水所以沒有挖。碑頭應該還在地下，我非常希望中國的考古工作者把那個坑再挖一下，生怕哪天幾個盜墓賊去了怎麼辦，我一直很擔心。

　　格倫威德爾第一次探險之後出版了《高昌故城及周邊地區的考古工作報告

（1902-1903 冬季）》一書，記錄了 M 寺遺址的情況。我研究《安周碑》出土地的時候，根據考古報告，知道《安周碑》是鑲在房子裏的牆上的。《安周碑》裏寫主尊像是「於鑠彌勒」，這是宿白先生關於「涼州模式」西漸的最好證據。宿先生說，北涼時期，在涼州地區建立了以彌勒像為主體的佛寺，影響到敦煌莫高窟的北涼三窟，敦煌最早三個窟主尊像都是交腳彌勒。立有《安周碑》的寺廟裏的彌勒像已經沒有了，但是碑上「於鑠彌勒」這幾個字對於宿先生的看法是重大的支持，遠比宿先生舉的北涼石塔重要。我在讀書班裏讀《安周碑》時，宿先生的學生把這個資訊告訴他，宿先生就問我是哪看的。我把德國漢學家奧托·弗蘭閣的文章複印了一份給宿先生。陳寅恪先生從德國帶回了這篇文章的抽印本，後來藏在北大東語系閣樓上的書庫裏。我在北大也像在歐洲一樣到處尋找東西，在東語系的閣樓裏，我找到了陳寅恪舊藏的這個抽印本。

後來我專門寫了〈《且渠安周碑》與高昌大涼政權〉，發表在《燕京學報》上。這篇文章的英文版發表在德國《重訪吐魯番 —— 絲綢之路藝術和文化研究百年回顧》論文集裏，這是 2002 年德國為紀念中亞探險隊出發 100 周年的會議文集。我發表《安周碑》的文章，也是希望德方調查這塊碑的下落。《安周碑》在二戰時失去蹤跡，只剩一個碑座在印度藝術博物館的庫房裏（圖 9-8）。碑上哪去了？會不會被蘇聯紅軍搬到聖彼得堡去了？這些年我幾次走訪聖彼得堡，拿着《安周碑》的照片問艾米塔什博物館的館員和庫房管理員，他們都說沒見過。如果是炸毀了，理應連

圖 9-8《安周碑》碑座

碑帶座一塊炸了，怎麼座好好的，碑不見了。所以我相信這塊碑還在，也許哪天運氣來了，就找到了。

德藏吐魯番文書的老照片和「新」文書

我工作的另一處是德國國家圖書館。去德國國家圖書館之前，我到柏林科學院，把全套縮微膠卷過了一遍，把其中非佛教文書的號挑出來，到圖書館之後，把這些號拿出來看。文書夾在玻璃板裏，我拿薄紙蒙在玻璃板上，先摹出殘狀，再把文書一字不落抄下來。我用的這種紙是從龍谷大學帶過來的，是日本學者設計出來錄大谷文書的。佛教文書有優世文本，我即使要用，也是抄一個頭一個尾。現在德國國家圖書館藏文書已經上網了，可以在柏林科學院網站和 IDP 網站上看到。

德國國家圖書館東方部的善本部閱覽區只有四到八個座位，每次得佔座，如果佔不着，一天就白去了，中午出去吃一頓飯，回來也沒座了。閱覽室不能吃東西，桌上堆着原卷，即使館內有個咖啡機，也不敢去打咖啡。所以我早晨吃得飽飽的，一直撐到下午，餓得拿不動筆，再出來吃飯。

我在德國國家圖書館有很多發現，支撐了我後來很多的研究。我的吐魯番研究是一波一波的。研究起點在萊頓大學，當時我的導師許理和希望我寫一篇介紹中國新出土吐魯番文書的英文文章。我寫完了文章，沒敢拿出去，因為都是概述中國學者、日本學者的研究，自己的貢獻太少。第二波是 1991 年去龍谷大學之後。1996年訪問柏林之後，我又出了一波文章，形成一個小高峰。

我在滿世界尋找敦煌的過程中，是伸出很多觸角的。我去柏林之前，在當時還在文津街的北京圖書館有一個重要發現。北圖敦煌吐魯番資料中心有一面牆的櫃子，櫃子裏放着王重民先生從巴黎拍來的敦煌卷子的照片，還有一些底片，有幾千片，比縮微膠卷清楚。我把這些照片過了一遍，遇到關鍵的文書，我就去敦煌吐魯

番資料中心錄文。這批照片的最後幾盒，有很多來源不一的照片，沒有人整理過。其中有的編號以 T 開頭，T 寫得拐了個彎，很像 P，所以容易被看作是伯希和敦煌文書，因為沒有伯希和編號的四個數字，所以就放到最後。我仔細看後，發現是柏林吐魯番文書的照片，也是王重民拍的，編號是勒柯克用花體德文寫的原始編號，這些照片過去我只在周祖謨先生的《唐五代韻書集存》裏見過。我發現了這個小寶藏，就託人把照片拿出來，到照相館翻拍了一份，帶着這批照片去了柏林。這些照片都是王重民先生感興趣的典籍一類的寫本，但是照片上只有原始編號，沒有新的館藏編號。我在柏林翻檢了所有非佛教文獻，陸續一件件找到這些照片上的原文書，確定了哪些存在，新編號如何，哪些已經佚失。這裏舉幾個例子。

Ch.2432 正面是《春秋左傳》寫本，對比原件和老照片就會發現，現存原件下邊少了一塊，丟了幾個字，是在二戰搬運中掉了一塊（圖 9a、b）。像這種缺了一小塊的還有好幾件，有一些文書則掉了一大塊，只剩了一小塊。

Ch.734（T Ⅱ 1578）是《春秋後語》注，實物和王重民先生的老照片完全吻合。

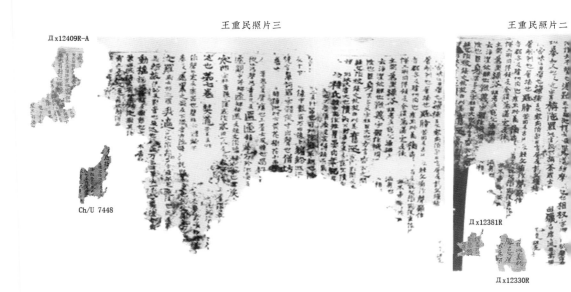

圖 9-10　玄應《一切經音義》現存部分殘卷

圖 9-9a《春秋左傳》舊照片

圖 9-9b《春秋左傳》現狀（Ch.2432）

王重民照片一

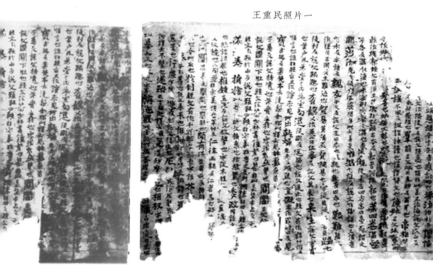

這是一個《春秋後語》的注本，為德國第二次探險所得，沒有具體的出土地點。敦煌出了很多《春秋後語》，但沒有這種帶雙行小注的。這件文書保留了四行小注，通過對比《太平御覽》引的盧藏用注的文字，我認為這四行小注是盧藏用的注，這是目前發現的唯一一件唐朝盧藏用注本《春秋後語》。為此，我專門寫了一篇〈德藏吐魯番出土《春秋後語》注本殘卷考釋〉，發表在《北京圖書館館刊》1999 年第 2 期。

舊照片中有一個卷子存有三紙，一紙二十八行，三紙大概一米多長，是玄應的《一切經音義》。二戰後，實物只留下了巴掌大的一塊（編號 Ch/U.6782d），其他的找不到了。此外，我又新發現了八件 Ch 編號的斷片和這件屬於同一個卷子，並推補出八片處在什麼位置上。後來學者又在俄藏 Дx 號裏發現幾片屬於這個卷子的，有的可以黏連，有的離得很遠（圖 9-10）。這個卷子背面是一個回鶻文佛典，寫得非常漂亮。現在只能在八個小殘片上看到回鶻文，研究回鶻文的皮特・茨默（Peter Zieme）曾問我北京圖書館有沒有背面的照片，我說沒有，王重民先生對此不感興趣，沒拍背面的回鶻文。我把所有圖片相差多少行，畫了一張圖給茨默，將來若有人翻過來比定，至少知道這些回鶻文的文書屬於一個卷子，殘片相距多少。我很想寫一篇關於《玄應音義》的文章，因為《大正藏》留存的是慧琳的《一切經音義》。後來在日本教書的張娜麗向我要《玄應音義》的資料，我就送給了她。她以王重民先生的照片和旅順博物館的斷片為中心，寫了一篇非常好的文章：〈敦煌吐魯番出土《玄應音義》寫本 —— 中國國家圖書館藏王重民所獲寫真與旅順博物館藏斷片〉，2007 年發表在《相川鐵崖古稀紀念書學論文集》上。

典籍之外，也有重要的文書照片，即《唐開元廿三年（735）西州高昌縣順義鄉籍》。中國古代的戶口本編得非常嚴謹，記錄了戶主、全家人口、田畝，紙縫裏寫了「順義鄉　開元貳拾三年籍」，並蓋了印，這是王重民先生的老照片上顯示的。我找到現在德國的原件（新編 Ch.2405），發現帶有「開元貳拾三年籍」這些文字的一塊斷掉，沒有年份了。池田溫先生用德國現存文本做錄文，知道是西州高昌縣順義鄉籍，但不知道是哪年的。我們可以據王先生的老照片把年份補上了。這個年

份的補充十分重要，唐代每四年編一次戶籍，開元初年有一次在本該造籍的年份沒造，推遲到次年造籍。這樣，學界不清楚下一次造籍是四年後造，還是三年後。我曾經在北京大學圖書館發現了一件開元二十九年的戶籍，這裏又發現了開元二十三年籍。又因為注記戶口的時候，往往注上一個籍是哪年哪月，籍後會怎麼變動，所以開元二十三年、開元二十九年注記上說到前面四年編籍的情況，於是就把開元年間造籍的年份完全排出來了。就此，1998 年我給《中國古代社會研究 —— 慶祝韓國磐先生八十華誕紀念論文集》寫了一篇小文章，〈唐開元二十三年西州高昌縣順義鄉籍〉。韓國磐先生寫過一篇從敦煌吐魯番文書看唐人造籍之勤的文章，文章發表時還沒發現開元二十三年籍和開元二十九年籍，我的文章給韓先生的文章增添了新的支撐。

還有幾件漢語文書，如《劉涓子鬼方》、不知名類書等，我翻遍所有漢語文書都沒找到，說明實物在二戰時失掉了，只在中國國家圖書館還存有照片。我在 2005 年發表的〈中國國家圖書館善本部藏德國吐魯番文獻舊照片的學術價值〉一文裏，把所有吐魯番文書照片對應的新編號都找到了。後來國家圖書館把這批照片影印了一套書，把我發現的新編號填上了。

據王重民先生《柏林訪書記》，他在柏林待了十天左右，沒提到看吐魯番文書的事。他如何在這樣短的時間裏，把柏林收藏品中最重要的經史子集斷片拍成了照片？其中一定有德國漢學家的幫助。我懷疑是突厥學家葛瑪麗（Annemarie von Gabain）幫的忙。葛瑪麗那時還是學漢學的，在北大留過學，她的博士論文是研究陸賈《新語》的。她大概覺得王重民先生關注經史子集，於是把經史子集斷片提前準備好，所以王先生能在十天裏從上萬號文書裏獲得所需最重要的典籍和文書的照片，這真是了不起的事。

通過我這次徹底的翻檢，又找出更多的典籍和文書，其中頗有一些具有研究旨趣，這裏提示幾件。

Ch.938 是一個小斷片，我比定出是班固《漢書》抄本。那時候沒有資料庫，

是靠對古籍的熟悉讀出來的。有意思的是，反面抄的是《史記》。後來我在大谷探險隊 1915 年印的《西域考古圖譜》裏發現一個卷子，一面是《史記》，一面是《漢書》。兩件一對，字體一樣，只不過中間還有殘缺。西域的文書經常有這樣上下連不起來，但原來是一個紙頁的。我寫了一篇自己很滿意的小劄記：〈《史記》與《漢書》——吐魯番出土文獻劄記之一〉，發表在《新疆師範大學學報》2004 年第 1 期。這件文書短短幾行，文本的意義不大，但是一面是《史記》，一面是《漢書》，書籍流傳史的意義很大。

Ch.2132、Ch.2286、Ch.3623、Ch.3761、Ch.3903 這五個斷片可以拼合在一起，略當一頁，是《新唐書》卷一七一《石雄傳》的部分，我畫了一個綴合圖（圖 9-11）。因為我推測這是一個宋版《新唐書》的殘葉，而吐魯番文書裏出現宋版書，是一件重要的事，所以我當即向德國國家圖書館購買了這組文書的照片。當時照片的價格，有人訂過的照片是 7 馬克一張，沒有人訂過的要 32 馬克一張。西方學者和日本學者還沒有人關注這個《新唐書》殘片，這五張文書都沒人訂過，我於是花了 160 馬克買下照片，很貴。我回來後，把照片交給我的碩士生林曉潔研究。她不負所望，在國家圖書館找到了同樣版式的宋版《新唐書》，和德藏五張不是同一卷，但版式完全一樣，是湖州印的本子。這五片雖然拼起來只有一頁，還是很有價值的。她的文章〈德藏吐魯番出土宋版《新唐書》殘片小考〉，發表在《文獻》2009 年第 4 期。

編號為 Ch.3164 是《文選》李善注本。前面說到過白文《文選》，《文選》李善注是一個非常流行的注本，有全本傳世。我在柏林發現 Ch.3164 一大片後，又發現俄藏 Дx.1551 和它的文字、正背一樣。後來我的學生李昀在整理旅順博物館藏大谷文書時，發現旅博 LM20-1517-275 也是同一個注本，隨後又發現日藏大谷文書 Ot.11030、Ot.10374、Ot.5423、Дx.8011 也都是同一寫本的不同部分，有些還可以綴合在一起。德國 Ch.3164 這片保留了上下欄，有了它，就可以復原出版式，再把其他的一片一片綴合上去。她寫了一篇文章〈吐魯番本《文選》李善注《七命》的再

發現〉，發表於《西域文史》2014 年第九輯。我們將來如果要文物回歸，這張綴合圖是一個很好的證據，證明各國探險隊把中國的古籍撕得亂七八糟，它們應該回到一處。

　　我還發現了四件非常古老的六朝時的寫本《幽通賦注》，並做了錄文。班固《幽

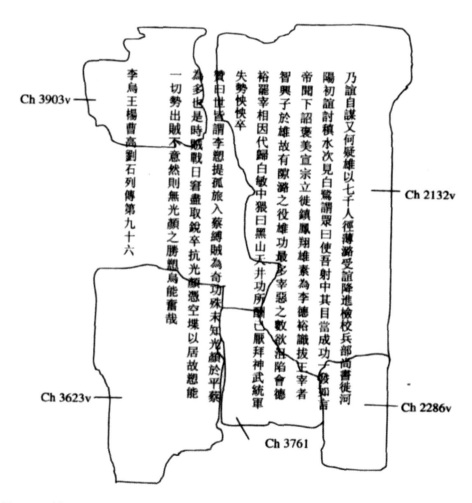

圖 9-11　《新唐書‧石雄傳》殘片復原圖

通賦》見於《文選》和《漢書》，六朝時有人給《幽通賦》加注，《隋書・經籍志》裏列舉了《幽通賦》的各種注本。後來我的學生徐暢把我的錄文整理出來，寫了一篇文章，分析寫本的性質、年代及其流傳，發表在《吐魯番學研究》2013 年第 2 期上。文書的另一面是一個十六國或者北朝前期的詩卷，抄了一些詩，有一首詩有作者毛伯成的名字，這件文書對研究魏晉南北朝詩歌很有價值。我邀請徐俊一起把這件文書整理出來，發表在《中國詩學》2002 年第七輯上。吐魯番文書裏有各種各樣的好東西，對應好多學科，這件在吐魯番文書裏算字比較多的，大部分是小斷片。

和田出土的文書也是我特別關心的。編號為 Ch.3473 和田出土寫本《經典釋文》，背面是一個于闐的派役名錄。文書碎殘幾片，德國人不了解《經典釋文》，夾到玻璃板裏的時候，一些殘片正反面位置錯亂，現在玻璃板裏，正面大部分是《經典釋文》，有一小塊是名錄。玻璃板沒法動，只能拍了照片，再用電腦重新綴合。

德國吐魯番文書的目錄，1975 年、1985 年分別出版了《漢文佛典殘片目錄》第 1、2 卷，這兩本目錄編的是漢文佛經。1996 年，我系統翻閱了德藏吐魯番文獻，抄錄了所有非佛教文獻，並陸續就所關心的典籍和文書做過一些探討。1998 年我在〈德國「吐魯番收集品」中的漢文典籍與文書〉一文中，給出了非佛典文獻的草目。2001 年西脅常記出版《柏林吐魯番收集品中的漢文文獻》，2005 年百濟康義所編《柏林藏吐魯番收集品中的漢文佛教文獻》第 3 卷出版，都編輯了部分文書目錄。2007 年，我彙集前人研究成果和自己工作的收穫，編成《吐魯番文書總目（歐美收藏卷）》，當時還沒有 IDP 網站，工作的基礎就是靠我在柏林的記錄。2014 年，西脅常記出版《柏林吐魯番收集品中的漢文印本目錄》，專門研究了印本。敦煌、吐魯番、黑水城出土的刻本佛經，95% 以上是從契丹運過去的契丹藏，有少部分是金藏，最珍貴的是極少的開寶藏。現在，又到了重新增訂《吐魯番文書總目》的時候了。

柏林科學院吐魯番研究所的友情

最後講一下我在柏林科學院吐魯番研究所的收穫。我在這兒待了一個月，主要是看縮微膠卷，不僅有漢文的，還有回鶻文、中古波斯語、摩尼文（將近一萬個號），還有六七十件圖木舒克語的。我把這些縮微膠卷都過了一遍，我看不懂胡語，但是要了解整體情況，總共有多少件，還要看看胡語背面有沒有漢語。我在《海外敦煌吐魯番知見錄》裏盡可能寫明瞭各個博物館、圖書館收藏了多少號胡語文書。

柏林科學院在東西德合併前叫東德科學院，在布萊登堡門的前面。東西德合併後，科學院搬到了 Jaegerstrasse 22-23（圖 9-12）。吐魯番研究所是科學院下面的一個專案組，雖然叫研究所，我去的時候裏面工作人員不多，最主要的是宗德曼（W. Sundermann）和茨默。這兩位都是頂級高手，宗德曼是研究中古伊朗語的，波斯語、帕提亞語、粟特語都會，特別研究摩尼教的材料。茨默是研究回鶻語的，被日本學者稱為最偉大的回鶻文專家，他不僅能解讀佛教回鶻文，還能解讀摩尼教、基督教、世俗文書的回鶻文。一般的回鶻文學者，會解讀宗教經典的，不一定能解讀世俗文書，也許契約還能套一套，遇到戶籍、婚禮唱詞就不知道了，而茨默全都能做。另外還有兩位女士，一個叫 Simone Raschmann，一個叫 Christiane Reck，是德國哥廷根科學院派駐到吐魯番所來編目的。宗德曼和茨默把文書解讀出來之後，兩位元女士用德國編目系統，編到《德國東方寫本目錄叢刊》裏。還有一些非正式的幫忙人員，平常有五六個人在那兒工作。很可惜的是做漢語的梯婁在兩德統一後失去了吐魯番研究所的工作，只在柏林自由大學掛了一個兼職研究員。

我原來做于闐研究，和宗德曼研究的都屬於伊朗學的範圍，所以宗德曼先生的紀念文集，我寫過文章，很可惜的是茨默的紀念文集，我兩次都沒有趕上。宗德曼先生給辛維廉編紀念文集，也約我寫稿。宗德曼先生是個非常偉大的學者，他去世之後，所有藏書出售，我們動員當時剛成立的中國人民大學國學院把書全買來了。

所以中古伊朗語的書在人大國學院是最多的，是一個寶藏，可惜利用率很低。另外一位茨默，我曾邀請他到北大講學，人大也請他來過。茨默也是非常了不起的大學者，他解讀過回鶻語的普通佛典、藏外佛典、占卜文書、世俗文書，現在已經解讀到回鶻語翻譯的漢語字書了。幾年前在聖彼得堡開會，我和他住在同一家旅館，有很多時間交談。他問我一些回鶻文拼寫的漢字的意思，我說這像《開蒙要訓》。《開蒙要訓》是古代兒童的識字課本，將一個偏旁的字歸在一起，寫成四言韻文。他把這個文書譯成英語，我讓一個學生拿英語去對《開蒙要訓》，真對出來了。所以很多研究是需要合作的，中國文獻浩如煙海，他不可能熟悉所有的文獻。我在吐魯番

圖 9-12　柏林布萊登堡科學院

圖 9-13　作者在柏林趕車（1996 年）

圖 9-14　作者與段晴老師一起走訪慕尼
黑五洲博物館（2017 年）

研究所調查時，他們給我很多幫助，他們對我全開放，什麼東西都給我看，也讓我利用他們非常好的圖書館，並且幫我聯繫其他有藏品的地方。

2002 年，德國舉辦「重訪吐魯番 —— 絲綢之路藝術和文化研究百年回顧」會議，我現在還有一張與會人員的合影。西方人拍合影，不像我們這兒領導在前面坐一排，後面學者按照不同的身份等級排列。他們吆喝一聲照相，大家找個空曠場地站好，趕緊把頭伸出來，哢哢幾張就照好了。前不久，我們在維也納大學開吐火羅語會議，我就沒趕上合影。我陪着徐文堪先生，他腿腳不好，我們倆走到的時候，合影已經照完了。2002 年的吐魯番學大合照裏，有全世界研究吐魯番的語言學專家、藝術史專家，比如有已故的耿世民先生，有桑德爾，有雅爾迪茲 —— 給了我很大幫助的專家，有柳洪亮 —— 吐魯番文物局局長、吐魯番博物館館長，出車禍去世了。2022 年年底，德國政府覺得吐魯番文書整理基本完成，並已全部上傳到網上，所以結束了吐魯番研究所的項目。該所有的學者繼續在柏林科學院工作，兩位負責編目的女士回了哥廷根科學院，其他僱員解僱了。吐魯番研究所編了五十本《柏林吐魯番文獻叢刊》，成績斐然。這個項目的結束，標誌着德國吐魯番研究一個時代的落幕，但德國的吐魯番學研究仍會繼續。今後沒有組織，就是個人研究了。

講到這裏，我回想起有一張朋友拍的照片。我當時從柏林自由大學的招待所，坐很遠的地鐵去柏林科學院，這是我等地鐵時着急的樣子（圖 9-13）。

德國其他地方的敦煌于闐收藏

最後說說德國其他地方收藏的敦煌吐魯番文書。巴伐利亞州立圖書館（Bayerische Staatsbibliothek）有三件敦煌文書，都是佛經，比較有意思的是一件咸亨四年（673）《金剛般若波羅蜜經》。據說此卷是一個德國人在 1900 年前後購自天津，背面有題記：「光緒貳拾伍年（1899）敦煌千佛洞塌出唐時寫經。」這個說法

大概有一點錯，因為 1899 年藏經洞還沒打開，是誤傳，但是這件文書很早就傳出去了，1955 年入藏巴伐利亞州立圖書館。我沒有看過原件，是根據相關材料寫的，後來張國剛從德國帶回一些相關的資訊，我們倆寫了一篇非常短的文章，給胡如雷先生七十壽辰祝壽。

慕尼黑五洲博物館（Museum Fünf Kontinente），原來也叫民俗學博物館（Völkerkundemuseum, München），收藏有奧古斯特·赫爾曼·弗蘭克（August Hermann Francke）和田收集品。2017 年我終於在段晴老師的帶領下，有機會去了這個博物館（圖 9-14）。弗蘭克收集品裏有一件相當好的屯田史材料，這件文書記載唐朝在和田建了一個軍屯，種植了粟、稻子、穈子、小麥等作物。唐朝塔里木盆地可以種稻米，因為挨着于闐河，水源非常充足。這些文書的內容，全部錄入到 2022 年中華書局出版的拙著《和田出土唐代于闐漢語文書》。我滿世界除了尋找敦煌吐魯番，也在尋找于闐。和田出土的漢語文書，除了佛典，其他基本上一網打盡，全收在這本書裏了。

十　追尋美國各地的吉光片羽

　　這一章，講調查美國收藏的敦煌、吐魯番、于闐文書和藝術品情況。美國在西域探險方面步伐比歐洲的老牌殖民國家慢一步，他們沒有特別大的收藏，但不少大學、博物館都陸續入藏了一些東西，有的是探險隊收集品，有的是通過拍賣行或捐贈獲得，非常零散。東西雖然零散，收藏雖然少，但有些卻閃爍着耀眼的光芒，所以我把這一講的題目稱作「追尋美國各地的吉光片羽」。

耶魯、哈佛及其他藏品

　　我第一次去美國是 1996 年 12 月至 1997 年春，參與韓森（Valerie Hansen）教授主持的耶魯大學「重聚高昌寶藏」項目，在美國待了三四個月。我以耶魯大學為中心，

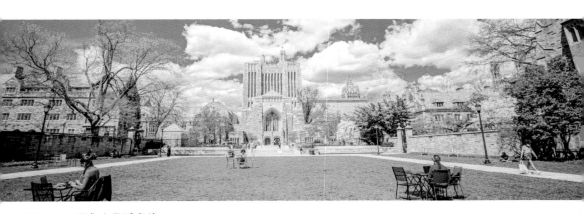

圖 10-1　耶魯大學圖書館

沿着東海岸，從波士頓到華盛頓跑了一遍，調查了耶魯大學、哈佛大學、波士頓美術館、大都會博物館、普林斯頓大學、弗利爾美術館、美國國會圖書館等處收藏單位。

耶魯大學有「亨廷頓收集品」，我從一開始做于闐研究時就知道。亨廷頓是耶魯大學的教師，研究氣候與地理。他於 1905 年到新疆考察，但是運氣不太好，或者說他做考古的經驗不多。他和斯坦因僱了同一個嚮導，但是他到丹丹烏里克的時候，正巧風沙把遺址埋起來了，根本看不到斯坦因所拍照片裏的樣子。斯坦因去丹丹烏里克是冬季，風沙把遺址都吹出來了。斯坦因說在尼雅，地上插着一根根佉盧文木簡，可以直接撿。亨廷頓去的季節不對，只得到了少量小件的東西。亨廷頓寫了一本《亞洲的脈搏》，對塔里木盆地的氣候研究和水道分析很有價值，國內出版了中文摘譯本。

亨廷頓收集品，一部分在耶魯大學圖書館（Yale University Library，圖 10-1），一部分在耶魯大學檔案館（Yale University Archives）。我到耶魯大學後，首先去了圖書館，找到了一些于闐文、佉盧文木簡，還有一些佛像，裝在牛皮紙口袋裏，佛像拿出來，口袋裏全是掉下來的沙子。圖書館按照保管圖書的方式保存文物，沒有按博物館的方式保存文物，對文物的損害很大。1996 年 12 月 20 日，我和韓森教授在 Sterling Library 中的手稿部和檔案館（Manuscripts and Archives）走訪，找到了有關亨廷頓的大量資料，包括佉盧文木簡、于闐文、藏文文書，以及 E. Luemann、F. W. Thomas、M. J. Dresden、N. Brown，還提到貝利和 G. Uray 等梵文、于闐文、藏文專家調查其藏品的通信。

除了尋找亨廷頓收集品，我去耶魯大學檔案館還有另一個目的，是想找陳寅恪先生給芮沃壽（Arthur F. Wright）的三封信。芮沃壽是耶魯大學研究中國佛教史的教授，他在自己的文章中說，曾就《高僧傳·佛圖澄傳》中的胡語請教陳寅恪，陳寅恪給他寫了三封信。現在的知識份子非常崇拜陳寅恪，我也是一個陳寅恪迷，到處尋找陳寅恪的東西。遺憾的是，我在芮沃壽的檔案裏搜與「陳」相關的檔，用威妥瑪式拼法，也用中文拼音的拼法，用陳寅恪老家方音的拼法，然後讓工作人員去

找，都沒有找到芮沃壽曾經提到過的三封信。我還翻檢了芮沃壽用的《高僧傳》和相關資料卡片，裏面也沒有。檔案中夾的兩個敦煌佛經殘片，一為寫經，頗值得懷疑；一為戒本，則似真跡。

耶魯大學的收藏品中比較重要的，是一件吐魯番柏孜克里克石窟出土的麻布幡畫（圖 10-2）。這件幡畫由勒柯克賣出，背後有勒柯克寫的編號。二戰前德國經濟很差，博物館決定出售一批小件文物，以美術品為主，由勒柯克經手賣出。幡畫上畫了一個非常漂亮的摩尼教供養人。1937 年，這件藏品由 Mrs. William H. Moore 捐給耶魯大學美術館（Yale University Art Gallery）。1996 年 12 月 18 日，我與耶魯大學的韓森教授和雲南大學來的訪問學者武建國教授一起走訪美術館，亞洲部的 Laura G. Einstein 接待我們，安排看我要求看的兩件文物。

耶魯大學美術館還有一件有所謂隋大業三年（607）智果題記的敦煌寫本，上面畫有一個佛像，很不到位，一看就是假的。包裹紙裏面夾着一張字條，記錄說段文傑先生來看過，說是假的，沒有任何價值。但是入藏的東西，學校也不能隨便扔掉。這種東西在流散品裏很多，我在好幾處看到了大致同樣的寫本，大概是集體賣到各地去賺錢的。早年美國人沒看過多少敦煌的真卷，容易掉到陷阱裏去。

1996 年 12 月 30 日，我和在耶魯進修的中國學者武建國、于學軍、翟英誼一起去了哈佛大學賽克勒博物館（Arthur M. Sackler Museum）。說起哈佛大學，就要說到華爾納（Langdon Warner）。華爾納是哈佛大學美術史專業的老師，1923 至 1924 年，華爾納第一次到敦煌。他來得比較晚，藏經洞的寶藏所剩不多，他把主意打到了壁畫上，用塗着黏合劑的麻布把壁畫從牆上一塊一塊黏下來，再用藥水把壁畫從麻布上脫下來。他剝離了莫高窟第 335、321、329、320、323 等窟唐代壁畫精品十餘幅，連同第 328 窟的一尊彩繪供養菩薩塑像，掠回美國，入藏哈佛大學福格美術館。賽克勒博物館建成後，由福格美術館轉藏賽克勒博物館，屬哈佛大學藝術博物館（The Harvard University Art Museums）東亞部。華爾納的旅行記已出版了中譯本，書名叫《在中國漫長的古道上》，是我找人翻譯的，所以寫了一篇序。

圖 10-2 柏孜克里克石窟出土麻布摩尼教幡畫

華爾納剝離的壁畫，最著名的是第 323 窟的一幅。第 323 窟南北兩壁繪有佛教史跡畫，描繪了康僧會、佛圖澄、曇延法師等八位重要佛教人物的故事，最前面的一幅張騫出使西域圖，是佛教徒根據張騫的史實改編加工的佛教故事。華爾納把其中「東晉楊都金像出渚」故事畫的主體部分剝走了。今天第 323 窟被剝離的壁畫前面放了一張從哈佛大學拍回來的照片，也有一些出版物把被盜的壁畫用電腦拼到整張圖上。日本學者秋山光和先生調查對比過被盜部分和現存壁面，發現華爾納用的化學藥水損害了壁畫，使壁畫發黑。華爾納在書裏冠冕堂皇地說，剝取壁畫是為了保護壁畫，實際上他破壞了壁畫顏料，也破壞了整體畫面。

1925 年，華爾納第二次去敦煌，北大派了陳萬里先生跟着他，後來說是去監督華爾納的，但是從陳先生寫的《西行日記》看不出是監督。華爾納的翻譯，燕京大學學生王近仁曾參與華爾納第一次敦煌探險。王近仁見華爾納這次又準備了大量化學藥水和布料，就偷偷跑到燕京大學歷史系主任洪業家裏報告。洪業告訴了教育部，教育部通知了甘肅的地方官。華爾納探險隊的先頭部隊到敦煌後，早已得知消息的當地軍民，天天跟着探險隊，不讓探險隊動壁畫一分一毫。探險隊看出端倪，通知華爾納敦煌有危險，不要過來。華爾納第二次沒能進莫高窟，轉頭去了榆林窟，後來寫了一本小書《萬佛峽：一個九世紀石窟佛教壁畫的研究》，其實是一篇長文。這篇長文在《在中國漫長的古道上》中譯本有收錄。

華爾納在書中記錄了 1920 年代中期的敦煌，有一定的學術價值。他書中有一張照片可以看到北大像正面的面容。今天在九層樓裏看北大像，站在下面往上看，看到的是失真的樣子。華爾納去之前的兩年，發生過地震，九層樓被震塌了，他拍到了這張裸露佛像頭部的珍貴照片。我原以為華爾納是爬到樹上照的，後來有一次我站在宕泉對面岸上的位置拍了一張照片，視角和華爾納的非常相近，我覺得他應該是在那裏拍的。2004 年，我在給英國圖書館絲綢之路展圖錄寫文章的時候，主編魏泓聯繫到華爾納的後人，獲得了這張照片的版權，放在展覽圖錄我的文章裏。

華爾納拿走的第 328 窟供養菩薩，是敦煌彩塑裏最好的一級品，原先是一對，

一尊還在洞窟裏，一尊被華爾納拿走了。他還拿走一些佛像、經卷、畫幡。1920年代華爾納還能得到這麼好的東西，可見王道士和當時敦煌人家裏藏了很多東西。

　　哈佛大學賽克勒博物館還有兩件比較好的絹畫，可能是王道士或敦煌的地方官早期送給達官顯貴的。當時有很多被發配往新疆的官員路過敦煌，敦煌當地官員遇到這些被貶的官員，會請客送禮，這些官員有的很快回京，官復原職，就是京中說得上話的人了，所以敦煌官員會送最好的東西給他們。其中一幅十二面六臂觀音經變畫，有宋雍熙二年（985）紀年題記。還有一幅彌勒說法圖，後晉天福十年（945）繪。這兩幅絹畫是1943年溫索浦（Grenville L. Winthrop）捐贈給哈佛大學的，都有單篇的研究著作和整體的記錄。絹畫在藏經洞裏與外界空氣隔絕，過了一千多年，顏色仍然保持較好，而莫高窟壁畫的顏色氧化失真了。我們研究敦煌壁畫的色彩，要多看這種顏色保持較好的絹畫。這些畫可能是藏經洞最先拿出來的文物，很早就流散出來了。據斯坦因考古報告記載，好多絹畫放在藏經洞的上層。由於王道士不懂得文物的學術價值，他挑東西，主要挑書法好的卷子。書法寫得最好的往往是普通佛經，最沒有學術價值。而斯坦因、伯希和專挑非佛教文獻、胡語文獻、絹畫，他們拿走的學術價值高的文書，恰恰是王道士不要的，這是當時中國文化界的悲慘之處。

　　到哈佛，我順便去了波士頓美術館（The Museum of Fine Arts，Boston）。這裏的收藏品，我最關注的其實是兩塊粟特石棺屏風。這套石棺早在1920年代就流散出去了，不同部分散在多個收藏單位，有兩塊石屏在法國吉美博物館，兩個門闕在德國科隆美術館（Art Museum of the Archbishopric Cologne），底座在美國弗利爾美術館（The Freer Gallery of Art），底座前檔在大都會博物館。現在做研究的學者需要先測量這些部件的尺寸，然後在電腦裏按照尺寸重新拼合。

　　這裏收藏着一幅敦煌藏經洞出土宋開寶八年（975）觀音經變絹畫（圖10-3），是端方舊藏。端方是清末大收藏家，曾任兩江總督，我在講德國藏品時說到，端方在出洋期間拓了《且渠安周造祠功德碑》。這幅絹畫的兩側有端方幕僚王瓘的題

記：「宋靈修寺開寶八年觀音畫像，光緒二十五年（1899）出敦煌千佛洞，嚴金清自蘭州寄贈。」「匋齋尚書永充供養，光緒三十三年（1907）元旦清信士王瓘敬書。」王瓘是清末篆書大家，端方的幕府裏養了很多這樣的文人墨客。嚴金清是當時任職甘肅的官員，他將這幅絹畫送給了端方。這幅絹畫有兩個時間節點，一是宋開寶八年供養的題記，這個時間接近藏經洞封藏的年代；二是王瓘在光緒三十三年（1907）元旦的題記，斯坦因是 1907 年 3 月到了敦煌，而這幅畫在斯坦因之前落入端方手中。因為這兩個時間節點，這幅畫對於推估藏經洞原來的情況有重要意義。絹畫保存完整，經過輾轉收藏，至今顏色鮮豔，是敦煌藏經洞的精品。這幅絹畫的黑白照片最早發表在 1918 年上海有正書局出版的《中國名畫》第九集。1924 年，羅福萇把絹畫下面的〈敦煌靈修寺尼戒淨畫觀音菩薩像記〉錄入其所編《沙州文錄補》。1929 年 8 月 11 日出版的《藝林旬刊》第 59 期，也發表了帶王瓘題記的照片。我為了收集敦煌吐魯番資料，曾把民國時期可能與敦煌吐魯番相關的雜誌翻過一遍，特別是書法雜誌，裏面有很多珍貴資料。《藝林旬刊》是金城辦的中國畫學研究會的雜誌，發表了很多敦煌相關的東西。我過去在北大圖書館看《藝林旬刊》，要看哪一頁，只能看那一頁，不讓翻頁，怕一翻給弄壞了，後來史樹青先生通過天津美術出版社影印了《藝林旬刊》，我買了一本，翻起來就方便了。這幅絹畫因為是散藏敦煌文物中最早流散出來的，所以在敦煌文物流傳史上值得特別關注。第九講最後我提到德國巴伐利亞州立圖書館藏有一件咸亨四年（673）《金剛般若波羅蜜經》，也是端方舊藏，與這件絹畫很可能都出自嚴金清之手。

　　我也有機會在 1996 年 12 月 15 日和 1997 年 1 月 31 日兩次走訪紐約大都會博物館，這裏的中國館以山西廣勝寺元代壁畫最為知名，整幅壁畫鑲在中國館展廳的一面牆上，還有雲岡的石雕佛像、龍門賓陽洞皇帝禮佛圖。該館收藏品有一些小幅的德國探險隊所獲克孜爾壁畫，有一組腰帶，由和田玉做成，據說來自克孜爾或新疆某地，有九片上刻吹彈樂人，一片長方形的刻舞者，作胡旋狀，均極佳。還有特靈克勒的于闐、丹丹烏里克的收集品。特靈克勒探險隊後來由於缺乏資金，出售了部

圖 10-3　波士頓美術館藏北宋觀音像絹畫（端方舊藏）

分所得文物，大部分文物在德國不萊梅海外博物館，有一批被紐約大都會博物館、東京大學等幾個機構購買。我們「重聚高昌寶藏」專案有一個成員在大都會博物館東方部工作，她帶我到庫房裏看了這些文物，大多是小件藝術品，其中有一件是曹元忠時期雕印的觀世音菩薩像。這種單板的印刷品，敦煌有很多，有真有假，這件應該是真的。

普林斯頓大學收藏的敦煌吐魯番文書

在普林斯頓大學葛斯德圖書館（Gest Library），我有比較重要的收穫。1997 年 1 月，我去普林斯頓大學拜訪余英時先生，7 日那天去了葛斯德圖書館，調查敦煌吐魯番文書，館員何義壯（Martin Heijdra）接待，我要看的材料已經擺好，陸揚也一起來看。我很早就從葛斯德圖書館的館刊上得知，館內有一批敦煌吐魯番文書殘片。我走訪葛斯德圖書館之後，陳國燦先生寫了一篇文章〈美國普林斯頓所藏幾件吐魯番出土文書跋〉。此後，我的一個學生、任教於中山大學的姚崇新曾前往調查，拍了一些照片給我。2010 年，我的學生陳懷宇去普林斯頓讀博士時，給這批敦煌吐魯番文書編了一個目錄，208 頁，每個卷子都有圖，實際上是葛斯德圖書館把文書放到網上之前，讓陳懷宇發在他們自己的期刊《東亞圖書館館刊》（*East Asian Library Journal*, 14/2, 2010）上。所以這項工作是接力式的，1997 年我的調查是第一步。

普林斯頓收藏的這批文書從哪裏來的？大部分是張大千賣給羅寄梅，羅寄梅的太太又賣給普林斯頓大學的。羅寄梅曾任中央社攝影部主任，1940 年代受常書鴻邀請，給莫高窟拍攝了大量照片。這批照片後來也放在普林斯頓大學，供學者研究，版權屬於羅太太。我在普林斯頓時把這套照片翻看過一遍，羅寄梅的照片比斯坦因、伯希和的照片細緻得多，有很多局部圖，可以清楚地看到畫中人物的服飾頭

冠。最近敦煌研究院趙聲良先生幫普林斯頓整理出版了這套照片，一共九大本。

張大千 1941 年 5 月到敦煌，臨摹歷代壁畫，為莫高窟重新編號，並獲得了一批文物。後來張大千來不及臨摹，就從青海黃南縣請了五個喇嘛來幫忙，喇嘛先勾白描底，張大千上色。所以看張大千的敦煌臨摹畫，要分哪些是張大千畫的，哪些是喇嘛畫的。張大千又邀請了好友謝稚柳和學生劉力上、蕭建初來敦煌幫忙，共同臨摹壁畫，編號做記錄。1955 年，大陸出版了謝稚柳的敦煌石窟記錄《敦煌藝術敘錄》。張大千的記錄 1990 年代才出版，很多內容和謝稚柳的一樣，台灣學者在序裏說謝稚柳抄襲張大千，實際他們是關係很好的朋友，一起看壁畫，一起記錄，你一句我一句，沒有誰抄誰。張大千對敦煌也有破壞，為了看唐朝的壁畫，他揭掉了一些畫在外層的西夏時期的壁畫。北京大學搞文物考古的向達先生為此和張大千產生衝突，發動了一次驅逐張大千的行動。中央政府給蘭州政府發電讓張大千離開，他於 1943 年 6 月離開了敦煌。

張大千在敦煌待了兩年多，收集了大量文獻。過去我們以為張大千只有敦煌文書，後來在葛斯德圖書館裏看到了一二十件有張大千印章的吐魯番文書，應當是張大千從文物商販那裏買來，後轉賣給羅寄梅夫婦的，這個量在吐魯番收集品裏算一個小有規模的藏品了。這些敦煌、吐魯番文書是艾禮德先生（John B. Elliott）從羅家購買後捐給普大的。我從羅太太處買了一批文書照片，非常貴，後來在我開的吐魯番文書讀書班上，按照專業把照片分給學生做研究。比如學考古的學生王璞，我就給她衣物疏的照片，這是一件高昌郡時期的衣物疏。我們知道高昌郡時期墓葬裏帶衣物疏的很少，這件很有研究價值。她完成的〈普林斯頓大學葛斯德圖書館藏高昌郡時代缺名衣物疏考〉一文，發表在《吐魯番學研究》2009 年第 2 期。

有一件《唐西州高昌縣下武城城牒為賊至泥嶺事》，是高昌縣發給下面的武城的令，我在 2020 年給《祝總斌先生九十華誕頌壽論文集》寫的〈新見唐代于闐地方軍鎮的官文書〉一文中用過這件文書。文書只剩七行，後半截殘缺，文中說探人即唐朝的偵察兵在吐魯番北面的鷹娑地方，也就是對敵前沿地帶巡查偵探敵人的情

況。這份文書短短七行，卻寫得很有畫面感。又有一件《天寶八載天山縣鸜鵒倉牒》。天山縣在今托克遜縣，是從吐魯番盆地去南疆要經過的一個縣，此地在史籍裏沒什麼記載，所以這些記載當地官府運作的文書顯得非常珍貴。北大歷史系做吳簡的凌文超同學撰寫了〈普林斯頓大學葛斯德圖書館藏兩件天山縣鸜鵒倉牒考釋〉一文，也發表在《吐魯番學研究》2009 年第 2 期。還有一些文書斷片可以整理出一個告身（圖 10-4）。告身是授官憑證，發佈日期以及官位元的部分會鈐上排印，排印覆蓋每一個字，以防修改授官日期或官位。這組斷片中間第二條寫了「開元廿三年十二月十四日」，後邊幾片裏寫有唐朝中書、門下、尚書省的官員的列名，都是大官人，有的名字見於史籍記載。拼合後的錄文，收入我和史睿主編的《吐魯番出土文獻散錄》下冊，2021 年中華書局出版。

斷片最多的是一組經義策問卷（圖 10-5），是唐朝學生寫的作業，學生寫好一題答案，空出一塊留給老師寫評語。細筆字跡是學生寫的，粗筆字跡如「對」「通」「注雖得，錯處大多」等是老師的評語。這組文書有十幾件，內容涉及《論語》、《孝經》、《尚書》等唐朝學生學習的典籍。這些文書被廢棄後，家庭主婦廢物利用，做成鞋底或鞋面，做葬具用品。其實它們對於研究唐朝的教育史，是很生動的材料。比如說寫篇唐代教育史、中國教育史的文章，把它作為插圖，是很有說服力的。中國國家圖書館的劉波老師寫過一篇文章〈普林斯頓大學藏吐魯番文書唐寫本經義策殘卷之整理與研究〉，發表在《文獻》2011 年第 3 期，對此做了研究。

這些材料現已在 IDP 上網，有彩色照片，我去普林斯頓的時候，資料還沒有上網。我當時買了一些文書的照片，羅太太說家裏還有文書，後來陳懷宇編目的時候，把羅太太家的文書也一起發表了。如今普林斯頓收藏敦煌吐魯番文書目錄和照片都已公佈，可以成組地來做研究。

1 月 8 日，我到葛斯德圖書館繼續看文書，並代李際寧核對磧砂藏，與北圖藏本多有不同。普林斯頓大學收藏品裏，有一部分是張大千在莫高窟北區發掘所得。他自己說是順手撿的，實際上他做過發掘，我在〈從羽田亨紀念館到杏雨書屋〉中

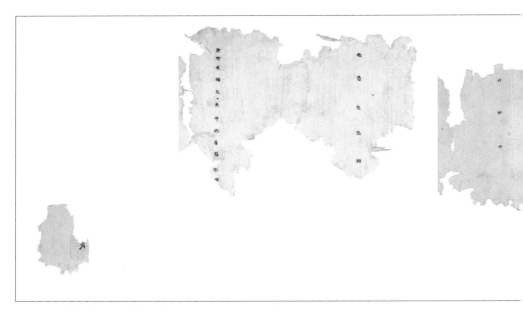

圖 10-4　葛斯德圖書館藏唐開元二十三年（735）告身

講《張君義勳告》時說過原委。莫高窟北區有僧眾生活的僧房窟、修行的禪窟、倉儲的廩窟、埋人的瘞窟。上層的瘞窟有許多隨葬品，比如《張君義勳告》就是張君義的隨葬品。彭金章老師從武漢大學調到敦煌研究院後，把莫高窟北區的洞窟全部做了考古發掘，清理到生土層，發現了大量西夏、元時期的文書，有回鶻文的、西夏文的、藏文的、漢文的，數量多到八開的圖錄。瘞窟隨葬品的年代更早一些，其中發現了寫有李軌大涼政權年號的衣物疏，隋末唐初的，非常珍貴。北區最北端的第 464、465 窟，有上下三層，其頂層在元代是個印回鶻文經典的印刷所，後來頂層坍塌，文書和木活字塌到了中層。斯坦因、伯希和對其做過比較粗淺的挖掘，伯希和拿走了一百多個木活字，現在收藏在吉美博物館。張大千在敦煌兩年多，雖然不是考古學家，但不時去發掘點東西。這些漢語文書、回鶻語文書還有很多世俗文書上有張大千的印章，可以肯定是張大千得來的。比如有元代回鶻文佛教典籍，裏面夾雜了很多漢語（圖 10-6），回鶻人譯經時，翻不動的專有名詞就直接保留漢語；

還有帶插圖的回鶻文印本，文書和托裱紙上都有張大千的印章。大阪大學的松井太、新疆大學的阿依達爾老師做過相關的研究。

　　這裏收藏有一件敦煌寫經，是《摩訶般若波羅蜜經》卷第十。有個麻布經帙，材質比較差，寫有「第十一帙」，鈐有「瓜沙州大王印」，或者叫「瓜沙州大經印」，有兩個讀法，可以確定是敦煌的經帙，與敦煌研究院藏的兩個麻布經帙非常相似，我在〈敦煌藏經洞的性質及其封閉原因〉一文注腳裏提到這兩個經帙。

　　這兩天我還去了普林斯頓大學美術館，保管員 Cary Liu 接待我。這裏也有一些收藏，有一些遼代文物非常好。我看了其收藏的索紞寫本《道德經》（圖 10-7），這件寫本的真偽是敦煌學界的一樁公案，有很大爭議。文書上有「德化李氏凡將閣珍藏」印章，有黃賓虹和葉恭綽的題記，原為香港收藏家張虹寄傳庵所有。寫卷在張虹手中時，葉恭綽告訴饒宗頤，張虹手中有一件好東西，你去研究研究。饒先生寫了一篇長文，發表在香港大學的《東方文化》雜誌，這也是饒先生第一篇研究敦煌

寫本的文章。我在調查李盛鐸收集品時，看到周珏良先生在一篇文章裏寫道：「當時天津有一陳某，聽說是李木齋（盛鐸）的外甥，見過李氏所藏的敦煌卷子。他精於書法，所以造了不少假東西賣錢。我曾見過一卷近一丈長的仿隋人寫經，若不仔細看，幾可亂真。……現在流傳到海外的所謂索紞寫本《道德經》，從字跡上看來，也很可能出自此君之手。」陳某名益安，我在〈李盛鐸藏敦煌寫卷的真與偽〉一文中引用了周先生的這段記述。饒先生看到文章後將信將疑，後來他沒把考證《道德經》的文章收到自己的敦煌論文集裏。

索紞寫本《道德經》文末題「建衡二年庚寅五月五日燉煌郡索紞寫已」。建衡是三國孫吳的年號，比現存所有敦煌卷子的紀年都早。普林斯頓大學買下後，牟複禮（Frederick Mote）教授發表了一篇文章："The Oldest Chinese Book at Princeton"。但學界對它的真偽有很多看法，它有兩個可疑的地方，一是建衡二年的落款，敦煌在三國時屬於曹魏，敦煌的索紞卻用孫吳的年號，顯得不合常理。二是文中寫了「太上玄元道德經」，《老子》最開始被列為子書，進入道教，被稱為《道德經》要晚一點，被拜成《太上玄元道德經》則晚至唐代，與建衡二年時間不符。所以我不相信這件是真的，依周珏良文中所懷疑的，這件應是陳益安造的。也有人認為這件是真的，有一位研究漢簡的美國學者提出，索紞寫本《道德經》的注和馬王堆出土《老子》的注很像，這個注不見於別處。現在據說普林斯頓大學把這件賣了，真賣假賣，我沒核對過。關於這個卷子，有各種觀點，我都列在這裏。

普林斯頓之後，我回紐黑文不久，就再次南下，1997 年 1 月 21 日，在賓夕法尼亞大學訪問的北大老同學水濤帶我看了賓大藝術系圖書館和博物館，博物館裏有柏孜克里克千佛洞和克孜爾千佛洞壁畫殘片四件，據說也是勒柯克出售的。22 日，在賓大讀博士學位的北大師弟楊繼東開車，帶我和水濤去華盛頓，走訪美國國會圖書館（Library of Congress）。過去王重民先生在那裏幫忙編善本書目錄時，著錄過五卷敦煌卷子，有《妙法蓮華經》卷二、卷七，《大般若波羅蜜多經》卷二四七、卷二六六，《勝天王般若波羅蜜經》卷四。葛斯德圖書館館長、普林斯頓大學國際

中文善本書書目編撰項目總編艾思仁（James Sören Edgren）先生告訴我，美國國會圖書館後來又陸續入藏了一些敦煌文獻。我得知消息，去往美國國會圖書館。接待我的是一位華人模樣的老先生，見了我開玩笑地說：「你來找敦煌卷子，敦煌卷子都給斯坦因偷到倫敦去了，我們這哪有？」其實他們是有一些的，那次給我看了幾件。2005 年，李孝聰先生受美國國會圖書館邀請去編纂館藏中文古地圖，我託他打聽已知敦煌文書之外有沒有其他卷子。他找到當時中文部主任居蜜（Mi Chu Wiens），居蜜把一整套照片給了我。其中一件是 1919 年入藏，兩件 1953 年入藏，一個是北魏的，一個是唐朝的。早年入藏的一件後面有羅惇曧民國四年（1915）的題跋，稱此卷曾「移置故陝甘總督左宗棠祠堂，宣統二年（1910）教育部請陝甘總督運至京師」（圖 10-8），值得注意。羅惇曧是廣州的收藏家，好多敦煌吐魯番卷子裏有他的跋，比如藤井有鄰館出售的北館文書、杏雨書屋的素文珍藏裏都有。這兩件是普通寫經，沒有太高的文本研究價值，但對於研究敦煌文獻流散有一定的意義。

弗利爾美術館的于闐公主供養畫像

華盛頓之行，我們還去了弗利爾美術館（圖 10-9）。弗利爾美術館和賽克勒美術館是聯合體，共同組成美國國立亞洲藝術博物館。弗利爾美術館的張子寧（Joseph Chang）和 Stephen D. Allee 兩位先生接待了我，他們給我看了民國初年甘肅官員許承堯舊藏的一件《大般涅槃經》卷三三（圖 10-10），有「歙許苵父游隴所得」印，首尾完整，為敦煌寫卷中的精品。許承堯是安徽人。民國初年安徽人張廣建任甘肅督軍，拉了一批安徽幫到甘肅當官，這些安徽籍官員手中多少收藏了一些敦煌寫卷。許承堯也是張廣建的手下，他辭官回安徽後，轉而研究鄉邦文獻，就把敦煌卷子全部出售了。現在安徽博物院有一批很好的敦煌文書，還沒有系統地發表過。

圖 10-5　葛斯德圖書館藏經義策問卷之一

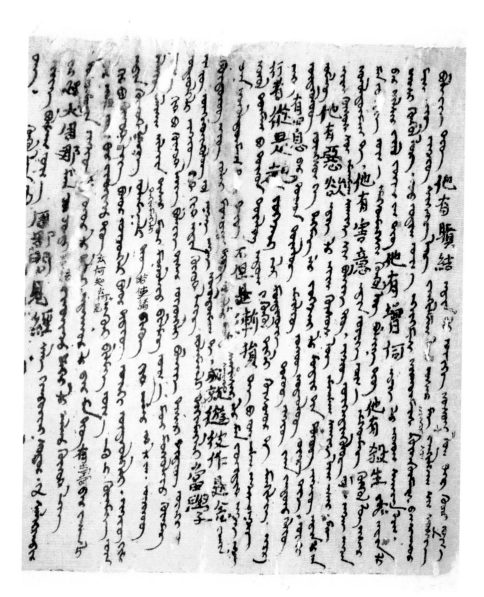

圖 10-6　葛斯德圖書館藏莫高窟北區出土回鶻文寫本

圖 10-7　普林斯頓大學美術館藏索紞寫本《道德經》

　　弗利爾美術館還有一件藏川述《十王經》寫本，上有翁方綱、楊守敬、端方等人題跋，是從盧山開元寺裏流散出去的，不是敦煌藏經洞的，但敦煌也有這個本子，可以對比。我把這個資訊告訴了社科院宗教所的張總先生，後來他去弗利爾美術館把這件《十王經》整理出來，發表在 2001 年出版的《敦煌吐魯番研究》第五卷上。

　　我去弗利爾美術館，最重要的目的是調查葉昌熾舊藏絹畫。葉昌熾是晚清著名金石學家，1902 年至 1906 年任甘肅學政，巡行甘肅各府州縣，按試諸生，考核教官，但是他巡行範圍不出嘉峪關，沒到敦煌縣。如果他到了敦煌，以他金石學家的眼光，一眼就能看出藏經洞文獻的巨大價值，敦煌寶藏可能不會落入外國人之手。但是話又說回來，伯希和在烏魯木齊看到一個敦煌卷子，放下原來的目標吐魯番，

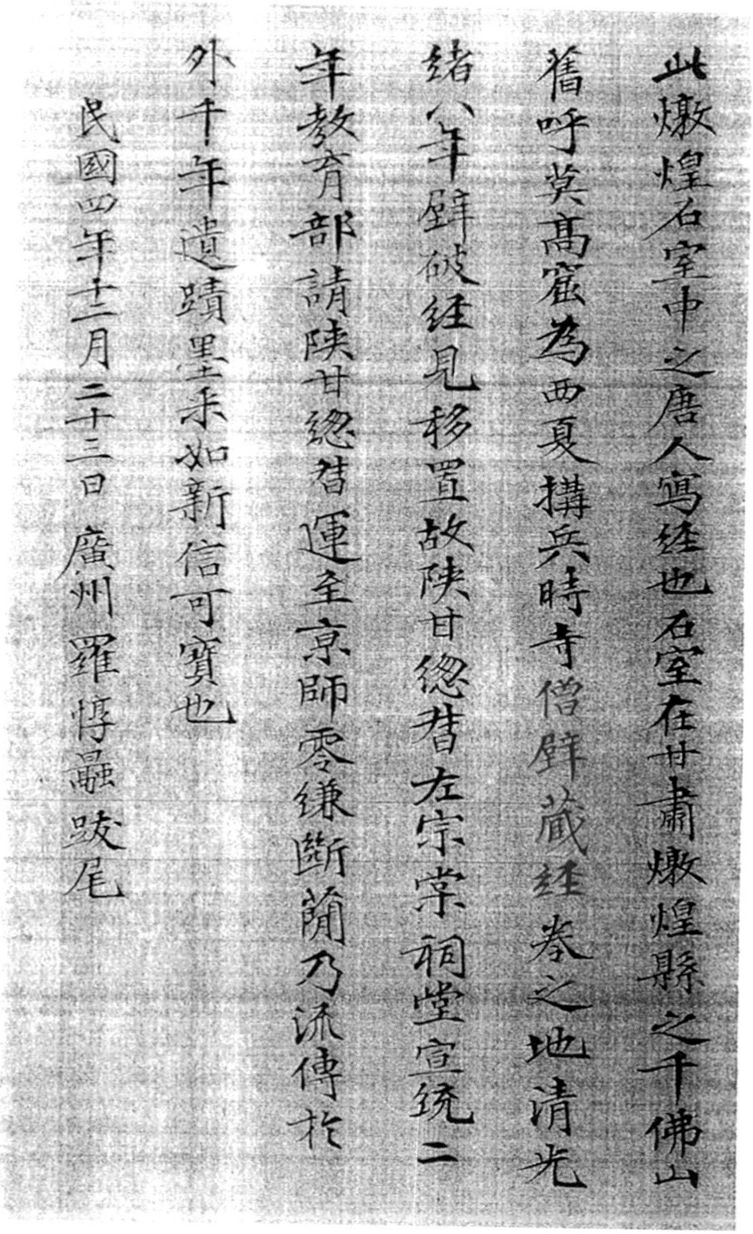

此燉煌石室中之唐人寫經也石室在甘肅燉煌縣之千佛山
舊呼莫高窟為西夏搆兵時寺僧辭藏經卷之地清光
緒八年辭破往見移置故陝甘總替左宗棠祠堂宣統二
年教育部請陝甘總替運至京師零練斷簡乃流傳於
外千年遺蹟墨采如新信可寶也
民國四年十二月二十三日廣州羅惇曧跋尾

圖 10-8　美國國會圖書館藏敦煌寫卷題跋

圖　10-9 弗利爾美術館

直奔敦煌，而中國的知識份子被清朝鎖在書房裏三百年，缺乏西方考古學者的進取精神。葉昌熾錯過藏經洞，一是因為他巡行沒到敦煌，另一個原因是敦煌縣令汪宗翰給了他錯誤消息。汪宗翰說敦煌藏經洞裏只有幾百件，被道士分掉了，沒多少東西了。其實這是王道士騙人的話，葉昌熾信了。葉昌熾雖然看到了敦煌寫卷，但沒有前往敦煌追根問底，當時的中國文人缺少今天考古學家挖到生土層的精神。現代學者，滿世界尋找敦煌，一定要盡自己的能力刨根問到底。

　　葉昌熾的《緣督廬日記》從 1870 年記到 1917 年，前後四十八年，其中有關於藏經洞的最早記錄，比斯坦因、伯希和的都早。1933 年，葉昌熾的學生從原稿輯出十分之四的內容，出版了摘抄本。1990 年廣陵古籍刻印社出版了全本四十八冊影印本，日記中保存了大量清末民初的學術史料。

　　葉昌熾是學部派來的大官，甘肅當地的官員士紳競相給他送禮。據《緣督廬日

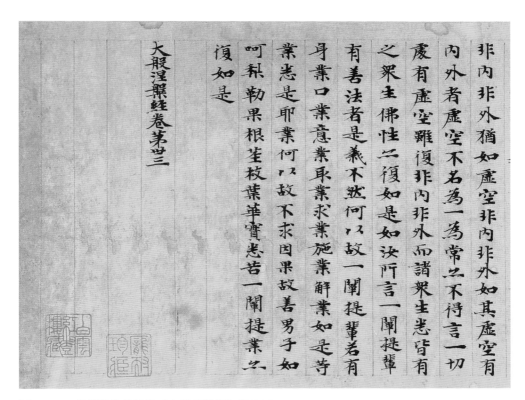

復如是

阿梨勒果根莖枝葉華實悉苦一闡提業亦

業志是耶業何以故不求因果故善男子如

身業口業意業取業求業施業解業如是等

有善法者是義不然何以故一闡提輩若有

之眾生佛性亦復如是如汝所言一闡提輩

慶有虛空雖復非內非外而諸眾生悉皆有

內外者虛空不名為一為常亦不得言一切

非內非外猶如虛空非內非外如其虛空有

大般涅槃經卷第卅三

圖 10-10　弗利爾美術館藏《大般涅槃經》卷三三

記》記載，1904 年 9 月 29 日，敦煌縣長汪宗翰送葉昌熾一幅宋代絹畫《水月觀音像》，一部寫經。絹畫上有乾德六年（968）題記，是宋朝初年的，屬於藏經洞晚期的文物。寫經三十一頁，葉昌熾日記說是梵文，其實葉昌熾不認識梵文，根據目前發現的敦煌梵文寫經和于闐文寫經都用婆羅謎文所寫的情況判斷，這件可能是于闐文寫經。二十世紀初的中國知識份子還不知道于闐文這回事兒，可能將于闐文誤認作梵文。這三十一頁的寫經如今不知所蹤，如果發現了，做一個博士論文是可以的。

　　同年 10 月 13 日，敦煌王宗海以同譜之誼送葉昌熾塞外土特產，以及唐人寫經兩卷、畫像一幀，都來自莫高窟藏經洞。葉昌熾收了書畫，土特產退了回去。寫經

一件是《大般若經》卷一〇一，現在也不知在哪裏，還有一件是《開益經》殘經。畫像上畫了南無地藏菩薩、五道將軍、道明和尚，下方有一個婦人拿着花，旁題「故大朝大于闐金玉國天公主李氏供養」。這幅于闐公主供養的《地藏菩薩像》就是我尋找的目標。

葉昌熾晚年將收藏品出售，兩幅絹畫歸浙江吳興蔣汝藻的傳書堂所有。蔣汝藻倩了王國維編藏書目錄，王國維看到這兩幅絹畫，寫了兩篇跋文，刊於《觀堂集林》卷二十。據王國維的跋文，乾德六年畫像的題記已有殘缺。葉昌熾家裏保存條件差，爛掉了，有些字不全，現在記載絹畫資訊最全的是葉昌熾的日記。1925 年，蔣汝藻因實業虧損出售藏書，兩幅敦煌絹畫流入上海書肆主人金頌清處，1930 年被一日本人買走。買畫的日本人是誰呢？是山中商會的人。山中商會跟盧芹齋一樣，非常值得研究。《水月觀音像》早在 1957 年就在 Dietrich Seckel 的 *Buddhistische Kunst Ostasiens*（Stuttgart）中發表了，說明是收藏於弗利爾美術館，《地藏菩薩像》卻一直沒有蹤跡。

我很早就注意到《地藏菩薩像》。我的第一篇學術文章是和張廣達先生合寫的〈關於唐末宋初于闐國的國號、年號及其王家世系問題〉，裏面講到了這幅畫。當時我們沒見過這幅畫，是根據《觀堂集林》王國維跋文寫的。我一直想看到這幅畫。我猜測，既然《水月觀音像》在弗利爾美術館，《地藏菩薩像》很可能也在那。1997 年終於有機會去弗利爾美術館了，我把葉昌熾日記、王國維題跋、《蘭州學刊》有關金頌清售畫的記錄，複印了一整套，拿給張子寧看。他不動聲色，帶我進了庫房，先看到了《水月觀音像》，有些題記的字爛掉了，不全了，但是整體保護得非常好，顏色非常鮮豔。然後看鑲板另一處，《地藏菩薩像》果然也在（圖 10-11）。入藏檔案顯示，前者是弗利爾美術館 1930 年從紐約購入的，《地藏菩薩像》是 1935 年購入的。兩幅畫進入弗利爾的時間不一樣，但是大致的脈絡是全的。張子寧說，過去不敢發表《地藏菩薩像》，是因為絹畫保存非常好，十分清晰，看過的人不少覺得是假的。

據我考證，《地藏菩薩像》是藏經洞年代最晚的絹畫。于闐國叫金玉國是西元982 年以後的事，這幅畫是公主去世後畫的，年代可能更晚。藏經洞於十一世紀初封閉，這幅畫應當是藏經洞封存之前畫成的。我寫了一篇〈葉昌熾：敦煌學的先行者〉，發表在 *IDP NEWS* 第 7 期，1997 年春季號上。*IDP NEWS* 此前都有一個封面人物傳記，一期說斯坦因是敦煌的發現者，一期說伯希和是敦煌學的偉大人物。我對主編說，敦煌學的先行者是葉昌熾，於是寫了這篇文章，並把《地藏菩薩像》的圖片附在文章裏，當時弗利爾美術館給我的是黑白照片，現在網上有彩色圖片。

　　我和于闐金玉國天公主的緣分起於我的第一篇文章。那篇文章從 1980 年寫到 1982 年，1984 年翻譯成法語出版，我第一次出國就拿着那篇文章打天下。1997年，我終於見到了這位公主的真容。我在〈葉昌熾：敦煌學的先行者〉裏寫道：「『公主』安然無恙，色彩如新，使人激動不已。」看到真跡，的確很激動。

　　最後提一下三藩市亞洲藝術博物館（Asian Art Museum, San Francisco），我沒去過，可以在網上看到它們的館藏文書。現在各個博物館都在做館藏文物電子化，過去窩着藏着的，現在恨不得都推到網路上去。你如果做一些專門課題的研究，在一個個博物館、圖書館的東方部或中文部搜，很可能搜出新的東西來。當然你得注意名稱，比如你如果問館方有沒有敦煌文書，很可能說沒有；如果問有沒有唐人寫經，給你抱出一堆來。三藩市亞洲藝術博物館有一個《唐人玉屑》冊子（圖 10-12），有王樹枏的跋。王樹枏前面提過很多次了，他是清朝末年新疆布政使。王樹枏收藏了很多好東西，後來這些東西分散到各處，以日本書道博物館收藏最多，沒想到三藩市亞洲藝術博物館有這麼一個冊子，大概五頁。從前的文人得到文書斷片後，裱成一個冊子，寫上題跋，就成為一個「玩物」，可以作為禮物贈送他人。有些很長的敦煌卷子，被分成了好幾片送給不同的人，我們做研究要把這些重新聚到一起。

　　博物館網站上的圖，有點不夠清晰。其中有一個「開元二十一年（733）某折衝府申西州都督府解」。解是唐朝一種官文書形式，這種形式的官文書非常少，唐

圖 10-11 　弗利爾美術館藏于闐公主供養地藏菩薩畫像

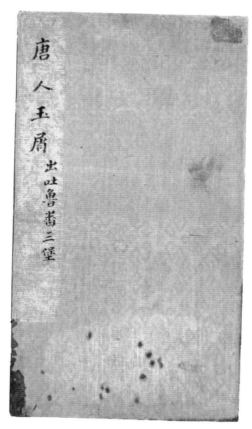

圖 10-12　三藩市亞洲藝術博物館藏《唐人玉屑》冊子

長孺先生整理吐魯番文書都沒有分出解來，後來武漢大學劉安志老師非常細心地分出幾件解來，結果這兒發現一個非常標準的解。我帶了一個博士生包曉悅，她的畢業論文裏首先利用這件文書討論了解這種官文書。

還有一件文書，雖然就這麼一小塊，但對於我的研究來講至關重要。為什麼？它上面寫有「貞元九年二月」。史書記載，貞元年間，吐蕃進攻西域地區，唐朝於貞元五年（789）失去了和西域的聯繫。吐魯番盆地究竟何時被吐蕃佔領，史書沒

有記載，只能從考古文物中探尋。我曾在靜嘉堂文庫找到一件貞元十一年吐魯番的官文書。吐蕃佔領吐魯番後，不會在官文書中用唐朝年號，所以我推測貞元十一年吐魯番還沒有落入吐蕃統治，或者可能是被吐蕃短暫攻陷後，又被唐軍收復了。現在找到了第二件證據，對於我的西州陷蕃年代的說法，是非常重要的支持。所以每一件東西放在學術研究的脈絡裏，都有其價值，不管是殘缺的，還是完整的。

美國的敦煌吐魯番收集品，我認為還有一些東西沒有調查出來。我比較關注文獻，我對藝術品能夠講出來的名堂不是特別多。趙莉老師對藝術品很有研究，滿世界尋找龜茲壁畫的碎塊，2020 年出版了《克孜爾石窟壁畫復原研究》。美國收藏的克孜爾壁畫，她都調查過。她調查的有一部分，我過過目，但是我無法把它們復原到洞窟壁面上去，那是趙莉老師的工作。每個學者有自己的專業分工，我的目的偏重於文獻，順帶看藝術品。但是我只要有機會看到好東西，一定要多看幾眼，不失掉任何一個機會。

調查美國的不易之處在於，由於東西發表出來的不多，有時候不知道東西在哪兒，得碰運氣。我現在搞敦煌研究算有名了，我在美國的時候有時會接到一個電話，或者收到一封 E-mail，說手裏有敦煌吐魯番文物，請我看一下。我最近一次2016 年去美國的時候，有個俄亥俄州立大學的老師家住在聖地亞哥，他聽說我到了聖地亞哥，告訴我俄亥俄州立大學圖書館有一卷敦煌卷子，原是民國時期中國畫學研究會會長金城的舊藏。他特別申請學校拿出卷子，用特快專遞送到聖地亞哥他的家裏，我在他家裏看到了卷子，是一個很長的寫經。

十一　敦煌「劫餘」錄：中國各地藏品拾珍

　　第十一、十二講談談中國收藏敦煌、吐魯番文獻的調查，大體上第十一講講敦煌，第十二講講吐魯番材料，但很多地方既有敦煌寫卷，又有吐魯番文書，有時候就歸併到一處來講了，沒有特別嚴格的區分。

　　這一講叫「敦煌『劫餘』錄：中國各地藏品拾珍」，「劫餘」一詞出自陳垣先生編的《敦煌劫餘錄》。藏經洞文獻被斯坦因、伯希和洗劫之後，清朝官府用大馬車拉回來，又經李盛鐸等人監守自盜，最後的歸當時的京師圖書館收藏。陳垣在京師圖書館的編目基礎上，把比較完整的編成了 8679 號，在 1931 年出版，故名曰「敦煌劫餘錄」。

從京師圖書館到國家圖書館的敦煌收藏

　　中國國家圖書館是國內收藏敦煌文獻最多的地方，也是我調查、閱覽敦煌寫卷最多的去處，所以先要說說國圖藏卷的來龍去脈。

　　1909 年伯希和到北京的時候，告訴清朝官人，藏經洞還有很多寫卷堆在那裏。羅振玉先生當時是京師大學堂的農科監督，相當於農學院院長，他向清朝官府打報告，說官府若有能力就花錢徵調回來，也可以由京師大學堂出錢，如果京師大學堂不出錢，那羅振玉自己出。你看多麼了不起，當時北大一個教授可以買半個敦煌藏經洞。最後官府出錢運回來了，錢花得不多，就入藏京師圖書館（後來改名北平圖書館、北京圖書館，今國家圖書館）。館方把比較完整的卷子編入目錄，不完整

的留在後面。於是用佛經的目錄編排方式——千字文編號。傳統的方式是十卷一帙，用一個千字文號，比如十卷《大般若波羅蜜多經》是一個號，六百卷就用六十個千字文；這在《開元釋教錄·入藏錄》中可以查到，「天」「地」「玄」「黃」……就是十卷一個號。當時不知道敦煌藏經洞的卷子具體有多少，對數額估計得很大，所以一個千字文號後面有一百數字編號，一號一件，「天」沒敢用，應該與皇帝有關係；當時還是清朝，「玄」也要避諱，另外還有一個「火」字，因為圖書館怕火，所以避災也沒有用。目錄編排就是這樣從「地」字 1，「地」字 2，一直到「地」字 100，然後換一個字，這樣加起來要有十萬個號，實在是估計得過高了。

1911 年從敦煌運回來的寫卷入藏京師圖書館後，館方組織專家對其中八千多號較為完整的寫卷進行編目，形成《敦煌石室經卷總目》。1929 年，陳垣先生在館員俞澤箴的協助下，以《敦煌石室經卷總目》為基礎，對這批寫卷做了分類編排，最終形成 8679 件敦煌寫本的總目錄，千字文號編到「位」字 79 號。此目由陳垣題為「敦煌劫餘錄」（圖 11-1），1931 年 3 月作為中研院歷史語言研究所專刊第四種出版。

其實就在 1929 年 8 月，國立北平圖書館與北平北海圖書館合併重組時，在善本部下設立了寫經組，負責敦煌寫卷目錄的整理編目。寫經組以徐森玉先生為組長，徐森玉就是徐伯郊、徐文堪的父親，我前面幾講提到過他。這個整理小組又編了《敦煌石室寫經詳目續編》，我在國家圖書館看過這個稿本，一大摞，編得非常到家，已經是完全可以出版的程度，但是由於日本侵華，沒有來得及出版。當時敦煌寫卷全部裝箱，連着稿本和敦煌卷子拉到南方去了，主要藏在幾個地方。這部目錄續編共編入 1192 號，前面《敦煌劫餘錄》的 8679 號編到「位」字 79 號，後邊還是按照一個千字文跟 100 號走，排到「推位讓國，有虞陶唐。弔民伐罪，周發殷湯」這 16 個字，但後來這事逐漸被人淡忘。有一次一個人拿出一張小紙條來，上面就寫着這 16 個字，她問我這是什麼東西，說是在寫經組的敦煌卷子裏裹着的。我猜想這就是《劫餘錄》後邊那 1192 件用的千字文號。但是不好聽的字沒有用，就是「弔民伐罪」這四個字，就像燕京大學的校訓是「德才兼備，體魄健全」，但是在未

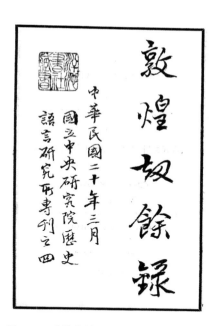

圖 11-1 《敦煌劫餘錄》

圖 11-2《敦煌劫餘錄續編》

名湖北面我們只有七個齋，德齋、才齋、兼齋、備齋、體齋、健齋、全齋，少一個「魄齋」，誰願意住在「破齋」呀？所以中國的避諱很有說法。具體編號，是從「位」字後的「讓」字開始，到「殷湯」後的「坐朝」，計12個字。這1192號裏面有大量的好東西，直到今天都應該注意，只是不斷有新材料發表，這裏面有些值得注意的材料被大家漏過去了。

在國圖善本部，從甘肅運回來的敦煌寫卷還有一部分，叫做「三千殘片」，其實將近四千，其中有一些也挺大的。寫經用大馬車從敦煌拉回來，整理完《敦煌石室寫經詳目續編》，日本人就要進城了，所以這部分一直沒有打開包裹，最後在國家圖書館搬到白石橋館區以後才拆開，內部俗稱「三千殘片」。現在編號是順着走的，前面8679號，後面1192號，再後邊是三千殘片。

另外，在1949年以前，或者說1931年以後，從京師圖書館到北平圖書館，再到北京圖書館，都一直從社會上購買流散的敦煌寫卷，當然最主要是解放後。我們知道1950年以後鎮壓了一些漢奸、地主、資本家，就從他們家裏一批批拿出來，被公安局移交給文化部，還有一些是文化部購買的。當時文化部的鄭振鐸先生真是好人，他把這些敦煌寫本分類撥給相關的圖書館或博物館收藏，比如出自湖北人所得的敦煌卷子就撥給湖北博物館，像《張君義勳告》就撥給了敦煌文物研究所，但大量的都是一批批撥給北京圖書館，大概有將近兩千號，用「新」或「臨」字編號。

1981年，北京圖書館善本部編了一本《敦煌劫餘錄續編》（圖11-2），非正式出版物，但當時在琉璃廠有賣的，我買了一本，現在很難買到了。因為當時沒有做太多的準備工作，看上去就是善本部工作人員把知道標題的敦煌卷子卡片抄出來，按照筆劃順序排列，比如《一切經音義》就放在前面。從學術上來講，哪有這麼編目錄的？所以後來國家圖書館善本部的人不怎麼提這本書。其實從學術研究的角度來看，還是有貢獻的，因為收錄的都是從敦煌藏經洞調運之外的散藏敦煌寫本，外界由此知道北圖「新」字編號的敦煌寫卷的情況。

《敦煌劫餘錄續編》按寫標籤題的筆劃順序排列，共著錄1065個號，實際收藏

遠比這個多，因為沒有標題的就省略掉了。其實這些「新」字型大小的寫卷往往是一批批入藏的，其來歷有些可以推斷出來。我拿到這個目錄之後，就把它們抄成卡片，按「新」字型大小重新排序。後來知道法國的戴仁也重新按照「新」字型大小做了排序，還寫了一篇有關北京圖書館新出目錄的書評式文章。重新排序之後，就可以發現前面六百多號，跟羅振玉發表的橘瑞超所獲敦煌卷子正好一一對上，沒有標題的就省略掉了，這些都是原旅順博物館所藏的敦煌卷子。後邊有一部分，與董康在《書舶庸譚》中所記錄的劉幼雲家的卷子順序一致，中間有缺號，比如「殘經一件」，這裏就省略了，因為沒有定名，無法按照筆劃編目。二十世紀 90 年代初，我和當時北圖的方廣錩、尚林合作，調查旅順博物館的大谷文書如何移存到北京圖書館。尚林去國家文化部，複製了一批從文化部移交給北京圖書館的敦煌卷子調撥檔案，其中很多都編有目錄。這些檔案中所附的目錄往往可以和「新」字型大小的目錄一一對應，知道每一組原來是哪家的，檔案目錄有的比《續編》要到位。此外，「新」字型大小還混入個別日本古寫經，如有的寫卷後邊有藤原皇后題記，是不應當編入敦煌目錄的。

「新」字型大小這一部分，雖然大部分是普通佛經，但其實裏面有很好的東西，比如新 876《咸通六年（865）正月三日奉處分吳和尚經論錄》，就是清點三藏法師法成的藏書目錄，這是非常重要的研究法成的文書。還有如今字本《尚書》、史書《春秋後語》、子部《劉子新論》、禪籍《七祖法寶記》等等。

總體來說，現在國家圖書館大概就是這四部分敦煌資料，目前都順序新編了 BD 號，對應的情況如下：

第一板塊屬於《敦煌劫餘錄》的部分，計 8679 號，從新編號的 BD00001 到 BD8679 號。這些就是北京圖書館最早出售的縮微膠卷部分，敦煌學界對此都很了解，比如《摩尼教經》，一經發表，就不斷被研究。但《敦煌劫餘錄》著錄的卷子，很長時間內要看原件還是有困難的，《劫餘錄》已經著錄的重要文獻，也不是都被研究了，比如裏面就有一件《壇經》，過去沒人發現，到 80 年代縮微膠卷出售以

後，才被田中良昭先生翻出來，其實《劫餘錄》裏就寫了「背有壇經一卷」，像胡適這麼大的人物都沒有好好看。這就是《劫餘錄》部分，現在可以說，有用的材料基本都已經有人做過了。

第二板塊是極重要的，就是1192部分，從BD8680到BD9871，很多人沒有仔細翻閱過。前面大多是佛經，後面「周」字、「殷」字、「湯」字編號中有很多是世俗文書。像《開元戶部格》，1988年北圖做過一個展覽，陳列了這一件，池田溫先生馬上寫了文章，發表在堀敏一先生的紀念文集上。所以這裏面有不少好東西，我覺得到現在也不一定完全研究透了。

第三板塊就是「三千殘片」部分，從BD9872到BD13775。有一年我上敦煌的課，當時這部分還沒出完，北大還沒購藏，我找孟憲實幫忙，兩個人到中國人民大學國學院圖書館翻了一遍，挑出可以做作業的材料分給大家，但是那一屆學生沒有形成一批文章。這個目錄我最近找到了，其實還有一些東西可以做。比如《楞伽師資記》有四個殘片，這麼重要的北宗禪燈史，日本那麼多人研究，卻都沒有人做過這些殘片。我從文獻學的角度寫了一篇文章，給劉永翔和嚴佐之老師祝壽文集供稿。

第四板塊就是解放後的「新」字型大小，從BD13801到BD15984，中間有些空字型大小是過渡用的，從BD13801開始比較好記，總共有兩千多號。其實一直到最近這些年，國圖還在買敦煌卷子，將來的編號還會有增加。

當年大馬車把敦煌寫卷運過來時，中間有很多素紙，這部分被列為第五板塊，有很多都是白紙空紙，從BD15997到BD16566，有幾百號。最後還有第六板塊，就1個號，就是最後買的一個敦煌卷子。所以前面的第一至第四板塊，四大部分，做敦煌研究的人要了解其生成過程、發表先後順序，要對每一件寫本都弄清楚學術史之後再下手，找到有用的資料，在前人的工作之後進行研究。我說讀書要倒着讀，就是這麼個道理。

方廣錩主編《中國國家圖書館藏敦煌遺書總目錄·新舊編號對照卷》，是一部

非常好用的新舊編號對照的索引，讓讀者知道哪個號是屬於上面哪一部分的。另外有八大本的《中國國家圖書館藏敦煌遺書總目錄·館藏目錄卷》，其實就是《國家圖書館藏敦煌遺書》每冊後面的《條記目錄》，所以《目錄卷》單行本使用率不高。

從文津街到白石橋

原來北京圖書館位於北海旁邊的文津街（圖 11-3），距離北大比較遠。我上研究生的時候，都是早晨 7 點左右騎車出發，走張廣達先生教給我的最快的路線，大概四十多分鐘能夠騎到北京圖書館。你要佔不着座，這一天就白去了。全館的書都在這兒，大殿兩邊有兩個大閱覽室，所有借閱的人都要佔這一百來個座兒。左手靠窗戶的地方就是敦煌吐魯番資料中心，在 1983 年成立的中國敦煌吐魯番學會的支持下成立，這裏是我經常光顧的地方，資料中心的人非常好。我發現德藏吐魯番文書的老照片就是在這裏。資料中心有很多好東西，雖然他們主要買現代敦煌研究的書，但是過去北京圖書館善本部的老照片都存放在他們這裏。

這裏收藏的是王重民、向達先生拍回來的敦煌和吐魯番寫卷的老照片，我沒有仔細地去查號，其實上邊標籤有編號，有幾千張。當時的北京圖書館派王重民去法國編敦煌卷子目錄時，給他一份錢，讓他拍伯希和所獲敦煌寫本照片，不是所有都拍，只要有價值的都拍，至少經史子集重要的都拍回來了。當時清華大學是美國資助，他們有錢，也同時給王重民一筆錢，說給北京圖書館拍任何一篇，也同時給清華大學拍一份。後來抗戰期間，清華大學往昆明撤離，在長沙逗留的時候，日本炸彈把清華大學的老照片全部炸毀。北大歷史系有一位學明史的學生分到清華大學圖書館，我還讓他幫忙查找，後來我也去過，花了一整天一張照片都沒找到，非常可惜。

這套非常珍貴的照片全部保存在國家圖書館，但很少有人利用。法國國家圖

書館藏的敦煌卷子，後來為了保護，都加了絲網膜，寫卷翻多了，絲網膜一脫落，照片就不清楚了，特別是那些最有用的卷子，翻的人最多，所以卷子的照片也最不清楚，而這些卷子王重民都拍過。記得有一年周紹良先生說要寫《讀史編年詩》的文章，讓我去國家圖書館對一下老照片，我想偷個懶，就去找徐俊，問這些老照片他有沒有對過。他說都對過，我就把這活交給他了。周紹良先生錄文中畫的缺字空檔，徐俊一字不差全給補上了，這些在老照片上非常清楚，但縮微膠卷上看不出是什麼字。所以我跟周紹良先生說，徐俊已經校補過了，把校過的本子給了周先生。

當時這些照片用盒子裝着，一張張洗成了 6cm×10cm 大小的照片，我整個翻了一遍。我對這批老照片做過一點點貢獻，就是放在最後面的一批德藏的吐魯番文書。當時館員們不知道這批照片原始的出處是從哪來的，我說這是德國探險隊用花體德文做的編號，花體德文的 T，寫得很像 P，所以一些研究者引用時說這是 P（伯希和）編號，但後面的寫法與伯希和的 P 編號敦煌寫卷根本對不上。敦煌卷子裏頭，伯希和編號剛開始處有很多《切韻》，這裏也有很多，但不是一個地方來的。我後來到了德國柏林，對出了這些老照片所拍文書的新編號，判斷沒有的就是二戰中丟失的。這項發現，為國家圖書館的收藏增添了新的價值，特別是德藏吐魯番文書有些後來毀掉了，這些照片更加珍貴。國圖敦煌吐魯番資料中心的李德範老師於是編了《王重民向達所攝敦煌西域文獻照片合集》30 冊（圖 11-4），把王重民、向達拍的這些老照片全部印出來，為學界所用，功德無量。但該書開本不夠大，用的不是銅版紙，品質比較一般。這些老照片的價值是多方面的，有些敦煌卷子，掉渣掉了幾個字，比如《沙州都督府圖經》，現在雖然有一些高清的圖片，但還是沒有老照片全，所以一個卷子在做錄文的時候，應當想到有這麼一套書，可以去翻一翻。

國家圖書館在文津街的時代，我經常騎車去，但那個時候我是一個研究生，還沒有資格去要求看敦煌卷子原件。1988 年中國敦煌吐魯番學會在北京舉辦會議的時候，在老北圖辦過一次展覽，拿出了包括 1192 部分的一些重要文書，當時看到池

田溫先生就在那兒抄，會議結束後又由工作人員從櫃子裏拿出原件，看看背面是什麼情況，然後寫了關於開元戶部格的文章。我當時沒有這個資格，所以展出什麼就看什麼，比如有一個團頭的名簿，修復時將兩個殘片拼在了一起，紙縫上的印成了長方形。但是唐朝的方印怎麼能弄成長方形，肯定是兩個卷子拼錯了，不過已經裱在修復紙上固定了下來，現在照片也是這樣的，因此要留意。

陳垣主持給 8679 號這一部分編的目錄稱「敦煌劫餘錄」，說這是英法的「劫餘」之物。當時史語所要出版這部書，主事的人說「劫餘」不太好，伯希和還是咱們通訊研究員呢，為此專門還做了討論。但是陳垣堅持要用「劫餘」，所以由陳寅恪起了個英文名 An Analytical List of the Tun-huang Manuscripts in the National Library of Peiping，這就沒有「劫餘」的意思了。然後由陳寅恪寫了序，先在史語所集刊發表，其中說到敦煌是傷心史，學術界一直誤讀了這個「傷心史」的說法，直到今天。這次我去敦煌開會，記者還在問我說中國的敦煌傷心史是怎麼傷心的。我說這是個誤讀，陳寅恪的原話，前面有「或曰」，以前都把這個省略了，直接讀作「敦煌者，吾國學術之傷心史也」。「或曰」是什麼意思？按照古漢語的意思，就是「有人說」。陳寅恪的意思是，有人說敦煌是傷心史，其實不傷心，試看我們的北平圖書館中還有這麼多好東西，所以不必傷心。陳寅恪序的整個寫作邏輯是這樣的。

後面陳寅恪先生開始舉例說明我們都有哪些好東西。《摩尼教殘經》是天下第一份，敦煌有四部摩尼教經典，而這是最根本的經典。羅振玉 1911 年將《摩尼教殘經》發表之後，沙畹（Ed. Chavannes）和伯希和放掉手邊的所有工作，投入這件寫本的研究，寫了一篇長文，第一部分是 "Un traité manichéen retrouvé en Chine"，直譯過來是「中國發現的摩尼教文獻」，發表在 1911 年的《亞洲學報》（Journal Asiatique）的 499 頁到 617 頁，這其實是一本書。他們考證這個《殘經》很可能是摩尼的第二代或者第三代大法師寫的著作，所以是摩尼教的根本經典。現在德國學者仍然用沙畹與伯希和譯的這個卷子作為母本，把吐魯番發現的小斷片，包括中古波斯文的、帕提亞文的、粟特文的，用這個架構往上貼。摩尼教法師的翻譯高手，

圖 11-3　文津街北京圖書館

寫的是「摩尼光佛」的字樣，但是其表示的是摩尼教「明尊」的概念，實際上都是摩尼教的內容。「佛」在此就是"god"，對應到中古波斯語，不是佛教的佛陀，而是「神」的意思，只是借用了中文的術語而已。就像基督教採用「上帝」一詞，借助了中國古代文獻，不是自己造出來的，是借用了中國原有的術語來表示基督教的概念。對此，沙畹、伯希和舉了一大堆例子來說明。馮承鈞翻譯的〈摩尼教流行中國考〉，實際上只是這篇文章的第二部分，第一部分還沒有人做過漢譯。

　　陳寅恪又提到《姓氏錄》。這件學界討論的很多，尤其研究隋唐史的學人，講到《貞觀氏族志》的編纂，就要討論到這件到底是《貞觀氏族志》，還是民間婚姻用的抄本，有很多爭論。

此外，寅恪先生還說到《佛說禪門經》、《馬鳴菩薩圓明論》這樣的禪宗典籍，以及《佛本行集經演義》(《太子成道經》)、《維摩詰經菩薩品演義》(《維摩詰經講經文》)、《八相成道變》、《地獄變》(《目連變文》)等。當時還不知道變文或者講經文這個概念，都叫「演義」，以為就是散韻相間的小說，我這裏每篇後面括注的是現在的命名。又提到《佛說孝順子修行成佛經》、《首羅比丘見月光童子經》，這都是疑偽經，中國和尚編造的經。《首羅比丘見月光童子經》最重要，講中國的末世論，許理和寫過一篇名為〈月光童子：中古中國早期佛教中的彌塞亞主義與末世論〉的文章，現在孫英剛等年輕學者還在津津樂道這個話題。然後是一些頌贊文，如《維摩詰經頌》、《唐睿宗玄宗贊文》。

還有西天求法記，如《大周廣順八年西川善興寺道宗西天取經記》，陳寅恪連這些很小的材料都注意到了。後面他還寫到《辛酉年二月九日僧法成便物曆》，但

圖 11-4 《王重民向達所攝敦煌西域文獻照片合集》

我覺得這條反倒是錯的，這裏的法成絕對不是吐蕃高僧三藏法師法成。他發揮了一番，但其實這兩個法成肯定不是一個人。法成這麼大一個三藏法師，還用自己取麥子？隨便命令一個人去收點麥子就行了。

其實，當時沒多少旁證材料可以發揮，所以陳寅恪是會寫文章的，當時能夠找到的最好的材料幾乎都被他這篇文章點出來了，我覺得陳寅恪是拿着目錄核對過原件的。我給他的這篇《敦煌劫餘錄序》做了一個詳細的注本（見《中西學術名篇精讀·陳寅恪卷》，中西書局，2014 年，頁 34-74），我下了很大功夫，把陳寅恪說的每一個卷子都核對過，力圖找出他提到的文獻指的可能是哪一個或者哪幾個號，因為他當時沒有給號碼。另外，我把每種文獻的後續研究和學術史都捋了一遍。陳寅恪真是了不起，寫了這些提要，來壯我們中國學術的聲勢，說我們不用傷心，我們還有這麼多好東西。但其實北圖所得，90% 都是劫餘的佛經，所以雖然陳寅恪說的沒有錯，陳垣也沒有錯。我有時候發一點感慨，說傷心的是，好多材料陳寅恪已經提醒了，但後來不是中國人做的，實際上是日本學者或許理和做的。陳寅恪後來也不做了，他點到為止，就像「玩」學問一樣。像法成，他從開始就注意到這個重要人物，他完全有能力寫出來，但真正地像西方研究胡語文獻那樣的文章，他沒有，全是點到為止。

不能不說陳寅恪讀書真是了不起，像個書蟲子一樣到處鑽。《新唐書·藝文志》著錄一部《禪源諸詮集都序》，他在自己的書上眉批「敦煌本」仨字。敦煌本到現在只有一本，在南京的中央圖書館。陳寅恪是清華大學教授，中央研究院的研究員，所以他開院士會議或者中央研究院會議的時候，到中央圖書館把那裏的敦煌卷子看了一遍。雖只是點到為止，但他是最早注意這個卷子的人。

我們再談談許國霖的《敦煌石室寫經題記與敦煌雜錄》。許國霖是當時北平圖書館寫經組的一個組員，他偷偷開小灶，把寫經題記和雜文書，包括契約、變文、贊文這些成篇的東西抄出來，編成這本書。他抄了一些「周」字型大小、「殷」字型大小裏的東西，我們過去在《敦煌劫餘錄》和縮微膠卷裏找不到這些千字文號，

這就說明他當時抄了後邊的 1192 號部分，但是 1192 號部分的圖像資料一直沒有發表過，我們只有他「一家之言」。後來我做歸義軍史研究，許多材料就是從他這本書裏來的，比如敦煌張修造出使西州回鶻時訂立的契約，他抄了兩份，沒有好好校，所以錯誤較多，但是很多東西，是之前沒有看到過的。當時我們都看不到這個原卷，後來才有了機會。

1987 年，國家圖書館的主體，包括善本部，搬到白石橋（圖 11-5），離北大很近。搬來之後，他們正在編敦煌目錄。那時給我一個特別好的機會，當時國家圖書館善本部的人跟我非常熟，《敦煌劫餘錄》著錄部分和「新」字型大小部分在書庫裏，1192 和「三千殘片」部分放在善本部主任辦公室對面一個很大的屋子裏，比中古史中心的教室還大，有一面牆全是保險櫃。一些老先生編完《中華大藏經》，就幫忙比定敦煌這些殘經，編寫目錄。敦煌寫經殘卷，很多比定實際是編《中華藏》的這些老先生們做的。他們佛學功底非常好，任繼愈先生請他們來編《中華大藏經》，編完之後，再編《中華續藏》，同時也編敦煌的寫本。那時候還沒有 CBETA（Chinese Buddhist Electronic Text Association，中華電子佛典協會），所以比定很見功力。當時為了方便取閱，敦煌卷子就全部攤在這個屋子的保險櫃裏，我被允許從保險櫃這頭一直翻到那頭。我快速地過所有的 1192 和「三千殘片」部分的文書。其實我當時抄了很多可以做研究的東西，但是人家還沒發表，除非事先特別申請，我都沒有寫文章。

我寫了一條有關《大唐開元禮》寫本的劄記，這對中國學者太重要了。此前一直爭論《大唐開元禮》到底行用還是沒行用過，直到我們找到這個敦煌的《大唐開元禮》，確定是行用過的。後來《大谷文書集成》也發表了兩個《大唐開元禮》的斷片，說明不僅敦煌有，吐魯番也有。我以所寫的劄記為基礎，在日本做了講演，發表在《東洋學報》上（〈唐寫本中の《唐律》、《唐禮》及びその他〉），後來又出了增訂本。劉安志接着寫了文章，最近吳麗娛先生還在討論，主要討論這些殘片的卷次問題。總之，這件《大唐開元禮》是非常規整的唐代精抄本，是皇帝進供物

的部分，內容跟敦煌八竿子打不着，完全是長安發生的事兒，但卻作為一個禮書帶到敦煌，或者是官府用，或者是私人用。雖然只有殘片，但是證明這一卷，甚至這一部《大唐開元禮》傳到了敦煌。

另外一件我寫了劄記的文書在《敦煌雜錄》裏已經錄了，劉俊文先生做《敦煌吐魯番唐代法制文書考釋》時說這是一個「格」，程喜霖稱之為「唐懲罰司烽火人烽健兒令」，都把它當作法令文書。但是我當時一看原件（圖 11-6）就知道這不是格或令，格、令哪能用行草體寫得這麼雜亂！劉俊文說他看過原件，但錄文轉行都不對，顯然沒有看過。這應當是牒狀類的文書，內容上是一些有關烽堠的規定性的東西。所以像這種關鍵性的文書，有機會還是要看原件。

圖 11-5　白石橋中國國家圖書館新館

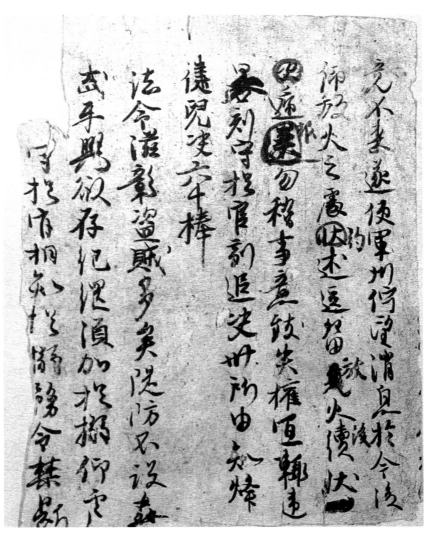

圖 11-6　所謂《唐懲罰司烽火人烽健兒令》（BD09330）

「三千殘片」部分，有的可能在藏經洞內的時候是一件文書，可能是人為的撕裂，很多卷子變成東一塊西一塊的樣子。像《楞伽師資記》，我對出來三片很小的殘片，原本應當是同一件寫本，相互間距離不遠。這些殘片要是有一個母本在，你就可以貼回去，當然有電子本就更好找。

國圖藏「劫餘」之外的瀏覽

「新」字型大小裏頭，我不是一卷一卷拿出來過目，因為需要庫房的人拿上來，不能在我看卷子的大屋子裏閱覽，要走正規的借閱程式，還必須到閱覽室去看。但我還是看了一些，一個是按照《敦煌劫餘錄續編》，找它提到的一些未見過的寫卷或有特別題記的卷子去看，但是《續編》裏面資訊很少，古人題記有時候抄，今人題記基本都不抄，有時候記一下有誰的題跋。善本部原來的副主任李際寧老師非常好，他也在我的吐魯番碑刻讀書班裏，他有時候看到一個覺得我可能有興趣的號，就告訴我，我們就提出來看一下。下面舉幾個例子。

BD13607《阿毗達磨俱舍論實義疏》卷三是一卷好東西（圖 11-7），很長，紙非常薄，是一個完整的卷子，看字體不是藏經洞出的，應當來自莫高窟北區。我沒有研究過這個卷子，之所以去看它，實際上是 1990 年去日本之前，吉田豐給我寫了封信，要我去北京圖書館看一下這個卷子，抄一下前面幾行和最後幾行。他的同事神戶市外國語大學庄垣內正弘教授寫了三卷本的古代回鶻文《阿毗達磨俱舍論實義疏》卷一和卷四（英藏 Or.8212-75A/B 號）的研究，這兩件回鶻文長卷是斯坦因從敦煌莫高窟獲得的北區文物。這裏面回鶻文的筆跡寫得很細，翻不動的地方直接寫漢語，所以肯定是元代的。這是一個非常長的全本，庄垣內寫完專著之後，發現《敦煌劫餘錄續編》居然著錄有同一種書的漢文本卷三，但不知道是同名的書，還是屬於同一種書。所以說每一個目錄出來，高手都在讀。英藏的只有回鶻文，沒有

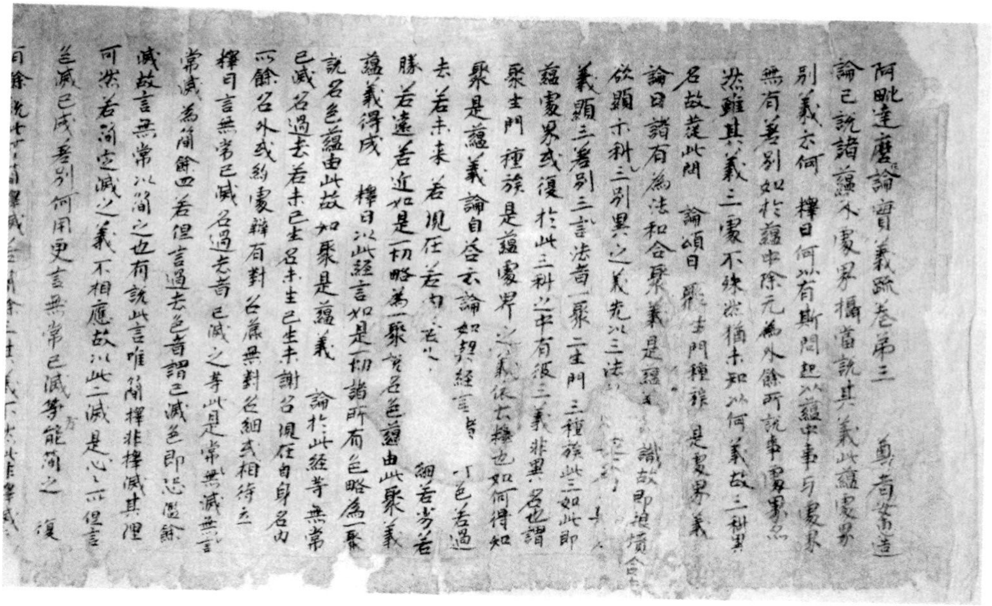

圖 11-7　《阿毗達磨俱舍論實義疏》卷三（BD13607）

漢文的；國圖的只有漢文，沒有回鶻文的；兩者不同卷，但裏面的詞彙許多是一樣的，我就去幫他抄了幾行，他可以確定兩本原屬同一種書。後來方廣錩先生知道這個的價值，在 1995 年 12 月出版的《藏外佛教文獻》第一卷中把卷子全部錄出來，這對佛教研究是非常重要的。

　　BD15369 是《佛為心王菩薩說頭陀經》（圖 11-8），這是一個疑偽經，過去 P.2052 有它的殘本。這個疑偽經和粟特語的一件佛經寫本有關。1931 年，賴歇爾特（H. Reichelt）把英國圖書館所藏 Or.8212-160 號敦煌的粟特文佛典發表了，但沒對出漢文原典，就叫 Dhūta Sutra。Dhūta 就是「頭陀」的意思，講苦行的。當時法國的粟特語專家邦旺尼斯特（E. Benveniste）問佛教學家戴密微這是什麼經，戴密微看了粟特文的德文、法文的翻譯，說這是伯希和從敦煌拿來的一個漢文佛典現存文字之外的部分。這句話放了幾十年，90 年代方廣錩在國家圖書館和天津藝術博

物館找到這部經的全本，他帶着這個寫本到日本，在花園大學開的讀書班裏介紹並
會讀。那時候花園大學的伊吹敦先生為了研究禪學，在吉田豐的幫助下，把粟特文
本譯成日文。因為這個粟特文本是很長的長卷，麥肯吉（D. N. MacKenzie）把它全
部英譯出來。方廣錩發表全本的時候，不知道粟特研究的背景。這個卷子對粟特文
佛典更重要，很多不確定的粟特詞彙，還有陰性陽性這些東西都可以拿漢文本對出
來。1996 年我在柏林，告訴粟特語專家宗德曼先生粟特語 Dhūta Sutra（《頭陀經》）
已經找到了漢文全本，他說吉田豐正在做。吉田的文章 1996 年投稿給《亞洲研究
所集刊》，1998 年發表出來，速度非常快，但是只發表了文章的第一部分，到現在
也沒有見到第二部分發表。這個漢文本對粟特語研究非常重要，這件《頭陀經》是
疑偽經，相當於地地道道的漢語詞彙譯成了粟特語，所以一些不確定的粟特語詞義
可以通過這個卷子確定。後來《藏外佛教文獻》第一卷發表了《佛為心王菩薩說頭
陀經》全本，以北圖新 1569（BD15369）為底本，校以 S.2474、P.2052、三井文庫藏

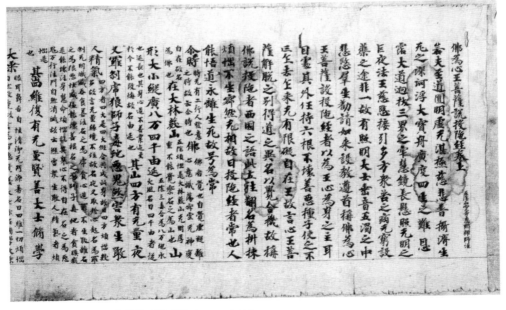

圖 11-8　《佛為心王菩薩說頭陀經》（BD15369）

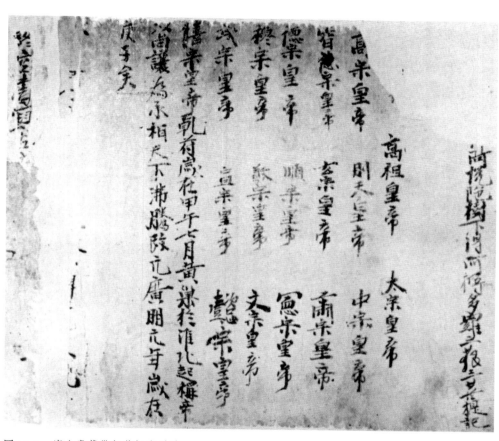

圖 11-9　唐人書黃巢起義記事墨蹟

本、天津藝術博物館藏本、伊吹敦日譯的粟特文本，這項工作對粟特語佛典的研究有很大推進作用。

還有一個例子，就是劉幼雲家的《劉子新論》，其實就在新字型大小裏，現在編號是 BD14488。1988 年上海書店出版林其錟、陳鳳金兩位先生合著的《敦煌遺書劉子殘卷集錄》，他們使用了一個北京圖書館藏的傅增湘原藏的一個《劉子》刻本，上面有據劉幼雲藏敦煌本寫的校記。其實敦煌原本就保存在同一個善本部裏，兩位先生不是專門做敦煌的，所以不知道劉幼雲藏卷後來轉存北京圖書館，而使用了一個不完整的校本。

我在國圖調查尋找敦煌寫卷，上面說的都是見過原件的，遇到重要的文書，我都做了錄文。比如說原來定的一件地理書，某某郡下面接着一個姓，姓只露出一個字來，那一看就是一個《姓氏錄》。後來陳麗萍把一些姓氏錄拼在一起，寫了一篇文章。

雖然陳寅恪說北圖有不少重要的敦煌寫本，所以敦煌不是傷心史，但國圖的黑白版敦煌卷子是在《英藏》、《法藏》、《俄藏》各種敦煌文獻合集裏最後出版的，這也有點說不過去。要證明敦煌不是傷心史，應該早點印出來，國內學者都能看。其實全部印出來的時候，已經是 2012 年了，這時候好多敦煌卷子蜂擁而出，大家就把「三千殘片」，甚至 1192 號部分給忘掉了。我想，如果仔細翻翻這部分的東西，有些材料還是值得琢磨的。

滿中國尋找散藏敦煌文獻

在中國大大小小的博物館和圖書館中，也有不少敦煌文獻，多年來由於各種機緣，我也看過許多，這裏只挑重要的館藏，簡要提示一些所見所聞。

（一）故宮博物院的絹畫來歷

故宮裏面的東西是非常不容易看到的，過去我們對於這裏藏了什麼與敦煌吐魯番有關的東西也不太清楚。大概 2000 年前後我和美國西北大學藝術史系的胡素馨一起主持一個項目，她有故宮收藏部的朋友，沾她的光，我和她一起到故宮看敦煌吐魯番的絹畫，看了大概一整天，大大小小，只要是畫都拿出來了，包括吐魯番新出的《伏羲女媧圖》。

這其中有一幅絹畫白衣觀音像，是一位叫何遂的先生在二十世紀 50 年代捐給故宮的，當時在《文物》月刊上有半頁紙的一個報道，還有一張模糊的黑白照片。另外還有一些絹畫殘片，是菩薩像一類的東西。我在滿世界尋找敦煌的過程中曾收集各種有關敦煌的記錄，《文物》我翻過一遍，複印了 50 年代何遂捐獻的記錄。後來何遂的公子從四川託朋友輾轉問我，說他父親曾捐給故宮一幅畫，不知道詳情，我就提供給他全部來龍去脈的記錄。後來故宮陳列部的孟嗣徽老師寫了一篇〈故宮收藏的敦煌吐魯番遺畫〉（載《敦煌學國際研討會論文集》，北京圖書館出版社，2005 年），對大多數絹畫都做了介紹，這些繪畫資料才更加清晰。

故宮也收藏有一些敦煌文書，施安昌老師發表過〈故宮藏敦煌己巳年樊定延酒破曆初探〉，是歸義軍的文書，裏面有南山、于闐，與我研究的部族很有關係，但我沒有看過原件。故宮博物院副院長楊新先生曾寫過一篇文章，介紹一件故宮藏《唐人書黃巢起義記事墨蹟》（圖 11-9），上面寫有從「高祖皇帝」到「懿宗皇帝」的廟號，後面有黃巢、尚讓的記錄。「高祖皇帝」應當是唐朝皇帝的第一個，但前面還有一個名字，卻被撕掉了，敦煌學界對這件寫本有高度懷疑。池田溫《中國古代寫本識語集錄》錄有幾件帶有黃巢年號的寫卷，沒有一個在伯希和、斯坦因收集品中，都是散藏卷子。天津藝術博物館有一件黃巢起義的記錄，學者一般認為這是假的。金維諾先生曾發表一件帶有黃巢金統年號的文書，是一篇壁畫榜題，他認為是敦煌莫高窟第 465 窟的榜題，因此推斷該窟是吐蕃統治時期的。對於此窟年代，宿白先生說是元朝的，謝繼勝說是西夏的，三家說法，各執一詞。金先生最重要的

根據就是那個年號，但是這個年號值得懷疑，雖然我們不敢說這個壁畫榜題抄本是假的，但根據這個看似添加的年號能不能定這個窟的年代，這就有大問題了。

（二）首都博物館藏品的通覽

首都博物館原來在北京國子監院內（圖 11-10），現在搬到新址。在搬家之前，還在國子監的時候，王素先生聯繫我，說首都博物館善本部葉渡先生安排我們在搬家之前，可以把敦煌寫卷全部過一遍，不然一到新館，管理體制可能就變了，不方便看。當時余欣跟我讀博士，於是我們三個人還有葉渡老師一起過卷子，由余欣記錄，最後形成兩篇〈首都博物館藏敦煌吐魯番文獻經眼錄〉，由余欣、王素、榮新江具名，發表在《首都博物館論叢》第 18、21 輯，現在都收在余欣的論文集裏了。後來北京燕山出版社要印圖錄，我和史睿就以《經眼錄》為基礎，把首博藏卷的圖錄整個編了出來，2018 年 12 月由北京燕山出版社出版了十冊《首都博物館藏敦煌

圖 11-10　國子監舊首都圖書館閱覽室

圖 11-11　榮新江主編《首都博物館藏敦煌文獻》

文獻》（圖 11-11），刊佈了全部文獻的彩色圖版。

　　首博藏卷中也有不少好東西，有梁玉書、周肇祥、龔心釗、陳垣、黃錫蕃等人舊藏。其中最好的應當就是一卷完整的《佛說八相如來成道經講經文》。中國人民大學歷史學院孟憲實教授的學生段真子做博士後，選題是敦煌的俗文學作品，我就

把這裏收藏的《佛說八相如來成道經講經文》全套照片都給她，還有藤井有鄰館的《八相變》，她不負所望，寫成了文章〈首都博物館藏《佛說如來八相成道經講經文》考〉，發表在我主編的《唐研究》第二十二卷（2016 年）。

（三）旅順博物館藏敦煌寫經的遷轉

旅順博物館（圖 11-12）是日本侵略中國華北的文物集中地，前身是滿蒙物產館。大谷光瑞花錢如流水，搞探險隊，造二樂莊別墅，建武庫中學，後被人告發過度浪費而辭掉淨土真宗西本願寺法主之位，隨後探險隊所得的許多文物就散掉了。比如放在二樂莊的文物被賣給政商久原房之助，久原將它們贈送給朝鮮總督寺內正毅，後來留在了韓國。大谷探險隊拿的東西太多，家裏裝不下，有一部分放在了帝國京都博物館（後改名京都帝室博物館，即今京都國立博物館），後來被木村貞造買走，賣給東京國立博物館。所以大谷探險隊所獲文物和文獻分散多處，非常複雜。我的日本友人片山章雄先生，他專門找有關這些文物的資訊，比如報紙上報道一個日本老漢家裏拿出一枚開元通寶，據說是武庫中學解散時每個學生髮一枚錢幣，如果是當時安西節度使自己鑄的錢，現在市場價格很高。我看過用來包大谷文書的紙，全部是武庫中學帶水紋印的信箋，可見大谷家之奢侈。

大谷光瑞辭職後，帶着他的主要收藏品跑到旅順，包括探險隊收集的，還有言情小說、西文善本書全都拿過來了。他住在山頂上的一座大宅子裏，非常豪華。他的東西宅子裏放不下，就寄託給滿蒙物產館，也就是後來的旅順博物館。1945 年日本戰敗的時候，他們都跑了，在這之前搶運了兩大木箱文書回日本，由西本願寺在 50 年代捐給龍谷大學，這部分就是現在我們所說的「大谷文書」。他們當時顯然是想先把這些學術價值高的世俗文書挑走，不知道是誰幫助挑的。

大多數大谷探險隊在敦煌吐魯番等地所得的文物和文獻都留在了旅順博物館，其中有六百多卷敦煌卷子，是從王道士或者從老鄉手裏得到的。大谷探險隊到敦煌晚於斯坦因、伯希和，又不太懂行，裏面大概有四百多件都是藏文的《無量壽宗要

經》或《大般若波羅蜜多經》，沒有什麼學術價值，但是量挺大。這部分的目錄由羅振玉從大谷家抄出來，就叫「日本橘氏敦煌將來寫經目錄」，橘氏就是橘瑞超。葉恭綽也發表過一個旅博所藏敦煌寫卷目錄，他是民國時候所謂的鐵道系，是北洋政府時期勢力很大的政治派系，他跟滿鐵有很大關係，所以抄到一份目錄。葉恭綽是當時「敦煌經籍輯存會」的召集人，他曾讓法國使館派人去法國國家圖書館抄伯希和法語的敦煌寫本草目，然後讓羅振玉的兒子翻譯，在北大《國學季刊》上發表了漢譯本。另外，在 1937 年出版的《新西域記》下卷附錄，有一份《關東廳博物館大谷家出品目錄》。此外，大谷家在把敦煌卷子委託給滿鐵的時候編了一份《大谷光瑞氏寄託經卷目》，後來龍谷大學找到稿本並影印發表。

1981 年印的北京圖書館善本部編的《敦煌劫餘錄續編》，按「新」字型大小一排，前六百多號就是大谷探險隊的。1990 年我去日本龍谷大學前，知道他們要問我中國的大谷收集品在哪裏。我當時跟國家圖書館的尚林先生，還有國家圖書館善本部副主任方廣錩先生合作調查，找到了文化部的調撥敦煌卷子檔案。當時那些人很了不起，調撥檔案全編了目錄，從「橘氏將來寫經錄」到《關東廳博物館大谷家出品目錄》、《大谷光瑞氏寄託經卷目》，最後到《敦煌劫餘錄續編》，都能對上。按照我們製作的這幾個目錄的對照表最後清點出來，北圖這六百多號就是從旅博調撥來的。據說有人反映到文化部說旅博丟了卷子，其實不是丟了，是有人拿到家裏繼續為革命工作，加夜班編目錄來整理。後來有人告狀，文化部一紙調令，把幾乎所有敦煌卷子都調到北京，交給北京圖書館，只留了九個卷子給旅博作為展覽。1991年我在龍谷大學報告了調查結果，並出版了我們三人具名的《中國所藏「大谷收集品」概況 —— 特別以敦煌寫經為中心》的小冊子（圖 11-13）。

通過我們的清點，除了留下的九件外，發現還缺十件，缺的都是比較有學術價值的。我後來在京都大學羽田亨紀念館裏見過這十件的一些老照片，但只拍一個尾部。羽田亨到處跑，日本人佔領旅順的時候他可能來過，他是為了研究，只拍題記，因為題記的部分目錄裏有，所以可以辨別出來，其中好幾件是法成的講課筆記

圖 11-12 旅順博物館

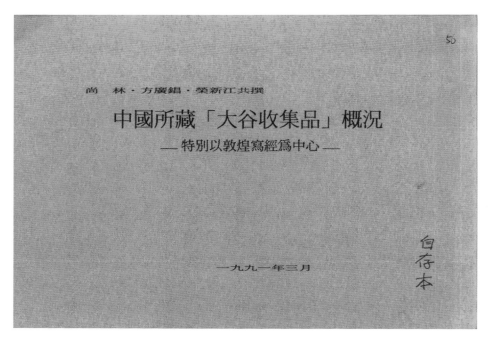

圖 11-13 《中國所藏「大谷收集品」概況 —— 特別以敦煌寫經為中心》

本，現在我們看不到，只看見舊照片。十件中的一件實物，我在天理圖書館找到，是道教《本際經》卷十的全本。還有一件是我們做完上述調查大概二十年之後，忽然有一天王振芬館長特別興奮地告訴我，說找到了旅博本《六祖壇經》（圖 11-14），就在他們的書畫部。這是一項重要的「重新發現」。這本《六祖壇經》是敦煌第三個完本。英藏的斯坦因本，學界稱之為「惡本」，是用西北方音記錄的。旅順博物館藏這個本子是比較好的抄本，它是一個冊子本，實際是個人使用的東西。旅順博物館後來整理出版了《旅順博物館藏敦煌本六祖壇經》（上海古籍出版社，2011 年）。

雖然已經時過境遷，我最近又有機會去旅順博物館做關於長沙窯瓷器的講座，趁機向王振芬館長提出閱覽敦煌卷子的請求。除了翻閱《壇經》外，其他的九卷敦

圖 11-14　作者與王振芬館長一起看旅博本禪籍

煌寫本也全部過了一遍，都是不錯的很長的卷子。

除了旅博書畫部這件《壇經》和天理圖書館的《本際經》外，現在還有八件沒找到，我當時寫文章說，是不是蘇聯紅軍拿走了，因為日本戰敗後，蘇聯紅軍接管了旅博，到 1951 年才離開。現在每一個卷子的包裹皮上都有一位蘇聯漢學家的編號，看來每個卷子他們都曾過手。前些年我去莫斯科的列寧圖書館，其實我的一個目的就是想找這些敦煌卷子，但沒有結果，反倒是找到了徐松的藏書，那也是很好的結果。

（四）敦煌研究院的周炳南、任子宜舊藏和北區新出文書

我去過很多次敦煌研究院看敦煌卷子。整個編號有八百多，有不少是碎片。1977 年，施萍婷老師在《文物資料叢刊》第一輯上發表〈敦煌文物研究所藏敦煌遺書目錄〉，大概三四百號，沒有包括碎片。原來這些敦煌文獻放在遺書研究所，現在叫文獻研究所，我一直是這個所的兼職研究員。1994 年我在敦煌開完會之後，留下來做研究，施萍婷和李正宇兩位所長對我非常好，把兩把鑰匙從蘭州帶來，把箱子打開，說：「隨便看，我們馬上要移交到陳列中心就沒權利了，你想拍全部拍。」我全部過了一遍，把有用的拍一下。我一般進文物部門都很守規矩，從來不帶相機，這次機會難得，急忙中找陳國燦先生借了幾個膠卷，回到北京沖洗，結果一張都沒出來，全是過期膠卷！當時《張君義勳告》以及涉及四部書的，也包括各種尾題，只要不是普通佛經，應該都拍照了，大概三個膠卷，結果竹籃子打水一場空。

現在敦煌卷子在陳列中心（圖 11-15）的庫房，我也去看過好幾次。這裏面比較複雜，除了已經在《甘肅藏敦煌文獻》中發表的部分，主要是周炳南和任子宜的舊藏。周炳南這個人很了不起，他是一介武夫，畢業於北洋陸軍學堂騎兵科，就是 1925 年攔住華爾納黏貼壁畫的那個人。大概在 20 年代，周炳南把不少從民間收集的敦煌殘片裱在一個冊子裏，基本上都是藏經洞出的東西，大部分都是佛經斷片。任子宜的舊藏，有藏經洞的，也有莫高窟北區的，包括很多印本的東西。這些殘片

裱在一個本子上，其中有六張已經揭下來了，背面都是回鶻文，對於研究回鶻文的人很重要。現在敦煌研究院文獻研究所正在整理全部甘藏敦煌文獻，擬以高清彩色圖片出版，我們希望利用這次機會，把這些殘片全部出版。

敦煌研究院還有一組東西，就是莫高窟北區考古發掘出土的，這是彭金章老師帶隊發掘的。彭老師本來想把樊錦詩院長弄回武漢大學，最後弄不動，自己「入贅」到敦煌莫高窟了。彭老師確實是北大做考古出身的，他到敦煌就提出全面清理莫高窟北區的所有洞窟，給它們清到生土，因為這些洞窟原來是沒有門的，裏面都堆着沙子，他就想到這沙子下面有東西。最北面的 463、464、465 三個窟，我曾跟着彭老師綁了兩個消防雲梯才爬到最上面。這兒有元朝的回鶻佛經印刷所，所以有好幾百回鶻文木活字，伯希和拿走了大多數。大概好東西在藏經洞太多了，斯坦因、伯希和在北區只是拿了幾個整本的回鶻文抄本，包括有元朝至正年號的回鶻文寫經，其他沒怎麼動。比較有規模挖掘的是張大千，他挖的東西基本都來自莫高窟北區，包括《張君義勳告》。莫高窟北區洞窟有住人的，有些頂層是瘞窟，埋人的地方，所以有隨葬物品，《張君義勳告》就是這種隨葬的抄本。

彭老師很有眼力，他到敦煌後轉變思路，帶着兩三個年輕人，把整個莫高窟北區一百多個洞窟全部清了一遍，所以發現了隋末李軌政權時寫的《隨葬衣物疏》。李軌年號就兩三年，現存的東西很少，敦煌號稱有個卷子裏面有李軌年號，那應該是假的。這可是真的，因為就埋在土裏，和屍骨連同破布麻片埋在一起，沒人動過。後來彭金章主持編寫了三卷本考古報告《敦煌莫高窟北區石窟》，但其中的文書圖版太小了，應當做成八開的圖錄。

彭老師他們發掘的時候，我去過幾次敦煌，在他們整理考古報告的工作間看出土物。文書都放在那裏，我集中幾天時間，把文書過了一遍。當時有兩個告身我錄了文，後來陳國燦先生寫了文章，彭老師給我看，他把這兩個告身當成一個，後來正式發表的時候分出來了，是兩個告身。還有 B64 窟出土了刻本的一個殘片，後來又出了一些，都是同一本書，我對出來是《資治通鑒》（圖 11-16），非常興奮，

圖 11-15　敦煌石窟文物保護研究陳列中心

因為過去沒有見過，這就證明《資治通鑑》也傳到敦煌去了。後來我的學生徐暢寫了一篇〈莫高窟北區石窟所出刻本《資治通鑑》殘片考訂〉，發表在《敦煌研究》2011 年 5 期。

　　最大的發現實際是一件敘利亞文的《舊約》，朱筆和墨筆間寫，中間還有回鶻文。我當時以為是摩尼文，於是拿回來問段晴老師，是不是去找德國的宗德曼幫忙釋讀，他認摩尼文最在行。過了一陣子，段老師說這是敘利亞文，就是《舊約》，她可以讀，結果就給讀出來了。中央民族大學的張鐵山教授負責做回鶻文部分，也轉寫釋讀了不少殘卷，發表在考古報告裏。

（五）敦煌市博物館藏品與向達《敦煌餘錄》

敦煌市博物館（圖 11-17），就是原來的敦煌縣博物館，我去看過幾次卷子。任

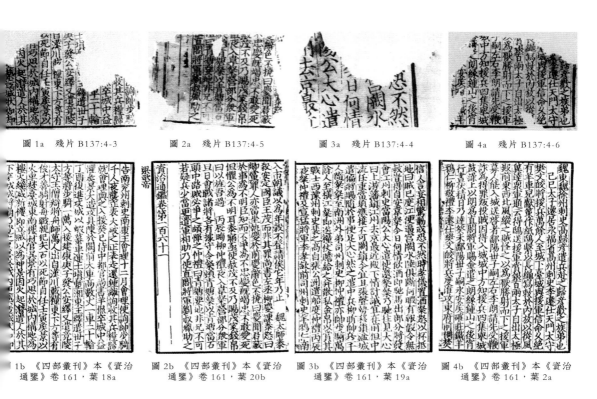

圖 1a　殘片 B137:4-3　　　圖 2a　殘片 B137:4-5　　　圖 3a　殘片 B137:4-4　　　圖 4a　殘片 B137:4-6

圖 1b　《四部叢刊》本《資治通鑑》卷 161，葉 18a　　圖 2b　《四部叢刊》本《資治通鑑》卷 161，葉 20b　　圖 3b　《四部叢刊》本《資治通鑑》卷 161，葉 19a　　圖 4b　《四部叢刊》本《資治通鑑》卷 161，葉 2a

圖 11-16　莫高窟北區出土《資治通鑑》殘片

子宜家的小斷片，留在敦煌研究院；而他家舊藏最好的東西，卻在敦煌市博物館，其中有些向達先生在 40 年代抄錄過。

向先生 40 年代去過兩次敦煌，每一次都抄當地見到的敦煌文獻。敦煌的冬天太冷了，沒法去考察，他就抄書，命名為《敦煌餘錄》，一部分是雜件，另一部分是禪籍。他第一次考察後回到四川，到了支那內學院，呂秋逸先生跟他借走禪籍抄本，沒有還給他，所以他回到敦煌又抄了一份。我曾受周紹良先生委託整理《敦煌餘錄》，花了很大力氣找這些原卷在哪，拿着錄文去跟原卷校，寫校記。後來《甘肅藏敦煌文獻》一出，大多數抄本都在其中，我此前的工作沒太大意義，所以就直接把《敦煌餘錄》的抄本影印了。向先生畫的雲氣圖也挺好的，原來是什麼樣的畫出來就是什麼樣。那時候毛筆會凍得寫不動，他要哈氣熱乎熱乎，再繼續抄幾個字，很了不起。

抄本中有《天寶十道錄》，最早吳震先生發表時叫作「郡縣公廨本錢簿」，我根據敦煌寫本《貞元十道錄》，論證這是《天寶十道錄》，記錄的專案有郡名、州名、距兩京里數，然後有大字的各縣，下面有鄉數，左邊是公廨本錢數。《十道錄》跟圖經一樣，三年要重新編一次，編過的就扔掉舊本。這個《十道錄》填補了盛唐時期的記錄，是很重要的。《十道錄》的背面是《占雲氣書》（圖 11-18），原本也是敦煌官府的，占雲氣書民間不能收藏，這個卷子沒抄完，只是抄了一部分，雲氣圖有顏色，非常漂亮。向先生錄出來後，史語所的陳槃曾據向先生錄文寫過一篇文章，發在《歷史語言研究所集刊》上。李約瑟研究所所長何丙郁，先在《文史》連載上下兩篇長文，後來在台灣出了一本《敦煌殘卷占雲氣書研究》。像這樣能寫一本書的卷子，現在很少見了。

向先生抄的《壽昌縣地境》是從張大千的抄件轉抄的，所以格式有些亂，內容有些錯，他抄完之後寫了文章〈記敦煌石室出晉天福十年寫《壽昌縣地境》〉，因為他覺得這個很重要，後來收入《唐代長安與西域文明》中。二十世紀 40 年代敦煌縣曾編了一部《敦煌縣誌》，只是一個稿本，沒有出版過，現在保存在敦煌市檔

案館裏，我去翻閱過。李正宇先生發現這部《敦煌縣誌》裏抄的《壽昌縣地境》要比向先生發表的本子好，一定是抄自原件。後來我整理《敦煌餘錄》時，裏面夾着一個《壽昌縣地境》的抄本，是從原本抄錄的，可能是後來向先生才看到原本，又抄了一份，夾在了裝訂好的《敦煌餘錄》中。

最重要的材料還是任子宜舊藏的禪籍（圖 11-19），一共有五種文獻：《菩提達摩南宗定是非論》與《南陽和上頓教解脫禪門直了性壇語》，這是神會的語錄；《南宗定邪正五更轉》，這是定格聯章的曲子詞；《南宗頓教最上大乘壇經》，即《六祖壇經》，南宋以後的《壇經》比它多了三分之一的內容；還有一個《注般若波羅蜜多心經》，是《心經》的注本；總之，是一個雜抄的本子。這本禪籍中，有荷澤宗的，有南宗的，《注心經》又是北宗淨覺的，這是個人用的冊子本，跟旅博藏《壇經》很像。向先生在《西征小記》裏說他從任子宜處借抄，後來就不知道這個冊子本在哪兒了。日本學者到處打聽，也不知道在哪兒。1986 年北大編《敦煌吐魯番文獻研究論集》第 3 輯，發表了當時的館長榮恩奇編的《敦煌縣博物館藏敦煌遺書目錄》，學界才知道向先生著錄的好東西全在敦煌縣博物館。周紹良先生當時就派鄧文寬和一個攝影師去敦煌拍了這本禪籍的照片，照片在周先生手裏，楊曾文借去研究，並在韓國的《六祖壇經》學術研討會上發表。1990 年我去日本的時候，把這本禪籍涉及到的所有研究著作全部買了或者印了，回來我和鄧文寬整理出版了一本《敦博本禪籍錄校》。

我只要有機會，就去一些地方的小館藏看敦煌卷子，像四川大學博物館、四川省圖書館、四川博物院、湖北省博物館、浙江圖書館、上海圖書館、上海博物館、南京博物院、西安博物院、台北「中央圖書館」、「中研院」傅斯年圖書館，還有北京大學圖書館、中國科學院自然科學史研究所、西北師範大學圖書館、首都師範大學歷史博物館、東北師範大學圖書館等等，即使只有一兩個卷子，我也要去尋找。

圖 11-17 敦煌市博物館

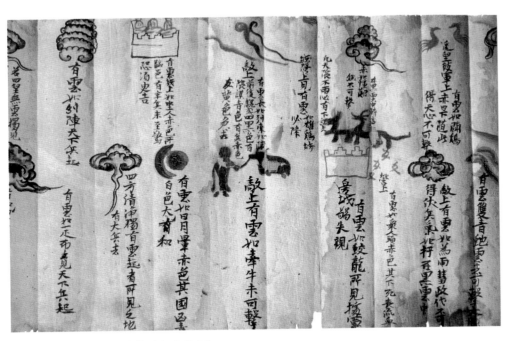

圖 11-18 敦煌市博物館藏《占雲氣書》

圖 11-19　作者與張湧泉、張先堂、蒙曦等看敦博本禪籍

十二　重聚高昌寶藏

　　這一講談談我對國內吐魯番文書的調查和參與整理的情況，這裏借用與耶魯大學韓森（Valerie Hansen）教授一起主持的一個專案名稱，叫「重聚高昌寶藏」。項目大概是在 1995-1997 年間進行的，韓森原來是做宋史的，這次她要做吐魯番研究，拉上鄧小南老師和我一起幫忙，理念上是希望把世界各地的吐魯番出土高昌文獻彙集到一起進行研究，所以起了這樣一個名稱。雖然是一個很鬆散的專案，但還是推動了吐魯番一些課題的進步，我也通過這個項目到各處查訪敦煌吐魯番收集品，包括國內的新疆維吾爾自治區博物館、吐魯番博物館、黃文弼文書，還走訪了美國的耶魯、波士頓、紐約、賓夕法尼亞、普林斯頓、華盛頓等地的收藏。我對國內吐魯番文獻的尋訪由此開展起來，後來整理《新獲吐魯番出土文獻》、《旅順博物館藏新疆出土漢文文獻》、《吐魯番出土文獻散錄》、《黃文弼所獲西域文書》等成果，有些就是這一階段尋訪的成果。

吐魯番的地下寶藏

　　吐魯番和敦煌一樣，擁有出土文獻的主要來源地——石窟，敦煌主要有莫高窟、榆林窟，吐魯番則有吐峪溝、柏孜克里克、雅爾湖、勝金口等更多的石窟寺，兩地在這一點上比較像，都是石窟裏出了一大批東西。吐魯番這些石窟寺出土的文獻，主要來自石窟寺的藏經洞。所謂藏經洞，其實就是石窟寺的圖書館，很多藏書室在石窟的前室，就像《戒壇圖經》標識的地方，還有宋朝初年開化寺的藏經閣，藏經閣都在寺院的前院，在石窟寺應當就在前室。這些石窟的前室大多數都倒塌

了，所以窟前的堆積中一般都會出土大量寫本或刻本佛典殘片。除了個別的窟室集中保留一些完整卷軸外，吐魯番石窟寺的東西不像敦煌藏經洞文獻保存得那麼好，因為大多數是從土裏挖出來的，所以比較零碎，往往沾着很多土，需要經過整理才能進行研究。

吐魯番的石窟寺除了佛教石窟外，還有摩尼教石窟，所以內涵要比敦煌石窟更為豐富。而且吐魯番的高昌、交河城中以及盆地許多地方，還有大量的地面佛寺、摩尼寺、景教寺院，其中也出土了大量的寫本文獻，這是敦煌所沒有的。因此吐魯番文獻的來歷非常複雜混亂，必須要熟悉吐魯番的古跡分佈情況，才能給出土文獻一個合理的定位。因此研究吐魯番文書一定要到當地考察，雖然我跑了不知道多少趟，還有好多地方沒有去過。

與敦煌相比，吐魯番還有一個特色就是墓葬出土了大量文書。敦煌也發掘過墓葬，但挖的主要是佛爺廟和飛機場一帶，更多的是十六國時期的墓，早年也發掘過一些唐墓，但基本上沒有出土紙本文書，因為敦煌這些墓葬所在的地區比較潮濕，紙本文書不好保存。而吐魯番由於氣候條件十分乾燥，除了人為的破壞，地下的東西幾乎全部留着。

吐魯番盆地現在的中心點是吐魯番市，這是明代以後發展起來的城市，古代則是以高昌城（圖 12-1）為中心。

我們先看盆地的西半邊，最西邊就是交河故城、雅爾湖千佛洞、溝西墓地，溝西墓地出土了很多墓誌，但沒有文書，就是因為交河的溝旁邊太潮，文書無法保留，黃文弼也在這裏挖了很多墓，但什麼文書也沒有。交河旁邊的安樂故城，二十世紀 50 年代挖到過一個窖藏，裏面有《三國志》、《金光明經》等，但這個窖藏的內涵很亂，裏面還有一些粟特文的木簽，總之非常複雜，也沒有全部公佈。安樂城旁的木納爾墓地因為有人盜掘，所以吐魯番的考古隊做了發掘，獲得一批文書。盆地南邊的南平古城，二十世紀 20 年代出過一批文書，似乎來自墓葬，但是後來很長時間沒有人再挖過這個地方，直到 70 年代吐魯番博物館發掘到一方墓誌，但整

圖 12-1　高昌古城

體上沒有做考古探查和發掘。此外，葡萄溝山頂上的西旁景教寺院，過去德國人發掘到許多敘利亞語、粟特語、回鶻語的景教文獻和文書，最近中山大學和吐魯番的考古工作者合作，對遺址做徹底的清理發掘，也出土了不少景教文獻。

盆地東面的高昌城，是遺址最集中的一所故城，很多東西，包括紙本文書、塑像、壁畫、木建築構件，都是從高昌城出來的。德國探險隊用英文字母給高昌城遺址編號，編完了全部字母還不夠，繼續用希臘字母編號。城中有官署、寺院、民居等各類遺址，比如現在旅遊的人去的西大寺，規模宏大，它的對面是內城的城牆，在城牆上有個小小的方形寺院，是原來一所摩尼教的寺院，主要出摩尼文所寫的文書。

高昌城北的柏孜克里克石窟，出土了很多佛教、摩尼教典籍和文書。勝金口石窟也出土過大量典籍。再東面就是現在屬於鄯善縣的吐峪溝石窟，這裏主要是一所佛教石窟，分佈在溝的兩邊，其山坡上也有大大小小許多寺院，這裏出土了大量佛教典籍，也有摩尼教文獻，還有涉及祆教內容的文書。經過各國探險隊的大量攫取之後，近年來中國社會科學院考古研究所、新疆文物考古研究所與吐魯番地區文物局合作，對吐峪溝石窟做了比較徹底的發掘清理，又出土了上萬件文書，可以說這個溝過去出的東西最多。

對於歷史研究更為重要的是墓葬裏的世俗文書。高昌城北面的阿斯塔那、哈拉和卓是與高昌城對應的墓葬區，從高昌郡，經高昌國，到唐朝西州，吐魯番的主要官人和民眾很多都埋葬在這裏。1959-1975 年，總共在這兩個墓地做了 13 次發掘，獲得大量墓葬文書。這項發掘起始於當地老鄉要掘一條水渠，在墓地開水渠的話，墓葬就會被水淹了，所以進行搶救性發掘。哈拉和卓的東北連接着巴達木墓地，這裏是一片等級更高的人物埋葬之地，原來這裏發現過北庭副都護高耀墓，最近又發現了程奐墓，又是一個北庭副都護，估計大都護李元忠的墓也在這，所以這裏愈來愈重要。在吐峪溝溝口外面的洋海，是一大片墓地，現在發掘的主要是漢及漢代以前的，出了三大本考古報告。這裏再往南，就進入高昌郡、高昌國的墓地了，現編

號的一號墓，就是麴氏高昌國時期的張祖墓，出了很多好文書。如果繼續往下挖，應當會出土大量高昌郡和高昌國時期的紙本文書。洋海，過去是吐魯番的酒泉城。吐魯番在高昌國時期有酒泉城，唐朝變成鄉，實際是從河西走廊的酒泉遷移過來的人，他們帶着地名一塊來到吐魯番定居下來。

走訪新疆博物館收藏的吐魯番文書

1959-1975 年阿斯塔那和哈拉和卓出土的墓葬文書，現在主要收藏在新疆維吾爾自治區博物館（以下簡稱新博），個別墓葬或零星文書存吐魯番地區博物館和中國國家博物館。這批文書讓中國學者真正站在吐魯番研究的最前沿，這中間武漢大學的唐長孺先生功勞最大。他在 70 年代中期親自與當時的國家文物局局長王冶秋先生一起，前往新疆烏魯木齊和吐魯番考察，把這 13 次發掘的吐魯番出土文書全部調到北京，放在五四大街國家文物局所在紅樓的三樓古文獻研究室裏，研究室主任是唐先生兼的。國家文物局當時調集學術界的力量，同時整理馬王堆帛書、銀雀山竹簡和吐魯番文書這三大批新出資料，成立了以唐先生為首的「吐魯番出土文書整理小組」，負責整理吐魯番出土文書。從 1981 年開始，由文物出版社出版平裝本的《吐魯番出土文書》，到 1991 年出版了十冊；此後從 1992 到 1996 年，又出版了圖文對照的圖錄本四大冊，上圖下文，十分方便學者使用。唐先生說圖錄本的錄文是定本，大家引用的時候應該引這個本子。但是圖錄本的照片都是「文革」時期拍的黑白照片，清晰度非常差，而且沒有層次感，淡朱筆很難顯現。80 年代我曾經跟隨張廣達先生跑到古文獻研究室，希望看這些吐魯番文書，陳國燦先生拿出來一些照片讓我們閱覽，我在平裝本上劃文書的殘缺狀態，這樣至少能夠知道殘斷在什麼地方，或許有可能與斯坦因文書、大谷文書綴合。我記得當時跟着張先生去了好多趟，到古文獻研究室看小照片，也得以向李征、陳國燦等先生討教。

後來我主持整理「新獲吐魯番出土文書」時，其中有些文書與唐先生他們整理的文書有關，所以我們也幾次去新博，在副館長伊斯拉菲爾・玉蘇甫先生的關照下，看了很多高昌國到西州時期的重要文書。因為這批文書大多數都裱在一個個長紙卷上，所以有時候我們申請一個號，結果拿出一大卷子來，上面貼裱了各種文書，這時候不管與我們正在整理的文書是否有關，我們都認真閱覽，記錄相關的朱筆、朱印的情況，像高昌國的祭祀文書、唐天寶十三至十四載交河郡的馬料帳、唐朝的曆日、五土解文書等等，我都是在這個過程中閱覽的。這批吐魯番文書的彩色照片到現在還沒有系統刊佈，只是在一些展覽圖錄中偶爾見到個別文書，或者可以在新博的展廳裏見到原件，比如《唐貞觀二十二年（648）庭州人米巡職辭為請給公驗事》（圖 12-2），陳列在古屍展室的牆上，如果沒有人提示，很難找到。現在

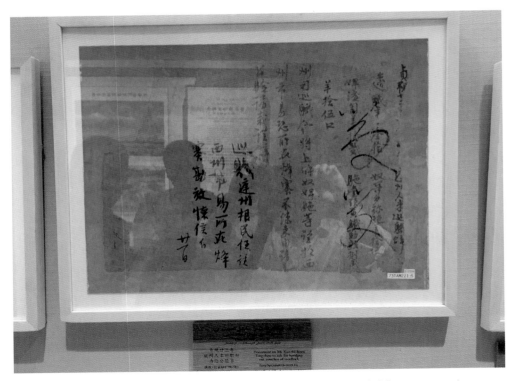

圖 12-2　展廳的《唐貞觀二十二年（648）庭州人米巡職辭為請給公驗事》

武漢大學與新博再次合作，重新整理這批文書，並擬出版彩色照片的上圖下文的合集，這對於吐魯番文書的研究是極為振奮人心的消息，但不知道什麼時候才能出來，所以在此之前，我有機會就去新博看吐魯番文書。

按照唐朝規定，皇帝最初發佈的敕書一定是要用黃麻紙的。吐魯番出土的《唐貞觀二十二年安西都護府承敕下交河縣符為處分三衛犯私罪納課違番事》是研究唐朝官文書的人常常使用的，我在《敦煌學十八講》中也使用過這件文書，但我不知道它前面抄寫的唐中央官府發下的敕書是不是用的黃麻紙。我曾經兩次到新博去看這件文書（圖12-3），發現從中央尚書省到安西都護府，用的紙張都是普通的白麻紙，應當是安西都護府轉抄的，原敕書應當保留在西州官府的「敕書樓」裏。這件當然也經過托裱，背面的朱印還有行間文字全都被糊在裏面，所以在整理的時候，

圖 12-3　作者在新疆維吾爾自治區博物館看吐魯番文書

光有彩色照片不行，還得有對照原件的錄文。有些卷子背面有朱印或文字的部分，後來又專門揭開，顯露出學術資訊。我們知道契約又叫「合同文」，背面常常用細細的大字寫「合」字，兩份同樣的契約文本一紙撕兩開，我們現在看到的契約只有半個「合」字，因為字體很細，以為是不經意隨便畫了一道，這樣被裱糊的文字就沒有揭出來，因為要揭，就得整體揭開了。所以做官文書的時候一定要看原卷，因為原件上很多地方都有資訊保留。

順便說一下，除了《吐魯番出土文書》收錄的文書，我還有機會在新博看到其他許多文書。比如在吳震先生、伊斯拉菲爾館長的關照下，我抄錄了安樂城出土的《西州回鶻某年造佛塔功德記》；朱雷先生編的《吐魯番出土文書補編》收錄的所有文書，在吳震、武敏、王博先生的關照下，我們「新獲吐魯番出土文獻」整理小組曾全部閱覽；在侯世新館長的關照下，我曾調查閱覽了巴楚脫庫孜薩來遺址出土的一些重要的世俗文書；在于志勇館長的關照下，我還閱讀了安樂城出土的《漢書駁議》等重要寫卷。新博是吐魯番出土文書的一大寶藏，也是整個新疆範圍出土的各種文獻的集中地，所以是尋找西域文書的首選之地。

整理吐魯番博物館的「新獲出土文獻」

吐魯番地區博物館是尋找高昌寶藏的另一個重要去處，而且現在愈來愈重要。我們知道，1975 年以後直到 1989 年前後吐魯番出土的文獻，不論石窟寫刻本還是墓葬文書，都收藏在這裏。當時的吐魯番文物局局長柳洪亮先生對這些文書的整理和研究付出了艱苦的努力，並且在武漢大學陳國燦先生的指導下，完成了《新出吐魯番文書及其研究》，1997 年出版。這本書包括：（1）沒有收入上述《吐魯番出土文書》的 66TAM360 墓文書，大概當時留給了吐魯番博物館，沒拿到北京，也就沒收到書裏；（2）1979-1986 年間發掘的 TAM382-391 墓出土文書，其中 390 墓未出文

書資料;（3）其他零散發現的文書，包括 1968 年交河城出土、1981 年吐峪溝出土、1980-1981 年柏孜克里克石窟出土文書。但這是三十二開的小書，圖沒印在圖版紙上，也有很多字沒有錄出來。我在「重聚高昌寶藏」項目期間，得以據原卷校對了柳洪亮書的大多數錄文，發表過一篇書評，有不少改訂意見。上述最後一批 1980-1981 年柏孜克里克石窟出土的大量佛教典籍，後來由吐魯番學研究院與武漢大學中國三至九世紀研究所合編成《吐魯番柏孜克里克石窟出土漢文佛教典籍》上下兩大冊，2007 年 9 月出版。全書八開彩版，十分賞心悅目，只是漢文佛典背面大多數有胡語文獻，沒有一起印出，此後只是零星發表，其中有不少重要典籍。

吐魯番地區從 1989 年以後，一直到 2006 年，墓葬和寺院遺址又出土了不少典籍和文書，包括洋海的張祖墓，還有交河故城的、木納爾墓地的、巴達木墓地的。據說柳洪亮先生曾打算整理張祖墓的文書，但在他因車禍不幸離世前一直沒有整出來。2004 年夏天我帶着學生去吐魯番考察參觀，當時的吐魯番文物局局長李肖先生拿出一些文書來給我們參觀，我一看還有這麼好的文書沒有整理發表，於是與文物局商量，開始合作項目。我們把直到 2006 年出土的吐魯番世俗文書和佛教典籍，以洋海、木納爾、巴達木墓葬所出為主，全部納入整理範圍，經過三年的努力，整理出版了《新獲吐魯番出土文獻》。這次整理工作讓我接觸了大量文書，而且很多都是過去完全沒有見到過的類型，真是一個很好的鍛煉。我們的收穫也是非常大的，比如找到了最早的紙本戶籍，即《前秦建元二十年（384）三月高昌郡高寧縣都鄉安邑里籍》，這是走馬樓孫吳木簡戶籍之後最早、最完整的紙本戶籍，極其珍貴。

我經手整理並撰寫文章的還有兩件（組）文書。一是《闞氏高昌永康九年、十年（474-475）送使文書》，這是從烏魯木齊市面上徵集來的有償捐贈文書，原收藏者把卷子裝在玻璃框中裱好，上交給吐魯番文物局。這件文書廢棄後，被用來折成一個帽子，帽子折好之後向外的那面用濃墨塗黑，當地不知道什麼習俗，故去的人要戴黑帽子，穿黑腰帶。吐魯番博物館有一位文物修復員，曾在首都博物館跟王亞

蓉老師學習文物修復，她把濃墨清除掉之後，底層用淡墨寫的字還保留着，真是很了不起。我們整理小組在這件文書裏讀出了「吳客」、「子合」、「烏萇」、「婆羅門」等名稱。這表明，闞氏高昌王國作為柔然附屬國的時候，一些國家去柔然路上途經吐魯番時，高昌國要派人派馬來送使者，卷子裏婆羅門指印度，烏萇國在北印度，還有塔里木盆地南北的子合、焉耆，「吳客」則是從遙遠的劉宋王朝首都建康（今南京）來的使者。我寫了一篇文章〈闞氏高昌王國與柔然、西域的關係〉，發表在《歷史研究》2007 年第 2 期。

　　還有一組文書後來定名為《唐龍朔二、三年（662-663）西州都督府案卷為安稽哥邏祿部落事》。我們剛剛接觸時，這些看似相類的紙片並排放在玻璃板裏，看着茬口好像能夠對上，但完全不是這麼一碼事。我們的方法是按原大把每個殘片列印出來，放在大桌子上做拼圖，把一組組按鞋樣歸納起來，再通過折疊、水痕等跡象，慢慢把文書拼接，不能拼接的也排出順序和位置，內容也就逐漸讀出來了（圖12-4a、b）。這件文書說的是，漠北回紇人反唐，影響到金山（阿爾金山）東部的哥邏祿（葛邏祿）部，他們就跑到金滿縣，即現在烏魯木齊一帶。這對於西州和北庭都護府都是巨大的威脅，所以原本管轄哥邏祿部落的漠北燕然都護府打了個報告到唐朝首都（當時皇帝在東都洛陽），於是朝廷指令西州派一個能夠說胡語的人到金滿縣，與當地沙陀羈縻都督府首領一起動員哥邏祿回金山。但這些人不想走，說大雪封山走不了，而且已經種了莊稼，莊稼還沒長好不能走。這組文書從一個單位行文到另一個單位，都會抄前面的行文，所以前後對比，就可以慢慢理出頭緒來。這是一個非常成功的整理文書案例，復原後許多文字都可以填到缺字的地方，缺字的間距都是算好的。但我們的《新獲吐魯番出土文獻》一書按照唐長孺先生主編的《吐魯番出土文書》的體例，沒字的地方不能填寫，所以只能缺着；而在我就此組文書撰寫的文章〈新出吐魯番文書所見唐龍朔年間哥邏祿部落破散問題〉中，錄文都是填補過字的（文載沈衛榮主編《西域歷史語言研究集刊》第 1 輯，科學出版社，2007 年）。有人寫書評批評《新獲》說不知道缺字是什麼，其實他沒有看我們的整

圖 12-4a　整理小組成員在拼接哥邏祿文書

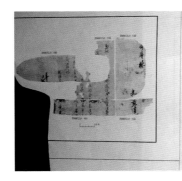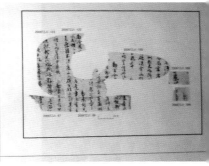

圖 12-4b　整理小組成員拼接出的部分哥邏祿文書

理文章，我們項目組的所有研究文章，對可以補的字都是補出來的，字字有來歷。

在整理這批吐魯番出土文書的同時，我開「隋唐長安研究」讀書班，所以我也帶學生去西安考察。當時的長安縣博物館還沒搬家，許多墓誌全堆在後院的地上，我們就一個一個地看，主要關注這些人的長安宅第。沒想到居然找到了一方哥邏祿部落首領的墓誌，墓主人應當就是上述文書所記載的哥邏祿首領的孫子，到他這輩已經是京官了，所以埋在長安。文書裏面說這批哥邏祿部眾不返回金山的一個原因是他們的首領入京了，其實也就是這方墓誌所記的祖父這一家。墓誌與文書能夠對在一起，是一個非常圓滿的研究案例。講這個例子也是想說一句，研究敦煌吐魯番文書，一定要「滿世界尋找」材料。

我那幾年每逢節假日和寒暑假，都帶着課題組的老師、學生一起到吐魯番整理文書（圖 12-5），所以也把吐魯番博物館保存的其他文書通檢了一遍，包括重新校讀柳洪亮《新出吐魯番文書及其研究》所收的全部文書，還有卜天壽寫本《論語鄭氏注》，這件收入《吐魯番出土文書》，但沒想到原件在吐魯番博物館。近年來，吐峪溝石窟進行了大規模的考古發掘，出土了上萬件文書殘片，內容豐富，我每次到吐魯番，只要有機會，就參觀一下陸續整理出來的文書，獲得很多新知見，希望這批文書早日列入整理出版的計劃當中。另外，中山大學與吐魯番研究院合作發掘了西旁的景教寺院遺址，也獲得不少敘利亞及其他語種的文書殘片，我也曾看過一些新出資料，這些發現對於認識西域的景教將會有極大的幫助。

中國國家博物館的黃文弼文書及其他

中國國家博物館（簡稱國博）就是原來的中國歷史博物館（簡稱歷博），裏面有兩大組敦煌吐魯番的東西，一組是黃文弼所獲的吐魯番文書，這是黃文弼在1928-1930 年之間參加中瑞西北科學考察團時發現的東西。黃文弼是一位很勤奮的

考古學家，他對自己發掘的羅布泊簡牘、高昌墓磚、吐魯番文書、塔里木盆地綠洲王國出土的各類文獻都分類做了整理，收入《羅布淖爾考古記》、《高昌磚集》、《吐魯番考古記》、《塔里木盆地考古記》。由於條件所限，這些二十世紀 50 年代的出版物雖然都有圖版，但都是黑白的，有些品質很差，不敷研究使用。黃文弼解放後從北京大學調入中國科學院考古研究所，他的收集品也隨着他帶到考古所。按照國家文物局的規定，考古所整理完考古報告後，相應的文物應該交給中國歷史博物館，所以黃文弼在吐魯番等地發掘所得的文書大多數進入歷博，但還有一些沒有轉交。黃文弼的出版物沒有給文書做統一的編號，在考古所時代，有「考」字編號；進入歷博，則用「K」編號。由於黃文弼的《吐魯番考古記》、《塔里木盆地考古記》裏的圖片看不清楚，日本學者很聰明，他們以印《中國歷史博物館藏法書大觀》的名義，在 1999 年和 2001 年出版的第 11 卷《晉唐寫經·晉唐文書》、第 12 卷《戰國秦漢唐宋元墨蹟》中，把收藏在歷博的黃文弼文書全部印了一遍，圖版很清晰。

我很想接觸黃文弼所獲吐魯番和西域其他地方出土的文書，但一直沒有機會。在實施「重聚高昌寶藏」期間，曾有機緣獲得一批黃文弼文書的清晰黑白照片，在我本人和熟悉的朋友間參考使用。近年來我們開始與國博合作整理所有敦煌吐魯番文書，黃文弼文書也在其中，他們管庫房的人經過艱苦的努力，找到大部分黃文弼的文書，拍成彩色照片提供給我們，比黑白的好多了。我們與國博的同行合作，據此編成《黃文弼所獲西域文書》上下兩冊，由我和朱玉麒主編，2023 年 6 月中西書局出版。目前在國博能夠找到的黃文弼文書，這次都用了彩版，比較清晰，漢語和胡語都包括在內，有利於學界使用。另外一部分用的是黃文弼書中的黑白照片，比較模糊，這些是目前在國博沒找到的文書，也可能就在國博某個庫房裏，但更可能的是在考古所，有些可能還在新疆博物館，需要繼續「尋找」。這次我們不僅可以利用高清彩色照片，而且看到了國博藏黃文弼文書原件，所以也有一些新的收穫，比如《上括浮逃使狀》，看原卷才能分出多個層次，其背面大字反着寫的是《孝經》，原來底本是具注曆，紙面上很空，所以小孩就拿來練《孝經》了。

圖 12-5　新獲吐魯番文獻整理小組在吐魯番考察原件

　　順便說一句,《法書大觀》首次發表了歷博所藏周肇祥、羅惇 （號複堪）舊藏
的吐魯番文書,都是非常重要的史料,如《高昌建平六年（442）田地縣催諸軍到
府狀》,是研究高昌郡軍政制度的重要文書;又如《唐開元五年（717）定遠道行軍
大總管牒》,是研究西域史的難得史料。此外還有王樹枏、梁玉書（字素文）、段
永恩、吳寶煒（字宜常）等人舊藏的吐魯番寫經殘片裝裱的卷軸。我對這裏的「素
文珍藏」《六朝寫經殘卷》和《北涼以來寫經殘卷》（圖 12-6）很感興趣,這次整理
黃文弼文書過程中也有機會過目。

　　國博收藏的另一組是羅振玉舊藏敦煌寫卷,他本人印過《貞松堂藏西陲秘笈

圖 12-6　中國國家博物館藏「素文珍藏」卷軸

叢殘》，是原大影印的黑白圖版，後來羅家的這部分藏卷散掉，一部分在國家博物館，還有一些在別的地方，比如旅順博物館、遼寧省博物館、北大圖書館等。羅振玉後來又把貞松堂的東西重裱成幾個線裝冊子，叫《敦煌古籍零拾》，國家博物館也影印出來了，是彩色的圖片。

我前面說過我在尋找敦煌吐魯番材料時，老照片一直是我搜尋的對象。我在一個出版社的圖片庫裏，發現了很多不同收藏單位的敦煌吐魯番文書照片的底片，其中不少好東西，我選購了一批照片。裝底片的口袋上都寫着是從哪裏來的，其中就有一個口袋上寫着「中國歷史博物館」，從內容上也可以判斷出有些就是歷博收藏的，但也有些歷博的出版物中從來沒有看到過的，這些可能就是一直沒有發表過的收藏品，也可能是 50 年代借調來之後，一直沒有公佈過。我在其中看到一件歸義軍時期的邈真贊，十分完整，從未發表，我做了一個錄文，收入〈敦煌本邈真贊拾遺〉。

這些老照片來歷很分散，其中有一個袋子上面寫着「馮國瑞舊藏」，都是沒有見過的材料。有一件是《開元十三年西州都督府牒秦州殘牒》（圖 12-7），記西州都督到長安出差，在秦州買了地，後來出了官司的牒文，只有文書上半截的三張照片。我想知道同類樣子的文書是否在日本，所以在一次會議的間歇給池田溫先生看照片，請教他可能的來歷。池田溫愛不釋手，我說那您就寫個文章吧，但要給我們編的《敦煌吐魯番研究》用中文發表。他寫成之後，我請陳國燦先生審閱，陳先生說他在甘肅省圖書館看到過一個冊子，是馮國瑞寫的一些寫本文書的跋，其中有一條寫的就是這個牒文。陳先生給池田溫的文章寫了一個讀後記，一起發在《敦煌吐魯番研究》第三卷上。最近，經過國博館員們的努力，在庫房裏找到了這個牒文，所以推測照片上馮國瑞的一組舊藏可能都在國博，其中最漂亮的寫本是《穀梁傳》，照片只有尾題部分，全卷不知有多長。馮國瑞的舊藏有些來自李征先生的饋贈，所以這些舊藏不知是敦煌的寫卷，還是吐魯番的文書。

國博還有兩幅敦煌絹畫，一個是五代的《八臂十一面觀音像》，早就有人寫過

圖 12-7　唐開元十三年（725）西州都督府牒　秦州殘牒

文章，沒有太新奇的。還有一幅是董文員供養的《觀世音菩薩與毗沙門天王像》，這件討論的人不多。

中國國家圖書館「敦煌遺書」中的吐魯番文獻

在中國國家圖書館（原北京圖書館）的北圖敦煌卷子編號（BD）裏，也混入了一些吐魯番的寫刻本，這些都在解放後入藏的「新」字型大小部分，我們從收藏家的跋語可以看出來自吐魯番，這裏舉幾個我經眼過的重要文獻。

1990 年我在靜嘉堂文庫找到裝裱成八冊的題為「素文珍藏」的吐魯番寫經，確定是清末新疆清理財務官員梁玉書的收藏。回國後我就去國家圖書館打聽，問他們有沒有素文珍藏，他們一查，果然有。其中一個裝裱得和靜嘉堂文庫所藏一樣的冊子（今編號 BD13799），封面題「刻經蒙字剩紙雜存　宣統孟秋　素文珍藏」，裏面有 168 件殘片，大約一半是回鶻文（即所謂「蒙字」），好像也有粟特文，一半

是漢文刻經。這些殘片太碎了，就編作「簡71482」號，不在「新」字型大小裏面，如果不是國圖的管理人員幫忙，我是根本找不到的。現在我們託任繼愈先生的功德，這些解放後收集的「新」「簡」「臨」等編號的所謂「敦煌遺書」，全部都印出來，就在《國家圖書館藏敦煌遺書》當中。最近我的學生徐偉喆把這個冊子中的刻本殘片比定了一遍，發現大多數出自《契丹藏》，還有刻本《龍龕手鑑》十分珍貴，但回鶻文部分似乎還沒有人系統整理。

國圖收藏的回鶻文文書有些放在民族組，甚至沒有收到《國家圖書館藏敦煌遺書》中。我的導師張廣達先生曾介紹我去找《高昌館課》的整理者胡振華先生，因此我也看過一些那裏的回鶻文殘卷，但我遇到的一件回鶻文長卷還是在「新」字型大小裏。這個卷子現在編為 BD15370 號，是一個很長的卷軸，今人引首上有題簽「唐人寫經殘卷　高昌出土　素文珍藏　第九號」。「素文珍藏」至少有八十多號，素文把這個卷子編為第九號，它應當屬於「素文珍藏」中特別好的卷子。正面是漢文《賢愚經》卷一，背面通篇是回鶻文。當時裏面夾着一張紙，國家圖書館的人問我這是什麼東西，我因為收集過陳寅恪的書信，樣子很熟，所以一看就知道這是陳寅恪的信，「寅恪頓首」寫得特別連筆，可以確認。因為這個卷子背面是通篇回鶻文，我以為沒有人研究過，就告知「重聚高昌寶藏」專案成員新疆博物館副館長伊斯拉菲爾，他是耿世民之後最好的回鶻文專家，當時他的女兒迪拉娜跟着耿世民讀博士。伊斯拉菲爾館長聽說這個卷子後，下一週就跑到北京，帶着他女兒一起到國圖，李際寧先生幫忙，讓他們父女倆看了原件，並提供了照片。後來迪拉娜開始把這個做成博士論文，一查發現德國回鶻文專家葛瑪麗曾轉寫過，她在北京時做過研究，但沒有發表。這是葛瑪麗的弟子提供給迪拉娜的。我不由得感歎這位「突厥學之母」真是好厲害，不知道她都積累了什麼東西。此前我們從黃文弼先生後人無私捐贈給新疆師範大學圖書館的黃文弼零散圖片文獻袋中，找到了1931年葛瑪麗給黃文弼先生做的回鶻文《土都木薩里修寺碑》的初步考釋德文稿，也是沒有發表的珍貴文獻。迪拉娜在前人基礎上完成自己的研究，後來出了一本《吐魯番發現回鶻文佛教新文

獻研究》。這個例子再次說明，如果有幸遇到一個好的長卷，你就能寫一本書。

另外一個很好的卷子，是新疆布政使王樹柟作為禮物贈給清季著名史官惲毓鼎的。惲毓鼎地位很高，當時伯希和來北京給學者們看敦煌卷子，學部的人請他吃飯，主持人就是惲毓鼎。惲毓鼎的《澄齋日記》藏在北京大學圖書館，已經通過清史工程印出來了，我找清史所所長成崇德先生要了一套，日記裏就有宴請伯希和那段故事。王樹柟作為新疆布政使，這麼好的卷子都要送給惲毓鼎，可見惲地位之高。卷子後有惲毓鼎的跋，其中說到他從伯希和那裏看到德國人發表的《且渠安周造寺功德碑》抽印本，裏面有清晰的圖片，可以確定該碑的年代。我在閱覽到這件吐魯番出土的寫經時，就把跋文抄了下來，後來寫〈《且渠安周碑》與《高昌大涼政權》〉的時候用上了，當時還沒有人使用過這個跋文。所以材料要慢慢攢在一起，到寫東西的時候，可能成為關鍵性材料。

我還看到過現在定名為《唐軍府規範健兒等綱紀狀》的文書（圖 12-8），一半在國家圖書館，一半在國家博物館。國圖部分是「周發殷湯」編號部分的敦煌卷子（今編 BD09330），國博部分出自《貞松堂藏西陲秘笈叢殘》，《法書大觀》編第 38 號，大家一直認為是吐魯番卷子，但國圖的編號告訴我們這是敦煌藏經洞出來的文書。我覺得還是從敦煌出的，只不過是唐朝時由到吐魯番做官的敦煌人帶回到敦煌的。另一件類似的文書是《唐開元年間瀚海軍狀為附表申王孝方等賞緋魚袋事》，國博的《法書大觀》編作第 43 號，這不是正式編號。國圖編作周 58 號，今編 BD09337，池田溫《中國古代籍帳研究》裏面有錄文，現在國圖的圖錄裏已經發表。這兩件也是可以直接綴合的，原本是北庭瀚海軍文書，但的確是從敦煌藏經洞裏出來的，和我在英國編目時遇到的開元年間的長行坊文書類似。這裏國圖和國博的文書兩兩可以直接綴合，看來兩家「國」字型大小的大館應當加強合作。

我在上一講提到在國圖的「1192」和「三千殘片」的部分，其實還有很多沒有做過的工作，沒有好好去琢磨這東西是什麼，跟哪個東西可能是一組的，我們應當繼續努力。

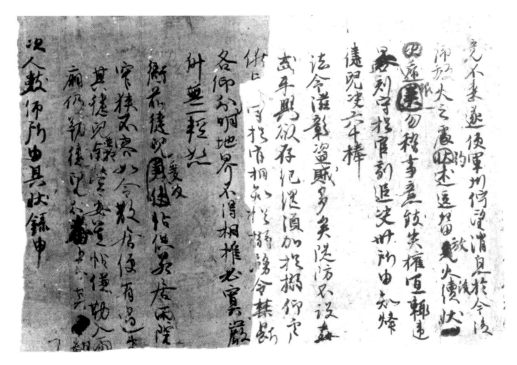

圖 12-8《唐軍府規范健兒等綱紀狀》拼合圖

重聚高昌寶藏 —— 旅順博物館藏卷和散藏吐魯番文書

　　到了 2023 年，我持續近四十年的追尋高昌寶藏的工作大體上告一段落，彙集這項工作的一個主要成果，是與史睿合編的《吐魯番出土文獻散錄》，其中的資料主要是我歷年來收集所得，即除去大的收藏之外的散藏吐魯番文獻中的非佛典材料，包括四部書、道教文獻、摩尼教文獻、佛教寫經題記、公私文書等等，都彙於一編，省去了學者們跑腿的過程。

　　這其中有不少值得記錄的追尋單篇或一組文書的故事，但比較零散，這裏略舉一二。

比如北京大學圖書館藏有屬於同組的三件戶籍殘片，張玉範老師《北京大學圖書館藏敦煌遺書目錄》加以著錄，1988 年提交給《敦煌吐魯番文獻研究論集》第 5 輯。我因幫助王永興、張廣達先生編輯此書，先睹為快，按照戶籍紙面上的特徵，得知這是吐魯番出土的西州戶籍，上有「開元二十九年籍」字樣。1990 年我到日本訪問，應東京大學東洋文化研究所所長池田溫教授的邀請，做了一場講演，根據殘卷背面的《禮懺文》，復原了正面三片戶籍的綴合關係，並據文書登載特徵，判定為唐開元二十九年西州籍。回國後，課業繁重，這篇講演稿也就束之高閣。後來一次逛琉璃廠中國書店，購買到天津古籍出版社重印的《藝林旬刊》合訂本，翻檢之後，發現 1929 年 7 月 1 日第 55 期《藝林旬刊》上刊出的《唐開元戶籍殘本之二》，正是北大圖書館現藏的三件殘片的影本，而 1928 年 10 月 11 日出版的第 29 期《藝林旬刊》第一版上刊出的《唐天山縣戶籍殘本》，是可以與北大藏殘片上下綴合的另一件稍為完整的殘片，上面紙縫處有「天山縣南平鄉」字樣，與「開元二十九年籍」對應。這四件殘片影本都標注「趙星緣君贈」，後來三片進入北大圖書館，另一件不知所在。因為發現了新材料，我整理文稿，寫成〈《唐開元二十九年西州天山縣南平鄉籍》殘卷研究〉（圖 12-9a、b），發表在《西域研究》1995 年第 1 期。文章發表之後，我當時在歷史系教中國通史課，帶學生去中國歷史博物館參觀通史陳列。在順着歷史時期講文物的時候，忽然眼前一亮，發現寫有「天山縣南平鄉」字樣的那張紙片就陳列在眼前。我因為要講課，所以只是匆匆記了一下，想過一陣子去正式校錄，結果去的時候，陳列的東西撤了，拿回了庫房。因為紙在燈光照耀下不好保存，展了一段時間就拿進去了。好在這件文書的清晰圖版在 1999 年由《中國歷史博物館藏法書大觀》第 11 卷《晉唐寫經・晉唐文書》刊佈出來，我們的《散錄》得以綴合成一件《唐開元二十九年（741）西州天山縣南平鄉籍》。

還有甘肅省博物館藏有幾件吐魯番文書，裏面最好的一組是潘嶽的書劄，秦明智先生很早就寫過文章，還提到一些其他的唐朝文書。於是我借某次到蘭州出差的機會，與徐俊先生一起，在館長俄軍先生的關照下，在甘肅省文物考古所張德芳

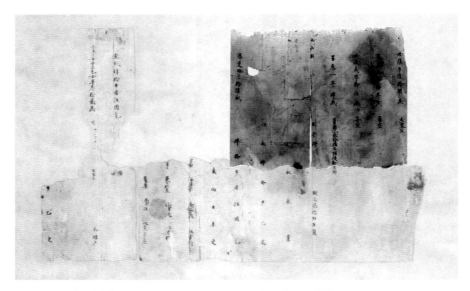

圖 12-9a　作者拼接的《唐開元二十九年西州天山縣南平鄉籍》

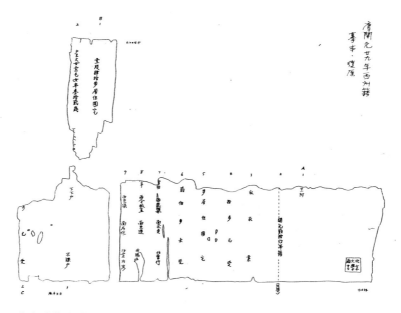

圖 12-9b　作者手摹的《唐開元二十九年西州天山縣南平鄉籍》

先生的陪同下，調看了這些吐魯番文書。因為這些黃文弼先生曾經過目的吐魯番文書一直沒有公佈，所以我特別撰寫了〈黃文弼先生與甘藏吐魯番文獻〉一文加以介紹，所有文書也收入《散錄》。

旅博藏大谷文書的整理，應當是我追尋高昌寶藏的最大收穫。1990-1991 年我在日本龍谷大學訪學期間，了解到一些有關旅博藏品的情況。1995 年我曾經與龍谷大學的上山大峻、小田義久、木田知生三位先生一起訪問旅博，得以見到部分旅博藏新疆出土漢文文獻。此後我在北京見到一些屬於旅博藏卷的文書照片，曾在日本東洋文庫就其中與大谷文書可以綴合的《唐律》殘片做過介紹，講演稿還翻譯成日語發表在 2003 年 9 月出版的《東洋學報》第 85 卷第 2 號上。2014 年 7 月，時任中華書局總經理的徐俊先生邀我一道訪問旅博，得到王振芬館長的熱情接待，看到了大藍冊、小藍冊中的許多典籍類文獻（圖 12-10），也討論了整理、出版可能遇到的問題。2015 年，王館長特地來到北京，正式啟動「旅順博物館藏新疆出土漢文文獻」整理計劃，由旅順博物館、北京大學中國古代史研究中心、中國人民大學歷

圖 12-10　旅順博物館藏裝裱新疆出土文書的大藍冊、小藍冊

史學院的整理團隊合作進行，並確定由中華書局出版。我們的整理團隊十分強大，斷斷續續有 40 人參加。我們仍然像整理「新獲吐魯番出土文獻」一樣，平日在北京據圖片錄文、定名、寫解題，節假日集中到旅順，在博物館中核對原件和背面的文字，因為這些小斷片都被橘瑞超裱糊在大本子上，無法揭下來，背面大部分是胡語，也有我們最關心的漢文世俗文書。這項工作讓我也大體上過目了這兩萬六千號大谷探險隊收集品，其中主要是吐魯番文書，也包括庫車甚至和田的出土物，但大谷探險隊的考古工作很差，許多沒有清晰的出土地標注，所以我們只能籠統稱之為「新疆出土」。這次整理發現了大量的四部典籍，還有道教文獻，佛典中也比定出不少疑偽經和禪籍，都是很有學術研究價值的材料。我們也把許多殘片與龍谷大學的大谷文書、德藏吐魯番文書、俄藏吐魯番文書，甚至芬蘭藏馬達漢所獲文書綴合起來，不過這一工作仍然在進行當中。我們這次整理工作的一項成果，是王振芬、孟憲實與我合編的《旅順博物館藏新疆出土漢文文獻》彩色圖錄本 32 冊和《總目索引》3 冊，均由中華書局在 2020 年 10 月出版。在圖錄的編纂過程中我們已經做了大多數的錄文，此項工作將由首都師範大學的游自勇教授主持繼續完成。

可以說，到 2021 年，我的「重聚高昌寶藏」工作，或者說將近四十年對吐魯番文書的追尋應當畫上一個句號了。我把自己在追尋過程中寫的文章彙集起來，編成《吐魯番的典籍與文書》，2023 年 11 月由上海古籍出版社出版。我還編了一份「榮新江教授有關吐魯番研究論著目錄」，由我所服務的北京大學中國古代史研究中心微信公眾號推出，算是一份工作記錄。

最後，期盼有人主持重新整理日本龍谷大學所藏大谷文書，出版高清彩色圖錄和錄文集；希望有人主持出版德藏、俄藏、芬蘭藏吐魯番文獻高清圖錄，還有就是吐峪溝新出文書。希望更年輕的學者勇於承擔，盡早把這項工作列入議事日程。

真心期盼吐魯番學與敦煌學比翼齊飛！

附錄一　重新發現《永樂大典》

《永樂大典》及其流失海外

明姚廣孝等編《永樂大典》成書於明成祖永樂六年（1408），計目錄 60 卷，正文 22,877 卷，裝為 11,095 冊。因為部頭太大，只有寫本，沒有刻印，存於南京文淵閣。明世宗嘉靖四十一年（1562）開始錄副，至穆宗隆慶元年（1567）完成，副本與永樂正本格式裝幀完全一樣，存於新建的皇史宬。後來永樂原本不知所在，嘉靖副本至清初也有殘缺，雍正時從皇史宬移到翰林院敬一亭。乾隆時尚存 9,677 冊，佚失 1,000 多冊，2,422 卷。1900 年八國聯軍入京，又劫走大批，加之歷年的散失，清末僅存 64 冊。經過各界的不斷努力，目前存世的《永樂大典》有 400 多冊、800餘卷。

1960 年中華書局曾影印出版《永樂大典》，收 720 卷，202 冊，約當原書百分之三強。1960 年台北世界書局也出版了影印本，補 12 卷。1960 年中華書局再次影印，收 730 卷，分裝 20 函 202 冊。1982 年中華書局出版續印本，收錄新發現 67卷，分裝 2 函 20 冊。1986 年中華書局將上述兩版合併出版，精裝本 10 冊，收錄總計達 797 卷。

《永樂大典》中包含了明代初年以前的大量古籍，許多古書按照韻部被分別抄錄在不同的韻字下面，幾乎完整地保存了許多典籍，包括大部頭的古書。清乾隆時修《四庫全書》，四庫館臣就從《永樂大典》中輯出大量的已佚古書，如我們現在經常使用的《舊五代史》，就是從《永樂大典》裏輯出來的。嘉慶時，徐松利用在

宮中編《全唐文》之便，得以從《永樂大典》中輯出《宋會要》五六百卷[1]。只要看看《宋會要》對於宋史研究有多麼重要，就可以知道《永樂大典》的價值了。

很可惜《永樂大典》後來逐漸散佚，又經過八國聯軍的劫掠，與原書相比，所存已極其有限。即使如此，現存的《永樂大典》仍然是我們研究每個問題時都不能忽略的史料合集。筆者研究的敦煌歸義軍史是個很偏的題目，但《永樂大典》卷5770 保存的《宋會要》瓜沙二州條文字，要比徐松的《宋會要輯稿》準確，比如原文的「管內營田押蕃落等使」被清人誤錄為「管勾營田押藩落等使」[2]，亦可見《永樂大典》原本的重要，所以我的《歸義軍史研究》在引用《宋會要》瓜沙二州文字時，不用《輯稿》，而用《大典》原文。

1900 年北京爆發義和團運動，北京的外國僑民聚集到紫禁城東南角的外國使館區，其中最大的是英國使館，裏面聚集了使館工作人員、清朝皇家海關工作人員、傳教士、從大沽登陸而來保護使館的部分英國軍人。英國使館的北邊就是清朝翰林院的南牆，6 月 23 日星期六，據當時在英國使館中的人記錄，與義和團關係密切的清軍首領董福祥率領的軍隊在翰林院縱火，想利用北風燒到使館區。英國海軍陸戰隊在海軍上校 B. M. Strouts 的指令下，由普爾上尉（Captain Francis Poole）帶領十名英國海軍士兵、五名美國海軍士兵、五名海關志願者，以及《泰晤士報》駐北京記者莫理循、英國使館實習譯員巴爾（L. H. R. Barr）等，破牆進入翰林院，擊退清朝軍隊，撲滅翰林院大火。此事是八國聯軍侵華戰爭的重要一節，西人一般稱之為「使館之圍」。

這些進入翰林院的人，乘機拿走了一些《永樂大典》，目前有案可查的劫掠情

1　有 1957 年北京中華書局、1976 年台北新文豐出版公司、2002 年上海古籍出版社《續修四庫全書》（第 775-786 冊）影印本行世。

2　參見中華書局 1986 年版第 3 冊，頁 2538-2539。

　　　　　　　　　　　　　　　　　　　　　　　滿 世 界 尋 找 敦 煌

況如下[3]：

　　普爾上尉率軍隊進入翰林院，目前還有他坐在大殿中的一張照片，其面前堆放的應當就是《永樂大典》。他劫得的 1 冊，後來在 1961 年由其遺孀賣給英國博物館。隨着 1973 年英國圖書館從博物館中分出，所有原在英國博物館的《永樂大典》都轉存於英國圖書館。

　　莫理循應當是進入翰林院中最懂得《永樂大典》價值的人，他本身就是一個藏書家，因此他所攫取的應當較多，至少有 12 冊。其中 7 冊在其 1920 年去世之前歸日本岩崎家族，現收藏在東洋文庫；2 冊在美國康奈爾大學；1 冊在英國博物館（英國圖書館）。此外還有 2 冊，1946 年入藏倫敦大學亞非學院。

　　英國海軍士兵畢幹（Thomas Biggin）獲得 1 冊，1907 年捐贈給牛津大學博多利圖書館（The Bodleian Library, Oxford）。

　　其實不僅僅是殺入翰林院的人拿了《永樂大典》，其他也有不少人乘機劫取了《永樂大典》，這些人應當是英美軍人佔領翰林院後，前往搶奪的。

　　英國使館職員翟蘭思（Lancelot Giles）自稱他獲得了卷 13344-13345 的 1 冊[4]，其實他至少有 5 冊。他的藏卷後來歸其父漢學家翟里斯（Herbert A. Giles）所有，其中 1 冊給英國圖書館，1 冊給劍橋大學圖書館，另外 3 冊後歸美國國會圖書館，翟蘭思的弟弟翟林奈（Lionel Giles）有文章記錄這些收藏的去向[5]。

3　英國牛津大學博多利圖書館中文部主任何大偉（David Helliwell）〈歐洲圖書館所藏《永樂大典》綜述〉一文對部分藏書的來源做了追溯。此文最初英文原文為 "Holdings of *Yongle Dadian* in United Kingdom Libraries"（〈英國圖書館所藏《永樂大典》〉），載中國國家圖書館編《〈永樂大典〉編纂 600 周年國際研討會論文集》（北京：北京圖書館出版社，2003 年），頁 264-306，後增訂為 "Holdings of 'Yongle Dadian'in European Libraries"，並由許海燕譯成漢語，載《文獻》2016 年第 3 期，頁 31-50。以下敘述主要依據該文，並追溯到「使館之圍」時的一些情況。

4　Lancelot Giles, *The Siege of the Peking Legations: A dairy*, Nedlands: University of Western Australia Press, 1970, p. 126.

5　Lionel Giles, "A Note on the *Yung Lo Ta Tien*," *The New China Review*, 2-2, April 1920, pp. 137-153.

皇家海關中文秘書助理鄧羅（Charles Henry Brewitt-Taylor）在「使館之圍」中劫取了 1 冊《永樂大典》，1931 年借存在英國博物館，後來捐給該館，但不讓顯露其名。

海關總務司職員白萊喜（James Russell Brazier）拿走至少 3 冊。1922 年將其中 1 冊捐給母校亞伯丁大學（Aberdeen University），1954 年其子將另外 2 冊出售給愛爾蘭的賈斯特・比蒂圖書館（The Chester Beatty Library）。

海關職員斯泰老（E. A. W. von Strauch）拿走 3 冊，後入藏德國柏林民族學博物館（Museum für Völkerkunde）。

供職英國使館的白挨底（G. M. H. Playfair）說有位使館的人把所獲 1 冊《永樂大典》送給他，他在 1911 年捐給了英國博物館。

另一位供職英國使館的竇爾慈（B. G. Tours）獲得 2 卷，送給同在使館的 A. J. Sundius。後者在 1908 年送給一直在中國傳教的慕稼谷（G. E. Moule）。慕稼谷之子漢學家慕阿德（A. C. Moule）於 1929 年將其捐贈給英國博物館。

英國駐清朝公使館商務幫辦傑彌遜（James W. Jamieson）獲得 1 冊，1914 年捐給英國博物館。

英國公使館牧師羅蘭・亞倫（Roland Allen）也拿走 1 冊，後出售，現轉藏於劍橋大學圖書館。

除了英國軍人和使館職員外，其他使館的外國人也乘機前往翰林院掠奪《永樂大典》。

一個德國軍官劫得 3 冊，後歸萊比錫大學，1955 年由民主德國歸還給中國，現藏中國國家圖書館。

當時在法國使館的年輕漢學研究者伯希和，在參加法國使館與清軍和義和團的生死搏鬥之餘，也不忘去翰林院搶劫《永樂大典》。《伯希和北京日記》1900 年 6 月 23 日記載：「英國公使館後面起火。火勢蔓延到翰林院，燒毀了那裏的藏書館（包

括《四庫全書》寫在皮上的底本和《永樂大典》的手稿）。」[6] 法人菲力浦·弗朗德蘭（Philippe Flandrin）撰寫的《伯希和傳》，詳細記錄了伯希和在「庚子之圍」中的戰鬥經歷。在 1900 年 11 月 4 日條記錄道：「伯希和返回河內，帶走一批明朝初期書畫、乾隆皇帝手書《法華經》第一卷，以及從翰林院火災中拯救出來的兩卷《永樂大典》。」[7] 說明伯希和劫掠到 2 卷《大典》。

因為大多數劫得《永樂大典》的人知道自己的行為是不正當的，所以一般都不願留下記載，在捐贈和出售時也盡量隱去自己的名字，因此我們不知道以英國為主的各國在京人員到底拿了多少冊，也不清楚這些藏卷後來都轉移到哪裏。上面這些由獲得藏卷的圖書館或博物館透露出來的資訊，或者由當時並不想公佈的日記記錄的獲取情況，應當是《永樂大典》流散經過的冰山一角。

重新發現英國、愛爾蘭藏《永樂大典》的經過

正是因為《永樂大典》這種比較隱秘的獲取和傳存情形，所以多年來調查《永樂大典》的存本就是學界的一項重要工作，而且取得了不小的成績，但與《永樂大典》原本的數量相比，一定還有不少工作要做。

筆者自 1984-1985 年有機會到歐洲訪學，也借機訪查海外所藏敦煌西域出土文獻，同時留意《永樂大典》的散藏情況。1990-1991 年到日本、歐洲訪學，繼續調查敦煌西域文獻，同時關注《永樂大典》。1991 年偶然發現英國未刊《永樂大典》，由此進一步將藏於英國、愛爾蘭圖書館的兩組《永樂大典》發掘出來，為學界所用。

6　　參見《伯希和北京日記》，蕭菁譯，桂林：廣西師範大學出版社，2017 年，頁 49 頁。

7　　參見［法］菲力浦·弗朗德蘭著，一梧譯：《伯希和傳》，桂林：廣西師大出版社，2017 年，頁 86。

在 1984 年 9 月筆者到荷蘭萊頓大學後，就利用皮爾森（J. D. Pearson）《歐洲與北美所藏的東方寫本》一書，來做調查敦煌西域文書的準備。這本書是作者受聯合國教科文組織的委託，走訪了歐洲和北美三百多家圖書館和博物館後，用簡單的形式，記錄各館所藏的各種語言的東方寫本，比如一個圖書館中有阿拉伯語寫本多少，就在 Arabic 後括注一個數字，或者對重要的典籍做簡要注記。我當時已經驚奇地注意到，在愛爾蘭都柏林的一個私家圖書館——賈斯特·比蒂圖書館條目下，著錄有 6 卷《永樂大典》[8]：

Chester Beatty Library, Dublin: The Library possesses 112 Chinese MSS., including six sections of the *Yung-lo ta tien* … (information from the Librarian and T*he Chester Beatty Library*, Dublin, 1963, pp. 25-26.)

都柏林賈斯特·比蒂圖書館：該館擁有 112 件中國寫本，包括 6 卷《永樂大典》……（資訊來自圖書館員和《賈斯特·比蒂圖書館》，都柏林，1963 年，頁 25-26）。

我當時即把這一頁複印下來，但沒有做進一步的追蹤，因為當時主要關注的是敦煌西域文書。

1990 年 8 月以後我在日本期間，中華書局的張忱石先生隨北京大學歷史系教授、我的同事劉俊文先生來日本訪問。張忱石先生是《〈永樂大典〉史話》的作者，我在隨他們在關西地區走訪途中，和他談到海外《永樂大典》的情況，應當說到了愛爾蘭的收藏，並告知他不久去英國後，會繼續《永樂大典》的調查工作。幸運的是我到英國後寫有整理敦煌文書的工作日誌，記錄有關敦煌卷子編目和其他學術活

8　　J. D. Pearson, *Oriental Manuscripts in Europe and North America: A Survey*, Switzerland: Inter Documentation Company, 1971, p. 450.

動的情況，也兼及《永樂大典》的調查，最近還找到一些相關的往來通信，值得把最重要的重新發現《永樂大典》的過程留下一份記錄。

我在離開日本之前，收到張忱石先生 1991 年 1 月 29 日的來信。

新江先生：

我早已返國，因年底及年初，事情甚多，需制訂今年發稿及發排計劃，再加出國期間，不少工作被積壓下來，要及時處理，故直至今日方覆信與你。

在日期間，你曾云今年將赴英國工作一段時間，我曾託兄查訪散佚在愛爾蘭之《大典》。清末英使館在東交民巷，與翰林院毗鄰，《大典》即存放於翰林院之敬一亭。八國聯軍入侵之時，該地淪為戰場，英籍大兵攫取甚多。當時英籍大兵中有不少愛爾蘭人，想必將《大典》帶回。三十年代北京圖書館館長袁同禮（守和）先生曾赴歐洲查訪《大典》下落，跑了不少地方，但沒有赴愛爾蘭查訪，故其所著《永樂大典現存卷目表》亦未載愛爾蘭有《大典》也。日本學者岩井大慧在六十年代亦調查過《永樂大典》，其所著《永樂大典現存調查卷目表》大大超過袁氏所收，但亦不知愛爾蘭有《大典》也。愛爾蘭有《大典》是北圖善本部主任李致忠告我的，我託北圖交換部辦理，以便取得複件，但他們遲遲不辦，故只好求之於兄。今將愛爾蘭所藏《大典》卷號及內容抄如另紙，務請兄赴英期間能赴愛爾蘭一次（此書藏愛爾蘭何處，尚不知，該國是小國，學術機構及圖書館不會太多，你可問之英國漢學家，會藏於愛爾蘭什麼機構），並希取得顯微膠卷（拍攝顯微膠卷時務必將書攤平，以便焦距一致，最好拍攝時書上放一玻璃板，通過玻璃板拍攝效果較佳）。拍攝需要多少外匯請來信告知（希望數量不是太大），如外匯所費不是很多，請兄先墊付一下，兄返國後由中華書局還你外匯。此事就拜託你了，如果你實在辦不成，亦務必

了解《大典》所藏位址及單位名稱，以便今後託他人再辦。我們極希望你能一次辦成。

　　見及谷川、木田諸先生請代致問候。

　　匆上，即頌

撰安

弟忱石

91.1.29 匆上

　　1991 年 2 月 24 日，我從東京直飛倫敦，開始為期半年的訪問，主要是應英國圖書館的邀請，編纂斯坦因所獲敦煌寫本殘卷的目錄。由於張忱石先生的提醒，我更加關注《永樂大典》。只要有心，必有所報。

　　3 月 26 日，我從《英國圖書館通訊》（Newsletter）最新一號上看到一則消息，說 1989 年英圖購買到兩卷《永樂大典》，不禁為之驚喜。當時正好趕上英圖東方部在羅素廣場租借的樓到期，要搬到滑鐵盧橋旁的印度事務部圖書館，這兩卷《大典》已經封裝搬走，所以我請英圖中文部主任吳芳思和館員徐曉薇（Xiaowei Bond）代查到有關記錄，知道是《永樂大典》卷 14219-14220「相地」條，初步判斷為中華版所未收，吳芳思答應我等館員也移到印度事務部圖書館辦公後，就可以調看。

　　當天晚上，我就寫信把這個新發現告訴了張忱石先生，因為覺得這封信有特殊的意義，所以當時複印了一份，故此有幸保存下來（圖 13-1）。

　　張先生：

　　您好！

　　我於 2 月 24 日到倫敦，將在英國國家圖書館工作到 8 月 24 日。離日前曾草一信，託王瑞來兄帶上，想已收到。

　　愛爾蘭收藏之《大典》，我已查到至少有六卷藏在 Dublin 的 Chester Beatty Library，正託英國的關係者與該館聯繫。

張忱石

THE BRITISH LIBRARY

張先生：

您好！

我於2月24日到倫敦，將在英國國家圖書館工作到8月24日。離日前曾草一信，托王瑞來兄帶上，想已收到。

愛爾蘭所收藏之《大典》，我已查到至少有一卷藏在Dublin的Chester Beatty Library，正托英國的美保者與該館聯系。

另外，英圖於1989年3月新入藏了兩卷《大典》，為卷14219和14220〝相地〞，請您查一下是否收入中華新版，若未收入，我將與館方商洽拍攝事宜。英圖中文部主任是張珒，這兩卷入手完全應沒問題。

我剛到此地，英圖正在搬家，未能找到《大典》的中華新版，如方便的話，能否复印一份新版已收的西方各國藏卷的卷号及收藏地人以便尋找新的資料。英圖舊藏者大概您們都已收入了！

　　耑此，敬頌

文安

榮新江
1991. 3. 26

圖附 1-1　榮新江致張忱石信（1991 年 3 月 26 日）

另外，英圖於 1989 年 3 月新入藏了兩卷《大典》，為卷 14219 和 14220「相地」，請您查一下是否收入中華新版，若未收入，我將與館方商洽拍攝事宜。英圖中文部主任我很熟，這兩卷入手完全沒問題。

我剛到此地，英圖正在搬家，未能找到《大典》的中華新版，如方便的話，能否複印一份新版已收的西方各國藏卷的卷號及收藏地，以便尋找新的資料。英國舊藏者大概您們都已收入了！

尚此，敬頌

文安

榮新江

1991.3.26

在報告英國圖書館新入藏的《永樂大典》卷 14219-14220「相地」部分的同時，我也把皮爾森《歐洲與北美所藏的東方寫本》記錄的愛爾蘭賈斯特·比蒂圖書館藏《永樂大典》的情況告訴了他。

4 月 22 日，我隨英圖東方部搬到 Orbit House 的印度事務部圖書館繼續敦煌卷子的編目工作，還沒來得及調閱新入藏的《永樂大典》卷 14219-14220「相地」。4 月 26 日，接張忱石 4 月 10 日信，告英圖新收的兩卷中華新版未收，讓我拍照片。又告另外寄來所著《〈永樂大典〉史話》一冊：

新江先生：

瑞來帶來一信及你 3 月 26 日信，均收悉。散藏於英國、愛爾蘭之《大典》，還望兄費心收集。為使你更便查找散失海外的《大典》，今同時寄上拙作《〈永樂大典〉史話》（手頭僅有兩本，今找出送兄）一書，內有「現存永樂大典卷目表」一節，凡不在此卷目表內者，即是中華書局影印本未收的，是要複製回來。

所告英新入藏《大典》14219-14220 兩卷，為中華影印本所未收，要複製。所云愛爾蘭之《大典》已找到六卷。但據我們所知該國之《大典》為九卷，即 803-806、865-866（此二卷誤衍 —— 筆者）、10110-10112，你查到的六卷是否在其內。總之散失海外之《大典》希盡量收集，最好網羅無遺。凡要複製者，可拍攝成顯微膠卷（切勿拍廣告照片，這樣價格太高。如彩色顯微膠卷最好，如彩色成本太高亦可改用黑白的），所需費用，盡量要便宜，其價格勿超過 100 美元（如超過，也勿超出 150 美元），如對方索價高的話，是否可以用送中華圖書作抵償，總之是盡量要做到以最便宜之價格複製回來。《大典》最後一頁是抄寫圈點儒臣表，也請拍攝，勿遺忘。所需費用由兄填付，你返國時憑發票報銷。如要美元給美元，如要人民幣，即以 1 美元抵 6 元計算與你。此事一定浪費兄不少精力與時間，容當後謝。

匆上，即頌

撰安

弟忱石

1991.4.10

得知新入藏的兩卷《永樂大典》為前所未知，我受到很大鼓舞。從張先生急切的話語來看，也是勢在必得。5 月 3 日，我就向吳芳思提出拍攝《永樂大典》的請求，她表示同意，但要計價付錢。當時中華書局經濟狀況並不好，但好在只有兩卷，我自己在英國的獎學金也還勉強可以支付。

同在 5 月 3 日，我接到張忱石寄來的《〈永樂大典〉史話》，隨即據其所編《現存永樂大典卷目表》，查英國圖書館的幾冊東方寫本入藏登記簿 —— 這些登記簿就在我工作的中文部辦公室內，很快我又找到六卷中華印本所未收的《永樂大典》，計卷 6933、6934、10043、13201、13202、13203。

5 月 8 日，我的工作日志寫道：「給張忱石信，告其又找到中華版未收之《永樂大典》六卷，並問與英圖交換條件。」可惜這封信沒有複製留底，最近徐俊先生約張忱石先生與我小聚，以此相詢，張先生年事已高，說記不清楚這些信放在哪裏了。好在張先生很快在 5 月 27 日就給我回信，我 6 月 3 日到達倫敦，其中詳談拍攝《永樂大典》條件，希望以贈書為交換複製件的條件，外加之錢多少都擬付出：

新江先生：

5 月 8 日信收悉，因有些事需商議，故覆信略遲，謹致歉意。今將諸事分述如下：

（1）關於英國之《大典》請複製下列六卷，即卷 10043、13201、13202、13203、14219、14220，以上六卷是我們沒有的，來信提及卷 6933、6934 兩卷我處續印本已收，我的《史話》現存表中只脫漏這兩卷，是疏忽，故這兩卷就不必複製了。

（2）愛爾蘭之《大典》請複製卷 803、804、805、806、865、866（此二卷誤衍 —— 筆者）、10110、10111、10112 九卷，如有現存卷目表以外之卷號，亦請複製。

（3）僅目前掌握英國及愛爾蘭之《大典》有 15 卷，加上我處新獲日本美國（各 2 卷），共 19 卷，再加上過去中華收集的 797 卷，凡 816 卷，擬一併影印成精裝本（只要取得膠卷，二年內即可出版），將來影印本出版後，擬送英國、愛爾蘭兩個圖書館精裝本一套為謝，如用這個條件對方可以免費或降低費用提供膠卷為最好。

（4）為表示贈書是恪守信用，特寄上由我處副總編輯陳金生簽字並加蓋公章的承諾書（抬頭由你填寫）。如其他機構亦藏有《大典》，複製時亦可照此辦理，故寄上承諾書四份，如用不掉仍帶回交還我們。

（5）關於複製金額，我處決定不限數字，皆請務必複製成顯微膠片

（不要拍廣告片，廣告片費用甚貴），發票抬頭務請開「中華書局」，切勿開你個人名字。所需費用暫由你墊付，你回國後如數交你。

（6）將來影印時，在影印說明中將對英國國家圖書館及中文部主任 Frances Wood 博士表示感謝（英國其他機構及愛爾蘭收藏機構亦會如此）。

（7）你為中華複製，多有麻煩之處，中華書局亦將贈送一些書作為酬謝。如英國方面複製成功，對中文部主任亦可送一些中華版圖書與她。

總之複製《大典》一事，希你抓緊進行，只要不出大格，一切你可靈活掌握，不必再來信商量，畢竟你返國時間快到了，切勿錯過時機。

匆上，即頌

撰安

弟忱石

1991.5.27

信中提到的中華書局副總編輯陳金生簽字並加蓋公章的承諾書，我這裏還保留一份原件，為保存《永樂大典》調查史料，這裏抄錄如下：

＿＿＿＿＿圖書館：

欣聞貴館珍藏中國古籍《永樂大典》多卷，中華書局擬向貴館複製《大典》顯微膠卷，並將貴館珍藏之《永樂大典》與我們已掌握的共七百九十七卷一併影印，俟將來出版後，贈送貴館《永樂大典》精裝影印本一套，以示感謝。希貴館慨允，大力協助。

專此，順致

敬意

中華書局副總編輯　陳金生（簽字）

一九九一年五月二十七日

為了做好複製工作，我從 6 月 6 日開始，在緊張的敦煌寫本編目工作之餘，調看《永樂大典》中華未刊部分，了解各卷的具體情況。6 月 26 日，我與吳芳思商議為中華書局拍《永樂大典》縮微膠卷事宜，並交其中華協議書，她去攝製組商議價格。同日，我又請她代與賈斯特・比蒂圖書館聯繫，她隨即寫信給該館館長，詢問其所藏《永樂大典》情況。6 月 28 日，吳芳思致信賈斯特・比蒂圖書館，代我們提出要求（以下均抄錄英文原信，並括附漢譯）（圖 13-2）：

Dear Keeper,

　　We have an academic visitor from Peking University, Rong Xinjiang, an historian, who is keen to track down copies of the *Yong le da dian/Yung lo ta tien* for microfilming and eventual publication by the Zhong hua shu ju in Peking. They intend to publish a facsimile of all the fascicules they can find throughout the world, in order to get as close as possible to a recreation of the original.

　　Their proposal to us is that we furnish microfilms of the fascicules here, in return for a complete set of the published work. I am waiting for an estimate of the cost but hope to persuade my superiors here that it will be worth it.

　　Rong Xinjiang understands that there are 6 sections of the work in the Chester Beatty library and (as his English is imperfect) has asked me to ask you on behalf of the publishing house whether you would be willing to supply microfilm on the basis suggested or what your terms for reproduction might be?

　　With best wishes

　　Yours sincerely

　　Frances Wood

　　Chinese section

THE BRITISH LIBRARY

Dr. Frances Wood
Chinese Section

ORIENTAL AND INDIA OFFICE
COLLECTIONS

197 BLACKFRIARS ROAD
LONDON SE1 8NG   *U.K.*
Switchboard 071-412 7000
Telephone 071-412 **7650**
Fax 071-412 7858
Telex 21462

The Keeper
Chester Beatty Library
20 Shrewsbury Road
Dublin 4
Republic of Ireland

our ref
your ref
date   28 June 1991

Dear Keeper

We have an academic visitor from Peking University, Rong Xinjiang, an historian, who is keen to track down copies of the Yong le da dian/Yung lo ta tien for microfilming and eventual publication by the Zhong hua shu ju in Peking. They intend to publish a facsimile of all the fascicules they can find throughout the world, in order to get as close as possible to a recreation of the original.

Their proposal to us is that we furnish microfilms of the fascicules here, in return for a complete set of the published work. I am waiting for an estimate of the cost but hope to persuade my superiors here that it will be worth it.

Rong Xinjiang understands that there are 6 sections of the work in the Chester Beatty library and (as his English is imperfect has asked me to ask you on behalf of the publishing house whether you would be willing to supply microfilm on the basis suggested or what your terms for reproduction might be?

With best wishes

Yours sincerely

Frances Wood
Chinese section

91.6.28 吳芳思致 Chester Beatty 圖書館函.

圖附 1-2　吳芳思致切斯特・比蒂圖書館信（1991 年 6 月 28 日）

（親愛的館長：

　　我們這裏有一位來自北京大學的訪問學者，叫榮新江，是歷史學者，他熱切地追蹤《永樂大典》的寫本，希望獲得縮微膠卷以便最終由北京的中華書局出版。他們很想把他們在全世界範圍內已經發現的圖版印成圖錄，以便盡可能地接近該書的原本面貌。

　　他們建議我們提供這裏收藏的各分冊的縮微膠卷，回報給我們一整套出版物。我在等待價錢的估算，但我也讓我的上司相信這個交換條件是值得的。

　　榮新江了解到賈斯特·比蒂圖書館收藏有六卷《永樂大典》，因為他的英文沒有那麼好，所以讓我代表出版社請問您，貴館是否願意根據他們的基本提議提供縮微膠卷，你們的團隊將複製成什麼形式。

　　致以最誠摯的問候。

吳芳思

1991 年 6 月 28 日）

　　關於這封信的回覆，我沒有找到存檔。隨後因為我要去蘇聯的列寧格勒（今聖彼得堡）調查敦煌寫卷，所以時間非常緊張，無暇顧及此事。7 月 13-20 日，我前往列寧格勒，時間雖短，但收穫很多。

　　7 月 24 日我從列寧格勒回到倫敦不久，繼續調閱《永樂大典》，並代中華書局提出複製膠卷的申請，交給吳芳思。隨後我進入敦煌寫本編目的衝刺階段，無暇他顧。8 月 6 日，我編纂的《英國圖書館藏敦煌漢文殘卷目錄（非佛教部分）》稿本完成，交吳芳思，並撰寫了給英國學術院的工作彙報。然後和香港大學方面聯繫，打算順道去參加一個唐史研討會。8 月 18 日離開倫敦，結束了我在英國半年的敦煌寫本殘卷編目工作，也把《永樂大典》的調查工作暫時告一段落。

　　時光如梭，很快四年過去了，我預計 1996 年 6-8 月間在德國柏林自由大學講學

三個月，這是我自 1991 年以後再次較長時間逗留歐洲，所以希望利用這段時間，繼續完成英國、愛爾蘭收藏《永樂大典》的複製工作。年初，我開始和中華書局方面討論相關事宜，大概因為在北京主要都是電話和當面討論，所以有關往來信件不多，但重要的仍有留存。

1996 年 2 月中華書局總經理鄧經元致函愛爾蘭賈斯特・比蒂圖書館和英國圖書館，提出拍攝縮微膠卷的具體要求和操作方式，下面是給賈斯特・比蒂圖書館的一封信：

尊敬的館長先生：

中國北京中華書局在 1986 年曾經出版過中國古籍《永樂大典》，但貴館收藏的《永樂大典》卷 803、804、805、806、865、866（此二卷承前誤 —— 筆者）、10110、10111、10112 等 9 卷未能收入。1991 年我們曾委託英國國家圖書館中文部主任吳芳思博士聯繫拍攝縮微膠卷，但未見回覆。中華書局出版《永樂大典》的目的，是使流散在世界各地的中國古籍重見於世，廣為學術界研究利用，因此，我們真誠地希望以下幾點能得到館長先生的支持和幫助：

1. 由貴館無償提供以上卷號《永樂大典》的縮微膠卷；

2. 在得到貴館贈送的縮微膠卷後，我局將出版一套新的《永樂大典》影印本。為表示對貴館的友好感謝之情，中華書局將贈送貴館新影印的《永樂大典》一套（十六開精裝 40 冊，定價約相當於 1000 美元，估計 1997 年出版）；

3. 我方將委派中華書局古代史編輯室主任張忱石、北京大學教授榮新江二人赴貴國商談以上事宜，希望貴館寄發邀請信件，信件上寫明邀請上述二位先生訪問貴館。由於張、榮兩位元先生服務於不同機構，故邀請信請貴館向他們所在的機構分別發出，榮先生的服務機構是中國北京北京大

學歷史系。他們希望今年 5-6 月左右訪問貴館。

　　謝謝館長先生

　　此致

敬禮

中華書局總經理

1996 年 2 月　日

　　回信地址：中國北京王府井大街 36 號中華書局

　　Fax: 0086-10-5134902

　　我幫忙修訂的此信英文譯稿也還保存着，時間是 1996 年 3 月 15 日，也抄錄如下，署名格式按英文信略有調整，直接加上鄧經元的名字：

Deng Jingyuan

ZhongHua Book Company

36 Wangfujing Street

Beijing, China

March 15, 1996

The Curator

The Chester Beatty Library

20 Shrewsbury Road

Dublin 4

Republic of Ireland

Dear Curator,

　　We published an important encyclopedia of Ming Dynasty named *Yongle Dadian* 永樂大典 in 1986, but it didn't include the nine volumes of Nos. 803,

804, 805, 806, 865, 866, 10110, 10111, 10112 which reserved in your library. In 1991, we requested Dr. Frances Wood of Chinese Section of the British Library to negotiate with your library over taking microfilm of these volumes, but we didn't receive a reply.

Now we intend to publish a new edition of *Yongle Dadian* again, our purpose is to make the lost Chinese work which scattered all over the world to be appeared again and to be extensive used and researched by the academic circles, so we cordially expect that the following points should be helped and supported by you.

1. Your library provide free microfilms of the mentioned above volumes for us.

2. As a repay for your hospitality, we will present a set of the new edition of *Yongle Dadian*. The new edition, consisting of 40 volumes and being priced about $1,000, will be published in 1997.

3. We will appoint Mr. Zhang Chenshi 張忱石 , Director of editorial department on ancient Chinese history of our Company, and Prof. Rong Xinjiang 榮新江 of Peking University to go to Ireland negotiating on these affairs with your library. So, we hope you to send an invitation to each of them, according to their different address separately. Mr. Zhang's is same as mine. Prof. Rong's is Department of History, Peking University, Beijing 100871. They hope to visit your library in May-June this year.

Thank you very much for your help. I am looking forward to hearing from you soon.

Yours sincerely,

Deng Jingyuan

General Manager of

Zhonghua Book Company

　　大概因為我已經把中華書局 2 月份擬的給英國圖書館的中文信或相關資訊提前直接寄給吳芳思，所以她很快在 3 月 7 日就回覆給我下面一信：

Date: 7. iii. 96

Dear Rong Xinjiang,

　　It was a great pleasure to hear that you are pursuing the publication project with Zhonghua Shuju. I will be very happy to help you and Professor Zhang Chenshi in your search for further fascicules of the *Yongle Dadian* for publication. The British Library will be happy to offer you both facilities for your work and assistance in contacting other libraries in the UK and Ireland. Please let me know the proposed dates for your visit so that we can make arrangements here.

　　With best wishes,

　　Frances 吳芳思

　　Frances Wood

　　Chinese section

（時間：96 年 3 月 7 日

尊敬的榮新江：

　　非常高興聽聞你正在致力於與中華書局合作的出版計劃。我將很高興地幫助你和張忱石教授為《永樂大典》的出版而進行更多卷冊的調查工作。英國圖書館將很願意提供你們工作的設施並協助你們聯繫英國和愛爾蘭的其他圖書館。請告訴我你們來訪的預訂時間以便我們在此做出安排。

致以最誠摯的問候

吳芳思

英國圖書館中文部）

賈斯特・比蒂圖書館邁克・羅恩（Michael Ryan）博士也在 4 月 4 日給鄧經元回信（譯文附後）：

The Chester Beatty Library

Director & Librarian:

Michael Ryan, MA PhD FSA MRIA

4　April 1996.

Mr. Deng Jingyuan

Zhong Hua Book Co.

36 Wangfujing Street

Beijing

China

Dear Mr. Jingyuan,

Thank you for your request about the *Yongle Dadian*. The publication of a new edition facsimile seems a most welcome project and I shall take the matter up with my Trustees at their next meeting.

Yours sincerely,

Michael Ryan（簽名）

（尊敬的經元先生：

感謝您關於《永樂大典》的請求，出版一個新的圖版本聽上去是最值

得歡迎的計劃，我將把此事提交給我們董事會的下次會議討論。

邁克·羅恩［簽名］）

4 月 21 日我給吳芳思回信如下：

Dear Frances,

Thank you very much for your letter of 7 Mar. and your invitation. We are waiting for the letter of agreement from the Chester Beatty Library, because we hope to visit London and Dublin one by one. Before we confirm the proposed dates for our visit England, we have to know the dates for visit Ireland. On the other hand, I was invited by the Free University of Berlin for three months. I hope to be there from the 15 May to 15 August, but I am not sure that the application for the visa takes how long time.

Thank you again for your help.

Yours sincerely

Rong Xinjiang

（尊敬的吳芳思：

非常感謝您 3 月 7 日的信和邀請。我們正在等待賈斯特·比蒂圖書館同意信函，因為我們希望依次訪問倫敦和都柏林，在我們確認訪問英國的預計時間之前，我們必須得知訪問愛爾蘭的時間。另外，我得到柏林自由大學三個月的邀請，我希望從 5 月 15 日到 8 月 15 日在那裏，但我還不確定申請簽證需要多長時間。

再次感謝您的幫助。

榮新江）

同日我又代鄧經元給邁克‧羅恩博士回信，並用傳真發出：

Dear Dr. Ryan,

　　Thank you very much for your letter of 4 April and your agreement of a new edition facsimile of *Yongle Dadian* by our Book Company. I hope that your Trustees would be give a definite answer for the three wishes mentioned in the last letter. The publication of the *Yongle Dadian* in your library seems an honour for your library and a most welcome thing by the Sinologists in the world.

　　Thank you and the members of your Trustees for your kind help. I am looking forward to hearing from you soon.

　　Yours sincerely

　　Deng Jingyuan

（尊敬的羅恩博士：

　　非常感謝您 4 月 4 日的信和您贊同由我們書局來出版一個《永樂大典》的新圖錄本，我希望您們的董事會對我上一信的三項請求給予確切的回答。出版貴館所藏《永樂大典》應當是貴館的榮譽，也是世界上的漢學家們最歡迎的事情。

　　感謝您和您們董事會成員的善意幫助，我希望得到您的回覆。

鄧經元）

　　因為我們希望盡快確定日程，所以 5 月 19 日我又代鄧經元給邁克‧羅恩博士去信：

Dear Dr. Ryan,

I sent you a fax on April 20. I am wondering if the dates of your Trustees have been decided yet. If you have any questions and wishes, please let me know. Please find enclosed here with two letters of invitation from the British Library to Professors Zhang Chenshi and Rong Xinjiang. They hope to visit London and Dublin one by one. Before they confirm the proposed dates for their visiting England, they have to know the dates for visiting Ireland. So, I am looking forward to hearing from you soon.

Thank you and the members of your Trustees again for your kind help.

Deng Jingyuan

（尊敬的羅恩博士：

我在 4 月 20 日寄上一個傳真，我不知道你們董事會的時間是否已經確定。如果你們有任何問題和希望，請告訴我。這裏附上英國圖書館給張忱石、榮新江教授的兩封邀請函，他們希望依次訪問倫敦和都柏林，他們在確定訪問英國的預定時間前，希望知道訪問愛爾蘭的時間，所以我希望盡快得到您的回覆。

再次感謝您和你們董事會成員的善意幫助。

鄧經元）

賈斯特·比蒂圖書館邁克·羅恩博士應當很快給中華書局回了信，因為我收到他 5 月 25 日給我的回信（圖 13-3）：

25 May 1996

Dear Professor Xinjiang,

I understand that you may travel to Ireland this year to discuss publication of our volumes of *Yongle Dadian* on behalf of the Zhong Hua Book Company.

May I say that you and your colleague, Mr. Zhang Chenshi, will be more than welcome. Please let me know in advance of the date of your proposed visit to the Library.

Yours sincerely

Michael Ryan（簽名）

（尊敬的新江教授：

我理解你今年將代表中華書局來愛爾蘭討論我們所藏《永樂大典》的出版事宜，請讓我表示對你和你的同事張忱石先生的熱情歡迎。請提前告訴我你們預計訪問本館的時間。

邁克·羅恩［簽名］）

THE CHESTER BEATTY LIBRARY

20, SHREWSBURY ROAD, DUBLIN 4, IRELAND.
TELEPHONE: DUBLIN (01) 2692386/2695187
FAX: (01) 2830983

DIRECTOR & LIBRARIAN:
MICHAEL RYAN, MA PhD FSA MRIA

All communications should be addressed to the Director

Professor Rong Xinjiang,
Department of History,
Beijing University,
Beijing 100871
Peoples Republic of China

25 May 1996

Dear Professor Xinjiang,
    I understand that you may travel to Ireland this year to discuss publication of our volumes of <u>Yongle Dadian</u> on behalf of the Zhong Hua Book Company. May I say that you and your colleague, Mr. Zhang Chenshi, will be more than welcome. Please let me know in advance of the date of your proposed visit to the Library.

Yours sincerely

Michael Ryan

圖附 1-3　Michael Ryan 致榮新江信（1996 年 5 月 25 日）

這封信輾轉到達我手裏應當花費了一定的時間，因為我已經在 5 月 31 日到柏林，開始在自由大學做為期三個月的訪問研究。6 月 7 日，我給張忱石信，建議最好 8 月 20 至 30 日去倫敦和都柏林，然後經香港回京。6 月 17 日，我寫信給吳芳思，請她給我發一份正式的邀請函，以便在柏林辦簽證。6 月 24 日，我就收到吳芳思寄來的英國圖書館正式邀請信，同時告知她將於 8 月 25 至 9 月 1 日去中國。同日，我也收到邁克·羅恩博士寄來的賈斯特·比蒂圖書館正式邀請信，同時告知他 9 月 3 日假期才結束。

7 月 13 日，我給張忱石信，告我打算開始辦簽證，擬 8 月 27 日到倫敦，讓他 8 月 28 日到。7 月中旬，我從柏林先到萊頓，重訪萊頓大學。然後到波恩，19 日起個大早，乘火車到杜塞爾多夫的英國領事館辦簽證，當時英國規定所有在德國的中國人，不論多遠，都要親自前往杜塞爾多夫去辦簽證。7 月 26 日，我又到柏林的愛爾蘭領事館辦簽證。8 月 14 日獲得愛爾蘭簽證，但英國使館說他們要把我的材料寄到北京的英國領事館審查，然後才能得到，所以遲遲批不下來。8 月 19 日，接張忱石信，他可能 9 月 5 日才能拿到簽證，讓我在外等他。但我在 8 月 28 日離開歐洲之前，沒有拿到英國簽證。

回國後，我又準備前往美國耶魯大學做訪問研究，10 月 10 日啟程赴美。而張忱石先生於 10 月 31 日到倫敦，在倫敦大學亞非學院的汪濤老師和當時在英國的中國人民大學歷史系沙知教授的幫助下，走訪英國圖書館，隨後由亞非學院博士生張弘星陪同去了都柏林，最終獲得了英國圖書館和賈斯特·比蒂圖書館所藏全部未刊《永樂大典》的縮微膠卷。我很遺憾沒有能按原定計劃陪張忱石先生前往兩家圖書館，但參與了整個發現、調查、聯繫的全過程，也算是對於這兩家未刊《永樂大典》的發現和材料的獲取做了一點貢獻。

新發現《永樂大典》的影印與價值

1996 年張忱石先生代表中華書局將英國圖書館和愛爾蘭賈斯特‧比蒂圖書館藏《永樂大典》的縮微膠卷帶回國內，但由於書局的人事變動，沒有及時按計劃在 1997 年出版新的影印本。

2003 年，上海辭書出版社影印出版了《海外新發現永樂大典十七卷》，版權頁沒寫編者，只寫出版人是李偉國先生，他是當時上海辭書出版社的領導，此前在上海古籍出版社任副社長兼副總編輯時，和我在俄藏敦煌文獻的調查方面有很多聯繫。該書十六開精裝一冊，收入海外新發現的《永樂大典》17 卷，胡道靜先生序中稱：「它們是現藏美國二卷、日本二卷、英國五卷、愛爾蘭八卷，凡十七卷，承蒙海外學者和留學生的協助，藏館的慨允，終於取得複件。」沒有具體說是哪裏的館藏，對比所刊卷數，知道是美國紐約公共圖書館藏卷 15957-15958，日本黑川古文化研究所藏卷 8569-8570，英國圖書館藏卷 13201-13203、14219-14220，愛爾蘭賈斯特‧比蒂圖書館藏卷 803-806、10110-10112、19866。這其中的賈斯特‧比蒂圖書館和英國圖書館的藏卷，實際上就是筆者和中華書局張忱石先生努力的結果，海外學者助力最多的是吳芳思，還有邁克‧羅恩博士，以及汪濤、張弘星等海外中國學者。無論如何，這些新材料的發表，有助於《永樂大典》的研究，而其中的文獻材料，更可為各專業的學者所用。

2012 年，中華書局再次重印《永樂大典》，精裝 11 冊，增加了從海外新收集到的 16 卷，包括筆者與中華書局合作重新發現的英國圖書館和愛爾蘭賈斯特‧比蒂圖書館藏卷，共計 813 卷。在中華書局編輯部撰寫於 2011 年 4 月的《第三次重印說明》中，說到他們所了解的這部分藏卷的來歷：

　　二十世紀九十年代，北京大學中古史研究中心榮新江教授在英國圖書館研究敦煌文書期間，他發現英國圖書館藏有《永樂大典》兩冊五

卷，為中華書局影印本所未收，同時他還告訴我們愛爾蘭都柏林賈斯特·比蒂圖書館（Chester Beatty Library，Dublin）亦藏有《大典》九卷。為此，一九九六年初冬，中華書局派古代史編輯室張忱石赴英調查與複製《永樂大典》。在英期間，得到旅英學者汪濤先生和英國圖書館中文部主任吳芳思（Frances Wood）女士的熱情接待，閱看了該館所藏全部《大典》，其中卷一三二〇一、一三二〇二、一三二〇三用事韻一冊三卷和卷一四二一九、一四二二〇地字韻一冊二卷，於二十世紀七十年代入藏英國圖書館，確為中華書局影印本未收。

吳芳思女士亦知悉愛爾蘭都柏林賈斯特·比蒂博物館藏有《永樂大典》，認識館長邁克·羅恩博士（Dr. Michael Ryan），並允為介紹聯繫。我們在旅英學者張弘星先生的陪同下前往愛爾蘭。

愛爾蘭共和國藏有《永樂大典》，在此之前，從未為世人所知。二十世紀二三十年代，中國學者葉恭綽、袁同禮等赴英國查訪《永樂大典》，雖然愛爾蘭與英國近在咫尺，但未赴涉該國。愛爾蘭所以藏有《永樂大典》，與一位擁有愛爾蘭血統的美國人賈斯特·比蒂有關。他是位採礦工程師，因採礦致富，後移居英國，喜收藏，購買了不少東方文物，有書簡、圖書、繪畫、什件等等。二十世紀五十年代，定居愛爾蘭首都都柏林，所有文物運至該國，創立賈斯特·比蒂博物館。

賈斯特·比蒂博物館藏有《永樂大典》三冊九卷，即卷八〇三、八〇四、八〇五、八〇六詩字韻一冊四卷，卷一〇一一〇、一〇一一一紙事韻、卷一〇一一二隻咫事韻一冊三卷，均為中華書局影印本所未收。卷一九八六五、一九八六六竹字韻一冊二卷，中華書局第二次影印的六十七卷續印本已收，當初是從據有該冊《大典》複印本的一個機構取得的，缺卷一九八六六第八葉前半葉，今據該館藏本將所缺之頁補上，以成完璧。

賈斯特·比蒂博物館的所有藏品，均是賈斯特·比蒂生前購置的，

《永樂大典》亦是如此。今其收藏的一九八六五、一九八六六兩卷，二十世紀三十年代北平圖書館館長袁同禮先生赴歐洲調查《永樂大典》下落時，聞知為英國馬登私人收藏。該館其餘二冊《大典》得之何處？我們猜想當與上面的一冊一樣，是從倫敦私人手中購置的。[9]

這裏所稱賈斯特・比蒂為「博物館」乃「圖書館」之誤，其他內容大體上無誤。本文根據工作日志和往來書信，可以補充一些細節。

自 2002 年起，北京圖書館出版社（現國家圖書館出版社）應館長任繼愈先生的呼籲，開始採用模擬影印的方式，出版中國大陸各處所藏《永樂大典》。從 2013 年開始，又陸續影印海外收藏的《永樂大典》，其中包括美國哈佛燕京圖書館、普林斯頓大學東亞圖書館、漢庭頓圖書館、英國牛津大學圖書館、英國圖書館、亞伯丁大學圖書館、劍橋大學圖書館、倫敦大學亞非學院、愛爾蘭賈斯特・比蒂圖書館、德國柏林國家圖書館、柏林民族學博物館、日本國立國會圖書館、京都大學等處所藏，每卷前面，均載何大偉〈歐洲圖書館所藏《永樂大典》綜述〉一文。2016 年 10 月出版的《大英圖書館藏〈永樂大典〉》，計 24 冊 49 卷，收錄英國圖書館藏卷 913-914、3002、6850-6851、6933-6934、7389-7390 等。2019 年 11 月出版的《愛爾蘭賈斯特・比蒂圖書館藏〈永樂大典〉》，計 3 冊 9 卷，收錄該館所藏《永樂大典》卷 803-806、10110-10112、19865-19866。至此，國內學人不僅能夠看到英國圖書館和賈斯特・比蒂圖書館藏《永樂大典》的全部文字內容，而且還可以欣賞與原本相差無幾的彩色印本，極便學者使用。

對於上述我曾調查或經眼的《永樂大典》，其來源和價值，這裏做一點簡要介

9　參見（明）解縉等奉敕纂《永樂大典》（全十一冊），北京：中華書局，1986 年（2012 年 3 月重印），頁 35，「第三次重印說明」；張忱石《〈永樂大典〉史話》（北京：國家圖書館出版社，2014 年）頁 86-87 也介紹了我發現英國圖書館新入藏兩冊五卷，愛爾蘭賈斯特・比蒂圖書館藏 3 冊 9 卷的情況。

紹，雖然我沒有做專門的研究，但有些資訊或許對今後的學者有用。

（一）英國國家圖書館藏卷

1. 卷 6933、6934

這兩卷因為《〈永樂大典〉史話》出版沒有著錄，所以我當時以為是個新發現，其實 1986 年中華書局影印本已經收了，而且漢學家富路德（L. C. Goodrich，傅路特）〈再談《永樂大典》〉一文中也早有介紹：

> 1963 年 9 月的《英國博物館季刊》（*The British Museum Quarterly*）宣佈獲得了包括卷 6933 和 6934 的一冊《永樂大典》，這是普爾上尉（Captain Francis Poole）的遺物，他曾在 1900 年北京使館之圍中效力。[10]

據英國圖書館的記錄，這兩卷是英國博物館於 1961 年 11 月從住在巴思（Bath）的普爾上尉遺孀 Mrs. M. Poole 處購買的，入藏號為 Or.12674。

2. 卷 10043

此卷在我最初給張忱石先生的信中提及，但後來沒有找到，不知何故。我當時是從英國圖書館東方部的入藏登記簿上過錄《永樂大典》的卷號，同時也應當抄錄了入藏時的 Or 編號，但後來託在英國的沙知先生查詢，也沒有找到，所以張忱石先生到英國圖書館時，也沒有尋獲。不知是我當時的記錄有誤，還是因為沒有找到 Or 索書號而沒有落位，現在我覺得仍然需要繼續調查。

10　L. C. Goodrich, "More on the Yung-lo ta-tien", *Journal of the Royal Asiatic Society Hong Kong Branch*, vol. 10, 1970, pp. 20-21.

3. **卷 13201、13202、13203**

這一冊計 3 卷，1970 年 11 月入藏英國博物館，來自代原藏者 Mr. C. D. Houston 銷售的某人手中。館藏號 Or.13292，原件略有殘損。卷 13201，僅存第 19 葉。

卷 13202 是「送」字韻的「用」，包括各種「用」的文獻，其中「軍用」下面有佚書《南康志》「軍用」條。

4. **卷 14219、14220**

據說這冊是 1901 年由一個名叫 Tickner 的士兵從翰林院中弄出來的。1988 年英國國防部（The Ministry of Defence）的 John Lovell 代表 Mrs Caroline Moore 給英國圖書館開價，1989 年 2 月英圖購買到手，館藏號 Or.14446。外面略有損壞和油污。

這兩卷的內容是「相地」，多引堪輿著作，據吾友吳羽兄見告，其中有些書有全本存世，如《地理大全》、《地理全書》、《撼龍經》、《玉髓真經》、《青囊經》，有些只有部分文本留存，如《李淳風小卷》、《葬法拾遺》，有些則是未見記載，可能為佚書，如《明山寶鑑論》、《李淳風推龍行入穴篇》、《家寶經》、《青囊真寶曾楊家訣》、《擇地尋龍經》、《理髓經》、《地理精奧》、《地理謂道》等。這些大多還沒有引起治堪輿的學者注意。

（二）愛爾蘭賈斯特·比蒂圖書館藏卷

賈斯特·比蒂（Alfred Chester Beatty）1875 年生於美國紐約，1911 年移居倫敦。二戰時為盟軍開採戰略物資做出傑出貢獻，被英國女王授予爵士。其晚年移居愛爾蘭，在都柏林建立私人圖書館，收藏其所得東方寫本等珍本書籍。

關於該館所藏《永樂大典》，除了筆者前面引用的皮爾森《歐洲與北美所藏的東方寫本》一書提供的資訊外，富路德〈再談《永樂大典》〉也有簡要記錄：

賈斯特·比蒂圖書館（都柏林）擁有 3 冊（卷 803-804、805-806、10110-10112），但沒有其他情況說明。[11]

皮爾森說這裏有 "six sections"，應當理解為「6 卷」；富路德說是 "three volumes"，只能理解為「3 冊」，後面括注用中文「卷」字（chuan），所列有 7 卷。從目前來看，兩者都不準確。事實上，卷 803、804、805、806 此 4 卷為 1 冊，卷 10110、10111、10112 此 3 卷為 1 冊，此外該館還有卷 19865、19866 此 2 卷 1 冊，總計 3 冊 9 卷，說明他們兩人都沒有親自調查原件，所以都不夠準確。

1. 卷 803、804、805、806

此 4 卷 1 冊和卷 10110、10111、10112 的 3 卷 1 冊，原為海關總務司職員白萊喜（James Russell Brazier）在庚子事變中劫取 3 冊中的 2 冊，1954 年其子 William Russell Brazier 將這 2 冊共 7 卷出售給賈斯特·比蒂圖書館。另外一冊由白萊喜在 1922 年捐給母校亞伯丁大學（Aberdeen University）。

卷 803 至 806 均為「詩」字條，全部引自《千家詩話總龜》一書，從《千家詩話總龜·後集》卷二〇「句話門」直到卷末，據今人研究，門類、條目和排列次序與嘉靖甲辰（1544）明宗室月窗道人刻本（月窗本）基本相同。其價值，今人已有論說：

> 《大典》本是《詩話總龜》現存的最早版本，它的發現使我們了解到元明之際《詩話總龜》的部分面貌，也使我們對於《詩話總龜》之版本及改竄問題有了更清楚的了解。不僅如此，由於《大典》本抄工極精，也為

---

11   L. C. Goodrich, "More on the Yung-lo ta-tien", pp. 20-21.

我們校勘月窗本及明抄本《詩話總龜》提供了一個極好的本子。

《大典》本多出月窗本的條目共十八條，多出明抄本者共七條。[12]

我原本聽說該館藏卷是「詩」字部分，期盼能多得若干首唐人佚詩，看到之後方才知道是《詩話總龜》，不免有點失望。

2. 卷 10110、10111、10112

來源同上。這 3 卷均為「紙」字，其中卷 10110 有「別紙」、「抄造紙數」、「產紙」、「和買紙」、「破故紙」等條，是研究造紙、書儀的極好材料。敦煌學界一直在研究寫本中的「別紙」，這裏輯錄了大量文集中的各種別紙，為前人所未曾措意。卷 10111 是「紙」之「詩文」條，都是有關紙的詩文。卷 10112 是「紙」韻下的「只」字，包括「只」、「氏」偏旁的各種文字，以及植物「枳」的圖案等。

3. 卷 19865、19866

這兩卷一冊，系 1900 年某英人得自翰林院，後為馬登（Wilfred Merton）從倫敦的一家書店裏購得，1914 年曾借給倫敦圖書館展覽，1923 年北平圖書館館長袁同禮先生曾到加拿大列治文山市的馬登家中觀看此兩卷《永樂大典》，隨後在 1929 年和 1931 年致函馬登要求複製，複製件由英國博物館的翟林奈提供，但有缺頁。1954 年馬登將此冊《大典》捐贈給賈斯特・比蒂圖書館。內容均為「竹」字，從竹名到各種各樣的竹，輯錄大量文獻，對研究竹子十分有幫助。

12　張健：〈從新發現《永樂大典》本看《詩話總龜》的版本及增補問題〉，載《北京大學學報》2006 年第 5 期。

餘論

1991 年，我只是偶然看到《英國圖書館通訊》上的一則消息，得知有新入藏的《永樂大典》，於是順藤摸瓜，找到英圖和愛爾蘭賈斯特·比蒂圖書館未刊的《大典》藏卷。由於我的主業是調查整理敦煌西域出土文獻，所以沒有時間仔細調查英國等地是否還有《永樂大典》的藏卷。

1997 年 4 月，何大偉先生到亞伯丁大學開會，詢問在場的一位圖書館館員是否有中文藏書，於是發現一冊過去從不知曉的《永樂大典》。[13]

這些純屬偶然的發現不禁讓人設想，是否還有《永樂大典》留存於世，答案是肯定的。特別是存於英國、愛爾蘭等地的，因為他們的士兵 1900 年時最接近翰林院所藏的《永樂大典》，其他歐洲國家也同樣有散藏卷冊的可能，前幾年在法國出現的《永樂大典》未刊本即是一例。二十世紀 60 年代中華書局影印之後，一般認為那一次彙集的調查已經十分完善，以為英國收藏的《永樂大典》已經全部找到。實際上，正如吳芳思所說，英國老兵去世後，家屬不時還會把《永樂大典》售與英國圖書館這樣的單位，所以續有收藏。我相信，在一些沒有漢學家的大學圖書館、郡縣乃至鄉村圖書館、教會圖書館、私家圖書館中，都有可能保存；在一些私人家中，也可能存有《永樂大典》。目前，中國敦煌吐魯番學界基本上把敦煌、吐魯番、庫車、和田、樓蘭等地出土的古代典籍和文書，哪怕只有巴掌大小的一片，都已經調查清楚，甚至編製了目錄。用耀眼的黃緞子卷面包裹的八開大小的《永樂大典》，相對來講更容易判別，學術界應當像早年的袁同禮、王重民那樣，繼續開展全世界範圍的調查，收集當年在北京的軍人、學者的記錄，普查圖書館、博物館的書目，甚至一個館一個館的訪查，相信仍然會有收穫。而從典籍的角度來說，《永樂大典》的「含金量」遠勝於敦煌西域出土殘紙，值得為之而努力。

13　〔英〕何大偉：〈歐洲圖書館所藏《永樂大典》綜述〉，載《文獻》2016 年第 3 期，頁 36。

附錄二　斯卡奇科夫所獲漢籍管窺

斯卡奇科夫其人其事

俄國的漢籍收藏家康士坦丁・安・斯卡奇科夫（K. A. Skachkov，1821-1883），漢名「孔氣」、「孔琪庭」，二者譯自他的名字「康士坦丁」，後者頗為典雅。唯近年來的論著多用其姓的音譯，為免混淆，本文也採用通行稱呼。

關於斯卡奇科夫的生平事蹟，蔡鴻生〈邵友濂使俄文稿中的「王西里」和「孔琪庭」〉[1]、《俄羅斯館紀事》[2]、孫越生編〈俄國的中國學家〉[3]、閻國棟〈俄國漢籍收藏家斯卡奇科夫〉[4]、《俄國漢學史》[5]等論著中已有考證和介紹，最近鮑・利・李福清先生發表〈與眾不同的俄羅斯漢學研究與收藏家 K.A. 斯卡奇科夫〉，又利用許多檔案材料對其人及其收集品做了仔細的論述。[6]這裏根據上述各文及筆者所見資料，大體勾稽斯卡奇科夫的生平事蹟，重點在於為我們了解他如何獲得漢籍提供一些背景知識。

1715 年（康熙五十四年）在北京正式成立的「俄國駐北京佈道團」，依託於東

1　蔡鴻生：〈邵友濂使俄文稿中的「王西里」和「孔琪庭」〉，《文物》1977 年第 8 期。

2　蔡鴻生：《俄羅斯館紀事》，廣州：廣東人民出版社，1994 年。增訂本，中華書局，2006 年。

3　孫越生：〈俄國的中國學家〉，中國社會科學院文獻情報中心編：《俄蘇中國學手冊》（上），北京：中國社會科學出版社，1986 年，頁 85-90。

4　閻國棟：〈俄國漢籍收藏家斯卡奇科夫〉，閻純德主編：《漢學研究》第 7 集，北京：中華書局，2002 年，頁 157-171。

5　閻國棟：《俄國漢學史》，北京：人民出版社，2006 年，頁 450-459。

6　李福清：〈與眾不同的俄羅斯漢學研究與收藏家 K.A. 斯卡奇科夫〉，田大畏譯，載《文獻》2009 年第 2 期，頁 57-76。

直門內俄羅斯館的北館（羅剎廟），開始東正教在北京的佈道活動。「羅剎廟」是當時人對沙俄戰俘和降人的安置之所，即北京的俄羅斯館北館的稱呼。與之相對的南館，則是自 1694 年（康熙三十三年）開始正式作為接待俄國使臣和商隊的館舍。從 1729 年（雍正七年）開始，隨着俄國駐北京佈道團第二班成員的到達，佈道團成為一個常設機構，而且包括神職人員和世俗人員兩部分。從 1715 年到 1861 年佈道團遷出東交民巷俄羅斯館為止，總共有十四班俄國東正教傳教士和學生在這裏傳教、學習，從事宗教、外交和文化交流等方面的活動。斯卡奇科夫 1848 年（道光二十八年）第一次來華，就是以第十三班佈道團隨班學生兼天文師的身份住在北京，直到 1857 年（咸豐七年）。[7]

斯卡奇科夫在大學時受過天文學和農學的訓練，他在北京負責俄羅斯館內的觀象台，定期向俄國天文台報告觀測記錄。同時，他多次前往京郊地區，了解農業、染布業、磚瓦業情況，調查人口、風俗資料。他撰有《北京郊區的鄉下遊藝》、《北京河沿的城邊茶館》（均 1858 年）、《柞蠶養育法》（1862 年）、《中國滅蝗紀事》（1865 年）、《中國天文學的命運》（1874 年）、《中國食譜》（1883 年），這些都是他在北京調查的成果。[8]

1857 年斯卡奇科夫短暫回俄，隨即在 1859 年（咸豐九年）被任命為俄國駐新疆塔城領事，至 1862 年（同治元年）為止。回國後任外交部亞洲司譯員。1866 年，斯卡奇科夫曾應瓦西里耶夫（1818-1900 年）的邀請，到彼得堡大學東方系講授漢語課程，用《紅樓夢》和《金瓶梅》作為範本。1866 年春，清朝總稅務司赫德（Robert Hart）因假回英國，清廷遣斌椿等一行隨其出訪歐洲。他們是第一次到達彼得堡的

7　孫越生編：《俄國中國學主要機構》有「俄國駐北京傳教士團」1715-1956 年共二十屆（特別是前十四屆）成員的名單，見《俄蘇中國學手冊》（上），頁 109-119。有關佈道團的事蹟，詳參蔡鴻生：《俄羅斯館紀事》，頁 1-71；增訂本，頁 1-76。

8　蔡鴻生：《俄羅斯館紀事》，頁 80；增訂本，頁 85。

清朝使臣，俄國外交部指派的接待人員就是斯卡奇科夫。[9]

　　1867 年（同治六年），斯卡奇科夫再度來華，出任天津領事。1870 年起任總領事，至 1879 年（光緒五年）卸任回國。期間，曾處理 1870 年天津教案中的「俄案」，使兩國外交未因俄商被殺而受影響，同時也為俄國對華貿易獲得了實際利益。[10]

　　1879 年赴彼得堡辦理伊犁交涉的清朝大臣崇厚使團，曾在俄京設宴招待俄國外交官及漢學家，客人名單中排在「俄前任駐華公使布策」之後的，就是剛剛卸任的「總領事官孔琪庭」，其時他在外交部任職，任亞洲司翻譯。[11]1883 年 3 月，斯卡奇科夫因肺癆去世。

斯卡奇科夫所獲漢籍的捐贈與早期調查研究

　　斯卡奇科夫三次在華期間，在從事外交事務、氣象觀測、實地考察之外，還大力收集漢文抄本和刻本書籍。在北京時，據說有一位滿清皇室成員幫他的忙，所以收集到不少漢籍秘本、手抄孤卷和罕見的刻本書，其中包括徐松、姚文田、姚元之等清代著名學者和藏書家的舊藏。據下面介紹的《斯卡奇科夫所藏漢籍寫本和地圖題錄》，No.60A《順天府志》中夾有徐松寫給姚伯印（昂）轉讓該寫本的簽條，No.65《西藏記》封二有 1838 年徐松寫的題跋，No.100《海塘全圖》有 1834 年徐松題跋，No.255《經世大典·皁通七壩》的書衣上有徐松的跋語和抄寫日期，No. 256《經世大典·站赤》也是徐松抄本。斯卡奇科夫是 1849 年到達北京的，而此前一

9　蔡鴻生：《俄羅斯館紀事》，頁 116；增訂本，頁 120。

10　蔡鴻生：《俄羅斯館紀事》，頁 160-168；增訂本，頁 165-172。

11　蔡鴻生：《俄羅斯館紀事》，頁 119-120；增訂本，頁 123。

年，徐松去世，不久藏書散出，上面這些抄本或地圖可能都是直接流入斯卡奇科夫手中的徐松藏書。

有些新疆的帳冊、檔案、地圖則可能是他任新疆塔城領事時收集的。

早在 1863 年，斯卡奇科夫就試圖將藏書售出，先後與俄國國民教育部、科學院所屬的亞洲博物館接觸，但均未成功。十年後的 1873 年，與斯卡奇科夫在中國相識的伊爾庫茨克商人安·利·羅季昂諾夫為了獲得一枚勳章，斥資購買了這批藏書並捐贈給莫斯科的魯緬采夫博物館（Rumyantsev Museum）。整個入藏博物館的這批書計有漢文 1,378 種，其中刻本 1,115 種，抄本 263 種；滿文 57 種，其中刻本 53 種，抄本 4 種；總計 1,435 種圖書，11,697 冊。斯卡奇科夫去世後，他的遺孀又把存在家中的少量書籍送給了魯緬采夫博物館。

這批藏書現在歸入莫斯科的俄羅斯國家圖書館（State Library），其中的抄本收藏在圖書館的手稿部，位於圖書館的主樓內；而刻本書則收藏在東方圖書館中心（Oriental Centre），這個具有一定獨立性的部門是 1962 年建立的，位於與國家圖書館主樓有一街之隔的一棟漂亮的貴族住宅改建的圖書館內。斯卡奇科夫的漢籍收藏是俄羅斯國家圖書館漢籍收藏的基礎，迄今仍然是該館重要的收藏之一。

關於斯卡奇科夫的藏書，外人最早的記錄應當出自 1866 年隨斌椿第一次訪問彼得堡的清朝使者張德彝，在其所著出使行記《航海述奇》卷三中，記載了到斯卡奇科夫家觀其藏書的情況：

（同治五年六月）初七日，甲午，晴。早往孔氣家答拜，知其人居華京八年，能華言而不甚精。現充本國翰林，兼在總理衙門行走。其家案積詩書，壁懸畫本，皆不惜重資購自中土。[12]

12　張德彝：《航海述奇》，長沙：湖南人民出版社，1981 年，107 頁。參見蔡鴻生：《俄羅斯館紀事》，頁 116；增訂本，頁 120。

這裏所說的「居華京八年」，就是指 1849 年至 1857 年住在北京的八年，顯然其出示給清朝使者的書籍，也主要是在北京所得。雖然沒有提到具體的書名，但既然是以重金購得，應當不是一般的書籍。

1914 年，日本學者羽田亨曾專門到莫斯科，抄錄到斯卡奇科夫所得徐松自《永樂大典》所抄錄的元《經世大典》站赤門，這是已佚的《經世大典》中有關元代驛站交通的重要材料，羽田亨因此據以撰寫了《元代驛傳雜考》。從羽田亨的文章中知道，雖然徐松的抄本因為《永樂大典》該部分的原本後來為東洋文庫在北京購得而有些減低了價值，但徐松抄本上有一些訂正，仍有其參考意義，當然過錄中也有新的錯誤。[13]

1925 年，法國漢學家伯希和前往莫斯科，調查斯卡奇科夫所獲漢籍，並就其中九種著作撰寫了提要式的研究，即 1932 年所刊《俄國收藏之若干漢籍寫本》一文。[14]

1964 年，李福清先生在這批藏書中發現三韓曹去晶著小說《姑妄言》抄本二十四冊，計二十四回，書前有雍正八年（1730）作者自序、自評和林鈍翁的總評。此書是演義明末清初歷史及李自成故事，是一本失傳的孤本小說抄本，十分珍貴。1997 年由台灣大英百科股份有限公司影印出版。[15] 李福清先生還從中找到一些刻本小說和通俗文學作品，如小說《五美緣》（道光三年 /1823 刊本）、《海公大紅袍全傳》（道光十三年 /1833 刊本）、《蓮子瓶全傳》（道光壬寅 /1842 刊本），彈詞《繡

13　羽田亨：〈元朝驛傳雜考〉，收入《羽田博士史學論文集》上冊，京都：同朋舍，1957 年，頁 32-43；漢文譯本收入《日本學者研究中國史論著選譯》第 9 冊，北京：中華書局，1993 年，頁 487-563。

14　P. Pelliot, "Sur quelques manuscrits sinologiques conservés en Russie", *T'oung Pao*, 29, 1932, pp.104-109；馮承鈞譯伯希和：〈俄國收藏之若干漢籍寫本〉，載《西域南海史地考證譯叢六編》，北京：商務印書館，1962 年，頁 184-190。

15　李福清：〈《姑妄言》小說抄本之發現〉，載《思無邪匯寶叢書》第 45 冊《姑妄言》，台北：台灣大英百科股份有限公司，1997 年。

像五磑圖》（道光乙巳 /1845 刊本）、《繡像碧玉連環》（道光癸卯 /1843 刊本）。[16]

《斯卡奇科夫所藏漢籍寫本和地圖題錄》

　　斯卡奇科夫所獲漢籍的整體面貌一直不為外人所知，直到 1974 年，莫斯科東方文學出版社出版了阿・伊・麥爾納爾克斯尼斯（A. I. Melnalknis）先生編纂的《斯卡奇科夫所藏漢籍寫本和地圖題錄》一書[17]，才使學術界得以了解其所獲抄本和地圖的整體情況。

　　這本《題錄》的著錄順序是：藏書順序編號，括附斯卡奇科夫藏中國書總目錄的編號；漢文書名，俄文拼音及譯名。然後是內容注記，包括抄本情況（稿本、抄本、摘抄本）、抄寫年代、書寫材料、工具、語言、類型、卷冊、葉數、開本尺寸、封面、裝訂方式，殘缺情況、卷冊編號、目錄，有關抄本的其他資訊，原藏者的印鈐，有關抄本的圖像，確定抄本年代的特徵、內容簡介、抄本來源情形。

　　《題錄》共著錄抄本 333 種。這些書有些是依照某種目的而摘抄古籍，如 No.17 是《前漢書》中霍去病、張騫傳和《後漢書》的班超、班勇、梁慬傳的抄錄，這些對於研究抄寫者是有價值的，但總體上的文獻價值不大。另有一類，《題錄》上以「×」號標作他處未見的抄本，應當是最具文獻價值的資料，這裏面有檔案、書籍、地圖、圖卷等。以下將其中的後三類保存原題的圖籍列出，以見其收藏之富。

　　No.6《蒙古律》、No.7《皇華便覽》、No.11《計黏章程八條》、No.14《大清國

16　李福清：〈中國章回小説及俗文學書目補遺 —— 根據俄羅斯所藏資料著錄〉，原載《漢學研究》第 11 卷第 2 期，1993 年；此據作者《古典小説與傳説》，北京：中華書局，2003 年，頁 351、355-356。

17　阿・伊・麥爾納爾克斯尼斯：《斯卡奇科夫所藏漢籍寫本和地圖題錄》，莫斯科：科學出版社東方文獻編輯部，1974 年。

設立各處滿漢官員兵丁經圍圖》、No.16《漢郡國官吏考》、No.18《南詔野史》、No.20《金史補》，杭世駿撰，未刊本。No.30《純只海傳》、No.31《元史偶錄》、No.50《歷代錢法備考》、No.53《貴州全苗圖說》、No.55《群苗向化全圖》、No.56《雲南各種苗蠻圖》、No.57《滇游紀略》、No.60A《順天府志》、No.60Б《科布多事宜》、《科布多政務總冊》、No.61《咸淳臨安志》、No.62《湖北省政務事宜全書》、No.63《風土紀略》、No.65《西藏記》、No.66《西藏志考》、No.67《元上都馴程考》、No.76《南北運河全圖》、No.82《江南河圖》、No.84《昆侖山星宿海黃河河源之圖》、No.86《長江萬里圖》、No.88《玉泉河圖》、No.89《團河河圖》、No.91《賈魯河圖》、No.92《山東泉河之圖》、No.96《洪澤湖發源總圖》、No.100《海塘全圖》、No.104《直隸圖》、No.112《惠州府潮州府圖》、No.114《廣州省河虎門澳門香港內外洋指要圖》、No.115《履勘各炮台並海口扼要圖》、No.116《極南圖》、No.119《湖北圖》、No.121《西安府闔屬輿圖》、No.124《袁州府萬載縣具境內山川形勢輿圖》、No.125《四川通省輿地全圖》、No.128《常州府總輿圖》、No.132《由京至熱河細路程》、No.135《江南回鑾程站圖》、No.136《西夏圖》、No.139《圓明園圖》、No.141《河工律例成案圖》、No.142《河防秘要》、No.143《潘尚書河議要略》、No.144《回瀾紀要》、No.148《邦畿水利集說》、No.157《食憲鴻秘》、No.160《新抄各省諸等物譜》、No.161《成家寶書》、No.162《各色紙類》、No.163《陝西四鎮圖說》、No.165《九進十連環三才大操陣圖》、No.166《戰船則例》、No.167《水師輯要》、No.169《軍器圖說》、No.173《慧命經》、No.174《大慈恩寺三藏法師傳》、No.179《藏雲山房南華經大意解懸參注》、No.180《丘長春真人青天歌注解》、No.185《伏魔滅畈關帝大法》、No.186《天玉經補注》、No.190《地理餘說》、No.191《回回來原》、No.194《古今敬天鑒》、No.217《回回曆法釋例》、No.219《步天歌》、No.221《唐李淳風天文靈台秘苑》、No.228《金丹秘髓天仙心法》、No.236《滿漢匯書》、No.239《清文典要》、No.241《清文虛字歌》、No.244《緬南國語》、No.245《姑妄言》、No.246《財星照》、No.247《三才福》、No.250《塞上吟》、No.254-255《經

世大典・阜通七壩》、No.258《增定雅俗稽言》、No.259《（何氏）類鎔》、No.266《簡明書目》、No.267《書目部》、No.270《道光十九年（至）二十一年日記擇要》（清甫）、No.273《瀼陽館遺文》二卷（沈垚）、No.275《平海策》、No.278《洋淞山水》、No.283《匡廬游紀》、No.285《策問存課》、No.287《西域志》、No.289《回疆志》、No.290《西域醫藏載筆》、No.291《新疆輿圖・新疆地理》、No.297《西域輪台遺跡》，伯希和看過。No.299《三州輯略》、No.300《伊犁總統事略》卷一、No.301《伊犁事宜》、No.302-303《塔爾巴哈台事宜》、No.304《設立塔爾巴哈台城》、No.312《伊黎河工圖說》、No.323《新疆道里表》、No.332《西域地名考》、No.333《雲間唐秋渚西陲紀遊》。限於編者的學識，這其中有些書其他地方也有，但因為是抄本，所以也還有其價值，我們沒有一一核對原書，所以都列在這裏，以備進一步考察。

上面羅列的文獻當中，有的可能是當時行用的文書檔案，與文獻有別，這類文檔資料在目錄上還有不少，如No.81《睢甯廳屬道光拾玖年分搶修埽工報銷》、No.93《江南河道總督部院衙門繪送道光拾貳年分漕河河圖》、No.113《查勘新安縣屬九龍地方山形地理並擬建城寨處所理合詳細繪圖注說呈候憲核（四）》、No.151《勘議鄂扶兩縣水道節略》、No.164《威遠營原設官弁兵丁一切增改分防駐汛及四至接壤裏數輿圖清冊》、No.168《營額設軍裝器械繪圖做法貼說》，No.317《揚威伊犁將軍奏疏》、No.318-321、324-329、331塔爾巴哈台文檔、No.330《設立卡倫》等等，也是珍貴的史料。

我們所關注的文獻和輿圖中，有些《目錄》的編者雖然以為是孤本，但實際上並非如此，如《大慈恩寺三藏法師傳》、《步天歌》、《三州輯略》、《伊犁總統事略》等，但抄本自有抄本的價值，我們沒有見到原抄本，所以無法評判。而上面羅列的抄本、地圖和繪本當中，無疑有不少非常有價值的資料，除了前人已經發現的《經世大典・站赤》、《西夏圖》、《姑妄言》等外，應當還有一些重要的文獻有待重新認識。

這本目錄現在已由國家圖書館王菡、張芳兩位女史翻譯出來，即將由國家圖書

館出版社出版。她們二位元把其中的新疆部分先行刊佈，並撰寫跋文，提示斯卡奇科夫所獲漢籍的重要價值。[18]

至於斯卡奇科夫藏書中的刻本，到目前為止還沒有編纂出正式的目錄，在俄羅斯國家圖書館東方中心，有兩盒卡片目錄可做指南，但外界無法利用，因此其中的整體情況尚不明了。

筆者的調查和管窺

2005 年 7 月，筆者有機會走訪莫斯科的俄羅斯國家圖書館，承蒙李福清先生的幫助，在手稿部看到了徐松《新疆賦》的抄本，在東方文獻中心看到了三種《西域水道記》的刻本。

徐松《新疆賦》的抄本（《題錄》No.298），只有彭邦疇和張錫謙的跋。彭跋在後來的刻本中都有，張跋則只有現藏北京大學圖書館的稿本謄寫本上有，而且北大藏抄本上其他的跋是每個人的親筆，只有彭跋和張跋是工楷謄抄。斯卡奇科夫所得的這個《新疆賦》抄本，因為只有前兩個跋，又是抄本，很可能是徐松本人所存的一個繕清本。

東方文獻中心的《西域水道記》雖然是刻本，但讓人興奮不已的是，其中的兩種竟然都有多少不等的箋條和眉批。仔細觀察，這兩種帶有箋條和批注的本子，都是道光三年龍萬育序的刻本，一起放在一個書函中。其中箋條、批注較多的一冊是五卷合訂本，編號 3 B 2-4/496/2；另外一種則是卷一至卷三裝訂為一冊，卷四、五裝訂一冊，編號 3 B 2-4/496/1。因為在東方文獻中心看書的時間只有半天功夫，開

18　載沈乃文主編：《版本目錄學研究》第 1 輯，北京：國家圖書館出版社，2009 年，頁 255-269。

始時不允許拍照或複製，所以只能手抄。抄到還有半個小時就要閉館時，在李福清先生幫助下，得以複製籤條部分，不過因為書拿走複製，以後尚有大約四五條較短的寫在葉邊的補注沒有來得及過錄，不免留下遺憾。從這冊五卷合訂本上，筆者共計獲得 39 條文字。

我們知道，《西域水道記》於道光初年成書以後，徐松仍不斷加以修訂，長文用籤條的形式寫成夾在書中，詞句的更改則直接寫在自己的修訂本上。這個籤條本《西域水道記》後為錢振常所得，但缺卷三。[19] 2000 年，周振鶴先生在日本早稻田大學圖書館中，找到了這個籤條本，乃錢振常子錢恂在清末贈給早大的。[20] 周先生錄出籤條文字，並探討了與《晨風閣叢書》本的關係等問題。[21] 朱玉麒又對照諸本，寫成〈《西域水道記校補》匯校〉，附在他所整理的《西域水道記》標點校勘本後。[22]

回到北京以後，筆者把俄藏本上的籤條和眉批與早大的徐松籤條原稿對照，發現俄藏本文字工整，不像徐松原稿文字那樣用流暢的行書，因此可以斷定不是徐松的原稿。凡俄藏本和徐松原稿相同的內容，兩者基本上可以說完全一致，可知俄藏本實際上是過錄自徐松的原稿本的。重要的是，俄藏本中有十四條文字是徐松原稿所佚失的內容，但從文脈和語氣上可以肯定是徐松本人的補注定本的文字，說明錢振常在得到徐松原籤條本時，一些籤條已經散落。

俄藏本的抄者是非常了解徐松校補情況的人，他在過錄徐松的校補文字時，對

19　徐松的籤條與註解文字，由錢振常錄出，先後刻入光緒二十八年（1902）姚覲元《咫進齋叢書》四集、宣統元年（1909）沈宗畸《晨風閣叢書》、民國九年（1920）繆荃孫《煙畫東堂小品‧星伯先生小集》中。詳細情況，參看朱玉麒：〈《西域水道記》：稿本、刻本、校補本〉，載榮新江、李孝聰主編：《中外關係史：新史料與新問題》，北京：科學出版社，2004 年，頁 383-404。

20　參看石見清裕：〈早稻田に殘された徐松の直筆 —— 早大圖書館所藏自筆校訂本《西域水道記》〉，《中國古典研究》第 47 號，2002 年，頁 71-86 +2 圖。

21　周振鶴：〈早稻田大學所藏《西域水道記》修訂本〉，《中國典籍與文化》2001 年第 1 期，頁 86-95。

22　徐松：《西域水道記》（外二種），朱玉麒整理本，北京：中華書局，2005 年。

428　　滿世界尋找敦煌

於個別文字的改正，就用朱筆點去此字，然後在該字旁寫上正字；而比較短的校補文字，則過錄在相關部分的葉邊或行間，標出插入何處，同時用朱筆勾掉徐松刪除或被替換的文字（圖 14-1）；對於一些較長的補文，則用箋條來寫，然後黏貼在刪除的文字上面，如果沒有刪除文字而是純增補的文字，則只黏連在要補的行間（圖 14-2）。這樣一來，因為箋條的文字往往比刪掉的文字要多，所以箋條的中間不黏貼書體，使之有空間可以折疊起來，成為真正的「浮籤」。

　　與這個五卷合訂本在同一木函中的另外一種《西域水道記》的箋條本上，只有一處批注和箋條（圖 14-3），原刻本上的三行文字用朱筆點去，旁寫改訂後的文字，而該葉所夾的箋條（圖 14-4），所寫文字與改訂文字相同，箋條文字的高度與刻本文字高度略同，如果把這個箋條黏貼在原本上，嚴絲合縫，但不知何故沒有黏連上去。最珍貴的是在刻本改寫部分的天頭上，有朱筆所寫：「星伯先生改定如此。此其初印本也，今已抽換矣。穆記。」是說上面改寫的文字是據徐松先生的改定而寫，刻本是初印本，現已抽換挖改。我們現在通行所用的龍萬育序刻本，就已經是抽換過的本子了。[23] 這裏署名為「穆」的人，環顧北京宣南一帶以徐松為中心的西北輿地之學的文人圈，應當就是張穆。而這個本子上恰好有「月齋藏書」印，即張穆（號月齋）的藏書印。北京大學圖書館所藏徐松《唐兩京城坊考》手定底稿本上，鈐張穆「月齋金石書畫之印」朱印，且有張穆的箋改條，與俄藏本《西域水道記》的箋條、題記文字對照，可知後者為張穆的字跡無疑。

　　由此可見，曾經為徐松整理校補過《唐兩京城坊考》的張穆，也曾經把徐松改訂《西域水道記》的文字，過錄到初印本上。雖然張穆的書法和五卷合訂本上箋條的書法有所不同，但兩者的做法一致，又都存放在一個木函中，因此不排除五卷合訂本是張穆請人幫忙過錄的修訂底本。張穆在徐松的晚年一直協助他修訂書稿並

23　朱玉麒《西域水道記》整理本前言也曾提及：「道光刻本有個別訛誤被挖補重刻，今流行者率多挖補本。」

圖附 2-1 俄羅斯國家圖書館藏《西域水道記》箋條一

出版，《唐兩京城坊考》就是由張穆校補後刻印的，現在我們可以說《西域水道記》的修訂工作，也是張穆承擔的。遺憾的是，在徐松去世一年後，45 歲的張穆也齎志而歿。筆者所見俄藏《西域水道記》校補謄清稿的文字集中在前兩卷，表明張穆沒有能夠完成這一工作。[24]

---

24 以上有關俄藏本《西域水道記》的敘述，乃摘要取自拙文〈俄羅斯國家圖書館所見《西域水道記》校補本〉，《文史》2005 年第 4 輯，頁 245-256。

西北流五里遇納列干倫西襄巴克一（？）頁距五里

里遇圖什罕里克卡倫西而西支來會西支自分處東北流十五里遇

額里齊城東至賽巴克卡倫西伊千奇卡倫東距二卡倫相又西北流十
五里會東支同北流八十餘里遇瑪咱爾卡倫東齊城南距額里二十里又北

流二百里至額克里雅爾與哈喇哈什河會後魏書云于闐城東二十
里有大水北流號樹枝水北後周書作首拔河

西五十五里史皆作城西四十里　亦有大水名達利水與樹枝水會

俱北汍尌伎卸東原達利為西原矣　又搜機西域記云瞿薩旦那城東
百餘里有大河西北流國人利之以用溉田其後斷流王深怪異於是命駕

問羅漢僧曰大河之水國人取給今忽斷流其咎安在羅漢曰龍所為耳官
速禋求當復昔利王因迴駕禋祭河龍忽有一女淩波而至曰我夫早

喪主命無從所以河水絕流農人失利王於國內選一貴臣配我為夫
水流如昔王敬聞於是舉國寮庶鼓樂飲餞其臣乃衣素服乘

白馬與王辭訣敬謝國人驅馬入河履水不溺濟平中流麾鞭畫
水水為中開自茲沒矣頃之白馬浮出負一栴檀大鼓封一函書

河水遂流至今利用溉其地望或是斯河然語涉不稽非可信據

河產玉下揀諸曰　傳信

圖附 2-2　俄羅斯國家圖書館藏《西域水道記》箋條二

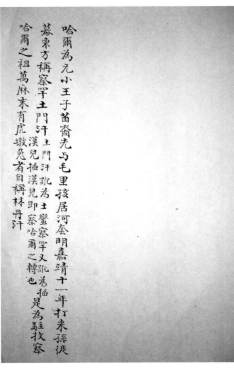

圖附 2-3　俄羅斯國家圖書館藏另一種《西域水道記》批注

圖附 2-4　俄羅斯國家圖書館藏另一種《西域水道記》籤條

　　在東方文獻中心，筆者還閱覽了刻本《新疆圖考》、《新疆賦》，在手稿部看了一幅台灣地圖。由於時間較短，又用了大量時間抄錄《西域水道記》的籤條，所以這裏豐富的藏書未及細觀，包括原滿鐵圖書館、大連圖書館的藏書，都有待今後進一步的調查，而其中最具吸引力的特藏，還是斯卡奇科夫所獲得漢籍和地圖。

尋訪年表（1984-2023）

1984 年

9 月至 1985 年 7 月，在荷蘭萊頓大學漢學院進修學習。

1985 年

4 月 21-28 日，走訪倫敦英國國家圖書館東方寫本與印本部，調查敦煌寫卷。

4 月 25 日，走訪倫敦英國印度事務部圖書館，調查敦煌藏文寫本。

4 月 26 日，走訪倫敦英國國家博物館，參觀敦煌絹畫並調查寫本。

4 月 29-30 日，往劍橋拜訪于闐語專家貝利教授。

5 月 7-14 日，在巴黎法國國家圖書館東方部閱覽敦煌寫本。

5 月 9 日，在巴黎拜訪法國科學研究中心敦煌研究小組（438 小組）。

5 月 12 日，在巴黎拜訪突厥語專家哈密頓教授。

5 月 28 日，走訪哥本哈根的丹麥皇家圖書館，看敦煌寫本。

5 月 29 日，走訪斯德哥爾摩瑞典國立人種學博物館，看于闐收集品。

5 月 31 日，與德國漢堡大學格羅普教授巧遇。

5 月 31 日，走訪德國不萊梅海外博物館，調查于闐文物。

6 月 3 日，走訪不萊梅海外博物館，調查于闐文物。

6 月 5-6 日，前往西柏林德國國家圖書館，調查吐魯番收集品。

6 月 6 日，在東德東柏林購買《回鶻文譯本彌勒會見記》。

6 月 7 日，參觀西柏林德國印度藝術博物館西域美術品。

6 月 9 日，在漢堡拜訪于闐語專家恩默瑞克教授。

1988 年

8 月 24 日，參觀北京圖書館敦煌文獻展覽。

1990 年

8 月 17 日，往北京圖書館善本部，看《阿毗達磨俱舍論》寫本。

8 月 31 日至 1991 年 2 月，在日本龍谷大學佛教文化研究所訪學，調查大宮圖書館
　　藏大谷文書。

9 月 16 日，走訪日本京都藤井有鄰館，看長行馬文書等。

10 月 23 日，走訪日本京都國立博物館，看敦煌吐魯番寫經。

11 月 20 日，走訪東京日本國立國會圖書館，調查敦煌寫卷。

11 月 22、28 日，調查東京日本東洋文庫收集的敦煌吐魯番影印資料。

11 月 25 日，參觀日本東京中村不折書道博物館藏敦煌吐魯番寫卷。

11 月 29 日，走訪日本東京國立博物館，看大谷收集品。

11 月 30 日，走訪東京靜嘉堂文庫，看梁素文舊藏吐魯番文獻。

1991 年

1 月 17 日，參觀日本大阪「吐魯番古寫本展」。

2 月 12 日，走訪日本天理圖書館，調查敦煌文書。

2 月 13 日，走訪日本京都大學羽田亨紀念館，調查敦煌老照片。

2 月 21 日，閱覽日本奈良寧樂美術館藏蒲昌府文書。

2 月 24 日至 8 月 18 日，受邀在倫敦英國圖書館編敦煌寫本目錄，閱覽館藏敦煌、
　　吐魯番、于闐文書。

3 月 26 日，從《英國圖書館通訊》中發現英圖新入藏兩卷《永樂大典》消息。

5 月 3 日，據英國圖書館入藏目錄，找到六卷學界未知的《永樂大典》。

5 月 17 － 25 日，再訪法國國家圖書館、吉美博物館的敦煌文獻與文物。

6 月 6－26 日，調看英國圖書館新發現的《永樂大典》。

6 月 25 日，走訪英國國家博物館錢幣部，看中亞出土錢幣。

7 月 15－19 日，從倫敦往列寧格勒，調查蘇聯科學院東方學研究所列寧格勒分所藏
　　敦煌寫本。

7 月 17 日，參觀列寧格勒艾米塔什博物館的敦煌西夏美術品。

7 月 24 日，繼續調閱英國圖書館藏《永樂大典》。

8 月 13 日，走訪倫敦英國維多利亞與阿爾伯特博物館，參觀敦煌織物。

10 月 12、17 日，在北京大學圖書館看李盛鐸藏敦煌書目、印譜等。

1993 年

2 月 7 日，拜訪住在香港北角的徐伯郊先生。

12 月 3 日，到北京圖書館善本部看敦煌舞譜。

1994 年

8 月 16－18 日，在莫高窟通覽敦煌研究院遺書研究所資料室藏敦煌文獻。

1995 年

3 月 24－31 日，在北京圖書館善本部閱覽敦煌藏卷 1192 號、新字號部分。

7 月 26 日，調查烏魯木齊新疆檔案館外國探險隊檔案。

12 月 16 日，首次訪問旅順博物館，參觀所藏大谷文書。

1996 年

6 至 8 月，任德國柏林自由大學客座教授，調查德國國家圖書館、印度藝術博物
　　館、柏林科學院吐魯番研究所藏德國探險隊「吐魯番收集品」。

12 月 15 日 走訪美國紐約大都會藝術博物館，調查敦煌、西域文物。

12 月 18 日，走訪美國耶魯大學美術館，調查吐魯番絹畫。

12 月 20 日，走訪美國耶魯大學圖書館手稿部和檔案館，調查于闐出土物。

12 月 30 日，走訪美國哈佛大學賽克勒博物館、波士頓美術館，調查敦煌壁畫與
　　絹畫。

1997 年

1 月 7－8 日，走訪美國普林斯頓大學葛斯德圖書館，閱覽敦煌吐魯番文書。

1 月 8 日，走訪美國普林斯頓大學美術館，看索紞寫本。

1 月 21 日，走訪美國賓夕法尼亞大學藝術系圖書館和博物館，看克孜爾壁畫殘片。

1 月 22 日，走訪華盛頓美國國會圖書館，調查敦煌寫本。

1 月 22 日，走訪華盛頓美國弗利爾美術館，尋找敦煌絹畫。

1 月 31 日，再訪美國紐約大都會藝術博物館，調查西域壁畫。

6 月 19 日，走訪巴黎國家圖書館錢幣部。

6 月 30 日至 7 月 2 日，參加英國圖書館召開的「二十世紀初葉的敦煌寫本偽卷」學
　　術研討會，調閱若干敦煌卷子。

7 月 4 日，在英國國家圖書館看敦煌卷子。

1998 年

4 月 23－24 日，在上海古籍出版社看俄藏敦煌寫本照片。

4 月 27 日，在杭州浙江省圖書館看館藏敦煌寫卷。

4 月 28 日，在杭州浙江省博物館看館藏敦煌寫卷。

7 月 7 日，參觀紐約美國大都會藝術博物館中亞收藏品。

7 月 8 日，參觀華盛頓弗利爾美術館藏克孜爾壁畫。

7 月 14 日，參觀波士頓哈佛大學賽克勒博物館藏敦煌絹畫。

1999 年

5 月 28 日，在武漢閱覽湖北省博物館藏敦煌卷子。

6 月 18 日，在敦煌研究院閱覽莫高窟北區出土文書。

7 月 9 日，在成都四川省博物館看張大千臨摹的敦煌壁畫。

2000 年

5 月 21 日，重訪東京台東區立書道博物館，參觀敦煌吐魯番文獻。

5 月 23 日，走訪東京大學東洋文化研究所，參觀克孜爾壁畫。

6 月 23 日，參觀中國國家圖書館敦煌遺書展。

7 月 26 日，參觀香港中文大學文物館藏敦煌寫經。

8 月 3 日，調查敦煌市檔案館藏敦煌寫卷。

8 月 5 日，在蘭州參觀甘肅省博物館藏敦煌文獻。

8 月 25 日，參觀中國國家圖書館敦煌卷子精品展。

2001 年

9 月 23 日，在柏林參觀德國印度藝術博物館藏吐魯番收集品新展覽。

11 月 5 日，在台北故宮博物院書畫組看敦煌卷子。

11 月 6 日，調查台北「國圖」藏敦煌卷子。

11 月 7 日，調查台北「中研院」傅斯年圖書館藏敦煌卷子。

11 月 26 日，閱覽日本龍谷大學大宮圖書館藏敦煌《本草經集注》和佛經。

11 月 29 日，參觀京都國立博物館藏吐魯番寫經和守屋孝藏收集品。參觀大谷大學圖書館藏敦煌寫經。

2002 年

1 月 17 日，閱覽首都博物館藏敦煌文獻。

3 月 15 日，參觀中國國家圖書館敦煌卷子展覽。

4 月 18 日，參觀美國普林斯頓大學葛思德圖書館敦煌吐魯番藏品展覽。

8 月 30 日，到中國國家圖書館善本部看敦煌卷子。

9 月 12 日，在柏林參觀德國印度藝術博物館藏新疆文物。

9 月 24－27 日，在台北「中研院」傅斯年圖書館查閱向達檔案。

10 月 14 日，在中國國家圖書館閱覽敦煌卷子。

2003 年

9 月 8 日，在京都參觀龍谷大學、出口常順藏吐魯番文獻和天理圖書館藏品展。

2004 年

2 月 2 日，參觀美國加州大學伯克利分校東亞圖書館藏敦煌卷子。

7 月 30 日，參觀吐魯番地區文物中心庫房中的洋海、阿斯塔那等地新出文物和
文書。

12 月 7 日，在倫敦 Sam Fogg 書店看樓蘭信劄和敦煌寫經。

2005 年

2 月 25 日，閱覽首都博物館藏敦煌文獻。

3 月 26 日，在武漢參觀湖北省博物館敦煌卷子及日本古抄本。

7 月 7 日，在聖彼得堡參觀艾米塔什博物館不對外開放的新疆、敦煌、黑水城
展覽。

7 月 11－13 日，在聖彼得堡閱覽俄羅斯科學院東方文獻研究所藏敦煌文書。

7 月 15 日，在莫斯科調查俄羅斯國家圖書館善本部與東方中心的斯卡奇科夫藏書。

8 月 30 日，閱覽吐魯番博物館藏吐魯番文書。

12 月 16 日，再次走訪京都大學羽田亨紀念館，看所藏敦煌文獻照片。

2006 年

1 月 9－14 日，在吐魯番博物館做文書校錄工作。

3 月 4 日，參觀東京書道博物館敦煌吐魯番出土古寫經展。

4 月 26－27 日，在烏魯木齊閱覽新疆博物館藏新出吐魯番文書及脫古孜薩來遺址、
安樂城遺址出土漢文文書和典籍。

4 月 28 日至 5 月 7 日，在吐魯番博物館校錄吐魯番文書。

8 月 23－31 日，在吐魯番博物館校錄柳洪亮《新出吐魯番文書及其研究》所收文書。

9 月 1 日，在烏魯木齊看新疆博物館於本年春天發掘所得吐魯番文書。

9 月 9 日，參觀南京博物院羅振玉舊藏敦煌寫本。

9 月 15 日，閱覽中國國家圖書館藏素文舊藏回鶻文長卷。

2007 年

1 月 5 日，校錄中國國家圖書館善本部藏于闐文書。

1 月 15 日至 3 月 9 日，在東京東洋文庫收集資料。

3 月 8 日，往東京井上書店看濱田德海舊藏敦煌寫經。

4 月 29 日至 5 月 4 日，在吐魯番博物館整理吐魯番文書。

6 月 19 日，在烏魯木齊參觀新疆文物考古研究所藏尼雅新發現的粟特文殘片。

2008 年

1 月 22 日，在烏魯木齊調查新疆博物館藏于闐文木板文書。

1 月 25 日，前往和田地區博物館調查于闐語文書。

1 月 26 日，前往策勒達瑪溝佛寺遺址博物館調查于闐文木板文書。

10 月 6 日，在巴黎閱覽法國吉美博物館藏伯希和手稿及往來通信。

2009 年

5 月 9 日，前往克孜爾，調查龜茲研究院藏龜茲語木板和木簡文書。

5 月 11 日，前往庫車文物局，調查龜茲語木板文書及紙本梵文寫本。

5 月 15 日，調查吐魯番博物館新拆出的文書。

7 月 29 日，在成都參觀四川博物院的張大千臨摹敦煌壁畫展及敦煌寫卷。

7 月 30 日，前往四川省圖書館古籍部查訪敦煌「口馬行時價簿」。

10 月 31 日，在北京參觀中央民族大學中國民族古文字陳列館藏和田出土文書。

12 月 3 日，往新疆文物考古所看柏孜克里克、勝金口新出資料。

2010 年

3 月 30 日，在蘭州閱覽甘肅省博物館藏吐魯番文書及黃文弼抄錄的吐魯番墓表。

8 月 21 日，參觀吐魯番博物館藏吐峪溝新出文書。

2011 年

8 月 4 日，前往新疆檔案館調查伯希和探險隊檔案。

2013 年

2 月 26 日，在京都龍谷大學圖書館閱覽庫車都勒都爾・阿護爾出土文書。

2 月 27 日、3 月 1－4 日，在東京東洋文庫看俄藏吐魯番文書縮微膠捲。

6 月 13 日，在土耳其安卡拉民俗學博物館參觀吐魯番柏孜克里克石窟壁畫殘片。

9 月 26 日，在聖彼得堡艾米塔什博物館看新疆和敦煌美術品。

9 月 30 日，參觀艾米塔什博物館未對外開放的和田出土文物和粟特壁畫及文物展。

9 月 30 日至 10 月 2 日，在聖彼得堡俄羅斯科學院東方文獻研究所看和田、吐魯番
　　出土文書。

10 月 2 日，前往聖彼得堡郊外的艾米塔什博物館收藏中心看二戰所獲德國吐魯番
　　收集品。

10 月 4－7 日，再次前往莫斯科調查俄羅斯國家圖書館的斯卡奇科夫藏書。

10 月 24 日，調查新疆和田地區博物館新收集的于闐文、漢文木簡資料等。

2014 年

7 月 24 日，訪問旅順博物館，看大谷文書及敦煌經卷。

10 月 3 日，參觀京都龍谷博物館「二樂莊與大谷探險隊」展。

10 月 16 日，在東京東洋文庫調查俄藏敦煌吐魯番文獻。

10 月 21 日，走訪日本大阪杏雨書屋藏敦煌文獻。

2015 年

5 月 16 日，參觀中國國家圖書館敦煌寫本展。

7 月 4 日，在吐魯番文物局考古所和修復部看近年吐峪溝新發現的文書材料。

8 月 13 日，閱覽敦煌市博物館藏敦煌寫本禪籍。

8 月 30 日至 9 月 3 日，在旅順博物館整理新疆出土漢文文獻。

12 月 24 日，往書道博物館看「顏真卿和唐代的書」展覽陳列的敦煌吐魯番寫本。

2016 年

5 月 26 日，在美國聖地亞哥看俄亥俄州立大學圖書館藏敦煌寫卷。

7 月 17 日，參觀東京國立博物館大谷探險隊所獲新疆和田文物。

2017 年

1 月 5－9 日，在旅順博物館整理新疆出土漢文文獻。

5 月 9 日，在天津博物館校錄敦煌本《歷代法寶記》。

5 月 24 日，往新疆博物館閱覽吐魯番文書。

6 月 20 日，調查閱覽慕尼黑五洲博物館藏和田出土文書。

8 月 5 日，在新疆博物館收藏部看吐魯番安樂城出土文獻。

2018 年

1 月 23－29 日，在旅順博物館整理新疆出土漢文文獻。

3 月 29 日，通覽日本九州大學文學部藏敦煌文獻。

8 月 20 日，在龍谷大學圖書館閱覽大谷文書。

9 月 15 日，在成都四川大學博物館看《永樂大典》和敦煌卷子。

11 月 13 日，在北京中國科學院自然科學史研究所看所藏敦煌卷子。

11 月 26 日，再訪俄羅斯聖彼得堡東方文獻研究所，看敦煌寫本。

11 月 27 日，在聖彼得堡參觀科茲洛夫博物館。

12 月 3 日，再次調查莫斯科俄羅斯國家圖書館斯卡奇科夫藏書。

2019 年

3 月 16 日，前往瀋陽調查遼寧省博物館藏敦煌吐魯番文獻。

8 月 2 日，在太原山西博物院保管部看敦煌寫經。

9 月 17 日，在西安博物院看唐人寫經。

2020 年

8 月 18 日，閱覽敦煌研究院陳列中心藏敦煌寫卷。

12 月 4 日，調查閱覽中國國家博物館藏黃文弼文書及敦煌吐魯番寫經等。

2021 年

6 月 28 日，在西安博物院庫房閱覽敦煌寫卷。

10 月 11 日，在吐魯番博物館看西旁景教寺院遺址新出土文書和文物。

10 月 23 日，在長春東北師範大學圖書館古籍部看敦煌卷子。

2023 年

6 月 18 日，閱覽旅順博物館藏大谷光瑞收集的敦煌寫本。

7 月 9 日，到吐魯番博物館文物修復室看西旁新出土文書。

7 月 13 日，到甘肅省文物考古所漢簡庫房看懸泉漢簡。

9 月 5 日，在敦煌研究院陳列中心庫房看任子宜、周炳南舊藏敦煌寫本。

斯德哥爾摩
Stockholm

聖彼得堡
St.Petersburg

哥本哈根
Copenhagen

劍橋
Cambridge

不萊梅
Bremen

漢堡
Hamburg

莫斯科
Moscow

倫敦
London

萊頓
Leiden

柏林
Berlin

巴黎
Paris

慕尼黑
Munich

安卡拉
Ankara

波士頓
Boston

紐黑文
New Haven

紐約
New York

普林斯頓
Princeton

伯克利
Berkeley

費城
Philadelphia

聖地亞哥
San Diego

華盛頓
Washington

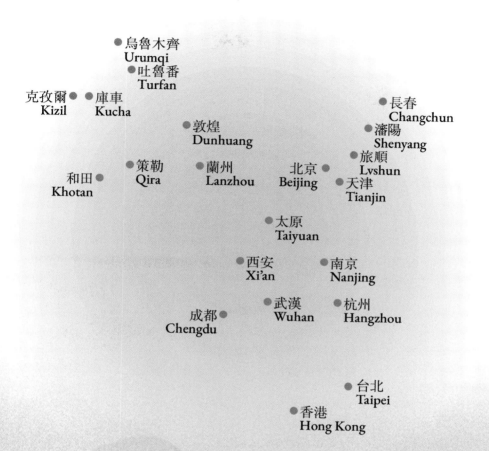

烏魯木齊
Urumqi

吐魯番
Turfan

克孜爾　庫車
Kizil　Kucha

長春
Changchun

瀋陽
Shenyang

敦煌
Dunhuang

旅順
Lvshun

和田
Khotan

策勒　蘭州　北京
Qira　Lanzhou　Beijing

天津
Tianjin

太原
Taiyuan

西安　南京
Xi'an　Nanjing

武漢　杭州
Wuhan　Hangzhou

成都
Chengdu

台北
Taipei

香港
Hong Kong

東京
Tokyo

京都
Kyoto

大阪　奈良
Osaka　Nara

天理
Tenri

福岡
Fukuoka

圖版目錄

一　初訪英倫的敦煌淵藪

二　初窺巴黎的敦煌石室佚書

三　穿行於漢堡與柏林之間

四　從哥本哈根到斯德哥爾摩

五　走訪散落在東瀛的遺珍

六　從羽田亨紀念館到杏雨書屋

七　再訪英倫未刊寶藏

八　從列寧格勒到聖彼得堡

九　再訪兩德統一後的柏林「吐魯番收集品」

十　追尋美國各地的吉光片羽

十一　敦煌「劫餘」錄：中國各地藏品拾珍

十二　重聚高昌寶藏

附錄一　重新發現《永樂大典》

附錄二　斯卡奇科夫所獲漢籍管窺

參考文獻

一、書籍

《穿過亞洲》上下冊，斯文・赫定著，王蓓譯，烏魯木齊：新疆人民出版社，2013年。

《從學與追念：榮新江師友雜記》，榮新江著，北京：中華書局，2020年。

《東京國立博物館図版目錄：大谷探檢隊將來品篇》，東京：東京國立博物館編，東京國立博物館，1971年。

《敦煌寶藏》第1-133冊，黃永武主編，台北：新文豐出版公司，1981-1986年。

《敦煌秘笈・影片冊》一～五，吉川忠夫編，大阪：杏雨書屋，2009-2011年。

《敦煌學十八講》，榮新江著，北京：北京大學出版社，2001年。

《敦煌・西域・民語・外文善本掌故》，陳紅彥主編，上海：上海遠東出版社，2016年。

《俄藏敦煌文獻》第1-17冊，俄羅斯科學院東方研究所聖彼得堡分所、俄羅斯科學出版社東方文學部、上海古籍出版社編著，上海：上海古籍出版社，1992-2001年。

《甘肅藏敦煌文獻》第6冊，段文傑主編，蘭州：甘肅人民出版社，1999年。

《古典籍下見展觀大入劄會目錄》，東京古典會編，東京：東京古典會，1990年。

《歸義軍史研究》，榮新江著，上海：上海古籍出版社，2015年。

《國家圖書館藏敦煌遺書》第105、112、143冊，中國國家圖書館編，任繼愈主編，北京圖書館出版社，2008、2009、2012年。

《海外敦煌吐魯番文獻知見錄》，榮新江著，南昌：江西人民出版社，1996年。

《和田出土唐代于闐漢語文書》，榮新江編著，北京：中華書局，2022年。

《龍谷大學図書館藏大谷探檢隊將來西域文化資料選》，井ノ口泰淳編，京都：龍
　　谷大學，1989 年。

《樓蘭漢文簡紙文書集成》，侯燦、楊代欣編著，成都：天地出版社，1999 年。

《鳴沙石室佚書》，羅振玉編，自家版，1909 年；東京：東方學會刊本，1928 年。

〈莫高窟北區石窟所出刻本《資治通鑒》殘片考訂〉，徐暢撰，《敦煌研究》2011 年
　　第 5 期，頁 67-72。

《日本寧樂美術館藏吐魯番文書》，陳國燦、劉永增編，北京：文物出版社，1997
　　年。

《詩外簃藏張大千書畫》，施萬逸編，北京：文物出版社，2006 年。

《台東區立書道博物館》，東京：台東區立書道博物館編，2000 年。

《台東區立書道博物館所藏中村不折舊藏禹域墨書集成》，磯部彰編，東京：二玄
　　社，2005 年。

〈唐人書黃巢起義記事墨蹟〉，楊新撰，《文物》1978 年第 5 期，頁 33-36。

《特別展　二樂莊と大谷探檢隊》，龍谷大學　龍谷ミュジアム和田秀壽編，京都：
　　龍谷大學，2014 年。

《天理秘藏名品展》，大阪市立美術館主編，奈良：奈良天理教道友會，1992 年。

《吐魯番出土文獻散錄》，榮新江、史睿主編，北京：中華書局，2021 年。

《王重民向達所攝敦煌西域文獻照片合集》，李德範主編，北京：北京圖書館出版
　　社，2008 年。

〈吳建衡二年索紞寫本《道德經》殘卷考證（兼論河上公本源流）〉，饒宗頤著，《東
　　方文化》1955 年第 2 卷第 1 期，頁 1-71。

《英藏敦煌文獻》第 1-14 卷，中國社會科學院歷史研究所、中國敦煌吐魯番學會敦
　　煌古文獻編輯委員會、英國國家圖書館、倫敦大學亞非學院編著，成都：四川
　　人民出版社，1990-1995 年。

《有鄰館精華》，藤井有鄰館學藝部編，京都：藤井齋成會，1977 年。

《在中國漫長的古道上》，蘭登・華爾納著，姜洪源、魏宏舉譯，烏魯木齊：新疆
　　人民出版社，2001 年。

《中國歷史博物館藏法書大觀》第 5 卷，史樹青編，京都：柳原書店，1994 年。

《中國中古史研究十論》，榮新江著，上海：復旦大學出版社，2005 年。

《中国に於ける景教衰亡の歴史》，佐伯好郎著，京都：京都同志社東方文化講座
　　委員會，1955 年。

《スウェン・ヘディンと樓蘭王國》，金子民雄監修，日本對外文化協會，1988 年。

《トルファン古寫本展》，東京：東京朝日新聞社，1991 年。

《ボストン美術館東洋美術名品集》，東京：日本放送出版協會，1991 年。

Along the Ancient Silk Routes, Central Asian Art from the West Berlin State Museums, ed.
　　Herbert Härtel et al., New York: Metropolitan Museum of Art, 1982.

Archäologische Funde aus Khotan Chinesisch-Ostturkestan, by Gerd Gropp, Bremen:
　　Verlag Friedrich Rover, 1974.

Buried Treasures of Chinese Turkestan, by Albert von Le Coq, with an introduction by
　　Peter Hopkirk, London: Oxford University Press, 1985.

Carnets de route 1906-1908, by Paul Pelliot, Paris : Les Indes savantes, 2008.

Caves of the Thousand Buddhas: Chinese art from the silk route, by Roderick Whitfield,
　　London: British Museum Publications, 1990.

Eine chinesische Tempelinschrift aus Idikutšahri bei Turfan (Turkistan), by Dr. O. Franke,
　　aus dem anhang zu den *Abhandlungen der der königlich Preussischen. Akademie
　　der Wissenschaften vom Jahre 1907*, Berlin: Verlag der Königl. Akademie der
　　Wissenschaften, 1907, pp.1-92.

*Les grottes de Touen-Houang: peintures et sculptures bouddhiques des époques des Wei,
　　des T'ang et des Song*, by Paul Pelliot, Paris: Librairie Paul Geuthner, 1921.

C. G. Mannerheim in Central Asia 1906-1908, ed. by P. Koskikallio and A. Lehmuskallio, Helsinki: National Board of Antiquities, 1999.

Ruins of Desert Cathay: personal narrative of explorations in Central Asia and westernmost China, by M. Aurel Stein, London: Macmillan and Co., 1912.

Russian Expeditions to Central Asia at the Turn of the 20th Century, ed. by I. F. Popova, St. Petersburg: Slavia, 2008.

The Silk Road: Trade, Travel, War and Faith, ed. by Susan Whitfield, London: The British Library, 2004.

二、網站

國際敦煌項目（IDP）：https://idp.bl.uk

印歐語言與文獻材料資料庫（TITUS）：https://titus.uni-frankfurt.de

伊朗百科全書網站：https://iranicaonline.org

「全球書店」官網：https://www.timeout.com/paris/en/shopping/librairie -du-globe

全球火車票預定網站：https://help.g2rail.com/stations/büchen

不萊梅海外博物館官網：https://www.uebersee-museum.de

水晶宮景區官網：https://dnm.dk

丹麥皇家圖書館官網：https://www.kb.dk/en

東京國立博物館官網：https://webarchives.tnm.jp

日本國立國會圖書館官網：https://dl.ndl.go.jp

靜嘉堂文庫官網：https://www.seikado.or.jp/about/history/

亞洲藝術博物館維琪百科詞條：https://en.wikipedia.org/wiki/Museum_of_Asian_Art

耶魯大學圖書館官網：https://online.yale.edu/about-yale-online

弗利爾美術館維琪百科詞條：https://zh.wikipedia.org/zh-cn/

弗利爾美術館官網：https://asia.si.edu/explore-art-culture/collections

三藩市亞洲藝術博物館官網：https://searchcollection.asianart.org

北京日報微信公眾號：https://mp.weixin.qq.com/s/QVCQzx0Knyisz8T5F O8lkQ

□ 責任編輯：黃杰華
□ 裝幀設計：吳丹娜
□ 排　版：陳美連
□ 印　務：劉漢舉

滿世界尋找敦煌

□
著者
榮新江

□
出版
中華書局（香港）有限公司
香港北角英皇道 499 號北角工業大廈一樓 B
電話：（852）2137 2338　傳真：（852）2713 8202
電子郵件：info@chunghwabook.com.hk
網址：http://www.chunghwabook.com.hk

□
發行
香港聯合書刊物流有限公司
香港新界荃灣德士古道 220-248 號
荃灣工業中心 16 樓
電話：（852）2150 2100　傳真：（852）2407 3062
電子郵件：info@suplogistics.com.hk

□
印刷
深圳市雅德印刷有限公司
深圳市龍崗區平湖街道輔城坳工業大道 83 號 A14 棟

□
版次
2024 年 6 月第 1 版第 1 次印刷
© 2024 中華書局（香港）有限公司

□
規格
16 開（230 mm × 165 mm）

□
ISBN：978-988-8861-51-4

本書中文繁體字版由中華書局（北京）授權出版